AF207826

Paris
2015

UNE SÉLECTION
DE RESTAURANTS
À PARIS ET DANS
SES ENVIRONS

Sommaire

Index **thématiques**

Se restaurer à Paris...

... et autour de Paris

Une sélection de 101 restaurants
jusqu'à 40 km autour de la capitale

Les engagements du Guide MICHELIN

*L'expérience au service de la qualité...
et du plaisir de la table*

Qu'il soit au Japon, aux États-Unis, en Chine ou en Europe, l'inspecteur du guide MICHELIN respecte exactement les mêmes critères pour évaluer la qualité d'une table ou d'un établissement hôtelier, et il applique les mêmes règles lors de ses visites. Car si le guide peut se prévaloir aujourd'hui d'une notoriété mondiale, c'est notamment grâce à la constance de son engagement vis-à-vis de ses lecteurs. Un engagement dont nous voulons réaffirmer ici les principes :

→ La visite anonyme

Première règle d'or, les inspecteurs testent les établissements de façon anonyme et régulière, afin d'apprécier pleinement le niveau des prestations offertes au client. Ils paient donc leurs additions ; après quoi ils pourront révéler leur identité pour obtenir des renseignements complémentaires. Le courrier des lecteurs nous fournit par ailleurs de précieux témoignages, pris en compte lors de l'élaboration de nos itinéraires de visites.

→ L'indépendance

Pour garder un point de vue parfaitement objectif – dans le seul intérêt du lecteur –, la sélection des établissements s'effectue en toute indépendance, et leur inscription dans le guide est totalement gratuite. Les décisions sont discutées collégialement par les inspecteurs et le rédacteur en chef, les plus hautes distinctions faisant l'objet d'un débat au niveau européen.

→ Le choix du meilleur

Loin de l'annuaire d'adresses, le guide se concentre sur une sélection des meilleurs établissements, dans toutes les catégories de standing et de prix. Un choix qui résulte de l'application rigoureuse d'une même méthode par tous les inspecteurs, quel que soit le pays où ils œuvrent.

→ Une mise à jour annuelle

Toutes les informations pratiques, tous les classements et distinctions sont revus et mis à jour chaque année afin d'offrir l'information la plus fiable.

→ Une sélection homogène

Les critères de classification sont identiques pour tous les pays couverts par le guide MICHELIN. à chaque culture sa cuisine, mais la qualité se doit de rester un principe universel.

→ Et un seul objectif

Tout mettre en œuvre pour vous aider dans chacun de vos déplacements, afin qu'ils soient toujours sous le signe du plaisir et de la sécurité. « L'aide à la mobilité » : c'est la mission que s'est donnée Michelin.

Cher lecteur,

*P*aris – dorénavant le Grand Paris ! – brille toujours au firmament de la gastronomie mondiale. S'en étonnera-t-on, tant la cité lui a toujours apporté, elle qui a même inventé le restaurant à la veille de la Révolution française ? Il suffit de considérer l'extraordinaire concentration des tables de qualité qui émaillent ses quartiers (plus de 600 sont répertoriées dans ce guide, dont une cinquantaine de nouveautés) et le nombre de ses étoiles : une centaine, parmi lesquelles d'illustres institutions, qui paraissent, par leur raffinement unique (arts de la table, luxe du décor, élégance du service), de véritables temples à la gloire de la chère. Un hommage inégalé rendu à la cuisine…

Un hommage qui se diffuse aujourd'hui jusque dans les troquets de quartier. De fait, telle est la tendance de ces dernières années : des adresses les plus huppées aux "bistrots de chef", la culture gastronomique s'impose partout, comme le révèlent cette sélection 2015 et en particulier nos Bib Gourmand ☺ *: on compte aujourd'hui dans l'agglomération près de 70 de ces « bonnes tables au meilleur prix », dont 11 nouvelles. Car l'offre parisienne joue sur tous les tableaux et tous les genres, en cultivant sans cesse les règles immuables du goût – cette rigueur et ces techniques qui ont fait le succès de la cuisine française en recherchant avant tout la force des saveurs…*

Influent, Paris le demeure donc, éminemment, à travers ses plus grandes tables comme dans tous ses nouveaux repaires qui fourmillent d'idées neuves. Pour nous qui avons toujours mis en avant la qualité de l'assiette – notre seul credo et, faut-il le rappeler, l'unique critère de nos étoiles –, c'est évidemment une heureuse nouvelle : la diffusion de plus en plus large de l'art de cuisiner… Ce guide MICHELIN Paris 2015, riche de cette si belle diversité, vous en convaincra !

L'équipe du guide MICHELIN

 Suivez-nous sur Twitter : @guideMichelinFR
et écrivez-nous à : leguidemichelin-france@tp.michelin.com

Mode d'emploi...

Catégories de standing	X	XXX	
(en rouge : les adresses les plus agréables)	Confort simple	Très chic et confortable	XXXXXX
	XX	XXXX	Grand luxe et tradition
	De bon confort	Grand standing	

À Paris...

Choisir le quartier

Deux couleurs d'onglets en alternance, pour repérer chaque arrondissement

■ ■

Numéro de l'arrondissement et principaux quartiers

Les tables étoilées

De 1 à 3 étoiles ❀❀❀ ...et les plats qui évoquent le mieux leur cuisine.

Situer sur le plan

Coordonnées de l'établissement sur le plan de l'arrondissement

---

6e · Alcazar

St-Germain-des-Prés · Odéon · Jardin du Luxembourg

M o d e r n e
62 r. Mazarine
☎ 01 53 10 19 99
www.alcazar.fr
Ⓜ Odéon

BX [QR]

Formule 31 € ☷ – Menu 40 € ☷ (déjeuner)/44 € – Carte 44/60 € XX

Adresse pour public adepte des ambiances lounge ! Cet ancien cabaret, relancé en 1998 par le designer avant-gardiste Terence Conran, combine déco moderne, cuisine dans l'air du temps, musique électro et chanteurs lyriques (tous les lundis). Rendez-vous à la mezzanine pour boire un verre, accoudé au bar en zinc brossé. Ou en bas, dans la salle du restaurant baignée de lumière,

---

7e · Les Climats ❀

Tour Eiffel · École Militaire · Invalides

M o d e r n e
41 r. de Lille
☎ 01 58 62 10 08
www.lesclimats.fr
Ⓜ Rue du Bac
Fermé 3 semaines en août, 1er-10 janvier, dimanche et lundi

D2 [QR]

Formule 36 € – Menu 42 € (déjeuner), 86/150 € ☷ – Carte 72/84 € XX

Les Climats

Le restaurant est installé dans le cadre atypique de l'ancienne Maison des Dames des Postes, Télégraphes & Téléphones, qui hébergea à partir de 1905 les opératrices des PTT. Disons-le tout de go : l'intérieur, d'un style Art nouveau assumé, est somptueux. Mosaïque ancienne au sol, plafond dont les arches sont égayées de motifs fleuris, luminaires originaux en laiton, vitraux, gros fauteuils rouges, etc.

Côté assiette, Julien Boscus, jeune chef ayant fait ses classes chez Yannick Alléno et Pierre Gagnaire, compose des assiettes qui n'ont rien de... téléphoné. Sa signature ? Une alliance raffinée de recettes d'inspiration française et d'une créativité distillée avec tact. Beaux produits et accords gustatifs reconnectent tous les sens !

Et n'oublions pas les deux grandes caves vitrées, offrant une vue sur de belles bouteilles, et notamment l'une des plus riches sélections de vins de Bourgogne à Paris – la région étant précisément connue pour ses fameux "climats"...

Entrées	Plats	Desserts
• Tourteau aux aromates, sauce aux fruits de la passion, encornet, avocat et pamplemousse	• Cabillaud, fricassée de cèpes, cocos de Paimpol et jus de veau	• Poire pochée, velours de safran, biscuit frangipane et sorbet poire
• Huîtres en nage chaude à l'échalote	• Quasi de veau cuit à la ficelle, gnocchis au parmesan et légumes de saison	• Mangue fraîche et compotée, tuile et sorbet au lait de coco

---

Symboles d'équipements et de services

🌿	Table en extérieur
🍽	Ouvert tard le soir
🍷	Belle carte des vins
≼	Vue agréable
🌳	Parc ou jardin
⚙	Aménagements pour personnes handicapées
[AIC]	Air conditionné
✧	Salon privé
🚗	Voiturier
[P]	Parking
⊘	Carte de crédit non acceptée

... Et autour de Paris

Essonne
✉ 91

CORBEIL-ESSONNES
✉ 91100 – 41 666 hab – Plan: **C3**
▶ Paris 36 km – Carte Michelin **101** 37

Aux Armes de France
& ♨ ♥ ♟

*1 bd Jean-Jaurès – ℰ 01 60 89 27 10 –
www.aux-armes-de-france.fr
– Fermé de fin juillet à début août, dimanche et lundi*
Menu 37 € ♓ ♟ (déjeuner en semaine), 42/48 €
Il souffle comme un vent de fraîcheur sur cet ancien relais de
poste tenu par un jeune chef passé par plusieurs maisons
étoilées. Au menu : des recettes généreuses en saveurs,
à l'image de ces macaronis farcis au foie gras et céleri-rave,
gratinés au parmesan. Ambiance feutrée, accueil charmant.

CROSNE
✉ 91560 – 9 097 hab – Plan: **C3**
▶ Paris 23 km – Carte Michelin **101** 37

La Maison du Pressoir
♨ ♥

*34 av. Jean-Jaurès – ℰ 01 69 06 49 83 –
www.lamaisondupressoir.fr*
... mardi

Le Clos des Gourmets ♟   **7e**

M o d e r n e   B
16 av. Rapp
ℰ 01 45 51 75 61
www.closdesgourmets.com
Ⓜ Alma Marceau
Fermé 1er-25 août, dimanche et lundi

Menu 30 € (déjeuner), 34/38 € – Carte 40/60 €   ✗

L'adresse n'a pas volé son nom ! Côté clos, une belle salle habillée
de boiseries peintes en blanc, relevée de panneaux gris ou bruns,
avec des tables bien dressées et une véranda. Simplicité, élégance,
chaleur : de tels clos, on en cultiverait beaucoup ! Côté gourmets,
le style du chef, Arnaud Pitrois, se reconnaît sans hésitation. Tirant
profit des leçons de ses maîtres (Guy Savoy, Christian Constant,
Éric Frechon, etc.), il élabore une cuisine personnelle, inventive
et pleine de parfums : persillé de lapin en gelée parfumée à
l'estragon, poulette du Gers rôtie et ses pommes grenaille, tête de
cochon croustillante à la vinaigrette d'herbes, fenouil confit aux
épices douces et son sorbet citron. Et le chapitre n'est pas clos...

Les Cocottes ♟   Ⓝ

T r a d i t i o n n e l l e   B2
135 r. St-Dominique
www.maisonconstant.com
Ⓜ École Militaire

Formule 23 € – Menu 28 € – Carte 26/55 €   ✗

Le concept imaginé par Christian Constant, dans le sillage des
autres adresses de son fief gourmand (entendez par là la rue
St-Dominique) ? Des cocottes ! Version Staub, en fonte gris
anthracite, servies dans un décor à part : ni resto ni bistrot, le
lieu s'organise autour d'un comptoir tout en longueur, très stylé
avec ses tabourets haut perchés et son design épuré. À la carte de
ce concept de "snacking" convivial, de bons petits plats mijotés :
velouté de légumes d'autrefois, terrine de campagne, pommes
de terre caramélisées farcies au pied de porc, pigeon fermier rôti
à l'ail... Côté vins, une grande ardoise située au-dessus du bar
annonce les réjouissances. L'adresse n'a pas de téléphone : on
s'invite sans réserver, à la bonne franquette.

Panneaux explicatifs

Les localités
- Code postal.
- Nombre d'habitants.
- Repérage sur la carte en début de section, et sur la carte Michelin n°101 (coordonnées de carroyage).
- Distance depuis Paris.

Repérez votre adresse en un "flash" !
Avec votre smartphone, flashez sur le QR code pour situer en un clin d'œil votre restaurant sur un plan !

♨ Bib Gourmand
Bonne table à prix modérés : menu (entrée, plat, dessert) à moins de 36 €

♥ Nouveau !
Etablissement nouveau dans le guide

Choisir sa table
Type de cuisine

Informations pratiques
Nom, adresse, téléphone, site web et station de métro pour chaque établissement

Prix
Menus - à la carte
♓ boisson comprise

Paris pratique

QUAND VENIR À PARIS

Les fêtes de fin d'année, Pâques et la saison estivale attirent les touristes à Paris. Même phénomène lors des grands salons professionnels (voir encadré). Il est donc prudent de réserver son séjour longtemps à l'avance. Bon à savoir, certains hôtels proposent des tarifs promotionnels sur leur site Internet.

CIRCULER DANS PARIS

➜ Métro et bus

Le métro reste le meilleur moyen de se déplacer dans Paris pour être à l'heure à ses rendez-vous. Les 14 lignes de métro fonctionnent entre 5h30 et 00h45 (01h45 vendredi, samedi et veille de fêtes). Les touristes préféreront le réseau de bus pour profiter de l'animation urbaine. La nuit, les bus

Noctiliens prennent le relais. Horaires, titres de transport et itinéraires sur www.ratp.fr et www.transilien.com

➜ Taxi !

On peut prendre un taxi soit directement à l'une des nombreuses stations, soit les héler dans la rue – les véhicules libres se repèrent à leur plaque verte ou blanche allumée –, soit appeler l'une des sociétés de taxis suivantes :

Alpha Taxis, ✆ 01 45 85 85 85
Les Taxis Bleus, ✆ 3609
Taxis G7, ✆ 3607

➜ En voiture

Se déplacer en voiture à Paris ? A condition d'avoir une bonne dose de patience et de prendre quelques précautions, comme par exemple, évitez les heures de pointe et consultez l'état du trafic : www.viamichelin.fr ou www.sytadin.tm.fr ou www.bison-fute.equipement.gouv.fr ou www.infotrafic.com

Les horodateurs n'acceptent pas les pièces de monnaie. Il vous faut donc acheter une Paris-Carte, en vente dans presque tous les bureaux de tabac et dans certains points de vente presse, ou bien utiliser la carte Monéo.

Trouver un parking :

www.infoparking.com ou www.parkingsdeparis.com

▶ *FOIRES ET SALONS*

Salon International de l'Agriculture, *Porte de Versailles, 21 février-1er mars.*

Salon du Livre, *Porte de Versailles, 20-23 mars.*

Foire de Paris, *Porte de Versailles, 29 avril-10 mai.*

Maison et Objet, *Paris-Nord Villepinte, 4-8 septembre.*

Salon Nautique, *Porte de Versailles, 4-13 décembre.*

En cas de disparition de votre véhicule, contactez d'abord la Fourrière : Préfecture de Police, ☎ 0891 01 22 22.

➜ À vélo ou en auto...

Velib' - Sport ou transport ? Avec le vélo, on combine les deux ! Grâce à la présence de pistes cyclables et à Vélib', le système de location de vélo en libre service, il est possible de circuler à Paris à vélo. Pour une somme modique, vous pouvez emprunter un vélo dans l'une des nombreuses stations aménagées partout et le redéposer dans une autre. Utilisez la carte Michelin n°61 Paris Velib' ou rendez-vous sur www.velib.paris.fr (☎ 01 30 79 79 30).

Autolib' - Après le succès de Vélib', la version auto est née au cours de l'été 2009. Le principe est assez proche : le conducteur s'abonne (durée de 1 jour à 1 an suivant ses besoins), il réserve sa Bleucar, l'emprunte dans l'une des nombreuses stations réparties sur 46 communes, circule en Île-de-France, puis ramène le véhicule électrique dans la station de son choix. Plus détails sur www.autolib.eu/fr

VIVRE PARIS

➜ Musées & monuments

En règle générale, les musées nationaux sont fermés le mardi, ceux de la Ville de Paris le lundi. Par ailleurs, les grands musées restent ouverts

▶ PLACES DISCOUNT

www.ticketac.com et www. billetreduc.com recensent une sélection de spectacles à prix réduits. Pensez aussi aux kiosques de la place de la Madeleine et de l'Esplanade de la Tour Montparnasse, qui vendent des places de théâtre à moitié prix pour le jour même.

jusqu'à 21h au moins une fois par semaine (tous les jours sauf le mardi pour le Centre Georges Pompidou).

Pour gagner du temps, sachez que la carte Musées et monuments (1,3 ou 5 jours) sert de coupe-file ; on peut également acheter à l'avance son billet pour le Louvre et de nombreux autres musées (TicketNet, Fnac, grands magasins, etc.). Le billet combiné RATP-Louvre (en vente dans certaines stations de métro et les Offices de Tourisme de Paris) permet un accès prioritaire aux collections permanentes.

Office du Tourisme et des Congrès de Paris : www.parisinfo.com

➜ Balades...

Open Tour (bus à impériale), ☎ 01 42 66 56 56 ou www. parislopentour.com

Paris City Vision, ☎ 01 42 60 30 01 ou www.pariscityvision.com.fr

Batobus (descente et montée possibles à chaque escale), ☎ 0 825 05 01 01, ou www.batobus.com

Bateaux parisiens, ☎ 0 825 01 01 01 ou www.bateauxparisiens.com

Vedettes du Pont Neuf,
📞 01 46 33 98 38 ou www.vedettesdupontneuf.fr
Les Bateaux-Mouches, 📞 01 42 25 96 10 ou www.bateaux-mouches.fr

→ Sortir

Côté spectacles, la programmation parisienne est aussi dense qu'éclectique : des lieux les plus mythiques aux salles les plus intimes, chaque soir la «ville Lumière» lève le rideau sur une multitude de représentations théâtrales, d'opéras, de ballets et de concerts. Pour ne citer qu'eux : l'Opéra-Bastille, l'Opéra national de Paris Palais Garnier, la salle Pleyel, le Casino de Paris, la Cigale, le Bataclan, le Palais des Congrès de Paris, le New Morning, le Zenith de Paris, l'Olympia, les Folies Bergère, le Lido, le Moulin Rouge, Le Paradis Latin, etc.

→ Shopping

Les magasins parisiens sont habituellement ouverts du lundi au samedi, de 9h à 19h, ou 20h pour les grands magasins (Bon Marché, Galeries Lafayette, Printemps) ; ainsi que le dimanche dans certains quartiers touristiques. Les boutiques gourmandes sont souvent fermées le lundi, mais ouvertes le dimanche matin.

Chaque semaine, près de 70 marchés animent les rues et les halles parisiennes. Jours et horaires sur www.paris.fr

→ Se restaurer

Si brasseries et bistrots demeurent emblématiques de la restauration parisienne, la capitale fourmille d'autres bonnes adresses, de la table simple à la plus grande, et dans tous les styles de cuisine. Les meilleures adresses, à tous les prix, sont justement réunies dans ce guide, et les index thématiques vous aideront à choisir celle que vous recherchez, suivant votre envie, votre humeur... ou la circonstance. Bon appétit !

▶ *SANTÉ ET URGENCES*

Numéro d'urgence, 📞 112
Police-secours, 📞 17
Pompiers, 📞 18 • Samu, 📞 15
SOS Médecin, 📞 3624
Centre anti-poison (hôpital Fernand-Widal), 📞 01 40 05 48 48
SOS dentaire, 📞 01 43 37 51 00
Pharmacies 24h/24 :
84 av. des Champs-Élysées, 8e, 📞 01 45 62 02 41
6 pl. de Clichy, 9e 📞 01 48 74 65 18
6 pl. Félix-Eboué, 12e, 📞 01 43 43 19 03

▶ *AUTRES NUMÉROS UTILES*

Objets trouvés, 📞 0 821 00 25 25
Perte/vol carte Visa, 📞 0 892 705 705
Perte/vol carte Master Card, 📞 0 800 90 13 87
Perte/vol carte American Express, 📞 01 47 77 72 00
Poste du Louvre, ouverte 24h/24, 52 rue du Louvre, 📞 3631

J. Palut/Fotolia.com

Index thématiques

Index alphabétique des restaurants

Index alphabétique des restaurants

21

Les tables étoilées

Une bonne cuisine dans sa catégorie, Mérite le détour, Vaut le voyage : la simple définition des étoiles – une, deux ou trois – dit tout. Ou presque. Et ce depuis que le guide MICHELIN a lancé l'idée, il y a déjà des décennies, de distinguer les meilleurs restaurants par des "étoiles de bonne table".

Partant du principe qu'il "n'existe qu'une cuisine : la bonne", tous les styles culinaires peuvent sans restriction prétendre aux récompenses attribuées par les inspecteurs du guide, explorateurs anonymes à la fourchette et aux papilles éprouvées. Leurs invariables critères ? La qualité des produits, la maîtrise des cuissons et des saveurs, la constance de la prestation et la personnalité des préparations.

Parmi les capitales de la gastronomie, Paris occupe une place de choix tant les tentations gourmandes y sont nombreuses. Variées et changeantes, aussi. Vous avez vous-même apprécié un restaurant ou découvert un nouveau talent ? Vous adhérez à nos choix ou vous restez sceptique ? N'hésitez pas à nous en faire part : le courrier de nos lecteurs nous est précieux.

▶N... comme "nouveau", pour repérer les établissements bénéficiant d'une nouvelle distinction.

Une cuisine exceptionnelle : cette table vaut le voyage.

On y mange toujours très bien, parfois merveilleusement....

L'Ambroisie -4e	𝖷𝖷𝖷𝖷	120
Arpège -7e	𝖷𝖷𝖷	178
Astrance -16e	𝖷𝖷𝖷	368
Épicure au Bristol -8e	𝖷𝖷𝖷𝖷𝖷	225
Guy Savoy -17e	𝖷𝖷𝖷𝖷	412
Le Meurice Alain Ducasse -1er	𝖷𝖷𝖷𝖷𝖷	78
Pavillon Ledoyen -8e **N**	𝖷𝖷𝖷𝖷𝖷	239
Pierre Gagnaire -8e	𝖷𝖷𝖷𝖷	242
Le Pré Catelan -16e	𝖷𝖷𝖷𝖷𝖷	384

Une cuisine excellente : cette table mérite un détour.

Akrame -16e	𝖷𝖷	366	Le Grand Véfour -1er	𝖷𝖷𝖷𝖷	72
Alain Ducasse			Jean-François Piège -7e	𝖷𝖷	196
au Plaza Athénée -8e **N**	𝖷𝖷𝖷𝖷𝖷	210	Michel Rostang -17e	𝖷𝖷𝖷𝖷	416
L'Atelier de Joël Robuchon -			Passage 53 -2e	𝖷𝖷	101
Étoile -8e	𝖷	214	Sur Mesure par		
L'Atelier de Joël Robuchon -			Thierry Marx -1er	𝖷𝖷𝖷	83
St-Germain -7e	𝖷	179	La Table		
Carré des Feuillants -1er	𝖷𝖷𝖷𝖷	67	du Lancaster -8e **N**	𝖷𝖷𝖷	246
Le Cinq -8e	𝖷𝖷𝖷𝖷𝖷	219	Taillevent -8e	𝖷𝖷𝖷𝖷𝖷	247
Gordon Ramsay					
au Trianon -Versailles	𝖷𝖷𝖷𝖷	490			

Une très bonne cuisine dans sa catégorie.

L'Abeille -16e	𝖷𝖷𝖷𝖷	364	Au Trou Gascon -12e	𝖷𝖷	304
Agapé -17e	𝖷𝖷	400	Le Baudelaire -1er	𝖷𝖷𝖷	64
Aida -7e	𝖷	177	Benoit -4e	𝖷𝖷	122
L'Angélique -Versailles	𝖷𝖷	489	Le Camélia -Bougival	𝖷𝖷	484
Antoine -16e	𝖷𝖷𝖷	367	Le Céladon -2e	𝖷𝖷𝖷	93
Apicius -8e	𝖷𝖷𝖷𝖷	212	114, Faubourg -8e	𝖷𝖷	216
L'Arôme -8e	𝖷𝖷	213	Le Chiberta -8e	𝖷𝖷𝖷	218
Auberge des Saints Pères -			Le Chiquito -		
Aulnay-sous-Bois	𝖷𝖷𝖷	472	Méry-sur-Oise	𝖷𝖷𝖷	482
Au Comte de Gascogne -			Les Climats -7e **N**	𝖷𝖷	186
Boulogne-Billancourt	𝖷𝖷𝖷	459	Cobéa -14e	𝖷𝖷𝖷	327
Auguste -7e	𝖷𝖷	181	Le Corot -Ville-d'Avray	𝖷𝖷𝖷	469

La Dame de Pic -1er	✗✗	70
David Toutain -7e N	✗✗	189
Le Diane -8e	✗✗✗	223
Dominique Bouchet -8e	✗✗	224
ES -7e	✗✗	190
L'Escarbille -Meudon	✗✗	464
etc... -16e	✗✗	372
Les Fables de La Fontaine -7e	✗	191
La Fourchette du Printemps -17e	✗	409
Frédéric Simonin -17e	✗✗	410
Garance -7e N	✗✗	193
Gaya Rive Gauche par Pierre Gagnaire -7e	✗	194
Goust d'Enrico Bernardo -2e	✗✗✗	97
La Grande Cascade -16e	✗✗✗✗	374
Helen -8e N	✗✗✗	228
Hélène Darroze -6e	✗✗✗	158
Hiramatsu -16e	✗✗✗✗	375
Il Carpaccio -8e	✗✗	229
Il Vino d'Enrico Bernardo -7e	✗✗	195
Itinéraires -5e	✗✗	137
Jacques Faussat - La Braisière -17e	✗✗	413
Jean -9e	✗✗	260
Jin -1er	✗	73
Le Jules Verne -7e	✗✗✗	197
Kei -1er	✗✗✗	74
Lasserre -8e	✗✗✗✗	230
Laurent -8e	✗✗✗✗	231
MaSa - Boulogne-Billancourt	✗✗	460
Okuda -8e	✗✗	237
Penati al Baretto -8e N	✗✗	240
Le Pergolèse -16e	✗✗✗	382
Pur' - Jean-François Rouquette -2e	✗✗✗	104
Le Quinzième - Cyril Lignac -15e	✗✗✗	357
Qui plume la Lune -11e	✗	295
Rech -17e	✗✗✗	419
Relais d'Auteuil -16e	✗✗✗	386
Relais Louis XIII -6e	✗✗✗	163
Le Restaurant -6e	✗✗	164
St-James Paris -16e	✗✗✗✗	389
La Scène -8e	✗✗✗	244
Septime -11e	✗	296
Le Sergent Recruteur -4e	✗✗	127
Shang Palace -16e	✗✗✗	387
Sola -5e	✗	142
La Table des Blot - Auberge du Château -Dampierre-en-Yvelines	✗✗✗	485
La Table d'Eugène -18e N	✗✗	430
Les Tablettes de Jean-Louis Nomicos -16e	✗✗✗	391
Tastevin - Maisons-Laffitte	✗✗✗	486
La Tour d'Argent -5e	✗✗✗✗	144
Le 39V -8e	✗✗	248
La Truffière -5e	✗✗	145
Le Village - Marly-le-Roi	✗✗	487
Le Violon d'Ingres -7e	✗✗	204
Yam'Tcha -1er	✗	84
Ze Kitchen Galerie -6e	✗	171

Bib Gourmand

Repas soignés à prix modérés (menus jusqu'à 36 €).

▶ **N**... comme "nouveau", pour repérer les nouveaux établissements bénéficiant de la distinction.

1er arrondissement

Café des Abattoirs **N**	⅄	66
Zen	⅄	82

2e arrondissement

Circonstances **N**	⅄	94
Pascade **N**	⅄	100

5e arrondissement

Aux Verres de Contact	⅄	134
Bibimbap	⅄	134
Bistro des Gastronomes	⅄	135
Kokoro **N**	⅄	136
Ribouldingue	⅄	141

6e arrondissement

Atelier Vivanda **N**	⅄	151
La Maison du Jardin	⅄	160
La Marlotte	⅄	161

7e arrondissement

Au Bon Accueil	⅄⅄	180
Chez les Anges	⅄⅄	185
Le Clos des Gourmets	⅄	187
Les Cocottes	⅄	187
La Laiterie		
Sainte Clotilde	⅄	198
Pottoka	⅄	200

8e arrondissement

Chez Cécile - La Ferme des Mathurins	⅄	217
Mandoobar **N**	⅄	233
Pomze	⅄	241

9e arrondissement

Les Affranchis	⅄	254
Braisenville **N**	⅄	255
Les Canailles	⅄	256
L'Office	⅄	263
Oka **N**	⅄	264
Le Pantruche	⅄	265
Le Pré Cadet	⅄	266

10e arrondissement

Chez Marie-Louise	⅄	276
Chez Michel **N**	⅄	276

11e arrondissement

Auberge Pyrénées Cévennes	⅄	287
Caffé dei Cioppi	⅄	289
Mansouria	⅄⅄	293
Tintilou	⅄	299
Villaret	⅄	299

12e arrondissement

Il Goto	⅄	306

13e arrondissement

Impérial Choisy	⅄	315
L'Ourcine	⅄	317
Pho Tai **N**	⅄	317
Tempero **N**	⅄	318

14e arrondissement

La Cantine du Troquet	⅄	325
Le Cornichon	⅄	328
L'Essentiel	⅄	330

Menus
à moins de 30 €

19 ème arrondissement

20e arrondissement

Autour de Paris

Menus à moins de 30 €

Restaurants par type de cuisine

Basque

Pottoka -7ᵉ	✕ 🍴	200

Bretonne

L'Auberge du Roi Gradlon - 13ᵉ	✕✕	312
Breizh Café -3ᵉ	✕	113

Chinoise

L'Ambassade de Pékin - Saint-Mandé	✕✕	478
Chen Soleil d'Est -15ᵉ	✕✕	345
Diep -8ᵉ	✕✕	222
Foc Ly - Neuilly-sur-Seine	✕✕	465
Impérial Choisy -13ᵉ	✕ 🍴	315
Mer de Chine -13ᵉ	✕	316
Mirama -5ᵉ	✕	139
Passy Mandarin La Muette - 16ᵉ	✕	381
Passy Mandarin Palais Royal - 2ᵉ	✕✕	102
Shang Palace -16ᵉ	✕✕✕ ✿	387
Taokan -6ᵉ	✕	167
Tsé Yang -16ᵉ	✕✕✕	392
Le Vraymonde -8ᵉ	✕✕✕	249

Classique

L'Ambroisie -4ᵉ	✕✕✕✕ ✿✿✿	120
Apicius -8ᵉ	✕✕✕✕ ✿	212
L'Assiette -14ᵉ	✕	324
Benoit -4ᵉ	✕✕ ✿	122
Bonne Franquette - Janvry	✕✕	455
Caméléon d'Arabian -6ᵉ	✕✕	153
Cazaudehore -Saint-Germain- en-Laye	✕✕✕	488
Le Chiquito - Méry-sur-Oise	✕✕✕	482
Les Coulisses Vintage -9ᵉ	✕	257
Les Étoiles - Roissy-en-France	✕✕✕	483
Fouquet's -8ᵉ	✕✕✕	226

La Gueulardière -

La Gueulardière - Ozoir-la-Ferrière	✕✕✕	470
Hostellerie du Nord - Auvers-sur-Oise	✕✕✕	481
Les Jardins de Camille - Suresnes	✕✕	468
Lasserre -8ᵉ	✕✕✕✕ ✿	230
Laurent -8ᵉ	✕✕✕✕ ✿	231
La Mare au Diable - Le Plessis-Picard	✕✕	471
Le Meurice Alain Ducasse - 1ᵉʳ	✕✕✕✕ ✿✿✿	78
Michel Rostang -17ᵉ	✕✕✕✕ ✿✿	416
Pavillon Henri IV -Saint-Germain- en-Laye	✕✕✕	488
Quincy -12ᵉ	✕	306
Relais Louis XIII -6ᵉ	✕✕✕ ✿	163
Taillevent -8ᵉ	✕✕✕✕ ✿✿	247
Tastevin - Maisons-Laffitte	✕✕✕ ✿	486
La Tour d'Argent -5ᵉ	✕✕✕✕ ✿	144
Vin sur Vin -7ᵉ	✕✕	203

Corse

La Villa Corse Rive Droite -16ᵉ	✕	393
La Villa Corse Rive Gauche -15ᵉ	✕✕	359

Coréenne

Bibimbap -5ᵉ	✕ 🍴	134
Gwon's Dining -15ᵉ	✕	351
Mandoobar -8ᵉ	✕ 🍴	233
Shin Jung -8ᵉ	✕	245

Créative

Afaria -15ᵉ	✕	340
Akrame -16ᵉ	✕✕ ✿✿	366
Alain Ducasse au Plaza Athénée -8ᵉ	✕✕✕✕ ✿✿✿	210
Arpège -7ᵉ	✕✕✕ ✿✿✿	178
Astrance -16ᵉ	✕✕✕ ✿✿✿	368
L'Atelier de Joël Robuchon - Étoile -8ᵉ	✕ ✿✿	214

L'Atelier de Joël Robuchon - St-Germain -7ᵉ 179
Auberge des Saints Pères - Aulnay-sous-Bois 472
L'Audacieux - Levallois-Perret 464
Bon -16ᵉ 369
Caïus -17ᵉ 403
Chamarré Montmartre - 18ᵉ 427
Le Chiberta -8ᵉ 218
Le Clos Y -15ᵉ 346
Le Concert de Cuisine -15ᵉ 346
La Dame de Pic -1ᵉʳ 70
Garance -7ᵉ 193
Gordon Ramsay au Trianon - Versailles 490
Le Grand Véfour -1ᵉʳ 72
Guy Savoy -17ᵉ 412
Jean -9ᵉ 260
KGB -6ᵉ 159
Les Magnolias - Le Perreux-sur-Marne 477
Makassar -17ᵉ 415
MaSa - Boulogne-Billancourt 460
1728 -8ᵉ 235
Passage 53 -2ᵉ 101
Pierre Gagnaire -8ᵉ 242
Le Pré Catelan -16ᵉ 384
Pur' - Jean-François Rouquette -2ᵉ 104
Le Sergent Recruteur -4ᵉ 127
Spring -1ᵉʳ 82
Sur Mesure par Thierry Marx -1ᵉʳ 83
Tempero -13ᵉ 318
Toyo -6ᵉ 168
Verre Chez Moi - Deuil-la-Barre 481
Yam'Tcha -1ᵉʳ 84
Ze Kitchen Galerie -6ᵉ 171

Créole

L'Heureux Père - Saint-Cloud 467

Danoise

Copenhague -8ᵉ 220
La Petite Sirène de Copenhague -9ᵉ 266

Du sud-ouest

Au Trou Gascon -12ᵉ 304
La Cerisaie -14ᵉ 326
D'Chez Eux -7ᵉ 188
Lou Tíap -20ᵉ 445
La Table d'Antan -Sainte-Geneviève-des-Bois 456

Espagnole

Fogón -6ᵉ 157
Rosimar -16ᵉ 385

Flamande

Graindorge -17ᵉ 411

Grecque

Bistrot Mavrommatis -1ᵉʳ 65
Les Délices d'Aphrodite -5ᵉ 136
Mavrommatis -5ᵉ 139

Indienne

Gwadar -1ᵉʳ 71
Ratn -8ᵉ 243
Yugaraj -6ᵉ 170

Italienne

L'Altro -6ᵉ 151
Baffo -4ᵉ 121
Bistro d'Italie -17ᵉ 401
Caffé dei Cioppi -11ᵉ 289
Les Cailloux -13ᵉ 314
Casa Bini -6ᵉ 153
Le Cherche Midi -6ᵉ 154
Ciasa Mia -5ᵉ 135
Comptoir Gourmet -4ᵉ 124
Conti -16ᵉ 370
Crudus -1ᵉʳ 68
Fontanarosa -15ᵉ 350
Giova -17ᵉ 408
I Ghiotti -17ᵉ 411
I Golosi -9ᵉ 259
Il Carpaccio -8ᵉ 229
Il Goto -12ᵉ 306
Il Gusto Sardo -16ᵉ 373
Il Piccolino -8ᵉ 227
Marco Polo -6ᵉ 161
Mori Venice Bar -2ᵉ 99
Nolita -8ᵉ 236

Restaurants par type de cuisine

Jacques Faussat - La Braisière - 17e XX ✿ 413
Les Jalles - Bistrot Bordelais - 2e XX 98
Le Jeu de Quilles - 14e X 332
Kigawa - 14e X 332
La Laiterie Sainte Clotilde - 7e X ☺ 198
Lazare - 8e XX 232
Lescure - 1er X 76
Ma Cocotte - Saint-Ouen X 474
La Maison du Jardin - 6e X ☺ 160
Mamou - 9e X 262
Le Marcigny - Viry-Châtillon X 456
La Marlotte - 6e X ☺ 161
Miroir - 18e X ☺ 428
Mon Vieil Ami - 4e X 126
Moulin d'Orgeval - Orgeval XX 487
Le Mûrier - 15e X 354
L'Ordonnance - 14e X 333
L'Os à Moelle - 15e X 355
Oudino - 7e X 199
L'Ourcine - 13e X ☺ 317
Palais Royal - 1er XX 79
Les Papilles - 5e X 141
Pavillon de la Tourelle - Vanves XXX 468
Le Percolateur - 8e X 238
La Petite Auberge - Asnières-sur-Seine XX ☺ 458
La Petite Marmite - Livry-Gargan XX 473
Le Petit Pergolèse - 16e X 383
Les Petits Plats - 14e X 334
Le Petit Verdot du 17ème - 17e X ☺ 417
Le Petit Vingtième - 20e X 446
Philou - 10e X 279
Pierrot - 2e X 102
Pirouette - 1er X 80
Le Pré Cadet - 9e X ☺ 266
Le Pré Carré - 17e XX 418
Le P'tit Troquet - 7e X 201
La Pulpéria - 11e X 294
Quedubon - 19e X 437
La Régalade - 14e X 335
La Régalade St-Honoré - 1er X 80
Le Relais Plaza - 8e XX 243
Restaurant du Marché - 15e X 356
Ribouldingue - 5e X ☺ 141
La Rotonde - 6e XX 165
Le St-Joseph - La Garenne-Colombes X ☺ 463
St-Martin - Triel-sur-Seine X 489
Les Saisons - 9e X 268
Le 7 à Issy - Issy-les-Moulineaux XX 463
La Table Lauriston - 16e X 390
Le Tablier Rouge - 20e X 447
Tante Louise - 8e XX 245
Tante Marguerite - 7e XX 202
Le Temps au Temps - 11e X 298
Terroir Parisien - Maison de la Mutualité - 5e X 143
Terroir Parisien - Palais Brongniart - 2e X 105
Le Timbre - 6e X 167
Le Tournesol - 16e X 392
Les Trois Marmites - Courbevoie X 462
Le Troquet - 15e X ☺ 358
Variations - 13e X 319
Vaudeville - 2e XX 106
Les Vignes Rouges - Hérouville X 481
Le Vilgacy - Gagny XX 472
Villaret - 11e X ☺ 299
Le Violon d'Ingres - 7e XX ✿ 204
Wadja - 6e X 169
Zinc Opéra - 2e XX 107

Viandes et grillades

L'A.O.C. - 5e X 132
Atelier Vivanda - 6e X ☺ 151
Atelier Vivanda - 16e X ☺ 365
Café des Abattoirs - 1er X ☺ 66
Le Grand Pan - 15e X 351
Severo - 14e X 335
La Tour - Versailles X 490

Vietnamienne

Lao Lane Xang 2 - 13e X 315
Le Lotus - 13e X 316
Le Palanquin - 17e X 415
Pho Tai - 13e X ☺ 317
La Table du Vietnam - 7e X 201

Le plat que vous recherchez

Andouillette

Auberge Pyrénées Cévennes -11ᵉ	X 🐾	287
Au Bourguignon du Marais -4ᵉ	X	121
Au Moulin à Vent -5ᵉ	X	133
Le Bistrot - Boulogne-Billancourt	X	459
Brasserie Gallopin -2ᵉ	XX	92
Fontaine de Mars -7ᵉ	X	192
Le Gorgeon - Boulogne-Billancourt	X	460
Lazare -8ᵉ	XX	232
La Marlotte -6ᵉ	X 🐾	161
Moissonnier -5ᵉ	X	140
La Tour -Versailles	X	490
Les Trois Marmites - Courbevoie	X	462

Boudin

L'A.O.C. -5ᵉ	X	132
Au Bascou -3ᵉ	X	112
Au Pouilly Reuilly - Le Pré-Saint-Gervais	X	474
D'Chez Eux -7ᵉ	XX	188
Fontaine de Mars -7ᵉ	X	192
Le Gorille Blanc -4ᵉ	X	125
La Marlotte -6ᵉ	X 🐾	161
Moissonnier -5ᵉ	X	140
Terroir Parisien - Maison de la Mutualité -5ᵉ	X	143
Les Trois Marmites - Courbevoie	X	462

Bouillabaisse

Antoine -16ᵉ	XXX ✿	367
Le Dôme -14ᵉ	XXX	329
Marius -16ᵉ	XX	379
La Méditerranée -6ᵉ	XX	162

Cassoulet

L'Assiette -14ᵉ	X	324

Andouillette

Auberge Pyrénées Cévennes -11ᵉ	X 🐾	287
Au trou Gascon -12ᵉ	XX ✿	304
Benoit -4ᵉ	XX ✿	122
D'Chez Eux -7ᵉ	XX	188
Lou Tíap -20ᵉ	X	445
Quincy -12ᵉ	X	306
La Table d'Antan -Sainte-Geneviève-des-Bois	XX 🐾	456
Le Violon d'Ingres -7ᵉ	XX ✿	204

Choucroute

Bofinger -4ᵉ	XX	123
La Coupole -14ᵉ	XX	329

Confit

L'A.O.C. -5ᵉ	X	132
Auberge Pyrénées Cévennes -11ᵉ	X 🐾	287
D'Chez Eux -7ᵉ	XX	188
Fontaine de Mars -7ᵉ	X	192
Le Gorille Blanc -4ᵉ	X	125
Lescure -1ᵉʳ	X	76
Pierrot -2ᵉ	X	102
La Table d'Antan -Sainte-Geneviève-des-Bois	XX 🐾	456

Coq au vin

Auberge Ravoux - Auvers-sur-Oise	X	480
Le Coq de la Maison Blanche - Saint-Ouen	XX	474

Escargots

Allard -6ᵉ	X	150
L'Assiette -14ᵉ	X	324
Au Bourguignon du Marais -4ᵉ	X	121
Au Moulin à Vent -5ᵉ	X	133
Au Petit Riche -9ᵉ	XX	255
Au Pouilly Reuilly - Le Pré-Saint-Gervais	X	474
Benoit -4ᵉ	XX ✿	122

Brasserie Gallopin -2ᵉ	✗✗	92
Chez Monsieur -8ᵉ	✗	217
Le Marcigny -		
Viry-Châtillon	✗	456
La Tour -Versailles	✗	490
Vaudeville -2ᵉ	✗✗	106

Fromages

Astier -11ᵉ	✗	286

Grillade

L'A.O.C. -5ᵉ	✗	132
Au Moulin à Vent -5ᵉ	✗	133
Bofinger -4ᵉ	✗✗	123
La Coupole -14ᵉ	✗✗	329
Flandrin -16ᵉ	✗✗	373
Quincy -12ᵉ	✗	306
Severo -14ᵉ	✗	335
La Tour -Versailles	✗	490
Vaudeville -2ᵉ	✗✗	106

Soufflés

L'Assiette -14ᵉ	✗	324
Au Cœur de la Forêt -		
Montmorency	✗✗	482
Auguste -7ᵉ	✗✗ ✿	181
Au Petit Marguery -13ᵉ	✗✗	313
La Belle Époque -		
Châteaufort	✗✗✗	484
Le Cénacle -Tremblay-		
Vieux-Pays	✗✗	475

Le Clos de Sucy -		
Sucy-en-Brie	✗✗	478
La Cuisine de Philippe -6ᵉ	✗	155
Frédéric Simonin -17ᵉ	✗✗ ✿	410
Laurent -8ᵉ	✗✗✗✗ ✿	231
Le Pantruche -9ᵉ	✗ ☺	265
Relais d'Auteuil -16ᵉ	✗✗✗ ✿	386
Vin sur Vin -7ᵉ	✗✗	203
Le Violon d'Ingres -7ᵉ	✗✗ ✿	204

Tête de veau

Au Petit Marguery -13ᵉ	✗✗	313
Au Petit Riche -9ᵉ	✗✗	255
Au Pouilly Reuilly -		
Le Pré-Saint-Gervais	✗	474
Benoit -4ᵉ	✗✗ ✿	122
Caves Petrissans -17ᵉ	✗	404
Le Coq de la Maison Blanche -		
Saint-Ouen	✗✗	474
La Ferme de Voisins -		
Voisins-le-Bretonneux	✗✗	
Manufacture -		
Issy-les-Moulineaux	✗✗	463
La Petite Auberge -		
Asnières-sur-Seine	✗✗ ☺	458
Le Pré Cadet -9ᵉ	✗ ☺	266
Ribouldingue -5ᵉ	✗ ☺	141
Vaudeville -2ᵉ	✗✗	106

Tripes

Moissonnier -5ᵉ	✗	140
Ribouldingue -5ᵉ	✗ ☺	141

Tables en terrasse

Restaurants avec salons particuliers

Restaurants avec salons particuliers

Restaurants ouverts samedi et dimanche

Restaurants ouverts samedi et dimanche

1er arrondissement

L'Ardoise	✗	62
Au Rendez-vous des Camionneurs	✗	63
Café des Abattoirs	✗ ⊕	66
Camélia	✗✗	66
Le Dali	✗✗	69
Le First	✗✗	69
Kinugawa	✗✗	75
Kunitoraya	✗	75
Sanukiya	✗	81
Zen	✗ ⊕	82

2e arrondissement

Brasserie Gallopin	✗✗	92
Le Dorcia	✗	95
Drouant	✗✗✗	95
Mori Venice Bar	✗✗	99
Passy Mandarin Palais Royal	✗✗	102
Pur' - Jean-François Rouquette	✗✗✗ ✿	104
Vaudeville	✗✗	106

3e arrondissement

Ambassade d'Auvergne	✗✗	112
Beaucoup	✗	113
Breizh Café	✗	113
Des Gars dans la Cuisine	✗	114
Glou	✗	114
Pramil	✗	115

4e arrondissement

Benoit	✗✗ ✿	122
Bofinger	✗✗	123
Les Fous de l'Île	✗	124
Mon Vieil Ami	✗	126
Suan Thaï	✗	126

5e arrondissement

Bibimbap	✗ ⊕	134
Bistro des Gastronomes	✗ ⊕	135
Les Délices d'Aphrodite	✗	136
Lengué	✗	138
Lhassa	✗	138
Mirama	✗	139
Terroir Parisien - Maison de la Mutualité	✗	143

6e arrondissement

Alcazar	✗✗	150
Allard	✗	150
L'Altro	✗	151
Azabu	✗	152
Les Bouquinistes	✗✗	152
Casa Bini	✗	153
Le Chardenoux des Prés	✗	154
Le Cherche Midi	✗	154
Le Comptoir du Relais	✗	155
Fish La Boissonnerie	✗	157
Fogón	✗✗	157
Marco Polo	✗	161
La Méditerranée	✗✗	162
La Petite Cour	✗✗	162
La Rotonde	✗✗	165
Semilla	✗	165
La Société	✗✗	166
Taokan	✗	167
Tsukizi	✗	168
Un Dimanche à Paris	✗✗	169
Yugaraj	✗✗	170

7e arrondissement

Aida	✗ ✿	177
L'Atelier de Joël Robuchon - St-Germain	✗ ✿ ✿	179
Brasserie Thoumieux	✗✗	182
Café Constant	✗	183
Café de l'Esplanade	✗✗	183
Les Cocottes	✗ ⊕	187
Dar Lyakout	✗	188
D'Chez Eux	✗✗	188

Restaurant		Page
Les Fables de La Fontaine	✗ ✿	191
Fontaine de Mars	✗	192
Le Jules Verne	✗✗✗ ✿	197
Pottoka	✗ ☺	200
Le Violon d'Ingres	✗✗ ✿	204

8ᵉ arrondissement

Restaurant		Page
L'Atelier de Joël Robuchon - Étoile	✗ ✿✿	214
Les 110 de Taillevent	✗✗	215
Chez Monsieur	✗	217
Le Cinq	✗✗✗✗ ✿✿	219
La Cuisine au Royal Monceau	✗✗✗	221
Diep	✗✗	222
Épicure au Bristol	✗✗✗✗ ✿✿✿	225
Fouquet's	✗✗✗	226
Lazare	✗✗	232
Marius et Janette	✗✗	234
Mini Palais	✗✗	236
Okuda	✗✗ ✿	237
Pavillon Elysée Lenôtre	✗	238
Le Petit Marius	✗	241
Ratn	✗✗	243
Le Relais Plaza	✗✗	243
Shin Jung	✗	245
Le Vraymonde	✗✗✗	249

9ᵉ arrondissement

Restaurant		Page
Au Petit Riche	✗✗	255
Jean	✗✗ ✿	260
Le Lumière	✗✗	261
L'Opéra	✗✗	264
L'Oriental	✗	265

10ᵉ arrondissement

Restaurant		Page
Chez Casimir	✗	275

11ᵉ arrondissement

Restaurant		Page
Astier	✗	286
Auberge Flora	✗	286
Blue Valentine	✗	288
Le Chardenoux	✗✗	290
Clown Bar	✗	291
Manger	✗	292
Sassotondo	✗	294

12ᵉ arrondissement

Restaurant		Page
La Gazzetta	✗	306

13ᵉ arrondissement

Restaurant		Page
L'Auberge du Roi Gradlon	✗✗	312
Au Petit Marguery	✗✗	313
Basilic et Spice	✗	314
Les Cailloux	✗	314
Impérial Choisy	✗ ☺	315
Lao Lane Xang 2	✗	315
Le Lotus	✗	316
Mer de Chine	✗	316
Pho Tai	✗ ☺	317

14ᵉ arrondissement

Restaurant		Page
L'Assiette	✗	324
La Cagouille	✗	325
La Coupole	✗✗	329
Le Dôme	✗✗✗	329
L'Essentiel	✗ ☺	330
Kigawa	✗	332
Pavillon Montsouris	✗✗	334

15ᵉ arrondissement

Restaurant		Page
L'Ardoise du XV	✗	340
Axuria	✗	341
Benkay	✗✗✗	342
Bistro 121	✗	343
La Cantine du Troquet Dupleix	✗ ☺	344
Le Caroubier	✗✗ ☺	344
Le Clos Y	✗	346
Fontanarosa	✗✗	350
La Gauloise	✗✗	350
Gwon's Dining	✗	351

16ᵉ arrondissement

Restaurant		Page
Bon	✗✗	369
Flandrin	✗✗	373
La Grande Cascade	✗✗✗✗ ✿	374
Kura	✗	377
La Marée Passy	✗	378
Monsieur Bleu	✗✗	380
Passy Mandarin La Muette	✗	381
Shang Palace	✗✗✗ ✿	387

Restaurants ouverts samedi et dimanche

47

La Varenne-Saint-Hilaire
- Château des Îles   𝕏𝕩𝕏   479
Ville-d'Avray
- Le Café des Artistes   𝕏 🏵   469
- Le Corot   𝕏𝕩𝕏 ✿   469

Viry-Châtillon
- Le Marcigny   𝕏   456
Yerres
- Chalet du Parc   𝕏𝕏   457

Restaurants ouverts en août

1er arrondissement

L'Absinthe	✗	62
L'Ardoise	✗	62
Baan Boran	✗	63
Le Baudelaire	✗✗✗ ✿	64
Café des Abattoirs	✗ ☺	66
Camélia	✗✗	66
Le Dali	✗✗	69
Le First	✗✗	69
Gwadar	✗	71
Palais Royal	✗✗	79
Spring	✗	82

2e arrondissement

L'Apibo	✗	90
Bizan	✗	92
Brasserie Gallopin	✗✗	92
Le Dorcia	✗	95
Drouant	✗✗✗	95
Goust d'Enrico Bernardo	✗✗✗ ✿	97
Les Jalles - Bistrot Bordelais	✗✗	98
Liza	✗	98
Mori Venice Bar	✗✗	99
Noglu	✗	100
Pascade	✗ ☺	100
Passy Mandarin Palais Royal	✗✗	102
Pierrot	✗	102
Silk et Spice	✗	105
Terroir Parisien - Palais Brongniart	✗	105
Vaudeville	✗✗	106

3e arrondissement

Ambassade d'Auvergne	✗✗	112
Beaucoup	✗	113
Des Gars dans la Cuisine	✗	114
Glou	✗	114

4e arrondissement

Bofinger	✗✗	123
Les Fous de l'Île	✗	124
Le Gorille Blanc	✗	125
Mon Vieil Ami	✗	126
Suan Thaï	✗	126

5e arrondissement

Atelier Maître Albert	✗✗	133
Aux Verres de Contact	✗ ☺	134
Bibimbap	✗ ☺	134
Bistro des Gastronomes	✗ ☺	135
Ciasa Mia	✗	135
Les Délices d'Aphrodite	✗	136
Lhassa	✗	138
Mirama	✗	139
Ribouldingue	✗ ☺	141
La Truffière	✗✗ ✿	145

6e arrondissement

Alcazar	✗✗	150
Allard	✗	150
L'Altro	✗	151
Les Bouquinistes	✗✗	152
Casa Bini	✗	153
Le Chardenoux des Prés	✗	154
Le Cherche Midi	✗	154
Le Comptoir du Relais	✗	155
Fish La Boissonnerie	✗	157
Hélène Darroze	✗✗✗ ✿	158
Marco Polo	✗	161
La Méditerranée	✗✗	162
La Petite Cour	✗✗	162
La Rotonde	✗✗	165
La Société	✗✗	166

7e arrondissement

Arpège	✗✗✗ ✿✿✿	178
L'Atelier de Joël Robuchon - St-Germain	✗ ✿✿	179
Brasserie Thoumieux	✗✗	182
Café Constant	✗	183
Café de l'Esplanade	✗✗	183
Chez Graff	✗	185
Les Cocottes	✗ ☺	187
Dar Lyakout	✗	188
D'Chez Eux	✗✗	188
Les Fables de La Fontaine	✗ ✿	191
Fontaine de Mars	✗	192

Restaurants ouverts en août

51

Restaurants ouverts tard le soir

Heure de la dernière commande entre parenthèses

2e arrondissement

Brasserie Gallopin (0 h)	✗✗	92
Drouant (23 h30)	✗✗✗	95
La Fontaine Gaillon (23 h30)	✗✗	96
Mori Venice Bar (23 h30)	✗✗	99
Vaudeville (0 h)	✗✗	106

5e arrondissement

Atelier Maître Albert (23 h30)	✗✗	133

6e arrondissement

Alcazar (23 h30)	✗✗	150
Atelier Vivanda (23 h30)	✗ 🍴	151
La Rotonde (0 h30)	✗✗	165
La Société (0 h30)	✗✗	166

7e arrondissement

L'Atelier de Joël Robuchon - St-Germain (0 h)	✗ ❀❀	179
Brasserie Thoumieux (23 h30)	✗✗	182
Café de l'Esplanade (0 h30)	✗✗	183
Il Vino d'Enrico Bernardo (0 h)	✗✗❀	195

8e arrondissement

L'Atelier de Joël Robuchon - Étoile (0 h)	✗ ❀❀	214
Diep (0 h)	✗✗	222
Fouquet's (23 h30)	✗✗✗	226
Mini Palais (23 h30)	✗✗	236
Ratn (23 h30)	✗✗	243

9e arrondissement

Au Petit Riche (23 h30)	✗✗	255
L'Opéra (23 h30)	✗✗	264

10e arrondissement

Chez Michel (23 h30)	✗ 🍴	276

13e arrondissement

Mer de Chine (23 h30)	✗	316

14e arrondissement

La Coupole (23 h30)	✗✗	329

15e arrondissement

La Villa Corse Rive Gauche (23 h30)	✗✗	359

16e arrondissement

Atelier Vivanda (23 h30)	✗ 🍴	365
Monsieur Bleu (0 h)	✗✗	380
La Villa Corse Rive Droite (23 h30)	✗	393

Se restaurer à Paris

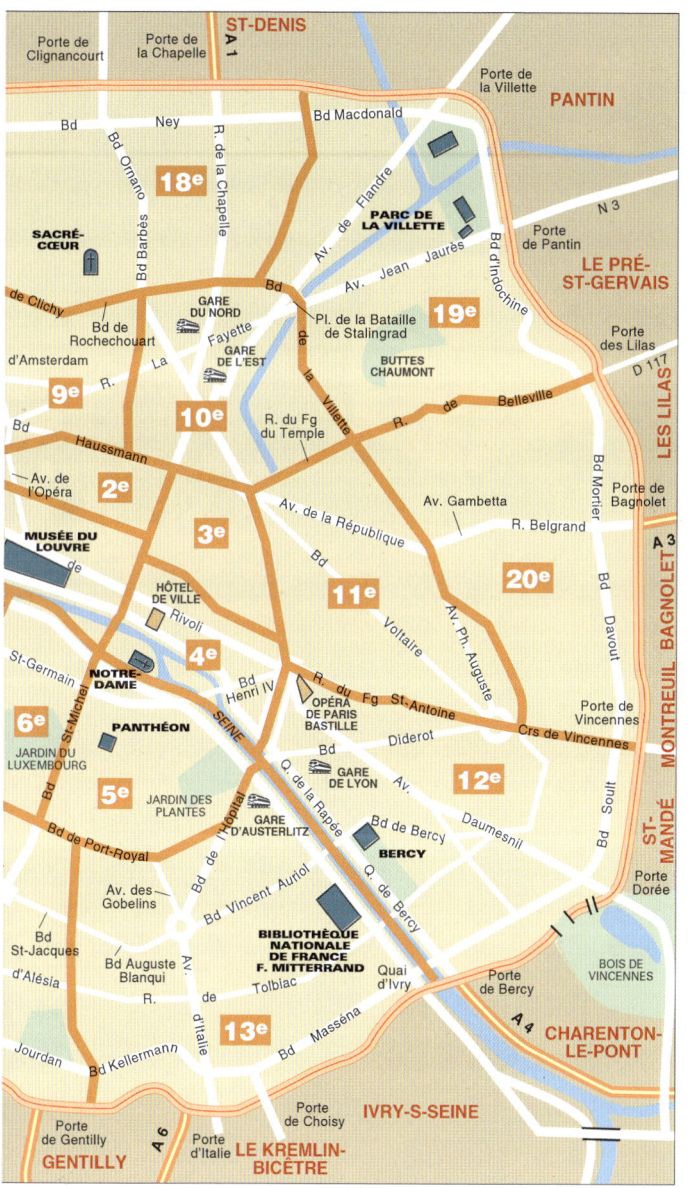

ST-DENIS

Porte de
Clignancourt

Porte de
la Chapelle

A 1

Porte de
la Villette

PANTIN

Bd

Ney

Bd Macdonald

N 3

Bd Ornano

R. de la Chapelle

18e

Av. de Flandre

PARC DE
LA VILLETTE

Porte
de Pantin

LE PRÉ-
ST-GERVAIS

SACRÉ-
CŒUR

Bd Barbès

Bd

Av. Jean Jaurès

Bd d'Indochine

de Clichy

GARE
DU NORD

Pl. de la Bataille
de Stalingrad

19e

Porte
des Lilas

LES LILAS

D 117

Bd de
Rochechouart

Fayette

GARE
DE L'EST

BUTTES
CHAUMONT

de la Villette

de

Belleville

d'Amsterdam

La

R.

9e

10e

R. du Fg
du Temple

R.

de

Bd

Haussmann

Av. de
l'Opéra

2e

3e

Av. de la République

Av. Gambetta

R. Belgrand

Bd Mortier

Porte de
Bagnolet

MONTREUIL

BAGNOLET

MUSÉE DU
LOUVRE

de

HÔTEL
DE VILLE

Rivoli

11e

Voltaire

20e

Bd

Av. Ph.-Auguste

Bd Davout

A 3

St-Germain

4e

St-Michel

NOTRE-
DAME

Bd
Henri IV

SEINE

R. du Fg St-Antoine

OPÉRA
DE PARIS
BASTILLE

Crs de Vincennes

Porte de
Vincennes

ST-
MANDÉ

6e

PANTHÉON

Bd

Diderot

Bd

GARE
DE LYON

Av.

12e

Bd Soult

Porte
Dorée

JARDIN DU
LUXEMBOURG

5e

JARDIN DES
PLANTES

Q. de la Rapée

GARE
D'AUSTERLITZ

Daumesnil

Bd de Port-Royal

Bd de Bercy

BERCY

Q. de Bercy

BOIS DE
VINCENNES

Av. des
Gobelins

Bd Vincent Auriol

BIBLIOTHÈQUE
NATIONALE
DE FRANCE
F. MITTERRAND

Porte
de Bercy

Bd
St-Jacques

Bd Auguste
Blanqui

Tolbiac

Quai
d'Ivry

d'Alésia

R.

de

d'Italie

13e

Bd Masséna

A 4

CHARENTON-
LE-PONT

Jourdan

Bd Kellermann

IVRY-S-SEINE

Porte
de Gentilly

A 6

Porte
de Choisy

GENTILLY

Porte
d'Italie

LE KREMLIN-
BICÊTRE

Palais-Royal · Louvre · Tuileries · Les Halles

H. Hughes / hemis.fr

Palais-Royal,
Louvre, Tuileries, Les Halles

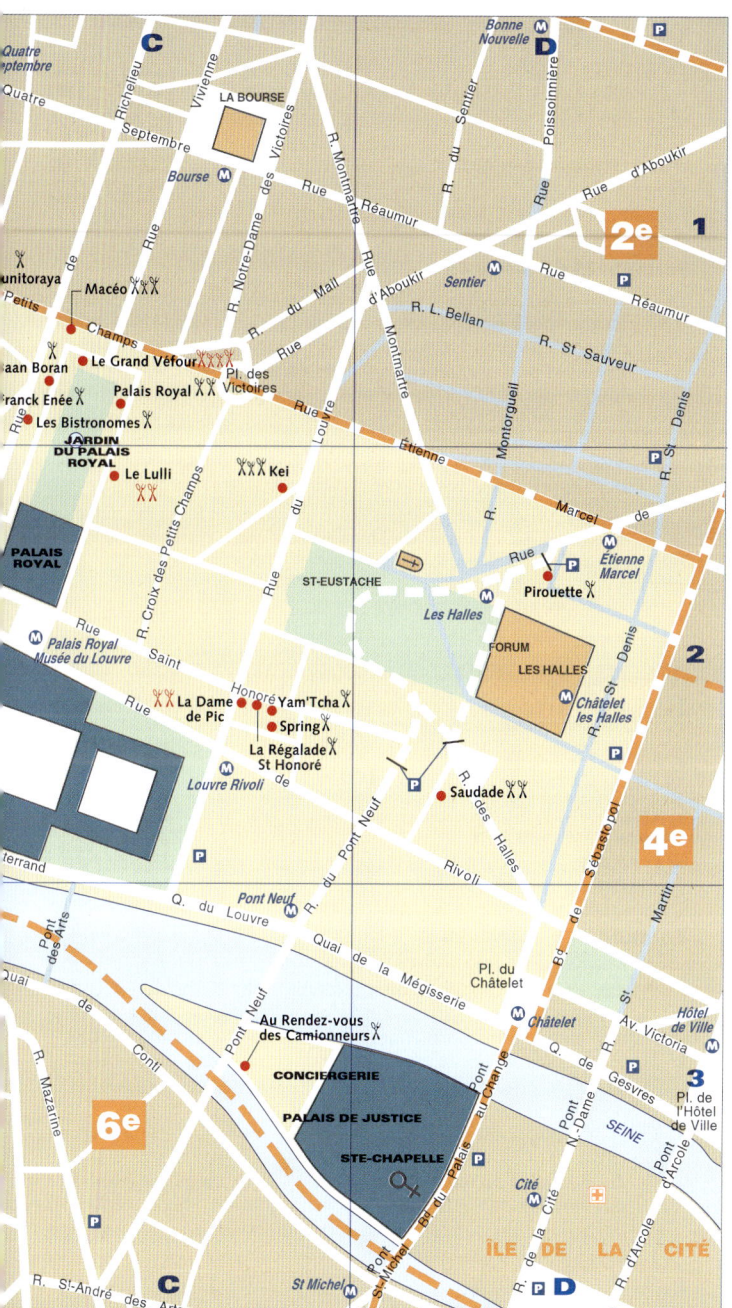

L'Absinthe

Traditionnelle

24 pl. Marché-St-Honoré
☎ 01 49 26 90 04
www.restaurantabsinthe.com
Ⓜ Pyramides
Fermé 22 décembre-5 janvier, samedi midi et
dimanche

Formule 25 € – Menu 45 €

Non, vous n'avez pas été happé par les vapeurs de la "fée verte"...
Dans ce néobistrot, vous êtes bien au 19e s. ! Carrelage et plancher
anciens, comptoir en zinc, murs en brique, horloge monumentale
et vieilles portes vitrées récupérées dans une gare : entre grande
époque des chemins de fer et souvenir d'une certaine bohème,
ce décor fleure bon le temps passé. Et sur la place du Marché-
St-Honoré, la grande terrasse semble avoir échappé au sacre de
l'automobile, ce qui est bien agréable… Quant à l'assiette,
elle offre de fort jolies réminiscences bistrotières, à travers des
plats de saison, frais et légers (pâté en croûte et foie gras, ravioles
de Romans à la crème de langoustines, etc.). Une adresse de la
constellation Michel Rostang.

L'Ardoise

Traditionnelle

28 r. du Mont-Thabor
☎ 01 42 96 28 18
www.lardoise-paris.com
Ⓜ Concorde
Fermé dimanche midi

Formule 34 € – Menu 38 €

Avec ses murs recouverts d'ardoise à la manière d'un grand tableau
noir, ce restaurant porte bien son nom… Nul doute : voilà un bel
hommage contemporain rendu à cette ardoise qui symbolise
tant les gargotes parisiennes et leurs recettes incontournables !
On ne s'étonnera donc pas que l'adresse joue résolument la
carte du bistrot gourmand. Filet de bœuf sauce bordelaise et
pommes anna ; galettes croustillantes d'escargot, poitrine fumée
et champignons ; tarte au citron vert meringuée ; mousse au
chocolat… Tout est généreux, frais et savoureux ! Le soir, le maître
des lieux a la bonne idée d'ouvrir dès 18h30, ce qui ne manquera
pas de séduire ceux qui crient famine avant l'heure. Touristes
de passage ou habitués sont donc nombreux à se presser dans
la petite salle ; il est préférable d'avoir réservé…

Au Rendez-vous des Camionneurs

T r a d i t i o n n e l l e   C3

72 quai des Orfèvres
☏ 01 43 29 78 81
www.aurdvdescamionneurs.com
Ⓜ Cité
Fermé 2 semaines en août, dimanche et lundi de novembre à mai

Formule 24 € – Menu 32 € – Carte 40/60 €

Banquette bleu électrique, tables en formica orange, vieux carrelage... Avis aux amateurs : ce bistrot cultive la nostalgie des années 1950 ! Ses patrons revendiquent qu'il aurait été le seul "routier" de Paris. Coquetterie de camionneurs ou non, l'adresse sait jouer la carte du revival... Au menu : une cuisine de bistrot qui va à l'essentiel, tels ce risotto de girolles, parfumé à souhait, ou cette crème brûlée à la pistache, au goût bien marqué. Ultime clin d'œil vintage, on renoue aussi avec la tradition des plats du jour : le lundi c'est agneau, le mardi cochon, le mercredi veau, etc. Autres atouts : un service sans interruption de 12h à 23h, une ambiance décontractée et... une situation exceptionnelle, sur l'île de la Cité, à deux pas du Pont-Neuf !

Palais-Royal • Louvre • Tuileries • Les Halles

Baan Boran

T h a ï l a n d a i s e   C1

43 r. Montpensier
☏ 01 40 15 90 45
www.baan-boran.com
Ⓜ Palais Royal
Fermé samedi midi et dimanche

Menu 16 € (déjeuner)/40 € – Carte 30/45 €

 Entre tableaux naïfs et orchidées, le Baan Boran affiche un cadre à la fois contemporain et exotique, tout en sobriété. Destination : la Thaïlande. En cuisine, l'équipe s'affaire autour des woks. Perpétuant un savoir-faire ancestral, elle réalise des plats plus ou moins épicés (selon votre goût), légers ou végétariens. Soupe de crevettes et citronnelle, soupe de poulet épicée, crevettes sautées aux herbes thaïes et sauce au curry rouge, poulet au curry vert et lait de coco, etc. D'alléchants fumets envahissent rapidement la salle. Enfin, les plats arrivent sur les sets de bambou, servis par un personnel charmant et en costume traditionnel. Le voyage peut vraiment commencer...

Le Baudelaire ✿

M O D E R N E

A1

Hôtel Le Burgundy,
6-8 r. Duphot
☎ 01 42 60 34 12
www.lebaudelaire.com
Ⓜ Madeleine
Fermé samedi midi et dimanche

Formule 42 € – Menu 54 € (déjeuner)/145 € – Carte 83/145 € ✕✕✕

Le Burgundy

Ici, nulle raison d'être envahi par le spleen baudelairien : on se sent si bien dans ce restaurant raffiné, niché au cœur d'un jeune palace arty et feutré (né en 2010) célébrant le nouveau chic parisien... La salle s'ordonne autour de la cour intérieure de l'établissement, un beau jardin d'hiver où il fait bon lire *Les Fleurs du mal* devant un thé. Reflets du dehors sur les tables en laque noire, confort douillet des fauteuils camel ou chocolat, grandes verrières, murs immaculés : un havre de paix... dédié à la gastronomie.

En cuisine, le chef joue une belle partition classique, rehaussée de subtiles touches contemporaines : l'harmonie des saveurs, la qualité des produits, le soin apporté à l'exécution, tout séduit. Et au dessert, on se régale de belles gourmandises en se remémorant cette phrase du poète : "La terre est un gâteau plein de douceur." Quand gastronomie rime avec poésie…

Entrées

- Saint-Jacques de plongée, sésame noir, mouron des oiseaux et marmelade de citron
- Foie gras de canard de Vendée poché, pêche rôtie et crème d'amandes fraîches

Plats

- Rouget de roche grillé au fenouil, coriandre et aubergine grillée
- Bœuf de Galice, navets nouveaux et marmelade de quetsche

Desserts

- Chocolat au lait d'Équateur, crémeux chocolat et gingembre confit, crumble cacao
- Abricot rôti au miel, sorbet abricot et huile d'olive, crème diplomate

Premièrement,

deuxièmement,

troisièmement,

évidemment.

Servi par plus de 650 chefs étoilés
au guide MICHELIN.
www.nespresso.com

NESPRESSO®
What else?

Les Bistronomes

M o d e r n e   C1

34 r. de Richelieu
☎ 01 42 60 59 66
www.lesbistronomes.fr
Ⓜ Palais Royal
Fermé 3 semaines en août, 1 semaine vacances de
Noël, samedi midi, dimanche et lundi

Formule 20 € – Menu 35/50 € – Carte 42/69 €

Qu'est-ce qu'un bistronome ? Probablement quelqu'un qui vous indiquerait cette adresse discrète située juste en face de la fontaine Molière, à deux pas du Palais-Royal. Le décor – parquet et tables en bois sombre, murs en camaïeu de beige – joue la sobriété. Il faut dire que l'on vient avant tout pour la qualité des mets imaginés par Cyril Aveline, un chef qui s'est frotté aux plus grands. L'établissement a su imposer son style, à mi-chemin entre cuisine bourgeoise, recettes tendance et spécialités de bistrot. Pâté en croûte de canard et ses pickles, lotte au chou pak-choï étuvé à l'huile de sésame, mille et une feuilles à la banane flambées au vieux rhum... La carte est renouvelée tous les mois et demi, pour le plus grand plaisir des gourmands, bistronomes ou pas.

Bistrot Mavrommatis

G r e c q u e   A1

18 r. Duphot (1er étage)
☎ 01 42 97 53 04
www.mavrommatis.com
Ⓜ Madeleine
Fermé 3 semaines en août, samedi, dimanche, fériés
et le soir

Formule 26 € – Carte 32/46 €

Tout près de la Madeleine, ce restaurant est placé sous un heureux patronage : l'église ressuscite l'auguste profil d'un temple grec, tandis qu'il exalte les reliefs de la cuisine hellénique ! Il faut traverser l'épicerie du rez-de-chaussée – laquelle met en appétit – pour rejoindre les deux salles à manger au 1er étage. On découvre alors une petite taverne grecque, fraîche et plaisante, ornée de nombreuses photos évoquant le pays des Dieux, ses vignes et ses oliviers, sa mer si bleue, ses ports si blancs... Les routes du Péloponnèse et des Cyclades se croisent dans l'assiette : moussaka, tzatziki (yaourt au concombre), dolmadès (feuilles de vigne farcies), keftédès (boulettes) d'agneau à la menthe, mahalepi (crème de lait à la fleur d'oranger)... Tout cela avec simplicité et à bon compte.

Café des Abattoirs

Viandes et grillades

B1

10 r. Gombourst
☎ 01 76 21 77 60
www.cafedesabattoirs.com
Ⓜ Pyramides
Réservation conseillée

Menu 32/45 €

Michel Rostang, dont le fief dans le 17e arrondissement est célèbre, joue une nouvelle carte avec l'ouverture de ce bistrot à viande, clin d'œil à celui que son aïeul tenait jadis à Pont-de-Beauvoisin, dans l'Isère. Le pari est réussi haut la main : de beaux morceaux de choix, tendres et bien maturés – cochon cul noir, veau du Limousin, agneau de l'Aveyron, bœuf Black Angus –, sont passés au four à bois et légèrement caramélisés. On les accompagne de sauces maison à partager (raifort, moutarde, estragon ou encore barbecue) pour un moment convivial et ô combien goûteux. Le reste du repas est également réjouissant : des délicieux hors-d'œuvre jusqu'aux bons desserts, sans oublier la belle sélection de vins. Le succès est au rendez-vous : réservation indispensable !

Camélia

Moderne

A1

Hôtel Mandarin Oriental,
251 r. St-Honoré
☎ 01 70 98 74 00
www.mandarinoriental.fr/paris/
Ⓜ Concorde

Formule 48 € – Menu 75/88 € – Carte 69/115 €

Faire simple, se concentrer sur la saveur de très beaux produits, s'inspirer des classiques de la gastronomie française et les rehausser d'une touche d'Asie : telle était la volonté de Thierry Marx, chef du très raffiné Sur Mesure au sein de l'hôtel Mandarin Oriental, mais également directeur des cuisines de ce beau Camélia. Dans ce lieu tout en fluidité, apaisant, zen et très élégant, on se régalera par exemple d'une crème de châtaigne accompagnée d'un boudin de volaille et de champignons des bois, ou encore d'une dorade à la japonaise et ses ravioles de navets au citron. L'exécution est soignée, précise et même millimétrée ; le service efficace. Pourquoi faire compliqué quand on peut... faire simple ?

Carré des Feuillants ✿✿

M o d e r n e

B1

14 r. de Castiglione
℘ 01 42 86 82 82
www.carredesfeuillants.fr
Ⓜ Tuileries
Fermé août, samedi midi et dimanche

Menu 60 € (déjeuner), 158/210 € – Carte 130/170 € 🍴🍴🍴🍴

Carré des Feuillants

Il est rare qu'un restaurant marie si parfaitement ambiance et style culinaire. Indéniablement, le Carré des Feuillants réussit cette osmose. Point d'exubérance ou d'élans démonstratifs, tout dans la mesure et la maîtrise : c'est la première impression qui se dégage de cet ancien couvent (bâti sous Henri IV). Conçu par l'artiste plasticien Alberto Bali, ami d'Alain Dutournier – pour qui il a également signé les décors de ses Pinxo –, le décor n'est que lignes épurées, presque minimalistes, et matériaux naturels, dans une veine contemporaine.

Un cadre baigné de sérénité, pour un service impeccable et une cuisine à la hauteur. Marquée par la générosité et les racines landaises du chef, elle fait preuve de caractère et d'inventivité. Composées à la manière d'un triptyque – "le basique, son complice végétal et le révélateur" –, les assiettes ont l'art de valoriser l'authenticité du produit tout en sublimant le "futile". Quant à la cave, elle recèle de vrais trésors.

Entrées

- Pâté en croûte de perdreau façon Rossini
- Bouillon mousseux de châtaignes, faisane et truffe blanche d'Alba

Plats

- Filet de lièvre frotté d'épices, royale de truffe noire et foie gras au vin de Sauternes
- Caneton croisé, foie gras et navet surprise

Desserts

- Tatin de mangue, ravioles passion et sorbet mangue-cardamome
- Fraises des bois en pavlova

Les Cartes Postales

Traditionnelle

B1

7 r. Gomboust

☏ 01 42 61 02 93

Ⓜ Pyramides

Fermé 3 semaines en août, vacances de Noël,
lundi soir, samedi midi et dimanche

Formule 30 € – Menu 70 € – Carte 40/75 €

A/C Les cartes postales sont bien là : couvrant tout un mur, elles
représentent des tableaux d'art moderne, mais c'est bien la
seule coquetterie du décor, qui reste fort simple. On le sait, en
matière de cartes postales, l'enveloppe ne compte pas ! On se
focalisera donc sur l'adresse du chef, Yoshimasa Watanabe, arrivé
du Japon voici une trentaine d'années et formé auprès d'Alain
Dutournier (Carré des Feuillants). Amateur de produits frais, il
écrit un message savoureux, dans un parfait français relevé de
quelques idéogrammes nippons : galette de crabe à la vinaigrette
de pamplemousse, turbot mi-cuit mi-cru façon japonaise,
croustillant de marron glacé… La formule déjeuner offre un bon
rapport qualité-prix et, à la carte, on peut opter pour des demi-
portions propices à redoubler de plaisir.

Crudus

Italienne

B1

21 r. St-Roch

☏ 01 42 60 90 29

Ⓜ Pyramides

Fermé août, vacances de Noël, samedi, dimanche et
fériés – Réservation conseillée

Formule 28 € – Menu 35 € (déjeuner)/45 € – Carte 48/70 €

Une recette toute simple, mais aboutie : ce petit restaurant
italien cuisine essentiellement des produits issus de l'agriculture
biologique. À la carte ou sur l'ardoise du jour, rien que des plats aux
saveurs pétillantes et bien relevées, qui donnent envie de deviser
sur les bienfaits de la nature : poêlée de calamars et de courgette,
risotto au safran et légumes à la truffe, gnocchis à la sauge, linguine
aux palourdes, tagliatelles au ragoût de bœuf, tiramisu… Le décor
aussi joue la carte des fondamentaux : murs immaculés, vieux
parquet, chaises de bistrot, tables en plexiglas (made in Italy), petit
buffet rétro – et, sur un panneau, une imposante masse noire qui
représenterait une truffe. Une adresse assez discrète, presque pour
initiés.

Le Dali

M o d e r n e

Hôtel Le Meurice,
228 r. de Rivoli
☎ 01 44 58 10 44
www.lemeurice.com
Ⓜ Tuileries

A1

Formule 54 € – Carte 80/124 €

[A/C] La "deuxième" table du Meurice, au centre névralgique de
l'établissement, semble autant un restaurant qu'un point de
passage ou un lieu de rendez-vous. Les "beautiful people" aiment
à se montrer dans ces lieux chargés d'histoire, tout en pilastres
et fenêtres miroirs. Au plafond, une fresque originale, signée Ara
Starck, rend hommage au génie de Salvador Dalí. Çà et là, d'autres
détails – lampe à tiroirs, chaise aux pieds en forme d'escarpins
– rappellent la créativité iconoclaste du maître espagnol de la
peinture surréaliste. La carte revisite la cuisine de palace non sans
une touche ludique : terrine de volaille et foie gras aux chanterelles,
sole meunière façon grenobloise, longe de veau glacée dans son
jus, soufflé au citron… Une cantine chic et mondaine, au cœur de
la vie du palace !

Le First

M o d e r n e

Hôtel The Westin Paris,
234 r. de Rivoli
☎ 01 44 77 10 40
www.lefirstrestaurant.com/fr/
Ⓜ Tuileries

A1

Formule 39 € – Menu 49 € – Carte 60/70 €

[A/C] Une douce lumière baigne le jardin des Tuileries… Après une
visite au musée de l'Orangerie, il est légitime de vouloir cultiver
encore ce sentiment de quiétude. Au sein de l'hôtel Westin, le First
se donne des allures de boudoir – éclairages tamisés, banquettes
de velours sombre –, griffé Jacques Garcia. Aux beaux jours, la
terrasse, très prisée, investit la cour de l'hôtel et c'est dans ce cadre
verdoyant que l'on s'installe pour dîner au calme. La carte, conçue
par Gilles Grasteau, mise sur les bons produits, sans ostentation,
pour une cuisine française revisitée dans l'esprit du moment. Les
menus, quant à eux, proposent des variations autour du miel, du
champagne, etc. Enfin, le dimanche, le brunch "b3" impose sa
formule : brunch, buffet, bien-être !

Palais-Royal • Louvre • Tuileries • Les Halles

La Dame de Pic ✤

C r é a t i v e

20 r. du Louvre

✆ 01 42 60 40 40

www.ladamedepic.fr

Ⓜ Louvre Rivoli

Fermé 27 juillet-24 août et dimanche

C2

Menu 49 € (déjeuner en semaine), 80/125 €

François Goizé

Un bel atout dans la cartographie des bonnes tables parisiennes : Anne-Sophie Pic a créé en 2012, à deux pas du Louvre, cette table... capitale. À 550 km de Valence, où son nom a tant marqué l'histoire de la cuisine (ses père et grand-père y conquirent eux aussi trois étoiles Michelin), mais au cœur de sa griffe originale.

Un travail en finesse, en précision, doublé d'une inspiration pleine de vivacité : telle est la signature de cette grande dame de la gastronomie. On retrouve son sens de l'harmonie des saveurs, de la fraîcheur et de l'exactitude, avec toujours ces cuissons et assaisonnements au cordeau, le tout décliné ici autour d'un leitmotiv original : celui des arômes et du parfum. Dans la ville de la mode et de l'élégance, la chef a en effet voulu jouer pleinement la carte de la suavité, en association avec le "nez" Philippe Bousseton : chaque menu développe un thème olfactif différent – la vanille ou les sous-bois, par exemple. Éminemment féminin lui aussi, le décor du restaurant mêle tons blancs et motifs de fleurs. De quoi piquer votre sensibilité...

Entrées

- Berlingots de chèvre frais fumé, champignons des bois et poivre de voatsiperifery
- Courgettes de couleur, estragon du Pérou et moules de bouchot

Plats

- Rouget de petit bateau, betterave, citron, safran et livèche
- Poitrine de cochon, feuille de figuier, aubergine et fève tonka

Desserts

- Cheesecake pamplemousse et curcuma.
- Riz au lait, vanille, myrtilles, mûres et amaretto

Franck Enée

1ᵉʳ

M o d e r n e

17 r. Molière

✆ 01 42 96 22 19

www.franck-enee-restaurant.com

Ⓜ Pyramides

Fermé 2 semaines en août, dimanche, lundi et fériés

C1

Palais-Royal • Louvre • Tuileries • Les Halles

Formule 28 € – Menu 35/55 € – Carte 50/75 €

🍴

 Entre Palais-Royal et Opéra, en lieu et place de l'ancien restaurant
Au Gourmand : voilà l'endroit choisi par Franck Énée pour
créer cet établissement, après avoir longtemps tenu les rênes de
feu Monsieur Lapin, dans le quartier de Montparnasse. Dans la
discrète rue Molière, on découvre une salle moderne, distillant
une ambiance à la fois feutrée et sympathique, où il fait bon se
régaler des spécialités du chef : croustillant de lapin aux fruits secs
et champignons des bois, soufflé chaud au pralin de noisettes...
Résolument actuelle, cette cuisine bien tournée est réalisée avec
de bons produits soigneusement choisis. La clientèle du quartier a
adopté l'adresse !

Gwadar

I n d i e n n e

39 r. St-Roch

✆ 01 42 96 28 24

www.restaurantgwadar.com

Ⓜ Pyramides

Fermé dimanche

B1

Menu 16 € (déjeuner), 21/26 € – Carte 25/40 €

🍴

 Gwadar-Paris ? Pour rejoindre cette ville portuaire du sud-ouest
du Pakistan, deux options s'offrent à vous : plusieurs heures
d'avion... ou bien un voyage express via de belles saveurs épicées,
très évocatrices du pays. Un parfait ticket donc que ce charmant
restaurant à la fois cosy et douillet... Du velours, des banquettes,
des tons chauds et le doux parfum de bons petits plats indo-
pakistanais : butter chicken (poulet grillé et sauce tomatée), poulet
tikka masala (dans une sauce aux épices), kulfi (glace à la pistache),
etc., le tout accompagné d'un nan, ce petit "pain" incontournable.
Bon à savoir : vous pouvez demander à ce que votre plat soit
plus ou moins épicé, selon votre goût... Enfin, l'accueil se montre
charmant. Ladies and gentlemen, embarquez dès maintenant sur
Gwadar Airlines !

Le Grand Véfour ❁ ❁

C r é a t i v e

17 r. de Beaujolais

℘ 01 42 96 56 27

www.grand-vefour.com

Ⓜ Palais Royal

Fermé 3 semaines en juillet-août, samedi et dimanche

C1

Menu 98 € (déjeuner)/298 € – Carte 210/268 € 🍴🍴🍴🍴

Le Grand Véfour

Bonaparte et Joséphine, Lamartine, Hugo, Mac-Mahon, Sartre… Depuis plus de deux siècles, l'ancien Café de Chartres est un vrai bottin mondain ! Repaire des rendez-vous galants, des révolutionnaires et des intellectuels, le plus vieux restaurant de Paris (1784-1785) connut, d'un propriétaire à l'autre, grandeur et décadence. Incendie, attentat, fermeture… Il entre dans la légende en 1820 avec Jean Véfour, qui lui donne son nom. Quelques guerres plus tard, en 1948, Raymond Oliver lui rend son éclat en lui apportant ses premières étoiles, que Guy Martin entretiendra à sa suite. Voilà pour l'histoire, tracée à grands traits.

Reste le lieu, unique en son genre, restauré comme à l'origine et classé monument historique. Ouvertes sur le jardin par des arcades, deux magnifiques salles Directoire : miroirs, lustres en cristal, dorures, toiles peintes fixées sous verre inspirées de l'Antiquité. Quant à la cuisine, influencée par les voyages et la peinture – couleurs, formes, textures, le chef atypique "croque" ses plats comme un artiste –, c'est un juste équilibre entre grands classiques et recettes créatives.

Entrées

- Ravioles de foie gras, crème foisonnée truffée
- Foie gras en terrine au poivre de Sarawak, radis et rhubarbe

Plats

- Parmentier de queue de bœuf aux truffes
- Pigeon Prince Rainier III

Desserts

- Palet noisette et chocolat au lait, glace au caramel brun et sel de Guérande
- Crème brûlée aux artichauts, légumes confits, sorbet aux amandes amères

Jin ✿

J a p o n a i s e   B1

6 r. de la Sourdière

℘ 01 42 61 60 71

www.secret-flavor.com/jin

Ⓜ Tuileries

Fermé 2 semaines en août, 1 semaine à Noël,
lundi midi, mardi midi, mercredi midi et dimanche
– Réservation conseillée

Menu 65 € (déjeuner)/135 €   ✂

Jin

Un écrin pour la gastronomie japonaise en plein cœur de Paris,
près de la rue St-Honoré ! Jin, c'est d'abord – et surtout – le
savoir-faire d'un homme, Takuya Watanabe, chef originaire de
Niseko, ayant d'abord travaillé avec succès au Japon... avant de
succomber aux charmes de la capitale française, comme nombre
de ses talentueux compatriotes. Comment ne pas être saisi par
l'étonnante dextérité avec laquelle il prépare, sous les yeux des
clients, sushis et sashimis ? En provenance de Bretagne, d'Oléron
ou d'Espagne, le poisson est soigneusement maturé pour être servi
au meilleur moment. Des ingrédients de premier ordre pour une
cuisine de haut vol : telle est la promesse du repas. De l'entrée
– tel ce velouté de potiron aux algues et aux ormeaux – au final
– un délicieux bouillon de coquillages et un dé d'omelette aérien
et légèrement sucré, à la manière japonaise –, l'interprétation est
tout simplement superbe... Jin, c'est aussi un décor très agréable,
zen et intime, relayé par un accueil aimable et souriant. Sous le
Soleil-Levant exactement !

Spécialités

• Cuisine du marché

Kei

M o d e r n e

5 r. du Coq-Héron

✆ 01 42 33 14 74

www.restaurant-kei.fr

Ⓜ Louvre Rivoli

Fermé vacances de Pâques, 3 semaines en août,
vacances de Noël, jeudi midi, dimanche et lundi

C2

Menu 52 € (déjeuner), 99/180 €

A/C

Kei

La gastronomie, Kei Kobayashi est tombé dedans quand il était petit ! Il passe son enfance à Nagano, dans une famille très sensible au sujet : son père est cuisinier dans un restaurant traditionnel kaiseki. Mais sa véritable vocation naît… en regardant la télévision, grâce à un documentaire sur la cuisine française. Il étudie trois ans au Japon avant de partir pour l'Hexagone, afin de parfaire sa formation chez les plus grands. Le voilà désormais chez lui, dans cet établissement d'une sobre élégance.

Sa cuisine est bien digne d'un passionné : il y a quelque chose de natif dans ses réalisations. L'influence nippone affleure par petites touches délicates – avec une purée d'agrumes, des fleurs, des lamelles de pomme verte… –, tout en préservant les saveurs de produits de qualité. Certaines associations hautes en couleur surprennent, d'autres ravissent par leur harmonie et leur limpidité ; les jeux autour des textures et des ingrédients font mouche. Cerise sur le gâteau : le chef fait évoluer régulièrement ses menus (sans choix) au fil de son inspiration… Inventif et raffiné.

Entrées	Plats	Desserts
• Légumes cuits et croquants	• Pigeon rôti	• Vacherin aux agrumes
• Raviole de homard à la farine de charbon	• Tartare de saint-pierre et citron	• Cerises, amandes fraîches et coquelicot

Kinugawa

1er

Japonaise

B1

9 r. du Mont-Thabor
℘ 01 42 60 65 07
www.kinugawa.fr
Ⓜ Tuileries
Fermé 11-25 août

Formule 45 € – Carte 27/83 €

[A/C]

Cette table japonaise bien connue – elle fut fondée en 1984 – s'est métamorphosée sous l'égide de ses propriétaires. Le fameux tandem d'architectes parisiens Gilles & Boissier en a repensé le décor, en mêlant caractère contemporain et esthétique nippone : c'est une incontestable réussite, tout en sobres tonalités et lignes épurées... Voilà qui sied bien à la cuisine, qui porte une authentique et élégante signature japonaise. Le chef, Toyofumi Ozuru, est issu d'une longue lignée de restaurateurs nippons. Sashimis, bœuf teriyaki et autres recettes kaiseki – avec un bar à sushis à l'étage – mêlent fraîcheur et saveurs ; les jeux sur les textures, la subtilité des marinades et des fritures (comme celles des tempuras de crevettes) : tout évoque joliment la cuisine japonaise contemporaine.

Kunitoraya

Japonaise

C1

5 r. Villedo
℘ 01 47 03 07 74 – **www.kunitoraya.com**
Ⓜ Pyramides
Fermé 2 semaines en août, vacances de Noël, dimanche soir et lundi

Formule 23 € – Menu 32 € (déjeuner en semaine), 70/100 € – Carte environ 40 €

[A/C]

Un mariage Tokyo-Paname très réussi ! Vieux zinc, boiseries, grands miroirs, murs en faïence façon métro et carrelage à l'ancienne : ça c'est Paris, le parfait Paris des brasseries et des soupers 1900. Le chef japonais, séduit par ce décor "so french", a investi la place en avril 2010. Il nous y régale d'une cuisine nippone copieuse et soignée, essentiellement à base d'udon, pâtes maison fabriquées avec une farine de blé directement importée du Japon ! Elles se dégustent chaudes, servies dans un bouillon au parfum de poisson séché et de viande, accompagnées de crevettes en tempura et de grandes feuilles de maki (algue verte séchée) ; froides, on les apprécie notamment avec de l'igname, du soja ou des radis... Le pays du Soleil-Levant flamboie en plein cœur de la Ville Lumière, éternelle et gouailleuse !

Lescure

T r a d i t i o n n e l l e

A1

7 r. Mondovi
✆ 01 42 60 18 91
www.lescure1919.fr
Ⓜ Concorde
Fermé août, 23 décembre-3 janvier, samedi et dimanche

Menu 26 € ♇ (déjeuner) – Carte 31/46 €

Planqué derrière l'ambassade des États-Unis, le Lescure fait partie de ces lieux qui se bonifient avec le temps, comme le vin. Depuis sa création en 1919, les patrons, corréziens d'origine, se relaient de père en fils et ont su fidéliser une clientèle d'amis qui se transmettent l'adresse en toute confiance. Il faut dire que l'atmosphère ancienne et "campagnarde" joue beaucoup : tables rustiques – pas plus d'une trentaine de couverts – surplombées par des salaisons et des tresses d'oignon et d'ail. Dans l'assiette, on retrouve les essentiels de la cuisine limousine, copieux et alléchants, ainsi que les traditionnels bœuf bourguignon et poule au pot farcie. Au dessert, craquez pour le fondant aux trois chocolats ! Dernière particularité : la convivialité de l'équipe, volontiers gouailleuse…

Le Lulli ⓝ

M o d e r n e

C2

Grand Hôtel du Palais Royal,
4 r. de Vallois
✆ 01 42 96 15 35
www.grandhoteldupalaisroyal.com
Ⓜ Palais Royal
Fermé 1er-23 août, samedi et dimanche

Formule 38 € – Menu 45 € (déjeuner)/80 € – Carte 56/81 €

On connaît bien ce quartier pour l'incroyable richesse de son patrimoine, auréolé de ses multiples monuments qui ont marqué l'histoire de France… mais il ne faudrait pas en oublier les hôtels et restaurants ! Le Lulli, niché au rez-de-chaussée du Grand Hôtel du Palais-Royal, en est un bel exemple. Décoration végétale, peintures contemporaines et autres sculptures y composent un intérieur très agréable, qui incite à profiter de l'instant. En cuisine officie le chef Jean-Yves Bournot. Formé auprès des plus grands (Thierry Marx, Yannick Alléno), il compose des assiettes simples, légères, à l'esthétique recherchée, et fondées sur de bons produits. Le service, aimable et professionnel, rend notre passage encore plus doux, et l'on se promet, au moment de régler l'addition, de revenir bien vite.

Macéo

M o d e r n e C1

15 r. Petits-Champs
✆ 01 42 97 53 85
www.maceorestaurant.com
Ⓜ Bourse
Fermé 2-25 août, samedi midi, dimanche et fériés

Formule 28 € – Menu 39 € – Carte environ 56 €

 En reprenant ce restaurant fondé en 1880, Mark Williamson s'est offert un lieu chargé d'histoire. Tant par son décor Second Empire que par les personnalités qui l'ont fréquenté : Colette, Eisenhower, etc. Rebaptisée Macéo, en hommage au jazzman Maceo Parker, l'adresse reste courue et le nouveau chef, venu d'Italie, y réalise une belle cuisine, attentive aux produits comme aux saisons… À noter, un menu asperge (en saison), un menu 100 % végétarien, et une incomparable cave – la passion du patron, également propriétaire du Willi's Wine Bar voisin – où s'illustrent quelque 250 vins du monde entier.

Nodaïwa

J a p o n a i s e B2

272 r. St-Honoré
✆ 01 42 86 03 42
www.nodaiwa.com
Ⓜ Palais Royal
Fermé 1er-20 août, 30 décembre-10 janvier et
dimanche

Formule 24 € – Menu 35/75 € – Carte 30/48 €

Je suis la spécialité de ce restaurant. Levée en filets, passée au gril puis cuite à la vapeur, je suis ensuite plongée dans un bain de sauce soja, saké et sucre (auquel s'ajoute le secret du chef…), avant d'être de nouveau grillée et nappée de sauce. On me déguste sur du riz, dans un bol ou une boîte laquée. Les clients me choisissent au poids (à partir de 180 g) et peuvent parfaire mon assaisonnement avec du soja ou du sancho (épice japonaise). On me propose aussi en gelée ou au gingembre. La salle, tout en longueur et minimaliste, me ressemble. Qui suis-je ? L'anguille ! Telle est la championne de cette table nippone, filiale d'une maison bien implantée à Tokyo. La grande majorité de la clientèle est japonaise, ce qui dit tout de la qualité.

Palais-Royal • Louvre • Tuileries • Les Halles

Le Meurice Alain Ducasse ❀❀❀

Classique

Hôtel Le Meurice,
228 r. de Rivoli
☎ 01 44 58 10 55
www.lemeurice.com
Ⓜ Tuileries
Fermé 15 février-2 mars, 1er-31 août, samedi et dimanche

A1

Formule 85 € – Menu 110 € (déjeuner)/380 € – Carte 205/270 € ✗✗✗✗

Pierre Monetta

Un grand nom de la cuisine d'une part, un palace mythique (né au début du 19e s. face au jardin des Tuileries) d'autre part... ou comment atteindre les sommets ! La griffe Ducasse – ici mise en œuvre par Christophe Saintagne – est bel et bien gage d'excellence. Des ingrédients parmi les meilleurs qui soient, une exécution aussi précise qu'élégante, des saveurs fines et éclatantes : les assiettes révèlent l'exigence et le culte du goût…

Elles expriment également la signature propre au chef, qui a toujours placé le produit au cœur de tout et mène une recherche inlassable pour délivrer la quintessence de la cuisine, à travers des compositions savantes mais limpides, où le classicisme culinaire se réinvente sans cesse. La promesse de découvertes délicieuses sous les ors splendides de la salle, digne du château de Versailles...

Entrées	Plats	Desserts
• Pâté chaud de pintade	• Bar, fenouil et citron.	• Chocolat de notre manufacture
• Légumes de printemps	• Homard et pommes de mer	• Baba au rhum

Palais Royal

Traditionnelle

110 Galerie de Valois - Jardin du Palais Royal
☎ 01 40 20 00 27
www.restaurantdupalaisroyal.com
Ⓜ Bourse
Fermé dimanche et lundi

C1

Formule 49 € – Menu 59 € (déjeuner en semaine) – Carte 64/104 € 🍴🍴

Un emplacement de rêve : la résidence du Palais-Royal, ses arcades et son ravissant jardin. L'été, la table y est dressée et la pause gourmande prend des airs de parenthèse enchantée et... ensoleillée ! L'hiver, on profite de la vue, bien au chaud derrière les larges baies vitrées de la salle à manger, ouvrant sur les fameuses galeries prisées des flâneurs. Atmosphère tout en intimité : alliance de tons chauds et doux, tables bien dressées, photos de Colette (dont l'appartement se trouvait juste au-dessus), service à l'avenant... Et le moment est d'autant plus agréable que la cuisine cultive la belle tradition : cuisses de grenouille, purée d'artichaut et émulsion à l'ail des ours ; turbot de ligne "façon Dugléré" et citron confit ; ris de veau pané et garniture grenobloise...

Pinxo - Tuileries

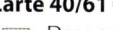

Moderne

9 r. d'Alger
☎ 01 40 20 72 00
www.pinxo.fr
Ⓜ Tuileries
Fermé août, samedi midi et dimanche

B1

Carte 40/61 € 🍴

Dans ce décor minimaliste noir et blanc, les cuisines font leur show au centre de la salle, bordées d'un joli bar en granit. Au menu, de succulentes créations façon tapas, salées et sucrées, qu'une clientèle chic s'amuse à "pinxer" (prendre avec les doigts) ou à piocher dans l'assiette du voisin. C'est Alain Dutournier – du Carré des Feuillants – qui a imaginé ce concept : celui d'un nouveau partage gourmand pour appétits "zappeurs" ! Sous l'impulsion de ce Landais féru d'Espagne, l'équipe vous propose chipirons sautés, tartare de bœuf esprit Rossini, tourtière landaise et glace pruneau-armagnac... À noter : le grand chef a créé une seconde adresse dans le 6e arrondissement, Pinxo St-Germain.

Palais-Royal • Louvre • Tuileries • Les Halles

79

Pirouette

Traditionnelle

D2

5 r. Mondétour
☎ 01 40 26 47 81
www.restaurantpirouette.com
Ⓜ Châtelet-Les Halles
Fermé août et dimanche

Formule 18 € – Menu 40/60 € – Carte 44/62 € ✗

 "Il était un petit homme, Pirouette"... À l'image de la célèbre comptine, voici une table enjouée et un tantinet espiègle ! Créée en 2012 à deux pas de la nouvelle "canopée" des Halles, elle croque la tradition avec gourmandise et liberté. Passé par le Meurice et Taillevent, son jeune chef, Tomy Gousset, s'empare des classiques sans faux-semblants ni cabrioles : tête de veau, chou braisé et câpres ; pigeon rôti et feuille de romaine farcie aux lardons et aux oignons ; ou encore ce délicieux riz au lait, caramel et beurre salé – un incontournable de la carte... Côté décor règne un sympathique esprit contemporain, avec une devanture traitée à la manière d'une verrière d'atelier, un mur couvert de bouteilles de vin, et du parquet au sol... En bref, une adresse où tradition et invention ne tournent pas en rond !

La Régalade St-Honoré

Traditionnelle

C2

123 r. St-Honoré
☎ 01 42 21 92 40
Ⓜ Louvre Rivoli
Fermé août, 24 décembre-4 janvier, samedi et dimanche – Réservation conseillée

Menu 37 € ✗

 Après le succès de la mythique Régalade du 14e arrondissement, Bruno Doucet récidive dans cette version bis située dans le quartier des Halles. Le décor annonce la couleur, minimaliste comme il se doit pour un bistrot chic. La recette est la même, une carte assez courte et des suggestions à l'ardoise, privilégiant le terroir et le marché dans un souci d'authenticité. On se régale donc de la terrine du patron en guise d'amuse-bouche, d'une dorade ultrafraîche saisie à la plancha accompagnée de chipirons grillés et de jus de viande, ou d'une belle pièce de bœuf, sans oublier l'emblématique riz au lait. Le "ventre de Paris" apprécie !

Sanukiya

J a p o n a i s e

B2

9 r. d'Argenteuil
☎ 01 42 60 52 61
Ⓜ Pyramides
Fermé 10-20 août

Carte 12/27 €

 Savez-vous ce que sont les *udon* ? Pour le découvrir, rendez-vous chez Sanukiya : ces nouilles japonaises à base de farine de blé sont la spécialité de cette petite table nippone créée début 2012 ! Perché sur l'un des tabourets, face au comptoir, on s'initie aux subtilités de ce plat typiquement nippon : toutes les préparations obéissent à un rituel précis, l'une s'arrosant d'une sauce chaude, l'autre se trempant dans une sauce froide, etc. De quoi devenir incollable sur le sujet... Toutes les nouilles sont confectionnées sur place, avec de la farine importée du Japon, et s'accompagnent au choix de galettes de légumes et crevettes, d'algues, de beignets nature, etc. Simple, bon et authentique.

Saudade

P o r t u g a i s e

D2

34 r. des Bourdonnais
☎ 01 42 36 03 65
www.restaurantsaudade.com
Ⓜ Pont Neuf
Fermé août et dimanche

Menu 23 € 🍷 (déjeuner en semaine) – Carte 31/52 €

 Cette Saudade-là n'a rien de mélancolique ! C'est un puissant remède au "mal du pays" sur fond de fado et à grandes gorgées de vieux portos. Depuis trois générations – Fernando Moura a repris le flambeau en 1979 –, cette ambassade portugaise confirme sa réputation d'authenticité et de typicité. En toute modestie : discrète façade et salles sobrement décorées d'azulejos. Gardienne des traditions, Maria De Fatima n'a pas son pareil pour préparer viande de porc aux palourdes, "caldo verde" (soupe au chou) et "arroz doce" (riz au lait à la cannelle). Sans oublier le plat national, la morue, proposée sous toutes ses formes : grillée, poêlée, gratinée, panée, en beignets... Bon à savoir pour les mélomanes : dîner-spectacle le premier mardi du mois.

Spring

C r é a t i v e

C2

6 r. Bailleul
☎ 01 45 96 05 72
www.springparis.fr
Ⓜ Louvre Rivoli
Fermé 1 semaine en août, le midi, dimanche et lundi
– Réservation conseillée

Menu 84 €

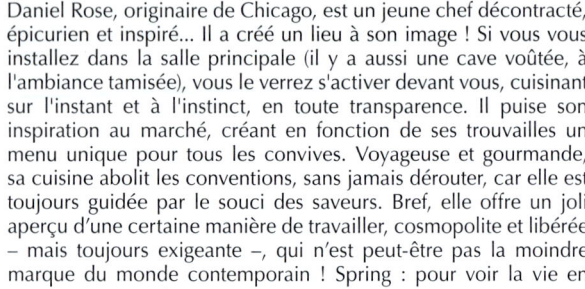

Daniel Rose, originaire de Chicago, est un jeune chef décontracté, épicurien et inspiré… Il a créé un lieu à son image ! Si vous vous installez dans la salle principale (il y a aussi une cave voûtée, à l'ambiance tamisée), vous le verrez s'activer devant vous, cuisinant sur l'instant et à l'instinct, en toute transparence. Il puise son inspiration au marché, créant en fonction de ses trouvailles un menu unique pour tous les convives. Voyageuse et gourmande, sa cuisine abolit les conventions, sans jamais dérouter, car elle est toujours guidée par le souci des saveurs. Bref, elle offre un joli aperçu d'une certaine manière de travailler, cosmopolite et libérée – mais toujours exigeante –, qui n'est peut-être pas la moindre marque du monde contemporain ! Spring : pour voir la vie en rose… en toute saison.

Zen

J a p o n a i s e

B2

8 r. de L'Échelle
☎ 01 42 61 93 99
Ⓜ Palais Royal
Fermé 10-20 août et lundi

Menu 20 € (déjeuner en semaine), 30/60 € – Carte 20/50 €

Zen semble incarner les deux faces du Japon tel qu'on se l'imagine ici : traditionnel et extrêmement respectueux du passé, mais à la fois moderne et résolument tourné vers l'avenir. Cette cantine nippone joue en effet sur les deux registres, conjuguant une cuisine authentique avec un cadre rafraîchissant et ludique, qui séduit par sa fluidité épurée, ses lignes courbes, sa bichromie en blanc et vert acidulé. La carte, étoffée, reste fidèle aux classiques sushis, grillades et autres tempuras, les grandes spécialités de la maison étant les gyozas (raviolis grillés) et le chirashi (poisson cru sur un bol de riz vinaigré). Deux mots enfin, l'un pour le service, empressé mais souriant, l'autre pour les prix, raisonnables, qui font de cette table l'endroit idéal pour un déjeuner sur le pouce ou un dîner plus zen.

Sur Mesure par Thierry Marx ✿✿

C r é a t i v e

A1

Hôtel Mandarin Oriental,
251 r. St-Honoré
✆ 01 70 98 73 00
www.mandarinoriental.fr/paris/
Ⓜ Concorde
Fermé août, dimanche et lundi

Menu 65 € (déjeuner en semaine), 175/205 € ⅄⅄⅄

Mandarin Oriental

On a tout dit, ou presque, de Thierry Marx : grand voyageur, alchimiste malicieux, maître d'œuvre plusieurs fois reconnu, hier au Château Cordeillan-Bages à Pauillac (Gironde), aujourd'hui à la tête des cuisines du Mandarin Oriental, palace parisien haute couture qui lui a imaginé un restaurant sur mesure. Ou plutôt à sa démesure ? Passé le sas d'entrée, vous voilà transporté dans un univers inédit, d'un blanc immaculé et presque monacal, qui n'est pas sans évoquer le décor avant-gardiste d'un film de Stanley Kubrick.

"Ma cuisine tient en deux mots : structure et déstructure", confie Thierry Marx ; c'est bien ce que l'on ressent en découvrant ses menus uniques, successions de plats aux saveurs étonnantes. En orfèvre minutieux, il travaille la matière, joue avec intelligence sur les transparences, les saveurs et les textures, assuré à chaque instant du soutien précieux de David Biraud, l'excellent sommelier de la maison. Sans aucun doute, on a bien affaire ici à une cuisine de créateur, pleine de caractère et de finesse… Une véritable expérience.

Entrées	Plats	Desserts
• Risotto de soja	• Bœuf charbon	• Sweet bento
• Œuf et tomate sous pression	• Travers de porc, émulsion wasabi et shiso	• Saké glacé et fruits confits corses

Yam'Tcha ❀

C r é a t i v e   C2

(déménagement prévu en mars 2015 au 123 r. St-Honoré)
✆ 01 40 26 08 07
www.yamtcha.com
Ⓜ Louvre Rivoli
Fermé août, vacances de la Toussaint, de Noël, mardi
midi, dimanche et lundi – Réservation conseillée

Menu 65 € (déjeuner en semaine)/120 €   🍴

King Hung Yeung

Ils sont parfois magiques, les linéaments du grand art, où
l'incandescence n'est que… simplicité. Adeline Grattard a reçu
un don rare, celui du sens – voire de l'omniscience – du produit.
Dans sa nouvelle adresse de la rue Saint-Honoré (à cinquante
mètres à peine de la précédente), cette jeune chef choisit deux ou
trois ingrédients, et ils occupent tout l'espace. Ni démonstration
technique ni esbroufe, rien que de subtiles associations, rarement
vues, et qui paraissent pourtant très naturelles. Formée auprès
de Pascal Barbot (L'Astrance) et installée quelques années à
Hong Kong, elle marie des produits d'une extrême qualité,
principalement de France et d'Asie : le homard s'unit au tofu et
au maïs, le bar s'associe aux huîtres… Le tout se déguste avec
une sélection rare de thés asiatiques, autre source d'accords très
convaincants (*yam'tcha*, en chinois, c'est "boire le thé"). Ni carte
ni menu : de plat en plat, on se laisse surprendre par le marché et
l'inspiration du jour. Limpide.

Spécialités

- Cuisine du marché

Directphoto / age fotostock

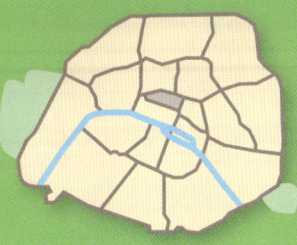

Bourse · Sentier

B. Gardel / hemis.fr

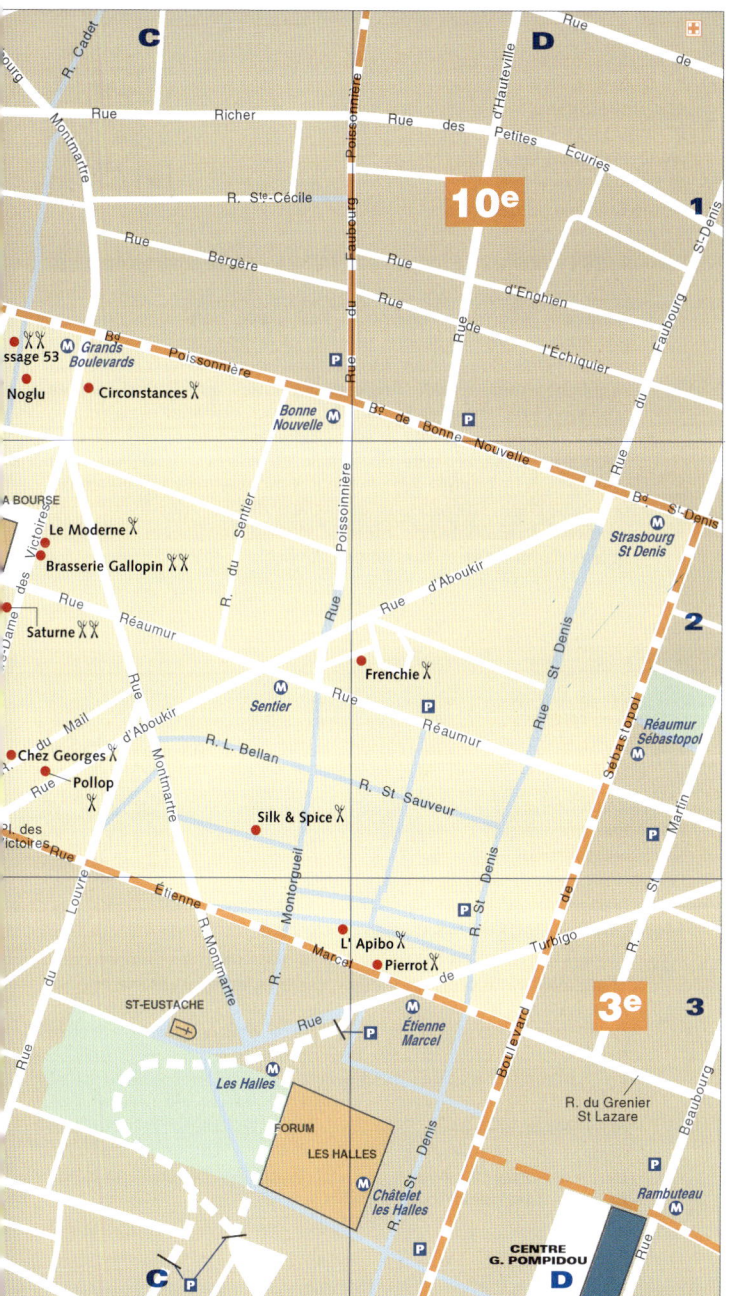

L'Apibo

M o d e r n e

C3

31 r. Tiquetonne

✆ 01 55 34 94 50

www.restaurant-lapibo.fr

Ⓜ Etienne Marcel

Fermé 8-17 mai, samedi midi et dimanche

Formule 20 € – Menu 28 € (déjeuner), 34/55 € – Carte environ 46 € ✗

Anthony Boucher, l'ancien chef du restaurant Jean – une bonne table du 9e arrondissement –, s'est lancé dans une nouvelle aventure : ouvrir sa propre adresse ! Il a jeté son dévolu sur ce pas-de-porte du quartier Montorgueil, qui joue la carte de la simplicité : murs chaulés, tomettes, poutres au plafond, petites tables en bois et tableaux colorés... Mais l'essentiel est ailleurs : dans l'assiette, qui révèle le savoir-faire et la finesse du cuisinier. Thon rouge snacké, pâte de tomate et mangue ; joue de veau confite ; pêche pochée à la verveine et mousse mascarpone : voilà une belle cuisine de produits, originale et délicate, qui donne envie de revenir le plus vite possible. Qui plus est, l'accueil est charmant et les prix mesurés. À l'assaut de L'Apibo !

Aux Lyonnais

L y o n n a i s e

B1

32 r. St-Marc

✆ 01 42 96 65 04

www.auxlyonnais.com

Ⓜ Richelieu Drouot

Fermé août, samedi midi, dimanche et lundi

– Réservation conseillée

Menu 34 € (déjeuner)/45 € – Carte 48/75 € ✗

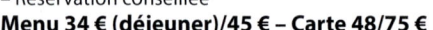

Ouvert en 1890, ce bistrot délicieusement rétro a vraiment belle allure avec ses miroirs, moulures, faïences, tableaux et vieux zinc. Bien calé sur les banquettes, on se sent tout de suite à son aise. La découverte de Lyon est assurée avec de savoureuses recettes locales faisant appel aux meilleurs produits régionaux : planche de charcuteries, œuf cocotte aux écrevisses, quenelles de brochet, tarte et île flottante aux pralines roses, etc. Même choix côté cave, où le Rhône et la Bourgogne s'imposent. De l'ambiance et un bon rapport qualité-prix pour le menu déjeuner (attention aux vins, toutefois, un peu chers) : un vrai "bouchon lyonnais parisien", membre du groupe Alain Ducasse.

Bistro Volnay

Traditionnelle

A2

8 r. Volney
℘ 01 42 61 06 65
Ⓜ Opéra
Fermé 3 semaines en août, samedi et dimanche

Menu 38/55 €   ✗✗

[A/C] Miroirs, luminaires, comptoir en bois, murs de bouteilles et
banquettes moelleuses… Cet élégant bistrot posté entre Madeleine
et Opéra revisite avec réussite l'esprit des années 1930. Une carte
postale ancienne redevenue réalité sous l'impulsion d'une jeune
femme passionnée, Magali Marian, à la tête de l'affaire depuis 2009.
Et au Volnay, l'assiette adopte un caractère similaire : ajustés aux
saisons et même au marché du jour, les plats canailles et bistrotiers
rencontrent la gastronomie, et sont traités avec beaucoup de
soin. Terrine de pâté maison, foie de veau en persillade ou tarte
au citron meringuée : on redécouvre avec plaisir ces classiques
joliment réinterprétés.

Bissac

Traditionnelle

B2

10 r. de la Bourse
℘ 01 49 27 01 90
www.bissac.fr
Ⓜ Bourse
Fermé 3 semaines en août, samedi midi et dimanche

Formule 24 € – Menu 30 € – Carte 45/60 €   ✗

 Au pied d'un bel immeuble du quartier de la Bourse, cet ancien
bar à vins a été métamorphosé en bistrot de luxe par la volonté
de Damien Boudier, ancien chef du restaurant Tante Louise, à
Paris. Ce passionné réalise une belle cuisine de tradition, déclinée
à travers un menu d'un excellent rapport qualité-prix. Têtes de
cèpes farcies, jeunes pousses de salade et jambon de Bayonne ;
filet de rascasse, "échaudés" à l'encre de seiche et chanterelles ;
coing poché au sirop épicé, crème vanillée et sablé au beurre…
Des plats réjouissants que l'on déguste dans un élégant intérieur de
bistrot, avec son comptoir de service, ses murs en pierre de taille
et ses tables de bois brut et d'acier. Un cachet indéniable pour une
adresse hautement recommandable !

Bizan

Japonaise  B2

56 r. Ste-Anne
☏ 01 42 96 67 76
Ⓜ Quatre Septembre
Fermé dimanche, lundi et fériés

Menu 40 € (déjeuner en semaine), 70/85 € – Carte 68/135 € dîner ✗

Hirashimase ! Si vous ne connaissez pas encore cette table nippone, appréciée des amateurs, n'hésitez pas. Bizan – du nom d'une montagne qui se dresse au-dessus de la ville de Tokushima – ne démérite pas dans le quartier le plus japonais de la capitale. Sa spécificité ? La cuisine traditionnelle de Kyoto, avec une carte faisant la part belle aux sushis et aux sashimis. Le chef réalise des préparations plaisantes à l'œil et d'une grande fraîcheur. Vous pourrez assister à cet exercice de précision en mangeant au comptoir au rez-de-chaussée, ou choisir une table à l'étage. Comme le veut la coutume, le décor, d'un minimalisme absolu, adopte une géométrie zen, réchauffée par le bois blond.

Brasserie Gallopin

Traditionnelle  C2

40 r. N.-D.-des-Victoires
☏ 01 42 36 45 38
www.brasseriegallopin.com
Ⓜ Bourse

Formule 25 € – Menu 39 € – Carte 40/85 € ✗

  En 1876, Monsieur Gallopin ouvre ici sa première affaire et invente la fameuse chope en métal argenté (20 cl) qui porte son nom. Depuis, les "gallopins" défilent au comptoir. Après Arletty et Raimu, les Parisiens et les touristes s'y pressent, profitant ainsi du décor : vénérable zinc, boiseries victoriennes en acajou de Cuba, cuivres rutilants, miroirs et surtout superbe verrière 1900 (dans la salle Belle Époque), à voir absolument ! Historique, la carte l'est aussi, déclinant les grands classiques de la brasserie avec un maximum de goût : foie gras de canard au naturel, vinaigrette de haricots verts et champignons de Paris, sole meunière, tartare de bœuf, baba au rhum, ou encore paris-brest. Service et ambiance décontractés, pour apprécier chaque gorgée de bière... Et la suite !

Le Céladon ❀

M o d e r n e

A2

Hôtel Westminster,
15 r. Daunou
☎ 01 42 61 77 42
www.leceladon.com
Ⓜ Opéra
Fermé août, samedi, dimanche et fériés

Menu 53 € (déjeuner)/69 € – Carte 85/120 €   XXX

Le Céladon

Tout en nuances et en raffinement : le restaurant du confidentiel hôtel Westminster, à mi-chemin entre la place Vendôme et l'Opéra Garnier, n'a rien d'un endroit tape-à-l'œil ou branché. Bien au contraire. Son sens du luxe se révèle sans ostentation, dominé par la couleur délicate et emblématique de la maison : le fameux vert céladon.

Dans cet univers feutré et cossu, mêlant style Régence, tableaux anciens et pointes d'Orient (vases en porcelaine chinoise), on voyage vers de lointains ailleurs le temps d'un repas parfumé de saveurs subtiles. Une gastronomie créative qui maîtrise totalement le répertoire français, entre tradition et modernité. Grâce au savoir-faire de Christophe Moisand (ancien du Relais de Sèvres et du Meurice), qui réalise des assiettes harmonieuses sublimées par l'accord de vins bien choisis, on passe ici un moment savoureux.

Entrées

- Huîtres en gelée d'eau de mer, chantilly de betterave
- Tomates green zebra en gelée de gaspacho et basilic rouge

Plats

- Ris de veau fermier à la truffe blanche, scorsonères et cornes d'abondance
- Merlan de ligne et crabe au beurre d'agrumes

Desserts

- Soufflé aux marrons, kumquats confits
- Tarte chaude aux figues de Solliès, crème de cassis

Chez Georges

T r a d i t i o n n e l l e   C2

1 r. du Mail

☎ 01 42 60 07 11

Ⓜ Bourse

Fermé août, vacances de Noël, samedi et dimanche

Carte 34/75 €   ✗

Une institution du Sentier, fondée en 1964 et reprise en 2010 par deux jeunes associés (œuvrant déjà au Bistrot de Paris et Chez René). Zinc, banquettes, stucs et miroirs : cet authentique bistrot parisien a conservé son beau décor et toute son atmosphère, très bon enfant. L'assiette est à l'unisson, généreuse, gourmande et... immuable : terrine de foies de volaille, harengs pommes à l'huile, entrecôte grillée, profiteroles au chocolat, etc. Des produits de grande qualité – mention spéciale pour les viandes, dont le succulent pavé de bœuf –, des cuissons maîtrisées et des vins français bien choisis : on comprend que l'adresse (malgré des tarifs un peu élevés) compte de nombreux fidèles !

Circonstances

T r a d i t i o n n e l l e   C1

174 r. Montmartre

☎ 01 42 36 17 05

www.circonstances.fr

Ⓜ Grands Boulevards

Fermé 3 semaines en août, lundi soir, mardi soir, samedi et dimanche

Menu 20 € (déjeuner), 30/45 € – Carte environ 34 €   ✗

Tout près du métro Grands Boulevards, ce bistrot a été créé par deux associés expérimentés – passés notamment chez Guy Savoy – et qui tenaient auparavant le restaurant Hier et Aujourd'hui, dans le 17e arrondissement. Leur credo ? La cuisine du marché, qu'ils réalisent avec soin, en utilisant de bons produits – dont une partie en provenance d'Île-de-France. Foie gras poêlé, émulsion de homard ; pressé de lapin façon chasseur, ou encore agneau des Pyrénées farci et rôti ; en dessert, baba au rhum et millefeuille à la vanille... Des préparations fines et goûteuses qui témoignent d'un vrai savoir-faire, encore rehaussées par les bons vins à choisir dans une carte taillée sur mesure. Enfin, un mot sur le service, professionnel et décontracté, qui permet de savourer tout cela au maximum !

Le Dorcia

M o d e r n e   B2
24 r. Feydeau
📞 01 42 36 09 95
www.ledorcia.com
Ⓜ Bourse

Formule 20 € – Menu 25 € (déjeuner en semaine) – Carte 33/54 €   ✗

[A/C] À un jet de lingot du palais Brongniart – qui n'abrite plus la Bourse depuis belle lurette ! –, ce restaurant nous replonge dans l'ambiance rétro du Palm Springs des années 1950. Un sympathique esprit vintage qui ravira les nostalgiques de cette époque et les adeptes du genre... Derrière les fourneaux, le chef privilégie les bons produits du marché, respectant ainsi les saisons. Vous pourrez, par exemple, apprécier un carpaccio de daurade, citron vert et mangue ; un magret de canard et légumes sautés ; ou encore, une pannacotta vanille, cardamome, grenade et ananas... Le tout servi par un personnel aimable et disponible. Une bonne adresse, à la déco résolument différente.

Drouant

T r a d i t i o n n e l l e   B2
16 pl. Gaillon
📞 01 42 65 15 16
www.drouant.com
Ⓜ Quatre Septembre

Menu 45 € (déjeuner en semaine) – Carte 45/95 €

 Un hôtel particulier mythique : on y décerne le prix Goncourt depuis 1914 ! Dans cette brasserie chic, les idées comme
 les saveurs se mêlent dans une atmosphère festive... Sous la houlette d'Antoine Westermann, le Drouant connaît une nouvelle
 jeunesse : le décor, épuré, feutré et lumineux, donne la priorité aux volumes harmonieux, jouant sur le contraste d'un mobilier
 sombre et de murs clairs ornés de photos. L'escalier de Ruhlmann
 mène à l'agréable mezzanine ; l'espace bar est tout paré d'or et les salons privatifs dégagent un beau cachet classique. Dans ce bien
 bel écrin, on déguste une cuisine associant tradition et touches fusion (la carte se décline notamment par thèmes et par produits). Mention spéciale au choix de vins, joliment étoffé.

La Fontaine Gaillon

P o i s s o n s e t f r u i t s d e m e r

A-B2

pl. Gaillon
📞 01 47 42 63 22
www.restaurant-la-fontaine-gaillon.com
Ⓜ Quatre Septembre
Fermé 3 semaines en août, samedi et dimanche

Menu 47/110 € ⍩ – Carte 65/79 €

Depuis que Gérard Depardieu a repris les rênes de cette maison, tout le monde en parle… Mais ce n'est pas là le plus fort attrait de ce bel hôtel particulier, bâti en 1672 par Jules Hardouin-Mansart. La cuisine de Laurent Audiot, un ancien de chez Marius et Janette, fait la part belle aux produits de la mer – en arrivage direct de petits ports de pêche – mais aussi aux classiques de la gastronomie française. La cave réserve de belles surprises et met à l'honneur les vignobles du célèbre acteur. Et le décorum n'est pas qu'un simple figurant : salon Empire parsemé de gravures érotiques, collection d'œuvres d'art au rez-de-chaussée, petits salons chics et intimes à l'étage, sans oublier la très agréable terrasse "à la provençale" lovée autour de la fontaine…

Frenchie

M o d e r n e

D2

5 r. du Nil
📞 01 40 39 96 19
www.frenchie-restaurant.com
Ⓜ Sentier
Fermé août, vacances de Noël, samedi, dimanche et le midi – Réservation conseillée

Menu 58/75 € – Carte 50/80 €

Drôlement *Frenchy*, le jeune chef Grégory Marchand, lui qui a fait ses classes dans plusieurs grandes tables anglo-saxonnes (Gramercy Tavern à New York, Fifteen – par Jamie Oliver – à Londres, Mandarin Oriental à Hong Kong…). Il a aujourd'hui pris ses quartiers dans ce restaurant de poche, au cœur du Sentier : la petite salle (briques, poutres, pierres apparentes, vue sur les fourneaux) ne désemplit pas ! La "faute" à sa cuisine, qui partage tout du goût international contemporain, avec des associations de saveurs originales, centrées sur le produit. À la carte, régulièrement renouvelée : truite fumée minute ; purée de rutabaga, choux de Bruxelles et ail confit ; gnocchis maison ; agneau, piquillos et pois chiches ; tarte aux pralines roses, cheesecake. Drôlement *savoury*.

Goust d'Enrico Bernardo

M O D E R N E

10 r. Volney
☏ 01 40 15 20 30
www.enricobernardo.com
Ⓜ Opéra
Fermé samedi midi, dimanche et lundi

A2

Formule 39 € – Menu 45 € (déjeuner), 85/140 € – Carte 80/110 € 🍴🍴🍴

Enrico Bernardo

Connaissez-vous Éléphant Paname ? Créé notamment à l'initiative de la danseuse Fanny Fiat, ce centre d'art et de danse s'épanouit dans un élégant hôtel particulier Napoléon III, situé à mi-chemin de la place Vendôme et de l'Opéra. C'est dans ses propres murs que se cache Goust. Déjà connu pour son restaurant Il Vino (7e arrondissement), le Meilleur Sommelier du Monde, Enrico Bernardo, mène ici également la danse, avec la complicité du chef espagnol José Manuel Miguel. C'est peu dire que les mets et les vins exécutent un suave duo ! Fort de ses origines, le cuisinier rehausse évidemment d'influences méditerranéennes une partition gastronomiquement française – savoir-faire compris –, à l'image de ces délicieuses langoustines poêlées, écume de tortilla, pommes grenaille et coulis de cresson. Quant au choix de plus de 600 vins, venus de tous les horizons, il vient parfaire l'éclat de chaque assiette... Nous voilà au cœur du sujet : celui du plaisir de la bonne chère, dans toutes ses dimensions.

Entrées

- Tartare de thon rouge de Méditerranée à l'œuf de mangue
- Riz bomba albuféra, morilles et foie gras

Plats

- Calamar sauté aux piquillos
- Selle d'agneau aux légumes de saison

Desserts

- Coque chocolat blanc, yaourt, cerises et vin rouge
- Mousse citron vert-ananas

Les Jalles - Bistrot Bordelais

Traditionnelle

A2

14 r. des Capucines
☎ 01 42 61 66 71
Ⓜ Opéra
Fermé samedi et dimanche

Carte environ 45 €

A/C Voici la deuxième adresse de Magali Marian, sommelière de formation, qui a déjà ressuscité le Bistro Volnay à quelques encablures de là. On découvre une brasserie chic, marquée par le style Art déco (ou art rétro ?), et dont la carte fait figure de valeur sûre dans le quartier. Fait original, la gastronomie bordelaise est mise à l'honneur : tartine croquante au grenier médocain et moutarde au tanin, lamproie à la bordelaise, sans oublier le gibier en saison ; les assiettes sentent bon le pays et se révèlent bien savoureuses – à accompagner, idéalement, d'un bon verre de bordeaux. Pour l'anecdote, "jalle" signifie "cours d'eau" en gascon… et comme on le sait, les petits ruisseaux font les grandes rivières !

Liza

Libanaise

B2

14 r. de la Banque
☎ 01 55 35 00 66
www.restaurant-liza.com
Ⓜ Bourse
Fermé samedi midi et dimanche soir

Formule 16 € – Carte 36/54 €

A/C La table de Liza Asseily ressemble au Liban d'aujourd'hui : moderne et métissé. Confiée à une équipe de designers du pays du Cèdre, la décoration s'affranchit des clichés en jetant des ponts entre Orient et Occident. Ainsi, les matériaux précieux et ornementaux (panneaux de nacre, bois blanc sculpté, métal martelé, cuivre, éclats de miroirs) agrémentent le mobilier épuré et contemporain. Mais l'atmosphère des lieux doit aussi beaucoup à une bande-son originale mariant oud et jazz oriental. En cuisine, la tradition est judicieusement réinterprétée et permet de découvrir des recettes moins connues : agneau aux cinq épices douces, kebbé méchouiyé (bœuf, sauce betterave et menthe), potiron confit... Le midi, sympathiques plateaux thématiques (végétarien, méditerranéen, etc.).

Le Moderne

Moderne

40 r. N.-D.-des-Victoires

✆ 01 53 40 84 10

Ⓜ Bourse

Fermé 1er-24 août, samedi et dimanche

C2

Bourse • Sentier

2e

Formule 31 € – Menu 38 €

A/C *Business as usual…* À deux pas du palais Brongniart aujourd'hui déserté par les boursicoteurs, ce Café Moderne permet de se replonger dans l'ambiance toujours très affairée du quartier : le midi, l'endroit est bondé ! Le soir venu, la clientèle troque son costume pour un autre, davantage propice aux duos et aux compagnies d'amis… À toute heure en effet, la cuisine proposée fait mouche : les produits de saison bénéficient de toutes les attentions et sont les rois d'assiettes sans chichis, cuisinées dans le souci du bon. Le tout se déguste dans un décor pour le moins… moderne, soigné et chaleureux. À la bourse des petits plaisirs, cette adresse a vraiment la cote !

Mori Venice Bar

Italienne

2 r. du Quatre-Septembre

✆ 01 44 55 51 55

www.mori-venicebar.com

Ⓜ Bourse

B2

Menu 40 € (déjeuner en semaine) – Carte 70/140 €

Venise et les Maures : l'enseigne évoque ces liens commerciaux séculaires qui ont fait la fortune et l'esprit de la ville, si imprégnée d'Orient… Ici, point de ciselures de marbre, mais une atmosphère feutrée signée Philippe Starck, traduisant avec sobriété le raffinement et le secret : murs habillés d'acajou, sol chocolat, lustres de Murano, masques de carnaval, jolie véranda et comptoir pour prendre un verre en savourant des antipasti ou une superbe glace maison. Si la gastronomie vénitienne est méconnue, le chef, passionné, a entrepris de la défendre – une mission déjà accomplie à New York et en Uruguay. Sa démonstration, exemplaire, s'appuie sur d'excellents produits de Vénétie et de nombreuses spécialités (*cicchetti* – amuse-bouches –, foie de veau *alla veneziana*, poissons de l'Adriatique, etc.). Des plats… envoûtants, Venise oblige.

Noglu

M o d e r n e

C1

16 passage des Panoramas

☎ 01 40 26 41 24

www.noglu.fr

Ⓜ Grands Boulevards

Fermé lundi soir et dimanche

Formule 24 € – Menu 37 € (dîner) – Carte 32/47 €

Gageons que le passage des Panoramas, construit en 1800 et emblématique du quartier des Grands Boulevards, n'avait jamais accueilli de restaurant de ce type. Et pour cause : comme son nom l'indique, Noglu propose une cuisine certifiée "sans gluten" ! Les intolérants et allergiques à la farine de blé seront donc à la fête, mais sans exclusivité : tout le monde peut venir se régaler de cette bonne cuisine du marché, réalisée avec de beaux produits. Asperges blanches et truite fumée, sauté de veau aux champignons ou encore parfait au chocolat et orange confite : autant de préparations soignées que l'on savoure dans un cadre branché et convivial. Et pour les plus pressés, il est même possible d'opter pour le mode "à emporter" !

Pascade

M o d e r n e

A2

14 r. Daunou

☎ 01 42 60 11 00

www.alexandre-bourdas.com

Ⓜ Opéra

Fermé dimanche et lundi

Menu 30 € – Carte 37/51 €

A/C

Alexandre Bourdas, chef fameux installé à Honfleur, est l'auteur de ce concept original : à mi-chemin entre Vendôme et Opéra, une "cantine-auberge" revendiquée (déco industrielle façon bistrot chic et contemporain), où il rend hommage à sa région d'origine, l'Aveyron, à travers l'une de ses spécialités emblématiques, la pascade. Cette délicieuse crêpe soufflée, à l'origine préparée pour Pâques, est ici déclinée tout au long du menu en salé et sucré, garnie de bons produits, version gastronomique. Ainsi de celle-ci : queue de lotte marinée au citron vert, tombée d'épinard et émulsion de lait coco ; ou encore de celle-là, en dessert : mousse et glace au café corsé. Les saveurs sont bien équilibrées, marquées, et la crêpe se dévore d'autant mieux que son format prête à se laisser aller à la gourmandise !

Passage 53 ✿✿

C r é a t i v e

53 passage des Panoramas
☎ 01 42 33 04 35
www.passage53.com
Ⓜ Grands Boulevards
Fermé 2 semaines en août, dimanche et lundi
– Réservation conseillée

C1

Menu 60 € (déjeuner en semaine), 130/170 € 🍴🍴

A/C
🍇

Michelin

Alors qu'au 19ᵉ s. les coquettes ne juraient que par eux, les passages couverts sont tombés dans une douce désuétude : celui des Panoramas (1800) porte un peu de l'histoire de ce Paris en noir et blanc. Sauf au n° 53. Iconoclaste, ce restaurant offre – tout l'annonce – l'occasion d'une expérience rare. Tel un passage dérobé vers une avant-garde discrète mais pointue, la salle est minuscule, étroite et immaculée (murs chaulés, banquettes et fauteuils crème aux reflets irisés). On s'y installe sans cérémonial, mais avec cérémonie : à la première bouchée, le "menu du marché" (annoncé de vive voix en début de repas) ouvre sur des contrées insoupçonnées. Une gageure soutenue par Shinichi Sato, jeune chef d'origine japonaise, formé notamment auprès de Pascal Barbot (L'Astrance). Il délivre une cuisine d'instinct, où l'épure le dispute à la finesse. Produits de choix, cuissons millimétrées, présentations soignées, associations de saveurs harmonieuses et saisissantes : le passage, assurément, emmène loin.

Entrées

- Huîtres et mousse de haddock, compotée de pommes
- Asperges blanches, œuf mimosa et vieux comté

Plats

- Homard, sauce tomate et coquillages
- Côte de veau, asperges sauvages, pommes de terre grenaille et cèpes de Corrèze

Desserts

- Tartelette au chocolat noir
- Mousse, gelée et sorbet à la rhubarbe

Passy Mandarin Palais Royal

Chinoise   A2

6 r. d'Antin
☎ 01 42 61 25 52
www.restaurant-passy-madarin.fr
Ⓜ Pyramides
Fermé juillet

Formule 16 € – Menu 22 € (déjeuner en semaine) – Carte 35/100 € ✗✗

Fondé en 1989, le deuxième Passy Mandarin de Paris (après celui du 16ᵉ arrondissement) a consacré le succès de la famille Vong dans la capitale. Le décor, d'une élégance rare, nous transporte dans l'Empire du Milieu : panneaux en bois laqué, sculptures, statues et chaises ouvragées, et de nombreux objets rapportés d'Hong Kong, de Macao, ou même... d'Europe. Mais c'est le contenu de l'assiette qui dépayse véritablement : il y a de la Chine, bien sûr, avec ces crevettes à la feuille de lotus, ce filet de bœuf au poivre noir du Sichuan ou le fameux canard laqué à la pékinoise ; mais aussi de belles spécialités thaïlandaises, qui raviront les amateurs. Les assiettes sont parfumées et respirent l'authenticité : on en redemande !

Pierrot

Traditionnelle   D3

18 r. Étienne-Marcel
☎ 01 45 08 00 10
Ⓜ Etienne Marcel
Fermé dimanche

Carte 41/50 € ✗

 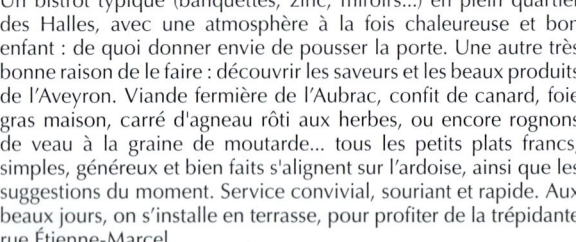

Un bistrot typique (banquettes, zinc, miroirs...) en plein quartier des Halles, avec une atmosphère à la fois chaleureuse et bon enfant : de quoi donner envie de pousser la porte. Une autre très bonne raison de le faire : découvrir les saveurs et les beaux produits de l'Aveyron. Viande fermière de l'Aubrac, confit de canard, foie gras maison, carré d'agneau rôti aux herbes, ou encore rognons de veau à la graine de moutarde... tous les petits plats francs, simples, généreux et bien faits s'alignent sur l'ardoise, ainsi que les suggestions du moment. Service convivial, souriant et rapide. Aux beaux jours, on s'installe en terrasse, pour profiter de la trépidante rue Étienne-Marcel.

Pollop

M O D E R N E   C2

15 r. d'Aboukir
✆ 01 40 41 00 94
www.pollop.fr
Ⓜ Sentier
Fermé 2 semaines en août, lundi soir, samedi midi et dimanche

Formule 16 € – Menu 19/31 €   ✗

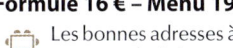 Les bonnes adresses à petit prix n'étant pas légion dans le Sentier, on comprend aisément le bel accueil réservé à ce Pollop au décor vintage et sans esbroufe : béton ciré et carreaux de ciment, papier peint et appliques style 1970, mobilier de récup, bibliothèque, etc. À la carte se déploie une bonne cuisine du marché aux influences thaïes (coques en vapeur de citronnelle, crème de petits pois au lait de coco ; filet de sandre au bouillon de crevettes et navets crus-cuits), préparée par un ex-comédien devenu cuisinier... et envoyée en salle par la grâce de serveurs souriants et professionnels, qui savent se faire discrets. Sans surprise, donc, l'adresse a déjà été adoptée par une bonne partie de la jeunesse branchée du quartier !

Saturne

M O D E R N E   C2

17 r. N.-D.-des-Victoires
✆ 01 42 60 31 90
www.saturne-paris.fr
Ⓜ Bourse
Fermé 2 semaines en août, vacances de Noël, samedi et dimanche

Menu 40 € (déjeuner)/65 € – Carte environ 62 €   ✗✗

 Saturne : dieu de l'agriculture et anagramme de "natures"... Une bien jolie enseigne, qui dit tout : le jeune chef, Sven Chartier, formé auprès d'Alain Passard à l'Arpège (7e arrondissement), et son associé, Ewen Le Moigne, sommelier de son état, partagent l'amour du bon produit. Vins naturels, petits producteurs, respect des saisons : Saturne compile tout cela, et bien plus encore ! Pavé de merlu aux crosnes et endive caramélisée ; agneau de lait de l'Aveyron, purée de courge butternut ; crémeux au chocolat, glace au topinambour et noisettes torréfiées : les assiettes sont pleines de saveurs, les accords mets-vins harmonieux... Quant à l'atmosphère, résolument moderne, elle affirme une influence scandinave (mobilier en bois blond, béton ciré). Oui, on peut faire branché et savoureux !

Pur' - Jean-François Rouquette ✿

C r é a t i v e

A2

Hôtel Park Hyatt,
5 r. de la Paix
☏ 01 58 71 10 60
www.paris-restaurant-pur.fr
Ⓜ Opéra
Fermé août et le midi

Menu 125/245 € 🍷 **– Carte 110/250 €**

Park Hyatt

Deux restaurants contemporains au Park Hyatt : les Orchidées à l'heure du déjeuner et Pur', plus feutré, pour un bien agréable dîner. Ce dernier est évidemment à l'image de l'hôtel de la rue de la Paix, où luxe signifie raffinement, modernité et discrétion. Confiée à l'imagination d'Ed Tuttle, la décoration crée une atmosphère à la fois confortable et confidentielle, avec seulement 38 couverts. Une réussite, incontestablement. Tout est pensé pour concilier majesté et intimité : les harmonies de couleurs claires et foncées, les éclairages indirects diffusant une lumière tamisée... et l'espace lui-même – vaste rotonde surmontée d'une coupole et cerclée d'une colonnade abritant une grande banquette capitonnée. En chef d'orchestre, Jean-François Rouquette (Taillevent, le Crillon, la Cantine des Gourmets, les Muses) trouve ici un lieu à sa mesure pour exprimer la grande maîtrise de son talent. Sa cuisine, créative et inspirée, accorde avec finesse d'excellents produits, sans fausse note. Un "pur" plaisir !

Entrées

- Langoustines rafraîchies, gelée de bonite, avocat et caviar osciètre
- Foie gras de canard poêlé, haricots verts, anchois fumé et citron confit

Plats

- Bœuf Wagyu grillé aux sarments de vigne, aubergine brûlée et oignon doux des Cévennes
- Turbot et coquillages, mousseline de haricots coco

Desserts

- Croc' chocolat aux éclats de caramel, sorbet à la fève tonka
- Vacherin glacé aux fruits de la passion et vieux rhum

Silk & Spice

T h a ï l a n d a i s e

C2

6 r. Mandar
☎ 01 44 88 21 91
www.silkandspice.fr
Ⓜ Sentier
Fermé samedi midi et dimanche

Formule 19 € – Menu 25 € ♟ (déjeuner)/47 € – Carte 28/51 € ✗

 Le raffinement en guise d'exotisme, étonnant ? Pas chez Silk & Spice, où l'atmosphère épurée, feutrée et intime remplace judicieusement le folklore en matière de dépaysement, au cœur du quartier Montorgueil. Le décor ? Dominantes sombres rehaussées de feuille d'or, bel éclairage tamisé, murmure d'une fontaine, orchidées blanches... Dans l'assiette, fine et soignée, un savant mélange de douceurs et d'épices transporte au royaume de Siam : filet de bar sauce au tamarin et légumes sautés, gambas et crevettes dans une réduction à la citronnelle, bœuf mijoté au curry vert, ou encore flan coco et sorbet aux litchis. Service discret et délicat... à l'image du lieu.

Terroir Parisien - Palais Brongniart

T r a d i t i o n n e l l e

B2

28 pl. de la Bourse
☎ 01 83 92 20 30
www.yannick-alleno.com
Ⓜ Bourse
Fermé dimanche

Carte 35/57 € ✗

  Après le succès de son Terroir Parisien dans le 5ᵉ arrondissement, Yannick Alléno a créé cette "filiale" au sein du palais Brongniart, l'ancien siège de la Bourse de Paris. C'est dire si le concept a la cote ! On retrouve donc ici ces recettes franciliennes que le grand chef a à cœur de faire redécouvrir, et cuisinées avec savoir-faire : gratinée des Halles aux p'tits oignons, saucisson de ris de veau et pommes de terre tièdes à l'échalote, raie aux câpres et beurre noisette, pièce de bœuf au poivre "café de Paris", brioche Nanterre perdue et glace vanille... Sans oublier la superbe charcuterie, confectionnée sur place par un Meilleur Ouvrier de France, dont on peut découvrir les créations au "rillette bar" ! Le tout dans une ambiance stylée et conviviale. Fort indice de satisfaction en vue...

Vaudeville

T r a d i t i o n n e l l e

B2

29 r. Vivienne
☎ 01 40 20 04 62
www.vaudevilleparis.com
Ⓜ Bourse

Formule 29 € 🍷 – Menu 39 € – Carte 44/74 €

À midi, c'est la "cantine" des hommes d'affaires et des journalistes (l'Agence France Presse se trouve à deux pas). Le soir, place à la foule animée débarquant des théâtres voisins. Le cadre Art déco brille alors de tous ses feux, les décibels montent et les serveurs, toujours souriants, slaloment de table en table. Pas de doute, le Vaudeville connaît son rôle sur le bout des doigts : la vraie brasserie parisienne ! À l'affiche, tous les classiques du genre agrémentés de spécialités maison, tels les fruits de mer, l'escalope de foie gras de canard poêlée, l'andouillette, la tranche de morue fraîche à la plancha, ou encore les œufs à la neige. Le tout en formules ou en menus, dont un servi à l'heure du souper – clientèle oblige. Le petit plus aux beaux jours : la terrasse face au palais Brongniart.

Le Versance

M o d e r n e

B2

16 r. Feydeau
☎ 01 45 08 00 08
www.leversance.fr
Ⓜ Bourse
Fermé 22 juillet-20 août, 21 décembre-5 janvier,
samedi midi, dimanche et lundi

Formule 35 € 🍷 – Menu 38 € (déjeuner) – Carte 75/98 €

A/C Un cadre où poutres, vitraux, mobilier design et tables tirées à quatre épingles font des étincelles. Dans cet écrin gris-blanc épuré, la sobriété le dispute à l'élégance, et le lieu dégage une vraie sérénité. Un coup de maître pour Samuel Cavagnis, dont c'est le premier restaurant. En cuisine, ce jeune globe-trotter formé à bonne école reste fidèle aux saveurs hexagonales. Un retour aux racines françaises illustré par des plats joliment contés et teintés d'exotisme : homard bleu rôti au curry et sa sauce au vin jaune, ris de veau et leur cake au stilton accompagné d'une poire aux épices, Saint-Jacques et ravioles au topinambour, ou encore joli dessert examinant la pomme sous toutes ses coutures...

Zinc Opéra

Traditionnelle

B1

8 r. de Hanovre
✆ 01 42 65 58 95
www.restaurant-zinc.com
Ⓜ Opéra
Fermé août, samedi et dimanche

Formule 26 € – Menu 32 € (déjeuner)/35 € – Carte 40/56 € ✗ ✗

Après le Zinc de Gennevilliers et celui de Courchevel, Paris a désormais le sien… À deux pas de l'Opéra, cet opus se révèle particulièrement séduisant. Les fourneaux ont été confiés à une équipe très solide, qui signe des recettes à la fois simples et soignées, centrées sur les produits. Ainsi ce confit de canard à la cuisson parfaite, accompagné de pommes de terre sautées et parfumées aux herbes, ou encore ce clafoutis aux cerises des plus savoureux… Des classiques parfaitement maîtrisés et pleins de parfums. Le décor, façon bistrot chic et cosy, et l'accueil, très sympathique, ajoutent à l'intérêt des lieux !

Ce guide vit avec vous : vos découvertes nous intéressent. Coup de colère ou coup de cœur, faites-nous part de vos impressions : écrivez-nous !

3ᵉ

SQUAR
GEORGES

Le Haut Marais · Temple

Le Haut Marais, Temple

3e **A** **B**

Strasbourg-St-Denis

R. René-

Bd St-Martin

Rue d'Aboukir

Rue St Denis

R. N.-D. de Nazareth

Rue Réaumur

R. St Sauveur

Réaumur Sébastopol

R. St Martin

⚔ Pramil

2e

R. St Denis

Boulevard de Sébastopol

Arts et Métiers

Rue Réaumur

Au Bascou ⚔

Rue de Turbigo

R. des Gravilliers

Rue de

Étienne Marcel

⚔⚔
Ambassade d'Auvergne

Beaubourg

Temple

2

FORUM
LES HALLES

Châtelet les Halles

Bd de Sébastopol

R. St Denis

R. du Grenier St Lazare

R. M. Le Comte

Rue Rambuteau

R. des Quatre Fi

1er

CENTRE
G. POMPIDOU

Rue Rambuteau

du

R. des

3

Pl. du Châtelet

Bd de Sébastopol

Rue

Rue Martin

Rue du Renard

Rue

R. des Archives

Vieille du Fra

Châtelet

Av. Victoria

de

Hôtel de Ville

Rivoli

4e

Q. de Gesvres

Pont N.-Dame

SEINE

Pl. de l'Hôtel de Ville

HÔTEL DE VILLE

R. F. Miron

Rue de Rivoli

A **B**

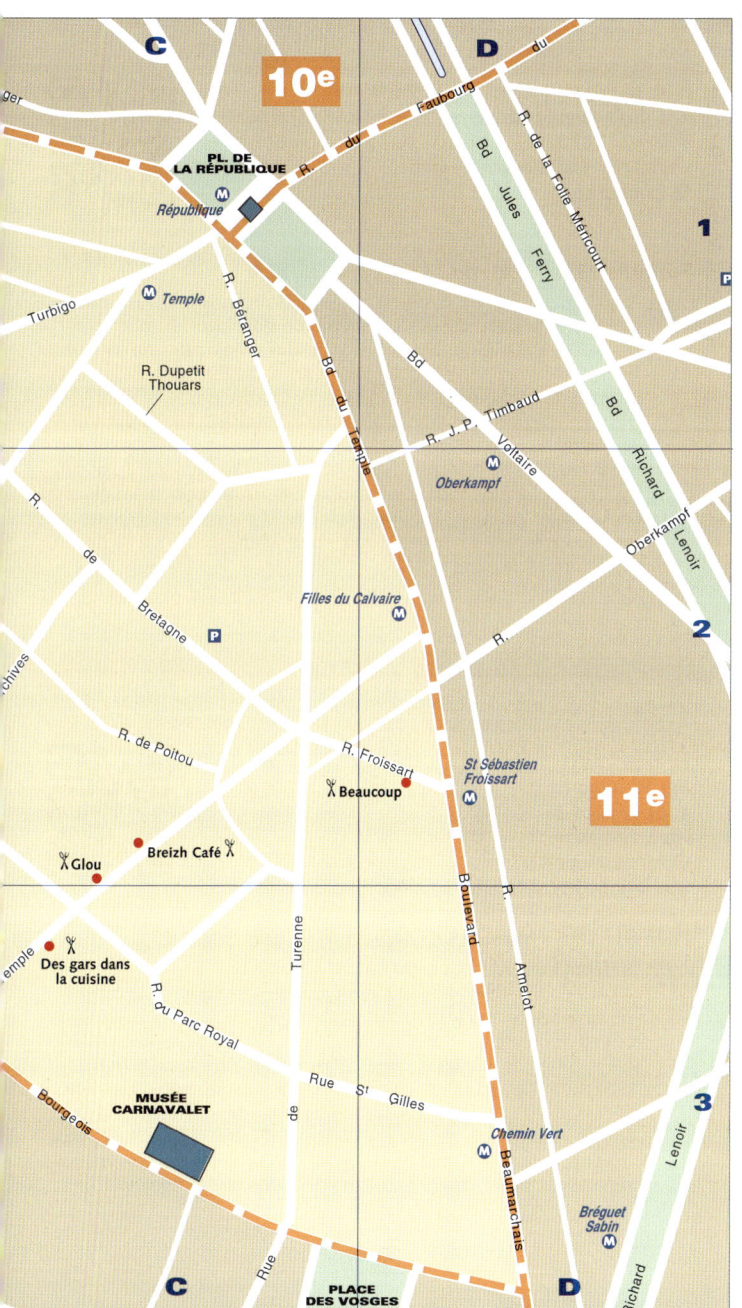

C

D

du

Faubourg

R. du

PL. DE
LA RÉPUBLIQUE

Bd

Jules

R. de la Folie Méricourt

Ferry

1

P

République

M

M Temple

Turbigo

R. Béranger

R. Dupetit
Thouars

Bd du Temple

Bd

R. J. P. Timbaud

Voltaire

Bd

Richard

Oberkampf

Oberkampf

Lenoir

R.

de

Bretagne

P

Filles du Calvaire

M

R.

2

chives

R. de Poitou

R. Froissart

St Sébastien
Froissart

M

Beaucoup

11e

Glou

Breizh Café

Boulevard

R.

Temple

Des gars dans
la cuisine

Turenne

Amelot

R. du Parc Royal

Rue   St   Gilles

de

Bourgeois

MUSÉE
CARNAVALET

Chemin Vert

M

Beaumarchais

Lenoir

3

Bréguet
Sabin

M

C

Rue

PLACE
DES VOSGES

D

Richard

Ambassade d'Auvergne

R é g i o n a l e   e t   t e r r o i r   B2

22 r. du Grenier-St-Lazare
☎ 01 42 72 31 22
www.ambassade-auvergne.com
Ⓜ Rambuteau

Formule 23 € 🍷 – Menu 33 € – Carte 35/52 €   ✖✖

A/C   Où mange-t-on l'un des meilleurs aligots de Paris ? À l'Ambassade
d'Auvergne, bien sûr, où la cérémonie du filage en salle mérite
toute votre attention. Les autres spécialités régionales ne sont pas
oubliées : cochonnailles, lentilles vertes du Puy, potée de porc
fermier aux choux braisés... Que des bons produits pour des
recettes pleines d'authenticité et de générosité. En "ambassade"
digne de ce nom, la maison ne lésine pas non plus sur la sélection
de fromages (l'Aveyron est également bien représenté sur le plateau)
et de vins locaux. Quatre élégantes salles à manger thématiques
– Auberge, Artisans, Peintres, Rotonde – pour une délicieuse et
copieuse escapade culinaire au cœur d'une province riche de
traditions et de saveurs.

Au Bascou

R é g i o n a l e   e t   t e r r o i r   B1

38 r. Réaumur
☎ 01 42 72 69 25
www.au-bascou.fr
Ⓜ Arts et Métiers
Fermé août, 23-29 décembre, samedi et dimanche

Formule 18 € – Menu 25 € (déjeuner) – Carte 36/70 €   ✖

A/C   Indéboulonnable ! La carte de cette institution basque reste fidèle
à ses débuts : Bertrand Guéneron, qui œuvre aujourd'hui à la tête
de la maison, aurait bien tort de toucher aux classiques qui ont
fait sa réputation et son succès. Ainsi, on retrouve avec plaisir
les recettes de toujours, à peine revisitées. Au choix, piperades,
pimientos del piquillo, chipirons sautés au piment d'Espelette,
fricassée d'escargots au jambon, soupe de châtaigne, raviole
de foie gras, axoa de veau, clafoutis... D'authentiques plats aux
accents euskariens, mitonnés à partir de produits en provenance
directe du "pays" et servis dans un décor de bistrot convivial.

Beaucoup

Moderne

D2

7 r. Froissart
☎ 01 42 77 38 47
www.beaucoup-resto.com
Ⓜ St-Sébastien Froissart

Formule 17 € – Carte 41/60 €

L'équipe de Glou (rue Vieille-du-Temple) récidive avec ce Beaucoup qui mérite en effet quelques superlatifs ! L'endroit, d'abord, offre une belle surprise, parfaitement dans le ton de ce Haut Marais aujourd'hui très en vue. Entre rue de Bretagne et boulevard Beaumarchais, il évoque un grand loft post-industriel, intégralement bordé de hautes verrières d'atelier ouvrant sur la cour d'immeuble voisine (avec un bar à cocktails à l'étage). Et si tout est soigneusement designé – fauteuils en bois, suspensions en métal, etc. –, la cuisine adopte le même parti pris ! Dans un registre international qui sied à la clientèle cosmopolite, les recettes respirent la fraîcheur et l'équilibre. Effluves de citronnelle, de galanga, de piment oiseau, etc. : comme le parfum d'une époque…

Breizh Café

Bretonne et crêpes

C2

109 r. Vieille-du-Temple
☎ 01 42 72 13 77
www.breizhcafe.com
Ⓜ St-Sébastien Froissart
Fermé 3 semaines en août, lundi et mardi

Carte 25/38 €

Tout commence en 1996, quand Bertrand Larcher crée à Tokyo la première crêperie bretonne du Japon. Il suffisait d'y penser : la galette de sarrasin sera un vrai sésame. L'entrepreneur fait venir de sa région natale des crêpiers expérimentés, et sélectionne les meilleurs produits (des farines bio et du beurre salé, notamment) : très vite l'affaire tourne rond à travers tout l'archipel nippon… au point qu'elle finit par faire des petits jusqu'en France, à Cancale et à Paris ! Et cette fois, ce sont des crêpiers japonais qui œuvrent au *billig*, défendant le slogan maison : "La crêpe autrement." Un exemple ? La "basquaise" : asperges, tomate, chorizo, basilic, fromage fondu et trait d'huile d'olive. Des garnitures qui ne tombent pas à plat ! Et l'on peut faire des emplettes à l'épicerie attenante…

Le Haut Marais • Temple

Des Gars dans la Cuisine

M o d e r n e C3

72 r. Vieille-du-Temple
☎ 01 42 74 88 26
www.desgarsdanslacuisine.com
Ⓜ Chemin Vert

Formule 15 € – Carte 45/56 €

À deux pas du Marais gay, les gars sont aux commandes et c'est tant mieux. Une amitié de plus de vingt ans unit Gil Rosinha, le chef, et son acolyte côté salle, Jean-Jacques Delaval. Aussi enjoué que professionnel, le duo a su hisser sa table au rang des incontournables de l'arrondissement (il convient de réserver...). La qualité de la cuisine de Gil n'est pas étrangère au succès – des recettes bien fraîches, originales et parfumées, qui croquent notre époque avec gourmandise –, mais c'est la totalité du concept qui séduit. Jean-Jacques fait régner la sympathie sur la salle, au décor plutôt branché, voire glamour quand, le soir arrivant, on tamise la lumière. Habitués du quartier, stars d'un jour ou de toujours, et touristes se mêlent en toute simplicité. La belle illustration d'un restaurant fédérateur et plein de vie !

Glou

M o d e r n e C2

101 r. Vieille-du-Temple
☎ 01 42 74 44 32
www.glou-resto.com
Ⓜ St-Sébastien Froissart

Formule 17 € – Menu 21 € (déjeuner en semaine) – Carte 35/55 €

Deux consonnes, autant de voyelles : tel est fait Glou. Syllabe franche et revigorante, comme un verre de vin qui réchauffe les papilles. L'enseigne nous transporte, fort justement, au cœur du concept de ce bistrot où l'on porte la même attention à l'assiette et au flacon. Dans un cadre au format loft (murs en brique, abat-jour d'usine), assise sur des tabourets, la jeune clientèle décontractée, à l'image des serveurs, se délecte de bons petits plats : burger 100 % Aubrac, thon blanc fumé de l'île d'Yeu et sa crème généreuse, lard italien mariné aux herbes et aux épices, tartelette au caramel... Le tout s'accompagne de belles bouteilles, variées et de qualité, avec un choix intéressant au verre. Une adresse attachante, où être à tu et à toi semble parfaitement naturel, dès le début des agapes.

Pramil

M o d e r n e

9 r. Vertbois

℘ 01 42 72 03 60

www.pramilrestaurant.fr

Ⓜ Temple

Fermé 27 avril-4 mai, 17-31 août, 21-28 décembre, dimanche midi et lundi

Formule 22 € – Menu 33 € – Carte 38/48 €

Des pierres apparentes, un sol en béton ciré, beaucoup de sobriété : ce décor plaisant a l'élégance de se faire oublier... car on vient avant tout ici pour la cuisine d'Alain Pramil. Pour l'anecdote, ce chef autodidacte nourrit une véritable passion pour l'art culinaire, mais il a d'abord été... professeur de physique ! Depuis, il a troqué ses tubes à essai pour des casseroles rutilantes et concocte de bons plats du marché teintés d'influences contemporaines. On ne résiste pas à sa salade de ficoïde glaciale (un légume oublié !), à son onglet de veau poêlé, à son cochon de lait sauce miso ou à ses tartes aux fruits de saison. Quant à la sélection de vins, elle se révèle intéressante. De la générosité, des prix doux et un accueil chaleureux : dans le mille, Pramil !

Hôtels et restaurants évoluent chaque année. Chaque année, changez de guide MICHELIN

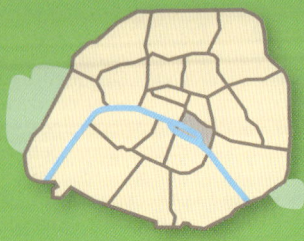

Île de la Cité · Île St-Louis · Le Marais · Beaubourg

R. Mattes / hemis.fr

4ᵉ

A

FORUM
LES HALLES

*Châtelet
les Halles*

B

P

M *Rambuteau*

R. Rambuteau

CENTRE
G. POMPIDOU

Comptoir
Gourmet

Baffo

Claude Colliot

Suan Thai

Benoit

1er

M
Pont Neuf

Quai de la Mégisserie

Pl. du
Châtelet

M *Châtelet*

Av. Victoria

*Hôtel
de Ville*

Pl. de
l'Hôtel
de Ville

HÔTEL
DE
VILLE

Rivoli

P

R. F. Miron

P

CONCIERGERIE

PALAIS DE JUSTICE

Q. de Gesvres

Pont N.-Dame

SEINE

Pont d'Arcole

Quai de l'Hôtel de Ville

P

STE-CHAPELLE

Cité

M *Cité*

Quai aux Fleurs

2

St Michel M

ÎLE DE LA CITÉ

R. de la Cité

R. du Cloître Notre-Dame

Pont L. Philippe

Q. de Bourbon

6ᵉ

*Cluny
La Sorbonne* M

Saint

THERMES
DE CLUNY

Quai de Montebello

NOTRE-DAME

Pont St-Louis

Mon Vieil Ami

Le Sergent Recruteur

Isami

Les Fou
de l'Il

R. Lou...

Germain

*Maubert
Mutualité* M

Bd
Saint

Germain

Quai de la Tournelle

Pont de la Tournelle

P

SORBONNE

3

Rue
des
Écoles

Rue

des Monge

Écoles

5ᵉ

0   200m

UNIVERSITÉS
PARIS VI-PARIS V

Île de la Cité, Île St-Louis,
Le Marais, Beaubourg

A

*Cardinal
Lemoine* M
Les Boulangers

PANTHÉON

R. Clovis

B

C

R. de Poitou

R. Froissart

D

St Sébastien
Froissart

R. des Quatre Fils

3e

Turenne

Boulevard

R.

Amelot

11e

1

Temple

R. du Parc Royal

de   Rue   St   Gilles

Vieille

des

Francs

Bourgeois

MUSÉE
CARNAVALET

Chemin Vert

Beaumarchais

Bréguet
Sabin

Richard

Lenoir

Rue   de   Rivoli

R.   François   Miron

Au Bourguignon
du Marais

St Paul

Rue

Saint

Rue

PLACE
DES VOSGES

L'Ambroisie

Le Gorille Blanc

Bofinger

Pl. de la
Bastille

2

Pont Marie

Rue   St   Paul

Antoine

Bastille

Bd

Q.   des   Célestins

Quai

d'Anjou

Sully
Morland

IV

Bourdon

Bd   de   la   Bastille

OPÉRA DE
PARIS BASTILLE

R.   de   Lyon

ÎLE

ST-LOUIS

Bd

Henri

Boulevard

Pont
de Sully

INSTITUT DU
MONDE ARABE

Quai

Quai

Henri

IV

Morland

Bd

3

12e

SEINE

Saint

Bernard

C

Quai de la Rapée

D

L'Ambroisie ✿✿✿

Classique

9 pl. des Vosges

✆ 01 42 78 51 45

www.ambroisie-paris.com

Ⓜ St-Paul

Fermé 15 février-1er mars, 2-31 août, dimanche et lundi

D2

Carte 210/330 €

L'Ambroisie

Ambroisie : (n. f.) "nourriture des dieux de l'Olympe, source d'immortalité" et, par extension, "nourriture exquise". Tout est dit ! Que peut-on donc ajouter pour décrire la divine cuisine de Bernard et Mathieu Pacaud – père et fils de concert –, qui culmine avec une plénitude qui n'a d'égale que leur modestie ? Un hymne à la tradition revisitée avec grâce, des produits soigneusement choisis, des cuissons d'une précision horlogère, des alliances de goûts sans faille, etc. Autant de petits détails qui font toute la différence ; l'essentiel se résumant à ceci : un classicisme maîtrisé, point.

Le cadre luxueux du restaurant – une demeure du 17e s. sous les arcades paisibles de l'une des plus belles places de Paris – est à l'unisson : miroirs anciens, immense tapisserie, sol en marbre blanc et noir, orchidées. Un vrai petit palais italien. Et la place des Vosges de devenir quasi florentine ! Conclusion : pour un repas aussi raffiné qu'élégant, un régal des sens à tous points de vue.

Entrées

- Feuillantine de langoustines, sauce curry
- Foie gras de canard landais en croûte de poivre, rémoulade de céleri

Plats

- Escalopine de bar à l'émincé d'artichaut, nage réduite et caviar osciètre
- Volaille de Bresse rôtie au beurre d'agrumes et aubergines confites au cumin

Desserts

- Tarte fine sablée au chocolat, crème glacée à la vanille Bourbon
- Meringue moelleuse aux framboises, crème foisonnée à la pistache

Au Bourguignon du Marais

T r a d i t i o n n e l l e

C2

52 r. François-Miron
☎ 01 48 87 15 40
Ⓜ St-Paul
Fermé 2 semaines en février, 3 semaines en août,
dimanche et lundi

Formule 19 € – Menu 24 € (déjeuner) – Carte 33/59 €

L'enseigne dit tout... ou presque. Dans ce petit restaurant sans chichi, la Bourgogne s'invite dans l'assiette et dans le verre ! On s'installe dans une salle sobre et conviviale pour savourer des petits plats tout en générosité. Œufs pochés en meurette, jambon persillé, andouillette au bourgogne aligoté, escargots à l'ail, incontournable bœuf bourguignon et – rare détour exotique dans cet antre dédié au terroir – croustillant de gambas au chutney et salade d'herbes fraîches... L'alléchante carte est complétée par quelques suggestions faites de vive voix ; quant à la cave des vins, elle ravit les amateurs de beaux flacons 100 % bourguignons. Et dès que le temps le permet, on file en terrasse !

Baffo

I t a l i e n n e

B1

12 r. Pecquay
☎ 01 44 59 86 72
www.baffo.fr
Ⓜ Rambuteau

Formule 20 € – Menu 25 € (déjeuner)/70 € – Carte 33/56 €

 Originaire de la Maremme (la région la plus méridionale de la Toscane) et passionné de cuisine, Fabien Zannier a décidé de changer de vie pour rendre hommage aux saveurs de son enfance. Le CAP en poche, il a créé au cœur du Marais cette table italienne grande comme un mouchoir de poche. Le moins que l'on puisse dire, c'est que le chef, autodidacte devenu professionnel, a plus d'un tour dans son sac ! Ne jurant que par le produit frais, sélectionné avec soin auprès de petits producteurs – idéalement en bio – en Italie ou en France (ainsi le veau aveyronnais et le bœuf d'Aubrac), il signe de belles spécialités, fortes en goût et accompagnées, pour parfaire la découverte, de crus toscans... Une occasion idéale pour, comme on dit en italien, "un pranzo con i baffi", un repas à s'en lécher les moustaches !

Benoit

C l a s s i q u e

20 r. St-Martin
☎ 01 42 72 25 76
www.benoit-paris.com
Ⓜ Châtelet-Les Halles
Fermé août

B1

Menu 39 € (déjeuner) – Carte 56/106 € ✕✕

C. Sarramon

Pour retrouver l'atmosphère d'un vrai bistrot parisien, poussez donc la porte du 20, rue St-Martin. C'est ici, en plein cœur de Paris, que l'enseigne vit le jour dès 1912, du temps des Halles populaires. À l'origine bouchon lyonnais, le bistrot est resté dans la famille Petit pendant trois générations, lesquelles ont façonné et entretenu son charme si désuet. Belle Époque, plus exactement : boiseries, cuivres, miroirs, banquettes en velours, tables serrées les unes contre les autres... Chaque élément, jusqu'aux assiettes siglées d'un "B", participe au cachet de la maison. Rien à voir avec les ersatz de bistrots à la mode ! Et si l'affaire a été cédée au groupe Ducasse (2005), elle a préservé son âme.

Traditionnelles à souhait, les recettes allient produits du terroir, justesse des cuissons et générosité. Les habitués le savent bien : "Chez toi, Benoît, on boit, festoie en rois." Surtout si l'on pense aux plats canailles que tout le monde connaît, mais que l'on ne mange quasiment jamais... sauf ici.

Entrées

- Pâté en croûte, cœur de laitue à l'huile de noix et chapons aillés
- Langue de veau Lucullus, cœur de romaine à la crème moutardée

Plats

- Filet de sole Nantua, épinards à peine crémés
- Sauté gourmand de ris de veau, crêtes et rognons de coq, foie gras et jus truffé

Desserts

- Profiteroles Benoit, sauce au chocolat chaud
- Millefeuille classique à la vanille

Bofinger

T r a d i t i o n n e l l e D2

5 r. de la Bastille
℘ 01 42 72 87 82
www.bofingerparis.com
Ⓜ Bastille

Formule 30 € – Menu 37/59 € – Carte 40/81 €

 Succès presque immédiat lorsque Frédéric Bofinger ouvre cette brasserie en 1864 : les Parisiens y font la découverte de la bière "à la pompe", ou bière pression. Royer, Panzani, Spindler et d'autres parmi les plus grands artisans d'art ont par la suite modelé ce "lieu de mémoire" gourmand de la capitale. À l'étage, plusieurs salles offrent un cadre remarquable, dont une aux boiseries peintes par Hansi représentant pêle-mêle kougelhopf, bretzel, cigognes, coccinelles et Alsaciennes en costume. L'endroit fascine toujours autant avec sa magnifique coupole en verre à motifs floraux, ses vitraux, marqueteries, vases animaliers, tableaux... Le livre d'or ? Un vrai bottin mondain du 20e s. Au menu : fruits de mer, grillades... et choucroutes bien sûr !

Claude Colliot

M o d e r n e B1

40 r. des Blancs-Manteaux
℘ 01 42 71 55 45
www.claudecolliot.com
Ⓜ Rambuteau
Fermé 2 semaine en août, dimanche et lundi

Menu 62 € – Carte 44/62 €

Chez Claude Colliot, ancien chef du Bamboche (7e arrondissement), point d'énoncés pompeux, mais une cuisine de saison, qui traite les meilleurs produits avec tous les égards. Les légumes sont excellents (fondants quand il se doit, croquants s'il le faut), les cuissons maîtrisées, les jus bien aromatiques, et le menu "Carte blanche" – cinq plats – offre une jolie palette du savoir-faire de notre homme... En trois mots : léger, sain et savoureux ! Côté flacons, Chantal Colliot est aux commandes. Sa courte carte met en avant les jeunes producteurs adeptes de la biodynamie, cette culture misant sur la synergie des sols et des plantations. Quelques pierres apparentes, du parquet blond, des sièges pistache ou violets : le lieu est chaleureux et compte de vrais fidèles... Pour un dîner en ville, réservez !

Comptoir Gourmet

Italienne

B1

51 r. du Temple
📞 01 84 17 24 07
www.comptoirgourmet.com
Ⓜ Rambuteau
Fermé 26 juillet-19 août, dimanche et lundi

Carte environ 35 €

A/C Le comptoir est bien là, sa vocation de gourmet aussi ! À une rue du Centre Georges-Pompidou, derrière une petite devanture toute rouge, l'adresse est idéale pour découvrir la gastronomie italienne à travers ses produits phares. Ses propriétaires sillonnent la péninsule à la recherche des meilleurs d'entre eux, emblématiques comme les charcuteries régionales, les tomates séchées, le pecorino ou la mozzarella di bufala, parfois plus difficiles à dénicher comme le caciocavallo sicilien (ce fromage de lait de vache à la drôle de forme de ballon) ou la colomba di Pasqua (cette brioche aux amandes, incontournable pour fêter Pâques en Lombardie). Bref, on découvre un superbe éventail de spécialités, proposées notamment à travers des salades ou des planchas préparées minute. Le rapport qualité-prix est excellent.

Les Fous de l'Île

Traditionnelle

B2

33 r. des Deux-Ponts
📞 01 43 25 76 67
www.lesfousdelile.com
Ⓜ Pont Marie

Formule 19 € – Menu 25 € (déjeuner en semaine), 28/33 € – Carte environ 39 €

A/C Ce restaurant du cœur de l'Île-St-Louis est entièrement dédié à la basse-cour. Finie l'ancienne épicerie, le cadre offre désormais un joli décor de bistrot avec tableaux, affiches et une riche collection de coqs et de poules. Une bonne centaine de bibelots de toutes formes et de toutes couleurs sont perchés sur les grandes étagères qui bordent la longue salle à manger. Dans une ambiance très conviviale, sur de petites tables noires, on mange une sympathique cuisine de bistrot en cohérence avec le cadre : terrine, steak tartare, entrecôte, poule au pot, clafoutis et mousse au chocolat. La carte des vins présentée par vigneron offre un choix intéressant, tant pour les provenances, les prix que pour l'offre de vins au verre. Brunch le dimanche.

Le Gorille Blanc

T r a d i t i o n n e l l e   D2
4 impasse Guéménée
℡ 01 42 72 08 45
www.legorilleblanc.fr
Ⓜ Bastille
Fermé dimanche

Formule 17 € – Carte 33/58 €

Gare au Gorille Blanc, il est si gourmand ! Mais dans ce bistrot parisien pur jus, au décor rustique et rétro en diable, le chef concocte une cuisine bistrotière généreuse et bien troussée parsemée de clins d'œil au Sud-Ouest – la région natale du propriétaire –, ainsi que de bons petits plats ménagers qui savent venir à bout des appétits les plus gargantuesques... Terrine de champignons à la crème d'ail, petits chipirons sautés à l'huile d'olive et risotto à l'encre, fricassée de lapin aux oignons et aux raisins secs, confit de canard croustillant et pommes de terre sautées, agneau de lait rôti des Pyrénées, croustade aux pruneaux et à l'armagnac... Après ce bon repas, on pousserait presque la chansonnette chère à Brassens !

Île de la Cité • Île St-Louis • Le Marais • Beaubourg

Isami

J a p o n a i s e   B2
4 quai d'Orléans
℡ 01 40 46 06 97
Ⓜ Pont Marie
Fermé août, vacances de Noël, dimanche et lundi
– Réservation conseillée

Carte 48/79 €

 On sert ici probablement l'un des meilleurs poissons crus de Paris. Voilà qui explique la renommée de l'établissement auprès des Japonais, qui savent où se rendre pour manger "comme chez eux"... Quant à la clientèle parisienne et internationale, elle ne s'y est pas trompée non plus ! Derrière son bar, Katsuo Nakamura réalise en effet des merveilles de sushis et de chirashis, démontrant une maîtrise fascinante des couteaux, au service de produits ultrafrais. Pas de folklore suranné dans le décor de la petite salle, juste quelques calligraphies et le mot "Isami" (signifiant ardeur, exaltation), gravé sur un panneau de bois, placé en évidence. Il est impératif de réserver pour pouvoir obtenir une table dans ce restaurant certes confidentiel, mais qui occupe une place à part parmi les adresses nippones de la capitale.

Mon Vieil Ami

Traditionnelle

B2

69 r. St-Louis-en-l'Île
📞 01 40 46 01 35
www.mon-vieil-ami.com
Ⓜ Pont Marie

Île de la Cité • Île St-Louis • Le Marais • Beaubourg

Menu 48 €

Ce Vieil Ami-là ne vous veut que du bien, parole d'Antoine Westermann ! Dans son bistrot de chef plutôt chic se pressent la clientèle étrangère et les gourmets de la capitale... preuve que le talentueux Alsacien a su lui donner la "French touch" qui fait – ou non – le succès universel de ces adresses "nouvelle génération". Sous les hauts plafonds de ces anciennes écuries (près de 5 m !), un décor tout en modernité dont les tons marron et noir épousent les murs en verre dépoli ; une longue table d'hôtes sur la gauche, de petites tables en bois joliment dressées sur la droite : des allures d'auberge tendance, en quelque sorte, où le chef vous régale de goûteuses recettes traditionnelles ponctuées de notes actuelles et de clins d'œil à l'Alsace.

Suan Thaï

Thaïlandaise

B1

35 r. Temple
📞 01 42 77 10 20
www.suanthai.fr
Ⓜ Rambuteau

Formule 15 € – Menu 18 € (déjeuner), 28/38 € – Carte 33/56 €

Voilà de nombreuses années que ce restaurant thaïlandais s'épanouit au cœur du Marais, où il compte une foule d'habitués. De la rue, la salle tout en longueur attire l'œil : au fond se devine un étonnant mur végétal, sous une lumineuse verrière, véritable promesse de fraîcheur... De fait, au menu, on découvre d'authentiques recettes thaïes, concoctées par des cuisiniers tous recrutés en Thaïlande. Ainsi, le jeune patron met un point d'honneur à ne servir que des recettes de son pays : salade de bœuf mi-cuit à la citronnelle, soupe de galanga au poulet, filet de cabillaud aux trois saveurs, salade de fruits exotiques ou encore soupe de jacquier au lait de coco, etc. Chaque plat est présenté avec soin, tandis que les parfums font voyager...

Le Sergent Recruteur

C r é a t i v e

41 r. St-Louis-en-l'Ile

✆ 01 43 54 75 42

www.lesergentrecruteur.fr

Ⓜ Pont Marie

Fermé 21 avril-2 mai, 4-15 août, 22-26 décembre, vacances de février, mardi midi, mercredi midi, jeudi midi, dimanche et lundi

Menu 48 € (déjeuner en semaine), 100/145 €

B2

✗✗

Marlene Huet

Comment transformer une taverne historique de l'île St-Louis, dont le nom évoque une autre époque, en... une table gastronomique à la pointe des tendances ? En comptant simplement sur le talent d'un seul homme : Antonin Bonnet, chef formé notamment chez Michel Bras, à Laguiole, et connu pour avoir tenu les cuisines de Greenhouse à Londres – après diverses expériences internationales. L'année 2012 a été celle de son retour au pays : une bonne nouvelle, tant le cuisinier démontre de savoir-faire et d'inspiration ! Au fil d'un menu imposé (de 6 à 12 plats) qu'il crée en fonction des beaux produits qu'il peut glaner – on pourrait dire "recruter", tant sa sélection est soignée –, on découvre des assiettes aussi vives que créatives. Jeux sur l'amertume et l'épicé, le salé et le sucré, le croquant et la douceur : chaque assiette est ciselée avec finesse, de manière très avisée. Le moment est d'autant plus agréable que la maison distille une ambiance élégante et feutrée, associant habilement design contemporain et murs anciens. Une valeur sûre...

Entrées

- Choux, vinaigrette au praliné, noisettes, fleurs et herbes du jardin
- Carpaccio de bar de ligne, fenouil et citron

Plats

- Poularde jaune, soubise, cèpes, blettes et sauge
- Saint-Pierre, haricots verts et jeunes oignons, bouillon dashi fumé et infusion verveine

Desserts

- Cassis, meringue et glace à la bière
- Le "snix", rencontre entre le goût d'un Snickers et la texture d'un Twix

Quartier latin · Jardin des Plantes · Mouffetard

5e

ÎLE DE LA CITÉ

A B

R. St-André des Arts

St Michel

R. du Cloître Notre-Dam

Odéon

R. Danton

1

Bd

NOTRE-DAM

Ribouldingue

Quai de Montebello

Lengué

6e

Cluny
La Sorbonne

Mirama

Sola

Atelier
Maître Albert

Saint

Jacques

Germain

Officina Schena

THERMES
DE CLUNY

Rue

R. de l'Odéon

Aux Verre
de Conta

Maubert
Mutualité

Bd

R. de Médicis

PALAIS DU
LUXEMBOURG

SORBONNE

des

Écoles

Lhassa

Rue

Terroir Parisien -
Maison de la Mutuali

des

Saint

R. Valette

Ciasa Mia

Rue

Rue

Soufflot

PANTHÉON

R. Clovis

R. Descartes

Cardine

JARDIN
DU LUXEMBOURG

Luxembourg

2

R.

R. Gay Lussac

Les Papilles

La Truffière

Pl. de la
Contrescarpe

R. Tournefort

Rue Mouffetard

Boulevard

Saint

Michel

R. de l'Abbé de l'Épée

R. d'Ulm

U

R.

St

Jacques

Rue

R. Vauquelin

Mavrommati

C.

Les Délices d'Aphrodit

Bernard

3

Bd

de

Port

Royal

R. Berthollet

R.

14e

Quartier Latin,
Jardin des Plantes, Mouffetard

A B

130

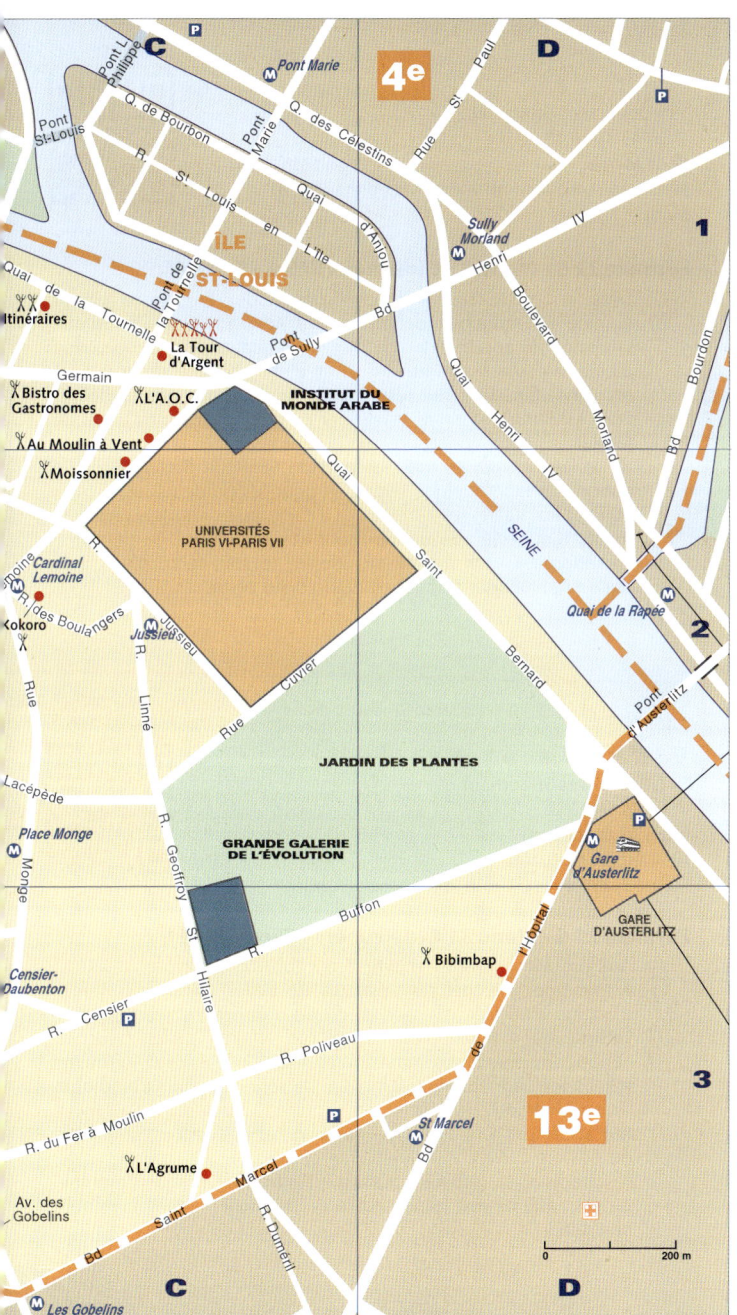

L'Agrume

M o d e r n e

C3

15 r. des Fossés-St-Marcel
☎ 01 43 31 86 48
Ⓜ St-Marcel
Fermé août, 22 décembre-6 janvier, dimanche et
lundi

Formule 22 € – Menu 25 € (déjeuner)/45 € – Carte 45/90 € ✗

A/C Dans la famille "bistrot de chef", demandez l'Agrume ! Grand comme un mouchoir de poche – il ne peut accueillir qu'une vingtaine de gourmands à la fois, dont quatre au comptoir avec pleine vue sur les fourneaux – et d'une sobriété reposante, il se niche dans une rue résidentielle, à deux pas des Gobelins. Franck Marchesi-Grandi, passé par de grandes maisons avant de fonder la sienne, y exécute une cuisine simple et précise, à base d'excellents produits frais. Le poisson vient de Bretagne, où le patron a officié quelque temps, et pour les primeurs, ce dernier connaît les meilleures adresses... La carte, assez courte, comme le menu, renouvelé chaque jour, sont très vitaminés ! Au déjeuner, l'addition est sans acidité aucune et, le soir venu, place à la dégustation autour de cinq plats. Un beau zeste.

L'A.O.C.

V i a n d e s   e t   g r i l l a d e s

C1

14 r. des Fossés-St-Bernard
☎ 01 43 54 22 52
www.restoaoc.com
Ⓜ Maubert Mutualité
Fermé 3 semaines en août, dimanche et lundi

Formule 21 € – Menu 31 € (déjeuner) – Carte 38/64 € ✗

A/C Autoproclamé "bistrot d'initiés" ou "bistrot carnivore", l'A.O.C. a tout pour allécher les amateurs de belles viandes, certifiées d'origine contrôlée. C'est le credo du propriétaire, Jean-Philippe Lattron, qui connaît parfaitement son affaire. Ancien boucher, comme son père et ses grands-pères, il continue à porter lui-même ses viandes à maturation. Un gage de sérieux auquel s'ajoute un second leitmotiv, la qualité des produits, uniquement de saison, qui accompagnent bœuf de Normandie, de Galice, Simmental de Bavière... Avec son ambiance conviviale, son cadre simple, ses ardoises, sa rôtissoire trônant à l'entrée, derrière le comptoir, l'A.O.C. affiche une mine réjouie et une envie de bien faire qu'il faut saluer.

Atelier Maître Albert

Traditionnelle B1

1 r. Maître-Albert
℡ 01 56 81 30 01
www.ateliermaitrealbert.com
Ⓜ Maubert Mutualité
Fermé samedi midi et dimanche midi

Formule 26 € – Menu 36 € (déjeuner) – Carte 41/63 € ✗✗

Quand le chef Guy Savoy et l'architecte Jean-Michel Wilmotte s'unissent pour relancer une maison ancienne face à Notre-Dame, cela donne un restaurant-rôtisserie chic et design qui fait le plein de touristes et d'habitués. Poutres, pierres et tons gris se déploient en trois espaces distincts : un salon aux allures de bar new-yorkais ; une salle à manger nantie d'une grande cheminée médiévale, à laquelle répondent une rôtissoire et des cuisines ouvertes ; et un coin vinothèque, plus intime. Au menu, saladier du moment servi avec des foies de volaille, selle d'agneau à la broche accompagnée d'un tian de courgettes et de tomates, volaille fermière rôtie, fondant au chocolat pralin-feuilleté. Produits, précision des cuissons, mise en scène des assiettes, professionnalisme du service... Tout y est.

Au Moulin à Vent

Traditionnelle C1

20 r. des Fossés-St-Bernard
℡ 01 43 54 99 37
www.au-moulinavent.com
Ⓜ Jussieu
Fermé août, samedi midi, dimanche et lundi

Formule 25 € – Carte 46/71 € ✗

Ne vous fiez pas à sa modeste devanture : ce bistrot très "atmosphère, atmosphère" cache une jolie petite salle coquille d'œuf qui n'a pas changé depuis sa création, en 1946. Vous êtes au Moulin à Vent, autant prisé des Parisiens que des touristes en quête d'un lieu "frenchy" et authentique. Une longue rangée de tables simplement dressées : à gauche, un groupe d'habitués savoure un bœuf ficelle, un foie de veau ou un magret de canard ; à droite, un couple d'Américains découvre les délicieux escargots de Bourgogne et cuisses de grenouille "à la provençale". Goûtez, vous aussi, à ces plats intemporels sans chichi et ne faites pas l'impasse sur les viandes de race salers, spécialité de la maison, et les gibiers en saison. Desserts et vins au diapason. Classiquement bon !

Aux Verres de Contact

M o d e r n e

B1

33 r. de Bièvre (angle du bd St-Germain)

℘ 01 46 34 58 02

www.auxverresdecontact.com

Ⓜ Maubert Mutualité

Fermé samedi midi et dimanche

Formule 18 € – Menu 22 € (déjeuner)/35 € – Carte 48/60 €

L'équipe du Jadis – dans le 15e – gère ce sympathique bistrot contemporain et coloré, dont le nom emprunte à l'écrivain et journaliste Antoine Blondin (qui mentionnait "verres de contact" sur ses notes de frais...). Dans ses cuisines ouvertes sur la salle, la chef, Sarah Barandon, cisèle de savoureuses recettes du marché, propres à satisfaire les gourmets d'aujourd'hui ; on les dévore en n'oubliant pas de lever haut son verre. Et l'on conclut par un mot célèbre de Blondin (encore lui !), inscrit sur l'un des murs de la salle : "Quand on meurt de faim, il se trouve toujours un ami pour vous offrir à boire"… À la vôtre !

Bibimbap

C o r é e n n e

D3

32 bd de l'Hôpital

℘ 01 43 31 27 42

www.bibimbap.fr

Ⓜ Gare d'Austerlitz

Carte 25/36 €

Êtes-vous plutôt ssambap ou bap ? Pour en décider, faites un tour chez Bibimbap ! Le ssambap est un incontournable de la gastronomie coréenne : un grand bol de riz panaché de légumes – cuisinés avec art – et éventuellement de viande. Quant au bap, il est préparé au barbecue traditionnel : tout juste cuits, bœuf, porc, poulet ou encore fruits de mer sont roulés dans une feuille de salade bien fraîche… Vive, soignée, diététique (pour les initiés : fondée sur l'énergie), cette cuisine est un vrai plaisir ! La carte des boissons permet aussi de continuer la découverte : soju (alcool de céréales), liqueur de riz, vins de framboise ou de prune, thés et bières de Corée, etc. Et l'on se régale en oubliant la modestie du décor (murs en pierre, cave voûtée)…

Bistro des Gastronomes

Traditionnelle

C1

10 r. du Cardinal-Lemoine
✆ 01 43 54 62 40
Ⓜ Cardinal Lemoine

Formule 22 € – Menu 30 € – Carte environ 45 €

 Avis aux gastronomes : voici une bonne cantine au cœur du Quartier latin, un bistrot comme on les aime, créé en 2011 à l'initiative d'un jeune chef pour le moins partageur ! Pourquoi changer des recettes qui marchent quand il est question de plaisirs indémodables ? Céleri rémoulade au haddock, onglet de Black Angus poêlé aux pommes grenaille et pleurotes... Bref, de généreux classiques, reproduits avec une belle sincérité dans toute la fraîcheur du dernier marché. Évidemment, le décor est à l'avenant : boiseries de bois blond, bocaux de condiments, livres de cuisine et nappes blanches.

Ciasa Mia

Italienne

B2

19 r. Laplace
✆ 01 43 29 19 77
www.ciasamia.com
Ⓜ Maubert Mutualité
Fermé 2 semaines en septembre, 2 semaines en janvier, samedi midi et dimanche – Réservation conseillée

Formule 25 € – Menu 48/71 € – Carte 62/80 €

 Dans cette petite rue tranquille près du Panthéon, cette jolie table est une vraie découverte. C'est Francesca, la souriante et pétillante jeune patronne, qui vous reçoit, déjà enthousiaste à l'idée de vous faire découvrir la cuisine de son compagnon, Samuel Mocci. Tous deux originaires du Nord de l'Italie, ils aiment à mettre en valeur un patrimoine gustatif qui s'avère aussi savoureux que surprenant. Tout ici est fait maison, du pain jusqu'aux desserts ! En automne, par exemple, Samuel livre sa version très personnelle des produits de saison. Imaginez un consommé de poulet au foin accompagné de gnocchettis de potiron, un carpaccio de cerf, un "5 minutes" de Saint-Jacques à la fumée de vigne… le tout accompagné de vins italiens, allemands, français. Une vraie maison des délices !

Les Délices d'Aphrodite

G r e c q u e

B3

4 r. Candolle
☏ 01 43 31 40 39
www.mavrommatis.fr
Ⓜ Censier Daubenton

Formule 21 € – Carte 35/51 € ✕

Celle que l'on prend pour l'annexe du restaurant des frères Mavrommatis est en fait leur première adresse, créée en 1981. Plus décontractée que la table gastronomique de la rue Daubenton, cette conviviale taverne régale de spécialités grecques pleines de fraîcheur et de parfums ensoleillés. Feuilleté au fromage de brebis, feuilles de vigne farcies au riz et pignons de pin, caviar d'aubergine servi avec une salade d'aubergines fumées, poêlée de poulpe à l'huile d'olive ou mahalepi (crème de lait à la fleur d'oranger) sont servis avec la générosité et l'amabilité typiques du pays. Le cadre bleu et blanc digne des paysages des Cyclades, le lierre qui dégringole du plafond, un vibrant rébétiko en fond sonore... Vous voilà en Grèce !

Kokoro

Ⓝ

M o d e r n e

C2

36 r. des Boulangers
☏ 01 44 07 13 29
www.restaurantkokoro.blogspot.fr
Ⓜ Cardinal Lemoine
Fermé 2 semaines en août, mardi midi, dimanche et lundi – Réservation conseillée

Formule 20 € – Menu 25 € (déjeuner en semaine), 29/48 € ✕

Kokoro ? C'est "cœur", en japonais. Cette adresse a en effet un pied au pays du Soleil-Levant, puisqu'elle a été ouverte en août 2013 par un jeune couple franco-japonais, à deux pas du métro Cardinal-Lemoine. Lui, c'est Frédéric Charrier, jeune chef originaire de Vendée qui se charge des préparations salées ; elle, c'est Sakura Mori, native du Japon, qui concocte les desserts. Le duo travaille d'arrache-pied et le résultat est formidable : leur cuisine, réglée sur les saisons, se révèle à la fois intelligente, légère et subtile, tout en réservant de belles surprises. Crevettes légèrement pimentées, melon, lait fermenté et livèche ; gnocchis cuits au foin, sauce aux algues, chips de vitelotte ; cheesecake au chèvre frais, rhubarbe et mélisse... D'un bout à l'autre, un vrai bonheur !

M o d e r n e

5 r. de Pontoise
☎ 01 46 33 60 11
www.restaurant-itineraires.com
Ⓜ Maubert Mutualité
Fermé 9-24 août, 21-31 décembre, samedi midi,
dimanche et lundi – Réservation conseillée

C1

Menu 49 € (déjeuner), 65/85 € – Carte 54/86 € déjeuner ✕✕

Itinéraires

La cuisine est-elle histoire d'itinéraires ? Sylvain Sendra n'aura pas attendu le nombre des années pour installer son restaurant parmi les bonnes tables de la capitale. Avant de créer cet établissement, le jeune trentenaire avait déjà expérimenté plusieurs concepts, en particulier dans son bistrot Le Temps au Temps, où il a été l'un des premiers à vouloir cuisiner, en toute créativité, pour un nombre limité de couverts. L'esprit d'invention et la capacité à flairer les tendances, voilà sans doute ce qui caractérise le chef, qui n'en néglige pas pour autant les fondamentaux : une chose est sûre, chez lui, on mange fort bien ! Les assiettes révèlent un vrai travail de cuisinier, soucieux des produits (les fournisseurs sont triés sur le volet), des cuissons comme des assaisonnements. Et si les recettes sont originales, elles respectent toujours l'esprit des ingrédients, sans rien laisser au hasard. De même, le décor de la salle a le bon goût d'associer esprit contemporain, luminosité et confort. Élégance, finesse, saveurs : l'itinéraire de clients gâtés.

Entrées

- Tarte à l'oignon doux des Cévennes, foie gras poêlé et champignons de Paris
- Carpaccio de Saint-Jacques et de chou-fleur, langue d'oursin et sorbet huître

Plats

- Ris de veau laqué, tartare de cochon à la lyonnaise et oseille acidulée
- Lotte rôtie, haricots verts

Desserts

- Ganache tiède au chocolat et au vieux pain, condiment cassis et amarante
- Tarte au citron revisitée

Quartier latin • Jardin des Plantes • Mouffetard

Lengué

J a p o n a i s e   B1

31 r. Parcheminerie

☎ 01 46 33 75 10

http://lengue.fr

Ⓜ St-Michel

Fermé 3 semaines en août, dimanche midi et lundi

Formule 18 € – Carte 15/33 €

Du nom d'une petite fleur rose qui pousse dans les rizières... Une jolie appellation pour un charmant restaurant, plus précisément un *izakaya*, ces tables dont la spécialité est, au Japon, de proposer une cuisine en petites portions (à l'image des tapas). La formule fait aujourd'hui florès : le concept incarne bien la délicatesse attachée à l'esprit nippon, son goût de la miniature et des petites touches... Lengué en offre une belle démonstration : à sa tête œuvre un couple de Japonais passionnés, originaires de Nagoya. On est immédiatement séduit par la qualité des ingrédients, la finesse d'exécution et la subtilité des saveurs, rehaussées par une belle sélection de vins de Bourgogne. La chaleur du cadre – une bâtisse du 17e s. proche de la Huchette – et le charme de l'accueil ajoutent à l'agrément de cette jolie fleur du Japon...

Lhassa

T i b é t a i n e   B1

13 r. Montagne-Ste-Geneviève

☎ 01 43 26 22 19

Ⓜ Maubert Mutualité

Fermé lundi

Formule 14 € – Menu 20/26 € – Carte 25/35 €

Pour respirer un peu d'air himalayen sans avoir à prendre trop d'altitude, vous n'avez qu'à escalader... la rue de la Montagne-Ste-Geneviève. Là se trouve l'un des rares bons restaurants tibétains de Paris : Lhassa. Éclairages tamisés, tapis anciens, broderies, poupées, objets de culte, photo du dalaï-lama... On entre ici comme dans un temple sacré, apaisé par l'atmosphère zen et la douce musique d'ambiance. L'accueil attentionné confirme le sentiment de bien-être immédiat. La cuisine ? Elle exhale des parfums d'ailleurs : vapeurs, soupe à base de farine d'orge grillé, d'épinard et de viande, raviolis de bœuf, boule de riz chaud aux raisins dans un yaourt et thé au beurre salé ! Les prix sont dans l'esprit des lieux : pleins de sagesse. Prêt pour le voyage ?

Mavrommatis

Grecque

42 r. Daubenton

℘ 01 43 31 17 17

www.mavrommatis.com

Ⓜ Censier Daubenton

Fermé août, mardi midi, mercredi midi, dimanche et lundi

B3

Menu 39/72 € – Carte 48/69 €

Si, pour vous, manger grec se réduit au régime "souvlaki-tzatziki-moussaka", rendez-vous chez Andreas et Evagoras Mavrommatis pour un irrésistible cours de rattrapage. Leur pari ? Marier les terroirs grecs avec la richesse de la tradition culinaire française. Objectif atteint ! Pour débuter en beauté, un verre d'ouzo s'impose, à siroter sur la terrasse bordée d'oliviers et de vignes... Puis vient la cuisine, qui ne mise pas sur le folklore – à l'image du décor, très sobre – mais sur la tradition et une qualité de produits irréprochable. Poulpes marinés, céleri, aubergine fumée, vinaigrette kumquat ; soupe de topinambour à la Mastiha ; dégustation de cochon de lait de Bigorre et ibérique, pomme kolokassi et céleri-rave... Des plats raffinés pour une belle expérience au carrefour des saveurs !

Quartier latin • Jardin des Plantes • Mouffetard

Mirama

Chinoise

17 r. St Jacques

℘ 01 43 54 71 77

Ⓜ Cluny La Sorbonne

B1

Carte 20/30 €

À deux pas du boulevard St-Michel, juste derrière l'église St-Séverin, impossible de manquer Mirama avec ses canards suspendus derrière la vitrine et les vapeurs de bouillons que l'on voit s'échapper au-dessus des fourneaux ! Le ton est donné : nous voici dans un restaurant chinois... et même l'un des meilleurs de l'arrondissement. Le décor est tout simple, mais on retiendra la salle en sous-sol, un étonnant caveau au plafond duquel pendent... de petites stalactites. La cuisine joue la carte de l'authenticité et de la générosité : le canard laqué est la spécialité de la maison – cuisiné sans chichi, avec une chair tendre et savoureuse –, et les incontournables soupes (aux ravioles de crevettes et de nouilles, par exemple) sont parfumées à souhait. Bon rapport qualité-prix.

Moissonnier

Lyonnaise

C2

28 r. des Fossés-St-Bernard

☎ 01 43 29 87 65

Ⓜ Jussieu

Fermé août, 25 décembre-2 janvier, dimanche et lundi

Carte 35/68 €

Un typique bouchon lyonnais face à l'Institut du Monde Arabe. L'adresse n'est pas nouvelle, le décor non plus, mais le plaisir reste intact. Ce bistrot "pur jus" met à l'aise avec son zinc rutilant, ses grandes banquettes en moleskine, ses tables en bois, et – touches d'originalité – ses luminaires en forme de cep, ses fûts et sa hotte de vendangeur... Pas de doute, la convivialité et la bonne humeur sont ici la règle. Autour de quelques pots de beaujolais et de vins franc-comtois, Philippe Mayet prépare ses "lyonnaiseries" et autres spécialités avec une réjouissante générosité : queue de bœuf en terrine, tablier de sapeur sauce gribiche, rognons de veau, quenelle de brochet soufflée, poulet au vin jaune et aux morilles... Une adresse tout en tradition, qu'on aurait tort d'oublier.

Officina Schenatti

Italienne

B1

15 r. Frédéric-Sauton

☎ 01 46 34 08 91

www.officinaschenatti.com

Ⓜ Maubert Mutualité

Fermé 3 semaines en août, 22-26 décembre, lundi midi et dimanche

Formule 19 € – Menu 25 € (déjeuner en semaine) – Carte 45/55 €

Ivan Schenatti, originaire de Lombardie (et ayant un parcours dans de bons établissements de la péninsule et en France), a choisi cette rue proche de la Seine pour y installer son "officina" – son atelier –, tout à la gloire de la gastronomie à l'italienne. Dans la salle, murs en pierres apparentes, banquettes de velours aux formes langoureuses et mobilier design créent un cadre chaleureux et cosy, parfait pour déguster une savoureuse cuisine où se mêle le meilleur des régions de la Botte : fleurs de courgette farcies au crabe frais en tempura, raviolis maison à la ricotta et à la girolle hachée... entre autres spécialités incontournables, réalisées avec un soin certain, voire un vrai tour de main de *mamma* ! Le tout accompagné de bons vins transalpins...

Les Papilles

T r a d i t i o n n e l l e   A2

30 r. Gay-Lussac
℘ 01 43 25 20 79
www.lespapillesparis.com
Ⓜ Luxembourg
Fermé 20 juillet-20 août, vacances de Noël, dimanche
et lundi

Formule 28 € – Menu 35 € – Carte 40/56 €

Sur place ou à emporter ? Non, vous n'êtes pas dans un fast-food anonyme – loin de là ! – mais aux Papilles, le restaurant-cave-épicerie fine de Bertrand Bluy, situé à proximité du jardin du Luxembourg. Mode d'emploi... De grands casiers à vins, où l'on se sert soi-même contre un droit de bouchon, des étagères garnies d'appétissantes conserves de terrines, foie gras, confitures et autres produits soigneusement sélectionnés, et, au centre, des tables en bois pour savourer une cuisine bistrotière plutôt contemporaine. Quelques exemples de plats à choisir sur la carte à midi ou le soir au menu : gaspacho froid de concombre à la menthe, magret de canard au madère pommes de terre grenaille, et pour finir crème brûlée au café.

Ribouldingue

T r a d i t i o n n e l l e   B1

10 r. St-Julien-le-Pauvre
℘ 01 46 33 98 80
Ⓜ Maubert Mutualité
Fermé dimanche et lundi

Formule 28 € – Menu 34 €

À quelques pas des quais de Seine, les tripes et les abats sont encore et toujours à la mode ! Pour vous en convaincre, foncez chez Ribouldingue. Osé, ce sympathique néobistrot a réussi le pari de remettre à l'honneur les "canailleries". Les amateurs seront ravis de déguster un ensemble de recettes – classiques ou revisitées – qui fondent en bouche : groin, tétine, cervelle, langue, joue, ris de veau... Pour ceux que les abats n'inspirent pas, la carte et les suggestions du jour offrent aussi un large choix de mets plus conventionnels : terrine de foies de volaille à la confiture d'oignons, rognons de veau poêlés et gratin dauphinois, glace au yaourt... Les assiettes sont généreuses et parfumées, l'ambiance est conviviale : un véritable coup de cœur à prix d'amis.

Sola ✿

M o d e r n e   B1

12 r. de l'Hôtel-Colbert
☎ 01 43 29 59 04
www.restaurant-sola.com
Ⓜ Maubert Mutualité
Fermé 2 semaines en août, 30 décembre-7 janvier,
dimanche et lundi

Menu 48 € (déjeuner)/98 €   ✗

© www.tibo.org

Dans ce très vieil immeuble près des quais, il faut tirer une lourde
porte en bois pour entrer dans ce qui ressemble à un vénérable
restaurant parisien, avec plafond bas et poutres apparentes. Or,
c'est un décor zen qui se présente à vous. Un cadre particulièrement
étonnant au sous-sol où, dans la cave voûtée, les tables à même le
sol figurent un tatami. La cuisine de Hiroki Yoshitake participe de
cette même inspiration, à mi-chemin entre exigence et précision
de la gastronomie nippone, richesses du terroir français et saveurs
d'Extrême-Orient. On se laisse capter avec plaisir par des menus
surprises où le chef imagine des tempura de maïs aux trompettes
de la mort, un millefeuille de chou chinois à l'aubergine confite,
des pêches au granité de vin rosé et à la gelée de vin rouge… Une
cuisine harmonieuse et raffinée, profondément personnelle, que
l'on ne saurait réduire à ces simples adjectifs, si élogieux soient-ils.

Spécialités
• Cuisine du marché

Terroir Parisien - Maison de la Mutualité

Traditionnelle   B1

20 r. St-Victor
☎ 01 44 31 54 54
www.yannick-alleno.com
Ⓜ Maubert Mutualité
Fermé 3 semaines en août

Carte 40/60 €

"Ma cuisine est comme ma ville, et ma ville, c'est Paris." Chef parisien s'il en est, Yannick Alléno entend cultiver le terroir francilien, ses produits, ses spécialités... Pour le grand cuisinier, créer un tel bistrot était une évidence ! Maquereaux au vin blanc, soupe aux oignons; pâté chaud, matelote de Bougival, niflette feuilletée, etc. On redécouvre les recettes emblématiques ou méconnues de la région, fort bien cuisinées – et l'on peut même déguster un bon "jambon-beurre" au comptoir ! Le goût retrouvé de l'Île-de-France... dans un décor original signé Jean-Michel Wilmotte. Bon à savoir : une deuxième adresse est née en 2013 sur la rive droite, dans l'ancien palais de la Bourse (voir 2e arrondissement).

Quartier latin • Jardin des Plantes • Mouffetard

Ne confondez pas les "couverts" ✗ et les étoiles ❀. Les couverts définissent un standing, tandis que l'étoile couronne la meilleure cuisine.

143

Quartier latin • Jardin des Plantes • Mouffetard

La Tour d'Argent ✿

Classique

15 quai de la Tournelle
☎ 01 43 54 23 31
www.latourdargent.com
Ⓜ Maubert Mutualité
Fermé août, dimanche et lundi

C1

Menu 85 € (déjeuner), 180/200 € – Carte 175/390 € ✗✗✗✗✗

Tour d'Argent

Une demeure historique liée depuis 1912 à la famille Terrail : André, le fondateur, son fils Claude, et à présent son petit-fils, André. Pour autant, la "saga" de la Tour d'Argent débuta bien avant. Déjà en 1582, l'enseigne signalait une élégante auberge, qui devint un restaurant en 1780. Mais la légende commence véritablement au début du 20e s. lorsque Terrail l'achète, avec cette idée de génie dans la tête : élever l'immeuble d'un étage pour y installer la salle à manger, et jouir ainsi d'un panorama unique sur la Seine et Notre-Dame.

Le cadre cossu a conservé son lustre d'antan. Le service, parfaitement réglé, assure toujours le spectacle, dont le fameux rituel du canard de Challans au sang, inventé en 1890 par Frédéric Delair. L'emblème d'un classicisme indétrônable, mais nullement figé : véritable palimpseste, la carte conserve la mémoire de plusieurs décennies de haute gastronomie française – sans s'interdire des incursions vers la modernité. Quant à l'extraordinaire cave du sommelier David Ridgway, elle renfermerait... près de 500 000 bouteilles !

Entrées	Plats	Desserts
• Quenelles de brochet "André Terrail"	• Caneton "Tour d'Argent"	• Crêpes Belle Époque
• Foie gras d'oie des trois empereurs, brioche au beurre salé.	• Tournedos de saumon Tarja	• Tarte au chocolat "Tour d'Argent", sorbet cacao

La Truffière

M O D E R N E   B2

4 r. Blainville
℘ 01 46 33 29 82
www.latruffiere.com
Ⓜ Place Monge
Fermé mardi midi en juillet-août, dimanche et lundi

Menu 38 € (déjeuner), 75/155 € – Carte 108/148 €   ✗✗

La Truffière

Une valeur sûre que cette maison du 17e s., toute de pierres, de poutres et de voûtes… Au cœur du vieux Paris – à deux pas de la truculente rue Mouffetard –, la Truffière cultive des plaisirs intemporels. À l'unisson de l'atmosphère feutrée et chaleureuse, l'assiette se révèle aromatique et subtile, les produits du terroir et de la mer charnus et colorés. Des parfums nourrissants ! C'est là le travail d'un jeune chef bourguignon, Jean-Christophe Rizet, issu d'une famille d'agriculteurs du Charolais et passionné par la gastronomie depuis l'enfance. Par toutes les gastronomies, car il navigue avec aisance entre recettes traditionnelles et saveurs d'ailleurs. Mais l'enseigne le rappelle : en saison, les suaves fumets de la truffe blanche ou noire viennent rehausser ses créations, pour le plus grand plaisir des amateurs. Sachez également que la carte des vins est tout simplement remarquable, avec pas moins de… 3 200 références, françaises et mondiales. L'adresse a assurément du nez.

Entrées

- Œuf cuit à basse température, artichauts et truffe noire
- Raviole de jaune d'œuf, artichaut et truffe blanche d'Alba

Plats

- Parmentier de queue de bœuf à la truffe noire
- Ris de veau glacé au genièvre, anguille fumée et salsifis grillés

Desserts

- Pêche de vigne et menthe pouliot
- Chocolat jivara au foin de Crau, crémeux caramel

St-Germain-des-Prés ·
Odéon ·
Jardin du Luxembourg

J. Loic / Photononstop

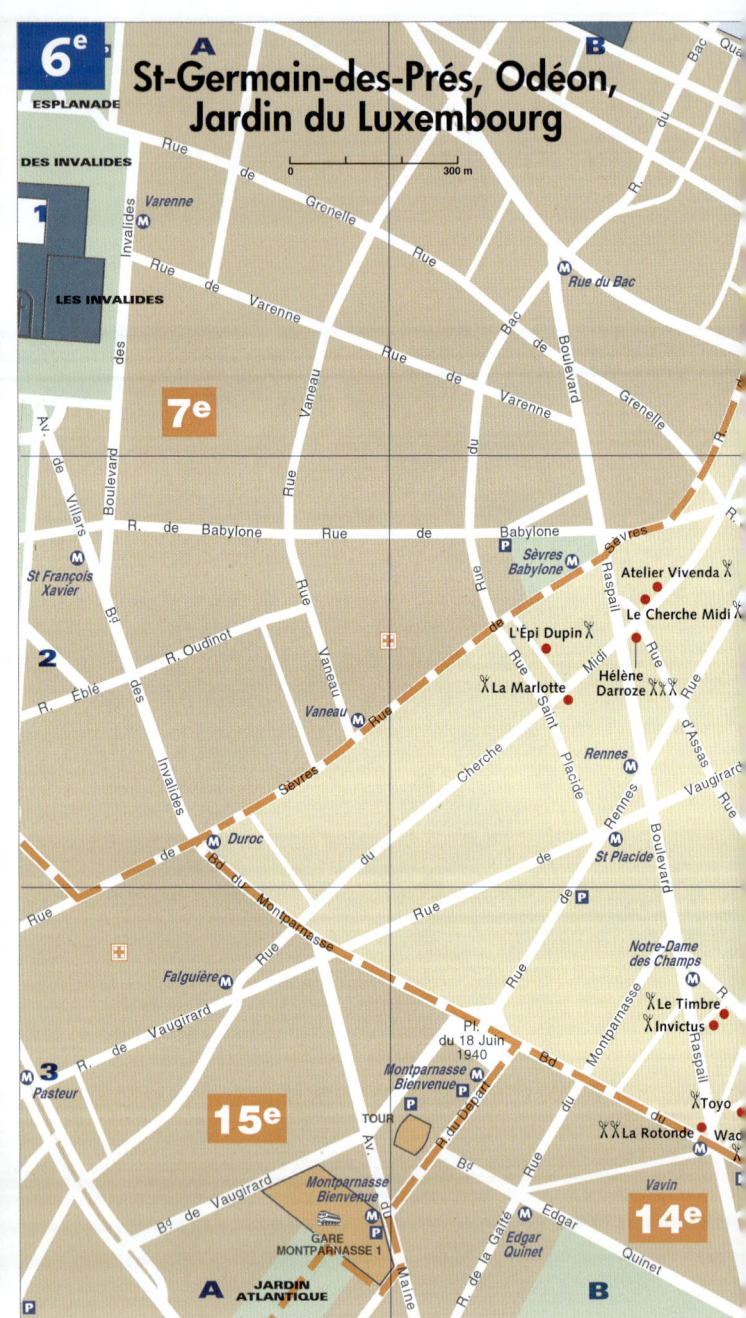

Alcazar

M o d e r n e

C1

62 r. Mazarine
☎ 01 53 10 19 99
www.alcazar.fr
Ⓜ Odéon

Formule 31 € 🍷 – Menu 40 € 🍷 (déjeuner)/44 € – Carte 44/60 € ✗✗

Adresse pour public adepte des ambiances lounge ! Cet ancien cabaret, relancé en 1998 par le designer avant-gardiste Terence Conran, combine déco moderne, cuisine dans l'air du temps, musique électro et chanteurs lyriques (tous les lundis). Rendez-vous à la mezzanine pour boire un verre, accoudé au bar en zinc brossé. Ou en bas, dans la salle du restaurant baignée de lumière, avec ses tables en bois, ses banquettes violettes et sa superbe expo de photos. Le spectacle de la brigade en action chapeautée par Guillaume Lutard (passé par Taillevent) met immanquablement l'eau à la bouche. Caille de Vendée farcie au foie gras et lentilles vertes du Puy, escargots au beurre d'ail, millefeuille à la vanille... La carte, façon brasserie contemporaine, marie un répertoire classique et des recettes du monde, le tout accompagné d'une large sélection de vins étrangers.

Allard

T r a d i t i o n n e l l e

D1

1 r. de l'Éperon
☎ 01 43 26 48 23
Ⓜ St-Michel

Menu 34 € (déjeuner) – Carte 50/94 € ✗

Allard, qui occupe le haut de l'affiche des tables bistrotières depuis 1931, a vu passer de nombreuses personnalités et fidélise de génération en génération les adeptes d'une cuisine franche et sincère. Si l'adresse fait désormais partie du groupe Ducasse, la formule persiste et l'on trouve toujours dans l'assiette des plats généreux et ancrés dans la tradition des recettes de nos grands-mères. Entre les escargots de Bourgogne, la cocotte de cervelas, le canard de Challans aux olives, la blanquette de veau, le paris-brest et le savarin au rhum, c'est tout un pan de notre patrimoine culinaire qui se rappelle à nos papilles. Et le cadre 1900, témoin de l'atmosphère d'antan, joue sur le même registre (zinc, banquettes en cuir, carrelage et gravures). Un charme inégalable.

L'Altro

Italienne C1

16 r. du Dragon

✆ 01 45 48 49 49

Ⓜ St-Germain des Prés

Fermé 1 semaine en août

Formule 17 € – Menu 22 € (déjeuner en semaine) – Carte 30/60 € ✗

[A/C] L'Altro, ou l'autre table branchée de l'équipe qui œuvre également aux Cailloux (13ᵉ). Toujours italienne, séduisante et décontractée. La carte – en version originale, comme le service sans chichi – parle d'elle-même : délicieux antipasti (assortiment de charcuteries, mozzarella et légumes grillés), penne à la crème de citron, calamars grillés servis avec salade de trévise et fenouil, et mousse au chocolat à l'italienne. À noter aussi un menu du jour et une dizaine de vins au verre. Quant au décor, associant banquettes noires, carrelage en céramique blanche aux murs et cuisines vitrées, il fait le trait d'union entre le bistrot de quartier et le loft new-yorkais. Le style germanopratin en prime.

Atelier Vivanda

Ⓝ

Viandes et grillades B2

20 r. du Cherche-Midi

✆ 01 45 44 50 44

www.ateliervivanda.com

Ⓜ Sèvres Babylone

Fermé 3 semaines en août, dimanche et lundi

Menu 35 € – Carte environ 50 € ✗

[A/C] On n'arrête plus Akrame ! Son premier Atelier Vivanda fait déjà le bonheur des amateurs de belles viandes du 16ᵉ arrondissement ; on mettrait sa main à couper (sous une lame de boucher ?) que son petit frère, rue du Cherche-Midi, rencontrera le même succès. Le concept est identique : une petite salle à manger de bistrot avec ses lustres et ses appliques, un imposant billot pour annoncer la couleur... et dans l'assiette, de superbes pièces de boucher ! Hampe et persillé de Black Angus, suprême de volaille, quasi de veau ou côte de porc ibérique sont travaillés avec amour, cuits au cordeau, et accompagnés d'un gratin dauphinois ou encore des délicieuses pommes "Vivanda" de la maison. On peut aussi relever le tout avec l'huile d'olive au poivre baptisée "Caractère", made in... Benallal !

St-Germain-des-Prés • Odéon • Jardin du Luxembourg

6ᵉ

6e

Azabu

Japonaise

C1

3 r. André-Mazet
✆ 01 46 33 72 05
www.azabu.fr
Ⓜ Odéon
Fermé 2 semaines en août, dimanche midi et lundi
– Réservation conseillée

Menu 43/62 € – Carte 40/60 €

A/C À Tokyo, Azabu est un quartier reconnu pour sa gastronomie. À Paris, près du carrefour de l'Odéon, c'est le nom d'un restaurant japonais sobre et discret, comme le veut l'habitude pour ce genre d'adresses. Le cadre adopte le même minimalisme, et l'on y déguste son repas en toute tranquillité. Au menu, des classiques de la culture culinaire nippone cuits au teppanyaki – tofu sauté et sa sauce au poulet, bar grillé et coulis de petits pois au dashi –, mais aussi quelques poissons crus. Le chef, tout en restant fidèle à la tradition, s'ouvre aussi aux influences occidentales. Vous pourrez l'admirer en pleine action en vous attablant au comptoir.

Les Bouquinistes

Moderne

D1

53 quai des Grands-Augustins
✆ 01 43 25 45 94
www.guysavoy.com
Ⓜ St-Michel

Formule 31 € – Menu 35 € (déjeuner)/89 € – Carte 70/85 €

A/C Face à la Seine, à deux pas des célèbres échoppes de bouquinistes, ce restaurant figure au nombre des adresses siglées Guy Savoy. Entièrement revu par Jean-Michel Wilmotte, le décor joue la carte d'une modernité chic et épurée (tons clairs, lignes graphiques, bouteilles et livres de cuisine mis en valeur avec originalité), face au spectacle des quais et des collectionneurs en quête du "bouquin" de leurs rêves... Côté cuisine, place à la simplicité, et parfois à l'inventivité. En parlant – pourquoi pas ? – littérature, on apprécie par exemple un thon blanc mi-cuit aux épices grillées, mousse de hareng et aubergine fumée ; un cabillaud rôti, ragoût de légumes oubliés et beurre thym citron ; une épaule de veau confite et grillée, jus marengo au curry rouge, ou encore un dessert "pur chocolat"... Tout un roman !

Caméléon d'Arabian

C l a s s i q u e

6 r. Chevreuse
☎ 01 43 27 43 27
www.cameleonjeanpaularabianparis.com
Ⓜ Vavin
Fermé août, samedi midi et dimanche

C3

Formule 33 € – Menu 39 € (déjeuner)/48 € – Carte 70/100 €

Pour Jean-Paul Arabian, cela ne fait aucun doute : c'est chez lui qu'on déguste le meilleur foie de veau de la capitale. Il est vrai que son plat vedette a de quoi tenter les amateurs : directement arrivé de Corrèze, doré au beurre, déglacé au vinaigre de vin et simplement accompagné d'un gratin de macaronis au parmesan… Le maître des lieux se révèle intarissable sur le sujet ! Aussi affable que volubile, il vous accueille dans une salle au cadre simple mais confortable et vous présente une carte bien pensée, honorant la cuisine bourgeoise revisitée : langue de veau sauce gribiche, jambon persillé, sole entière de Bretagne cuite au plat, léger baba au rhum… et son dessert fétiche, le "Tout Noir", une mousse légère au chocolat et sa sauce, sorbet cacao.

Casa Bini

I t a l i e n n e

36 r. Grégoire-de-Tours
☎ 01 46 34 05 60
www.casabini.fr
Ⓜ Odéon

C2

Menu 29 € (déjeuner en semaine) – Carte 40/60 €

Une trattoria chaleureuse dans une rue calme de St-Germain-des-Prés… Bini, c'est le nom de jeune fille de la mère du patron, qui selon lui sonne bien mieux que le sien ! Cette "casa" est bien une histoire de racines : la salle arbore les couleurs chaleureuses de la Toscane, avec de belles photos rétro de Florence : c'est de là qu'est originaire la famille. Et l'on peut dire que la cuisine a l'accent gourmand de cette si belle région, à travers des recettes bien ficelées, pleines de couleurs et de saveurs, et en particulier un large choix de carpaccios et de pâtes – excellentes – dont les sauces changent souvent. Chaque jour, on réimprime en effet le menu qui se renouvelle selon l'inspiration du moment et la saison. Et c'est ainsi que le quartier des éditeurs prend des airs de *dolce vita*…

Le Chardenoux des Prés

M o d e r n e   C1

27 r. du Dragon
☎ 01 45 48 29 68
www.restaurantlechardenouxdespres.com
Ⓜ St-Germain des Prés

Formule 22 € – Menu 27 € (déjeuner en semaine)/39 € 🍴

A/C   Décidément, rien n'arrête Cyril Lignac ! Cette fois, la star du PAF culinaire s'attaque à une institution de la rive gauche. Dans l'une des salles, les portraits des présidents de la République sont toujours là, témoins de la passion de l'ancien propriétaire pour la politique, comme les banquettes en skaï et le papier peint à fleurs sur fond noir. La nostalgie des années 1970 est bien dans la tendance après tout. Et ils sont nombreux à venir goûter la cuisine de bistrot revisitée par Cyril Lignac ! Carpaccio de Saint-Jacques, curry de lotte en cocotte, entrecôte béarnaise ou côte de cochon du Sud-Ouest au satay : les produits sont frais, les préparations font des allusions à la gastronomie contemporaine… Le bonheur est dans le Chardenoux des Prés.

Le Cherche Midi

I t a l i e n n e   B2

22 r. du Cherche-Midi
☎ 01 45 48 27 44
www.lecherchemidi.fr
Ⓜ Sèvres Babylone
Fermé 24 décembre-1er janvier – Réservation conseillée

Carte 44/53 € 🍴

🪧 On cherchait le Midi, on a trouvé l'Italie dans ce bistrot aussi sympathique qu'authentique. Banquettes en moleskine, comptoir en marbre, lampes boules, murs couleur beurre frais… et l'essentiel dans les assiettes : des antipasti tout simplement divins, de superbes charcuteries – dont le jambon de Parme, affiné au moins 24 mois –, des sauces chaque jour différentes… La maison possède même son propre atelier de confection de pâtes fraîches (à l'étage), et la mozzarella – bien crémeuse – arrive par avion deux ou trois fois par semaine ! Tous les lundis, c'est spaghettis aux vongole : les épicuriens énamourés de ce bel endroit (parmi eux quelques grands chefs…) ne manqueraient ce rendez-vous pour rien au monde.

Le Comptoir du Relais

T r a d i t i o n n e l l e C2

Hôtel Relais St-Germain,
5 carr. de l'Odéon
☎ 01 44 27 07 50
www.hotelrsg.com
Ⓜ Odéon
Réservation conseillée

Menu 60 € (dîner en semaine) – Carte 28/70 € ✗

Bienvenue chez Yves Camdeborde ! Ce chef qui, gamin, dans son Béarn natal, rêvait de rugby, était loin d'imaginer ce parcours gastronomique et parisien... Sa passion pour la cuisine s'affirme auprès de Christian Constant, avec lequel il travaille au Ritz, puis au Crillon. En 1992, il se lance seul dans l'aventure en créant la Régalade (14ᵉ arrondissement), devenant alors le chef de file de la tendance "bistronomique". Aujourd'hui, on le retrouve, avec son épouse Claudine, à la tête de cet authentique bistrot Art déco, aux tables serrées et aux grands miroirs faisant office d'ardoises... La table alterne deux concepts complémentaires : une cuisine façon brasserie le midi et des préparations plus élaborées le soir, autour d'un menu unique.

La Cuisine de Philippe

T r a d i t i o n n e l l e C2

25 r. Servandoni
☎ 01 43 29 76 37
Ⓜ St-Sulpice
Fermé 2 semaines en août, 1 semaine à Noël, dimanche et lundi

Formule 24 € ⚱ – Menu 33 € (dîner) ✗

Un sympathique petit bistrot rétro face au jardin du Luxembourg... C'est ici que Philippe Dubois, un chef au parcours déjà riche, a décidé d'établir "sa cuisine". Son parti pris, c'est celui de la tradition, de la générosité et du partage. Avis aux amateurs : il a pour spécialité le soufflé, salé ou sucré (guacamole et saumon fumé, noisettes, etc.). Quel plaisir d'en briser la croûte, croustillante à souhait, et de humer les délicieux fumets qui s'en échappent... Que les plus gourmands prennent garde à ne pas se brûler ! La salle, aux allures de bonbonnière (murs abricot, carrelage ancien, chaises et petites tables en bois, casseroles en cuivre), se révèle aussi sympathique. Bref, voilà une bonne adresse où le repas réchauffe le corps, et l'ambiance conviviale... le cœur. Le tout à prix doux.

L'Épi Dupin

Moderne

B2

11 r. Dupin
☎ 01 42 22 64 56
www.epidupin.com
Ⓜ Sèvres Babylone
Fermé 1ᵉʳ-24 août, lundi midi, samedi et dimanche
– Réservation conseillée

Formule 28 € – Menu 39 €

Intéressant rapport qualité-prix pour ce petit restaurant situé à deux pas du Bon Marché : sous l'apparence d'un bistrot au cadre rustique, il dissimule une table tout en finesse qui mérite que l'on s'y arrête. Le décor est d'un charme pas si courant à Paris, avec ses murs en pierre et sa massive charpente en bois aux poutres apparentes. On mange au coude-à-coude, et cela se révèle convivial ! Autour de produits à la fraîcheur irréprochable, le chef, François Pasteau, prépare des plats simples et goûteux dans la tradition – un peu revisitée – de nos campagnes : pressé de queue de bœuf au sorbet à la moutarde de Meaux, rognons de veau poêlés, baba au rhum crème vanillée… Fort de son succès, il a aussi ouvert une annexe juste en face, L'Épi Malin, où l'on mange sur le pouce dans une ambiance simple et chaleureuse.

La Ferrandaise

Traditionnelle

C2

8 r. de Vaugirard
☎ 01 43 26 36 36
www.laferrandaise.com
Ⓜ Odéon
Fermé 3 semaines en août, lundi midi, samedi midi et dimanche

Menu 16 € (déjeuner), 38/52 € – Carte 46/75 €

Ne soyez pas surpris si, en poussant la porte de ce joli restaurant près du Luxembourg, il vous semble humer l'air pur de la chaîne des Puys. Gilles Lamiot, le patron, est passionné par cette région, son terroir et la race ferrandaise ! Régulièrement, il rend visite aux meilleurs éleveurs pour ramener des veaux de lait que le jeune chef breton transforme en terrines, en blanquettes… Bien sûr, il imagine aussi des plats tels que le gratin de moules à la bretonne ou l'épigramme d'agneau aux cocos paimpolais. Un conseil avant le dessert : gardez un peu de place pour les fromages fermiers du Puy-de-Dôme !

Fish La Boissonnerie

T r a d i t i o n n e l l e   C1

69 r. de Seine

℘ 01 43 54 34 69

Ⓜ Odéon

Fermé 1 semaine en août et 20 décembre-2 janvier

Menu 29 € (déjeuner)/39 €   ✗

Rue de Seine, tout le monde connaît les méandres fantastiques de sa façade en mosaïque Art nouveau. C'est qu'il y a belle lurette que cette ancienne poissonnerie (avec un p !) s'est transformée en restaurant et bar à vins pour mieux vous prendre dans ses filets. Vieux zinc, allusions marines et bons petits crus... Ici, la cuisine de l'océan prend de la bouteille – mais de belles viandes sont aussi à l'honneur. Praires de Normandie servies crues, gelée de limonade et mini-betterave Chioggia ; magret de canard, courgettes, pêche blanche, purée d'oignons rouges et basilic ; etc. : les habitués sont toujours plus nombreux à tomber sous le charme de ces (re-) créations bistrotières !

Fogón

E s p a g n o l e   D1

45 quai des Grands-Augustins

℘ 01 43 54 31 33

www.fogon.fr

Ⓜ St-Michel

Fermé 27 juillet-21 août, 21 décembre-6 janvier et lundi

Formule 36 € – Menu 51 € – Carte 45/75 €   ✗✗

Issu d'une vieille famille de restaurateurs castillans, Juan Alberto Herráiz connaît bien les secrets de la cuisine espagnole, qu'il défend avec passion. Une cuisine vivante, conviviale et authentique. Pour preuve, les charcuteries ibériques et les traditionnelles paellas à déguster seul ou à partager à deux ou plus (aux légumes, à la valencienne, noir aux seiches et calamars, aux langoustines, etc.), les tapas réinterprétées avec originalité, jusque dans le registre sucré... Cette singularité se retrouve dans le décor élégant de la salle habillée de blanc et de mauve. Chaque élément y a été pensé, de l'éclairage au design des tables, imaginées par le chef lui-même, cachant des tiroirs où sont rangés les couverts. Belle carte des vins 100 % espagnole et petite sélection du mois.

St-Germain-des-Prés • Odéon • Jardin du Luxembourg

St-Germain-des-Prés • Odéon • Jardin du Luxembourg

Hélène Darroze ✿

Moderne

4 r. d'Assas

☎ 01 42 22 00 11

www.helenedarroze.com

Ⓜ Sèvres Babylone

Fermé dimanche et lundi

B2

Menu 58 € (déjeuner en semaine), 92/185 €

Hélène Darroze

Passé la façade noire de l'enseigne, fleurie par les créations de Christian Tortu, on oublie tout dans la maison d'Hélène Darroze, à l'atmosphère chic et glamour. On découvre d'abord l'espace lounge du rez-de-chaussée, parfait pour un apéritif, puis on gagne l'étage pour le repas proprement dit. Un univers tamisé et cosy, dans des tonalités aubergine et orange, propice à la dégustation d'un menu gastronomique unique (possibilité de choisir "l'accord mets et vins").

Née dans une famille de cuisiniers et de restaurateurs, Hélène Darroze allie talent et intuition. Celle qui "dévoile ses émotions" réalise une cuisine inspirée aussi bien par son terroir landais que par ses maîtres (dont Alain Ducasse) et sa curiosité. Bref, une cuisine de cœur, racontée à travers un menu attentif aux saisons et aux produits du marché. Ajoutez une sélection de vins intéressante et des armagnacs hors pair : la promesse d'une belle expérience.

Entrées

- Chipirons, riz acquerello, chorizo et parmesan
- Huître, caviar d'Aquitaine, haricot maïs du Béarn

Plats

- Pigeon du Périgord au foie gras, betterave et fraises des bois
- Homard tandoori, agrumes, carotte et coriandre

Desserts

- Baba au bas-armagnac, marron et pomme verte
- Chocolat Caraïbe, framboise et cannelle de Ceylan

158

Invictus

Traditionnelle

B3

5 r. St-Beuve
☎ 01 45 48 07 22
Ⓜ Notre-Dame des Champs
Fermé 3 semaines en août, 1 semaine vacances de
Noël et dimanche

Carte 30/60 €

"Je suis le maître de mon destin / Je suis le capitaine de mon âme" :
voilà la magnifique conclusion d'*Invictus,* poème cher à Nelson
Mandela, qui a donné son nom au film que Clint Eastwood a
consacré au grand homme. Ces mots n'ont pu qu'inspirer
Christophe Chabanel, ancien chef de la Dînée (dans le 15ᵉ
arrondissement), de retour à Paris après six années passées en
Afrique du Sud. Il a installé son nouveau bistrot dans une petite
rue voisine du jardin du Luxembourg, derrière une belle façade
de bois et de verre. À la carte, tarte sablée au pied de porc, jarret
de veau, millefeuille ; une cuisine sobre et parfumée, qui évolue
tous les mois et respecte le rythme des saisons. Un régal ! Assez
logiquement, le chef a rapidement retrouvé les suffrages de la
clientèle et fait salle comble. Ce n'est que justice...

KGB

Créative

D1

25 r. des Grands-Augustins
☎ 01 46 33 00 85
www.kitchengaleriebis.com
Ⓜ St-Michel
Fermé 1ᵉʳ-20 août, dimanche et lundi

Formule 26 € – Menu 55 € (déjeuner)/66 € – Carte 51/65 €

L'enseigne semble un nom de code pour initiés ; elle est pourtant
d'une parfaite – et savoureuse – transparence. KGB, pour Kitchen
Galerie Bis, table épigone de la célèbre Ze Kitchen Galerie lancée
par l'infatigable William Ledeuil. L'esprit est le même qu'à la
maison mère, et l'on s'en réjouit : mobilier minimaliste, touches de
couleurs et murs couverts de tableaux contemporains, façon galerie
d'art... La carte perpétue les recettes fusion qui ont fait le succès du
chef, mêlant tradition hexagonale et assaisonnements asiatiques :
gingembre, miso ou coriandre se marient au maquereau, à la joue
de veau et aux champignons, pour de délicats mariages de saveurs.
Les plats proposés sont juste plus simples – et un peu moins chers
– qu'à la première adresse. "Ze" bonne affaire !

St-Germain-des-Prés • Odéon • Jardin du Luxembourg

La Maison du Jardin

T r a d i t i o n n e l l e   **C2**

27 r. Vaugirard

☎ 01 45 48 22 31

Ⓜ Rennes

Fermé 1ᵉʳ-23 août, samedi midi et dimanche

– Réservation conseillée

Formule 25 € �wineglass – Menu 29/38 €   ✕

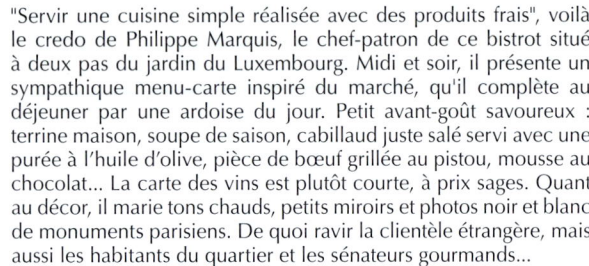

A/C | "Servir une cuisine simple réalisée avec des produits frais", voilà le credo de Philippe Marquis, le chef-patron de ce bistrot situé à deux pas du jardin du Luxembourg. Midi et soir, il présente un sympathique menu-carte inspiré du marché, qu'il complète au déjeuner par une ardoise du jour. Petit avant-goût savoureux : terrine maison, soupe de saison, cabillaud juste salé servi avec une purée à l'huile d'olive, pièce de bœuf grillée au pistou, mousse au chocolat... La carte des vins est plutôt courte, à prix sages. Quant au décor, il marie tons chauds, petits miroirs et photos noir et blanc de monuments parisiens. De quoi ravir la clientèle étrangère, mais aussi les habitants du quartier et les sénateurs gourmands...

Mangetout

M o d e r n e   **C1**

82 r. Mazarine

☎ 01 43 54 02 11

www.mangetout.fr

Ⓜ Odéon

Fermé 2 semaines en août, dimanche et lundi

Formule 23 € – Carte 32/50 €   ✕

Pinxo est devenu Mangetout, mais pas de panique : les habitués retrouveront leurs marques ! Alain Dutournier (Carré des Feuillants) est toujours le maître d'œuvre de ce concept original, celui de tapas à la française. Et c'est ainsi que l'on peut "picorer" des huîtres d'Arcachon en gelée de cèpes, un cœur de canard à la plancha, du bœuf de Chalosse et charlottes écrasées aux cébettes, ou encore un sorbet à la poire fumée et chocolat noir épicé. Les amoureux du Sud-Ouest apprécieront les clins d'œil à leur région fétiche – Dutournier est né dans les Landes –, et les autres, le côté gourmand et canaille de ces belles préparations... Le cadre, lui, est sobre et un brin arty, avec du mobilier signé Alberto Bali. Dernier atout : des prix plutôt raisonnables. On ne fait qu'une bouchée d'une telle formule !

Visitez sur rendez-vous notre galerie d'exposition :
7 rue de Tilsitt, 75017 Paris, Tél. 01 58 05 20 20.

GAGGENAU

Marco Polo

Italienne

8 r. de Condé

☏ 01 43 26 79 63

www.restaurant-marcopolo.com

Ⓜ Odéon

Réservation conseillée

Formule 21 € – Menu 36 € – Carte 40/60 €

Sénateurs venus en voisins, éditeurs du quartier et amateurs de cuisine transalpine : les habitués sont nombreux et apprécient l'atmosphère à la fois feutrée et conviviale qui règne au Marco Polo... D'ailleurs, ça ne date pas d'hier, puisque Renato Bartolone a ouvert ce restaurant en 1977. Le chef qu'il a embauché, originaire de la région des Pouilles, concocte une cuisine sans esbroufe, mais franche, solide et soignée. Les antipasti mettent évidemment en appétit, et les pâtes sont travaillées dans les règles de l'art. Raviolis aux cèpes, spaghettis aux vongole : il y en a vraiment pour tous les goûts, sans même parler du risotto du jour... Un conseil : pour suivre Marco Polo dans son voyage, réservez votre traversée !

La Marlotte

Traditionnelle

55 r. du Cherche-Midi

☏ 01 45 48 86 79

www.lamarlotte.com

Ⓜ St-Placide

Fermé 10-21 août, samedi et dimanche

Formule 23 € – Menu 28 € (déjeuner)/32 € – Carte 35/60 €

Ici, plus que pour le cadre, on vient pour l'ambiance ! C'est que cette "auberge d'aujourd'hui", comme aime à l'appeler Gilles Ajuelos, est un véritable concentré de restaurant parisien : au cœur de la rive gauche, l'adresse fait le bonheur des éditeurs, galeristes et hommes politiques du quartier. Les propositions sont simples et ultraclassiques : harengs pommes à l'huile, terrine de foies de volaille, pieds et paquets, île flottante, crème caramel... Vous l'aurez compris, le chef respecte la tradition. Ce qui fait la différence ? De beaux produits de saison et une générosité indéniable !

La Méditerranée

Poissons et fruits de mer C2

2 pl. Odéon
℘ 01 43 26 02 30
www.la-mediterranee.com
Ⓜ Odéon
Fermé 24-31 décembre

Formule 29 € – Menu 36 € – Carte 54/69 €

Sur une élégante placette en face du théâtre de l'Europe, ce restaurant assume avec panache son héritage marin : joliment habillée d'un dessin de Cocteau, la façade bleu nuit évoque subtilement les profondeurs mystérieuses de "mare nostrum". Les trois salles à manger composent un décor agréable, très parisien avec ses fresques, et ensoleillé par une plaisante véranda. Sans surprise, la carte fait la part belle aux produits de la mer, préparés avec talent par une équipe bien rodée. Soupe de poissons de roche, bouillabaisse, coquillages et crustacés cuisinés à la minute sont de première fraîcheur, exhibant sans complexe leur accent du Sud, autour de marinades d'huile d'olive, d'herbes parfumées et de saveurs safranées. Il ne manque que la Grande Bleue et le clapotis des vagues !

La Petite Cour

Moderne C2

8 r. Mabillon
℘ 01 43 26 52 26
www.lapetitecour.fr
Ⓜ Mabillon

Formule 29 € – Menu 39 € (dîner)/51 € ⚱ – Carte 41/65 €

Il faut descendre quelques marches en face du marché St-Germain pour découvrir ce restaurant rétro et son étonnante terrasse, dans une jolie cour pavée. Un cadre doucement fané pour une cuisine... qui ne l'est pas ! Un œuf cocotte à la chlorophylle de cresson et ses dés de chorizo, un filet de maquereau mariné minute, une épaule d'agneau confite et sa royale d'oignon à la carbonara, un risotto vanillé et sa glace caramel au beurre salé... Le jeune chef, Yannick Tessier, a été formé à bonne école – il a côtoyé Alain Senderens au Lucas Carton, les frères Pourcel à Maison Blanche ; il revisite avec gourmandise la tradition des régions françaises, avec un faible avoué pour le gibier. Il faut bien le dire : il joue déjà dans la Petite Cour... des grands !

Relais Louis XIII ✿

Classique

8 r. des Grands-Augustins

✆ 01 43 26 75 96

www.relaislouis13.com

Ⓜ Odéon

Fermé 1 semaine en mai, 9 août-1ᵉʳ septembre, 1 semaine en janvier, dimanche, lundi et fériés

D1

St-Germain-des-Prés • Odéon • Jardin du Luxembourg

Menu 55 € (déjeuner), 85/140 € – Carte environ 130 € ✗✗✗

Relais Louis XIII

Une table chargée d'histoire, bâtie sur les caves de l'ancien couvent des Grands-Augustins : c'est ici que, le 14 mai 1610, une heure après l'assassinat de son père Henri IV, Louis XIII apprit qu'il devrait désormais régner sur la France… La salle à manger semble se souvenir de ces grandes heures du passé : colombages, pierres apparentes, boiseries, vitraux et tentures, tout distille un charme d'autrefois, avec çà et là des objets de collection (tableaux)…

Une atmosphère toute particulière, donc, comme hors du temps, particulièrement propice à la découverte de la cuisine du chef, Manuel Martinez, tenante d'un noble classicisme culinaire. Après un joli parcours chez Ledoyen, au Crillon, à la Tour d'Argent, ce Meilleur Ouvrier de France a décidé de s'installer en ce Relais pour y perpétuer la tradition. Quoi de plus logique ? L'histoire continue donc et les habitués sont nombreux, plébiscitant notamment la formule déjeuner, d'un excellent rapport qualité-prix !

Entrées

- Quenelle de bar, mousseline de champignons, glaçage au champagne
- Raviolis de homard breton, foie gras et crème de cèpes

Plats

- Caneton challandais rôti aux épices, cuisse confite en parmentier au vieux comté
- Ris de veau braisé au sautoir, garniture de saison et sauce au vin jaune

Desserts

- Millefeuille à la vanille Bourbon
- Tartelette mangue et avocat, gelée au gin, sorbet citron-basilic

Le Restaurant ✿

M O D E R N E  C1

Hôtel L'Hôtel,
13 r. des Beaux-Arts
☎ 01 44 41 99 01
www.l-hotel.com
Ⓜ St-Germain des Prés
Fermé août, 22-28 décembre, dimanche et lundi

Formule 45 € – Menu 55 € (déjeuner)/135 € ✕✕

Le Restaurant

Le Restaurant de l'Hôtel n'a rien d'une table gastronomique conventionnelle. Il doit son atmosphère baroque, anachronique et éclectique au designer Jacques Garcia, adepte du style Empire revisité. Dans un esprit salon privé, le décor rivalise de drapés, banquettes et fauteuils bas, alcôves, moulures dorées et tons fauves, tel un tableau d'Ingres dans sa période orientaliste. Un peu trop chargé pour certains, dépaysant pour d'autres, en tout cas original ! Le tout agrémenté d'une ravissante cour intérieure où la terrasse et la fontaine font oublier que l'on se trouve au cœur de Paris.

Pour satisfaire les exigences de sa clientèle de "happy few" – people et stars sensibles à son intimité et à ses hôtes illustres (Oscar Wilde, Borges, etc.) –, il fallait tout le savoir-faire d'un jeune chef au beau parcours. Autrefois second et seul aux commandes depuis 2011, ce dernier travaille d'excellents produits et aime revisiter les classiques de la gastronomie française ; ses créations parfumées changent au fil du marché. Accord réussi : les mets eux aussi sortent de l'ordinaire.

Entrées
- Tourteau de Loctudy, avocat et yuzu
- Bonite marinée à l'huile parfumée

Plats
- Ris de veau "crousti-moelleux", jus aux herbes
- Daurade royale, bouillon de crevettes grises, jus nacré salade douce

Desserts
- Chocolat au parfum de poivre long, poudre de meringue.
- Fruits exotiques, riz soufflé caramélisé

La Rotonde

Traditionnelle

B3

105 bd Montparnasse

✆ 01 43 26 68 84

www.rotondemontparnasse.com

Ⓜ Vavin

Formule 24 € 🍷 – Menu 42 € – Carte 40/75 €

À deux pas des nombreux théâtres de la rue de la Gaîté, cette Rotonde incarne depuis plus d'un siècle l'essence même de la brasserie parisienne. Le décor est typique – très marqué par les années 1930 – avec ses cuivres omniprésents et ses banquettes de velours rouge. Quant à la carte, elle combine opportunément les classiques du genre et les plats de facture plus traditionnelle, toujours réalisés avec de bons produits : le bœuf de Salers et les plateaux d'huîtres, par exemple, sont des incontournables de la maison. L'équipe en salle est aimable et souriante – c'est toujours appréciable ! – et comme dans toutes les authentiques brasseries de Paris ou d'ailleurs, on vous accueille jusque tard dans la nuit (2h). Un repaire de choix pour les théâtrophiles affamés !

Semilla

Moderne

C1

54 r. de Seine

✆ 01 43 54 34 50

Ⓜ Odéon

Fermé 2 semaine en août et 22 décembre-4 janvier

Formule 24 € – Carte 35/65 €

Une bonne "graine" (*semilla* en espagnol) que ce bistrot né à l'initiative des patrons du fameux bistrot Fish La Boissonnerie, situé juste en face. Cette adresse a donc de qui tenir et elle est elle-même emmenée par une équipe passionnée, jeune et ultramotivée : il suffit de regarder la petite brigade en train de s'activer derrière les fourneaux (ouverts sur la salle) pour en mesurer le professionnalisme – mais aussi la décontraction contagieuse... Les fournisseurs sont triés sur le volet, les assiettes ficelées avec soin et inspiration, et accompagnées de jolis petits vins (intéressant choix au verre) – avec aussi de très bons fromages, ce qui n'est plus si courant. Le tout se joue dans un décor plutôt branché et sympathique. Semilla, sémillante adresse !

6ᵉ

St-Germain-des-Prés • Odéon • Jardin du Luxembourg

Shu

Japonaise

D1

8 r. Suger

℘ 01 46 34 25 88

www.restaurant-shu.com

Ⓜ St-Michel

Fermé vacances de printemps, 3 semaines en août, dimanche et le midi – Réservation conseillée

Menu 38 €/63 €

Une cave du 17e s. dans le quartier St-Michel, à laquelle on accède par une minuscule porte et un escalier périlleux qui imposent de courber l'échine... Ainsi pourrait débuter une messe secrète... Et en effet, on rendrait bien des dévotions à la cuisine d'Ukai Osamu, grand maître de Shu ! Ce jeune chef, formé auprès de quelques grandes tables nippones de la capitale, se montre intraitable sur la qualité des produits. Il excelle notamment dans les kushiage – de petites brochettes frites de légume, viande, tofu et autres, bien croustillantes, légères et parfumées –, mais vous concocte aussi des recettes japonaises variant au gré des saisons, ainsi que les incontournables sushis et sashimis... Précision dans la découpe du poisson, dans le frémissement des bouillons, flaveur des assaisonnements (gingembre, sésame, wasabi, etc.) : on sort converti.

La Société

Moderne

C1

4 pl. St-Germain-des-Prés

℘ 01 53 63 60 60

www.restaurantlasociete.com

Ⓜ St-Germain des Prés

Carte 54/194 €

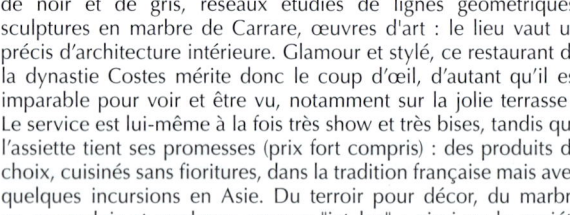

Au cœur de St-Germain-des-Prés, face à l'église et à son décor de carte postale, un antre ultracontemporain né en 2009. Aplats de noir et de gris, réseaux étudiés de lignes géométriques, sculptures en marbre de Carrare, œuvres d'art : le lieu vaut un précis d'architecture intérieure. Glamour et stylé, ce restaurant de la dynastie Costes mérite donc le coup d'œil, d'autant qu'il est imparable pour voir et être vu, notamment sur la jolie terrasse ! Le service est lui-même à la fois très show et très bises, tandis que l'assiette tient ses promesses (prix fort compris) : des produits de choix, cuisinés sans fioritures, dans la tradition française mais avec quelques incursions en Asie. Du terroir pour décor, du marbre en accoudoir et quelques saveurs "jet lag" : ainsi va la société germanopratine d'aujourd'hui, et l'on fait difficilement mieux...

Taokan

Chinoise

C2

8 r. du Sabot
☎ 01 42 84 18 36
www.taokan.fr
Ⓜ St-Germain des Prés
Fermé 4-17 août et dimanche midi

Menu 22 € (déjeuner), 29/37 € – Carte 35/55 €

A/C Au cœur de St-Germain-des-Prés, ce joli restaurant s'est fixé un défi de taille : offrir une vision nouvelle de la gastronomie chinoise (et particulièrement cantonaise, avec quelques détours par Taïwan) en réinventant les codes du genre. La carte offre un large panorama de préparations originales et raffinées : poisson, canard façon Taokan, bœuf spicy ou loc lac, et surtout les incontournables dim-sum maison, pour lesquels on se déplace depuis tous les arrondissements de la ville... L'ensemble se déguste dans un décor actuel avec son parquet clair, son mobilier en ébène, ses plaques translucides aux murs et ses teintes de rouge en clin d'œil aux claustras traditionnels, tandis que la cuisine vitrée, à demi ouverte sur la salle, communique à la clientèle une belle énergie créatrice. Dépaysant !

Le Timbre

Traditionnelle

B3

3 r. Ste-Beuve
☎ 01 45 49 10 40
www.restaurantletimbre.com
Ⓜ Notre-Dame des Champs
Fermé août, 1ᵉʳ-6 janvier, dimanche et lundi
– Réservation conseillée

Menu 26 € (déjeuner), 34/49 €

Un homme seul aux fourneaux (visibles de la salle), sa compagne au service, une vingtaine de couverts, des menus qui changent très régulièrement : voilà pour la brève présentation du lieu, grand comme un timbre-poste. Dans la catégorie "bistrots de poche", celui-ci tire son épingle du jeu. Simple et convivial, il affiche souvent complet en célébrant la pure tradition "made in France" à travers une jolie cuisine, non dénuée de finesse : velouté de champignons aux doux parfums des sous-bois, dos de bar poêlé et cocos de Paimpol, poulet de Challans et gratin de pommes de terre dans un jus réduit. De la belle bistronomie !

Toyo

C r é a t i v e　　　　　　　　　　　　　　**B3**

17 r. Jules-Chaplin

☎ 01 43 54 28 03

www.restaurant-toyo.com

Ⓜ Vavin

Fermé août, 23-29 décembre, lundi midi et dimanche

Menu 39 € (déjeuner), 95/125 €　　　　　　　×

Dans une autre vie, Toyomitsu Nakayama était le chef personnel du couturier Kenzo ; aujourd'hui, il excelle dans l'art d'assembler les saveurs et les textures, entre France et Japon. Dans son petit restaurant zen et très épuré, pas de carte, mais deux menus le midi et le soir, qui changent selon l'inspiration du moment... Toyo a évidemment quelques plats-signatures, dont le turbot mariné entre deux feuilles de kombu et accompagné de fines lamelles de boutargue, ou encore le carpaccio de veau à sa façon, dans lequel il a subtilement remplacé le fromage par un effiloché d'algues. Et que dire du tiramisu au thé vert ? Il résume à lui seul la cuisine du lieu : fraîche, fine et parfumée. Un mariage franco-nippon des plus heureux !

Tsukizi

J a p o n a i s e　　　　　　　　　　　　　**C1**

2 bis r. des Ciseaux

☎ 01 43 54 65 19

Ⓜ St-Germain des Prés

Fermé 1er-22 août, 26 décembre-9 janvier,

dimanche midi et lundi

Formule 20 € – Carte 30/60 €　　　　　　　×

Cette minuscule adresse, essentiellement fréquentée par les habitués – des Japonais et quelques touristes –, se fait discrète dans une ruelle entre la rue du Four et le boulevard St-Germain. Elle respire la simplicité avec trois petites tables au fond de la salle. Comme au Japon, on s'installe en priorité au comptoir (une dizaine de places) afin d'observer, aux premières loges, ce qui se joue en cuisine. Là, le chef découpe les poissons du jour, exposés dans de petites vitrines réfrigérées, pour ses sashimis, sushis, makis et autres préparations. Dans le respect de la tradition, évidemment. Le temps d'un repas, on s'imaginerait presque dans un vrai sushi ya de Tokyo.

Un Dimanche à Paris

Moderne

C2

4 cours du Commerce-St-André

☏ 01 56 81 18 18

www.un-dimanche-a-paris.com

Ⓜ Odéon

Fermé 27 juillet-17 août, mardi midi, dimanche soir et lundi

Formule 25 € – Menu 31/62 € – Carte 44/66 €

Chocolat addicts, ce "concept store", à la fois restaurant, salon de thé, boutique et école de cuisine, est pour vous ! Ce paradis dédié au cacao sous toutes ses formes est élégant, épuré selon les critères de la décoration contemporaine, et s'enroule drôlement autour des vestiges de la tour Philippe-Auguste. 1210 ! Époque cruelle où l'Europe n'avait pas encore eu vent de l'existence du cacao… Heureusement ces temps sont révolus, et viandes et poissons, grâce à l'inventivité de William Caussimon, sont habilement rehaussés de jus ou de vinaigrette au chocolat noir, de sauce aux effluves épicés, d'émulsion de chocolat blanc, etc. Les rappels sont discrets, les harmonies subtiles et les produits de qualité. Mention spéciale pour les desserts, qui sont de pures délices ! Enfin, n'hésitez pas à faire un détour par la boutique, dans les locaux qui abritaient autrefois l'imprimerie de Marat…

Wadja

Traditionnelle

B3

10 r. Grande-Chaumière

☏ 01 46 33 02 02

Ⓜ Vavin

Fermé 3 semaines en août, 1 semaine en février, samedi midi, dimanche et fériés

Formule 18 € – Menu 20 € (déjeuner)/37 €

Fondé en 1942 par les Wadja, un couple d'origine polonaise, le Wadja porte non seulement toujours le nom des anciens propriétaires, mais il n'a rien perdu de son âme d'antan… Sol en mosaïque, zinc, miroirs, vieilles affiches : tout ici respire l'authenticité, à l'instar des petits plats de Thierry Coué (Senderens, Les Amognes). Au gré du marché, ce chef épatant vous concocte des ris de veau poêlés au beurre de citron et romarin, une tête de cochon rôti et ses pommes de terre, un jarret de veau confit aux oignons, une crêpe fourrée à la compote d'aubergine et à la cardamome… Des délices qui s'accompagnent de vins de petits propriétaires privilégiant la biodynamie. Une adresse pour les amoureux de la tradition bistrotière et… de l'ambiance surannée du Montparnasse d'autrefois.

St-Germain-des-Prés • Odéon • Jardin du Luxembourg

Yen

J a p o n a i s e C1

22 r. St-Benoît

☎ 01 45 44 11 18

 St-Germain-des-Prés

Fermé 2 semaines en août et dimanche

Formule 39 € – Menu 68 € (dîner) ✗

Ce restaurant typiquement japonais est d'une extrême discrétion : sa façade en bois respire une sobriété tout orientale et s'ouvre par une modeste porte latérale. Elle cache deux salles d'inspiration zen (murs blancs, sobre mobilier en bois clair), mais le rez-de-chaussée, ouvert sur la rue, est assez animé : préférez l'étage pour plus d'espace et d'intimité (belles poutres apparentes). La spécialité du chef ? Le soba : des pâtes de sarrasin découpées en fines lamelles et assaisonnées de façon variée. Que les amateurs de sushis se rassurent, les traditionnels poissons crus sont également au menu. L'endroit attire une importante clientèle nippone qui apprécie l'authenticité des mets et la rigueur du service.

Yugaraj

I n d i e n n e C-D1

14 r. Dauphine

☎ 01 43 26 44 91

 Odéon

Fermé août et lundi

Formule 22 € – Menu 30/41 € – Carte 35/60 € ✗✗

 Fondé en 1986, Yugaraj est une valeur sûre de la gastronomie indienne. Celle du Nord plus précisément, où les saveurs se révèlent moins puissantes que dans la cuisine du Sud. Le sens de la mesure et l'usage subtil des épices, voilà les principaux secrets du chef, qui réussit à vous faire voyager à l'aide d'assiettes savoureuses. Sans oublier la qualité des produits (poulet de Bresse, agneau de lait de premier choix). Du coup, les tandooris et les currys préparés ici ne ressemblent à nul autre. Boiseries, statuettes anciennes : le décor est lui-même une invitation raffinée au rêve et à l'exotisme... L'Inde par voie express !

Ze Kitchen Galerie ✿

C r é a t i v e   **D1**

4 r. des Grands-Augustins
☏ 01 44 32 00 32
www.zekitchengalerie.fr
Ⓜ St-Michel
Fermé 2 semaines en août, 1 semaine fin décembre,
samedi midi et dimanche

Formule 39 € – Menu 48 € (déjeuner)/98 € – Carte environ 85 € ✗

Bruno Delessard

St-Germain-des-Prés • Odéon • Jardin du Luxembourg

Galerie d'art contemporain, atelier de cuisine, cantine arty à la mode new-yorkaise ? Sous son nom hybride, Ze Kitchen Galerie joue sur les frontières entre art et cuisine, avec pour ambition d'unir ces deux expressions dans le décor et l'assiette. Un dessein visible dès qu'on passe la porte de ce restaurant conçu par Daniel Humair : dans des volumes épurés – sans être froids – cohabitent mobilier et vaisselle design, matériaux bruts, tableaux colorés, autour d'une cuisine vitrée pour suivre en direct le spectacle de la brigade.

Aux fourneaux, William Ledeuil donne libre cours à sa passion pour les saveurs de l'Asie du Sud-Est (Thaïlande, Vietnam, Japon) où il puise son inspiration. Galanga, ka-chaï, curcuma, wasabi, gingembre... Autant d'herbes, de racines, d'épices et de condiments du bout du monde qui relèvent avec brio les recettes classiques françaises. Sa carte fusion – à base de poissons, bouillons, pâtes, plats à la plancha – décline ainsi une palette d'assiettes inventives, modernes et ciselées, pour un voyage entre saveurs et couleurs.

Entrées

- Bouillon de canard à la citronnelle et raviolis de foie gras
- Courgettes fleurs farcies de crabe, aïoli au gingembre

Plats

- Bœuf Wagyu confit et grillé, condiment tamarin
- Homard rôti aux feuilles de curry, condiment agrumes

Desserts

- Glace chocolat blanc, wasabi et fraise-pistache
- Soupe de châtaignes, coings, dattes au vin de noix

Tour Eiffel ·
École Militaire · Invalides

I. Wooster / Fotolia.com

Tour Eiffel, École Militaire, Invalides

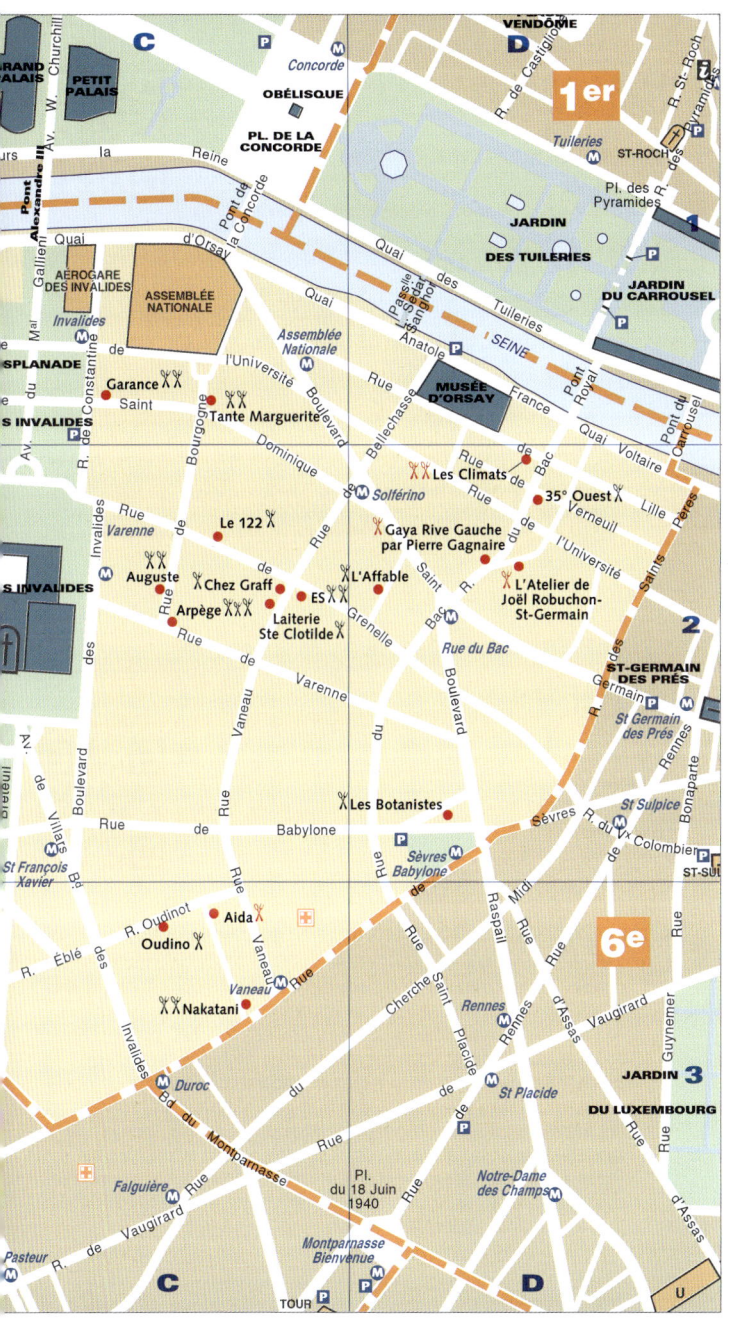

L'Affable

M o d e r n e   D2

10 r. de St-Simon
☎ 01 42 22 01 60
www.laffable.fr
Ⓜ Rue du Bac
Fermé 3 semaines en août, 25 décembre-1ᵉʳ janvier,
samedi et dimanche

Formule 28 € – Carte 48/74 €

Dans une rue résidentielle non loin du boulevard Saint-Germain, cet Affable vous accueille, évidemment, avec grande amabilité ! L'ambiance est conviviale dans ce bistrot plutôt élégant, qui joue une jolie carte rétro (comptoir en zinc, carrelage ancien, banquettes rouges...) et régale avec savoir-faire. Au menu, par exemple, des ravioles de tourteau, pomme et céleri, un ris de veau croustillant aux légumes du moment, ou encore une ganache tendre au chocolat tonka. Les produits sont de qualité et de saison, les saveurs bien marquées dans les assiettes. Dans ces conditions, comment s'étonner que les riverains soient si nombreux à y avoir pris des habitudes ? Pensez à réserver, c'est très souvent complet...

L'Affriolé

M o d e r n e   B1

17 r. Malar
☎ 01 44 18 31 33
www.laffriole.fr
Ⓜ Invalides
Fermé 3 semaines en août, dimanche et lundi

Formule 26 € – Menu 30 € (déjeuner en semaine), 39/55 €

 Mobilier moderne et esprit contemporain (carrelage multicolore, chaises en plexiglas) : le bistrot de Thierry Verola est charmant ; quant à sa cuisine, elle réserve de vraies bonnes surprises... À l'écoute du marché et de ses envies, le chef propose une ardoise quotidienne dont les généreuses assiettes flirtent avec la modernité : ballottine de foie gras de canard et lentilles, thon poêlé aux carottes, brioche perdue à la mangue... Et pour les hommes (et les femmes) pressés, on propose aussi une formule "bento", dans laquelle tous les plats sont servis ensemble. On vient ici pour un repas à la fois décontracté et soigné, où les attentions ne manquent pas (radis en amuse-bouche, pots de crème en mignardises). Le tout à prix doux. Affriolant, non ?

Aida ✿

J a p o n a i s e

C3

1 r. Pierre-Leroux
☎ 01 43 06 14 18
www.aidaparis.com
Ⓜ Vaneau
Fermé 1 semaine en mars, 3 semaines en août, lundi
et le midi – Réservation conseillée

Menu 160 €

Aida

La façade blanche de ce petit restaurant niché dans une ruelle se
fond si bien dans le paysage qu'on risque de passer devant sans la
remarquer. Grave erreur ! Derrière se cache un secret jalousement
gardé, celui d'une délicieuse table nippone. L'intérieur se révèle
élégant et sans superflu, à l'image des établissements que l'on
trouve au Japon. Au choix, attablez-vous au comptoir (seulement
neuf places) pour être aux premières loges face aux grandes
plaques de cuisson (teppanyaki), ou dans le petit salon privé
sobrement aménagé avec son tatami.

Au gré d'un menu dégustation unique, vous découvrirez une
cuisine fine et pointue, tissant de beaux liens entre le Japon et
la France ; les assaisonnements, les cuissons et les découpes ne
font que souligner l'ingrédient principal, servi dans sa plus simple
expression. Sashimi, homard de Bretagne, chateaubriand ou ris
de veau, cuits au teppanyaki, s'accompagnent de bons vins de
Bourgogne, sélectionnés avec passion par le chef. Service très
attentif et prévenant.

Entrées	Plats	Desserts
• Sashimi	• Teppanyaki	• Wagashi

Arpège ✿ ✿ ✿

Créative

84 r. de Varenne

☏ 01 45 51 47 33

www.alain-passard.com

Ⓜ Varenne

Fermé samedi et dimanche

C2

Menu 140 € (déjeuner en semaine), 270/340 € – Carte 195/310 € 🍴🍴🍴

S.Delpech

Plusieurs décennies déjà qu'Alain Passard a pris ses quartiers près du musée Rodin, en lieu et place de l'Archestrate, l'ancienne table de Senderens, son maître. Artiste "impressionniste", expert en cuissons et auteur d'une cuisine épurée, aboutie, d'une apparente simplicité, il s'attache depuis de nombreuses années à explorer les possibilités culinaires du légume, apportant toute sa noblesse à ce produit d'ordinaire servi en accompagnement. Très attentif aux saisons, il possède même trois potagers dans l'Ouest de la France. Illustration, si besoin est, du goût pour l'authenticité de cet homme passionné et exigeant...

Son discret restaurant – presque insoupçonnable dans la rue de Varenne – lui ressemble : sérénité et modernité du décor ponctué de bacchanales en cristal Lalique, motifs de vagues sur les vitres, et un unique portrait, celui de Louise, sa grand-mère cuisinière. À la fin du repas, les curieux feront une halte à l'Arrière-Cuisine, pour admirer à loisir les créations graphiques du chef, comme ces collages de fruits et légumes, inspirés... et inspirants !

Entrées

- Couleur, saveur et parfum des jardins, création éphémère
- Fines ravioles potagères multicolores, consommé végétal

Plats

- Pêche côtière du golfe du Morbihan à l'huile de laurier, thé vert matcha
- Jardinière arlequin et merguez végétale à l'harissa, navet pourpre, fenouil selma

Desserts

- Profiteroles glacées au caramel lacté, herbes et fleurs
- Millefeuille "caprice d'enfant"

L'Atelier de Joël Robuchon - St-Germain ❀ ❀

C r é a t i v e

D2

5 r. de Montalembert

☏ 01 42 22 56 56

www.joel-robuchon.net

Ⓜ Rue du Bac

Accueil de 11h30 à 15h30 et de 18h30 à minuit.

Réservations uniquement pour certains services : se renseigner.

Menu 175 € – Carte 79/176 €

L'Atelier de Joël Robuchon

Restaurant à part dans le paysage gastronomique, qui balaie les conventions sans négliger le goût du raffinement, l'Atelier de Joël Robuchon a de quoi intriguer. Plongés dans une semi-pénombre étudiée, deux bars se répondent autour de la cuisine centrale où les plats sont élaborés sous le regard des hôtes, assis au comptoir sur de hauts tabourets (on peut aussi préférer la petite salle voisine, plus traditionnelle mais tout aussi confidentielle). Laque noire, granit sombre, faisceaux rougeoyants : le travail de l'architecte Pierre-Yves Rochon colle parfaitement à cette première déclinaison du concept imaginé par Robuchon – qui en a essaimé depuis dans le monde entier. Une idée de "cantine chic", version occidentale du teppanyaki et des bars à sushis nippons, avec au menu une cuisine "personnalisable" (sous forme de petites portions et d'assiettes) ciselée avec une précision d'orfèvre et des ingrédients de choix. Et même, en prime, des influences ibériques et une belle sélection de vins au verre ! À noter : pas de réservation hormis pour les services de 11h30 et 18h30.

Entrées

- Caviar en délicate gelée de homard, onctuosité au chou-fleur
- Langoustine en ravioli truffé à l'étuvée de chou vert

Plats

- Merlan frit Colbert, beurre aux herbes
- Agneau de lait en côtelettes à la fleur de thym

Desserts

- Ganache onctueuse au chocolat araguani, glace au grué de cacao et biscuit Oreo
- Fruit de la passion en soufflé chaud, sorbet exotique

Au Bon Accueil

M o d e r n e   A1

14 r. Monttessuy

☎ 01 47 05 46 11

www.aubonaccueilparis.com

Ⓜ Pont de l'Alma

Fermé 3 semaines en août, samedi et dimanche

Formule 28 € – Menu 32 € – Carte 40/65 €   🍴

A/C Ce bistrot gastronomique a plus d'un tour dans son sac pour conquérir le cœur du public. À commencer par son emplacement, à deux pas de la tour Eiffel. Sous les auspices de la grande dame, on se réfugie avec bonheur dans la salle au décor soigné, à l'élégance discrète. Question cuisine, le marché et les produits de qualité dictent au quotidien les intitulés du menu. Les plats au goût du jour, enrichis de gibier en saison, expriment des saveurs nettes et simples, rehaussées par des crus du Rhône ou de Bourgogne : saumon français mariné puis fumé, écrasé de pomme de terre au beurre noisette ; brioche perdue au caramel, à la sauce mangue et passion... Le rapport qualité-prix est excellent ! Quant à l'accueil, il suffit de lire l'enseigne pour l'imaginer.

Bistrot Belhara

T r a d i t i o n n e l l e   B2

23 r. Duvivier

☎ 01 45 51 41 77

www.bistrotbelhara.com

Ⓜ École Militaire

Fermé 1ᵉʳ-27 août, 24-30 décembre, dimanche et lundi

Formule 24 € – Menu 34 € (déjeuner), 35/52 €   🍴

Belhara ? Ce haut fond proche de St-Jean-de-Luz est bien connu des surfeurs car il donne naissance à des vagues superbes. C'est par ce clin d'œil que le chef de ce bistrot rend hommage à ses origines basques... mais on ne saurait leur résumer son parcours – impressionnant (Guérard, Loiseau, Ducasse, etc.) – et son savoir-faire : converti à la mode bistrot, Thierry Dufroux fait des merveilles en revisitant les classiques du genre ! Ainsi ce velouté de potimarron crémeux à souhait, ou encore ce délicieux petit pâté chaud de canard et foie gras accompagné d'une sauce rehaussée à la cerise. Le tout à apprécier dans un joli décor rétro : vieux comptoir, moulures, banquettes rouges, etc. Entre Invalides et École militaire, cette nouvelle adresse tient le haut de la vague !

Auguste ✿

M o d e r n e
54 r. de Bourgogne
✆ 01 45 51 61 09
www.restaurantauguste.fr
Ⓜ Varenne
Fermé 1ᵉʳ-22 août, samedi et dimanche – Réservation
conseillée

C2

Menu 37 € (déjeuner)/88 € – Carte 80/110 €   ✗✗

A/C

Auguste

Ambiance zen du côté des ministères ! La petite maison de Gaël
Orieux – à peine une trentaine de couverts – offre un calme
inattendu dans son élégant cadre contemporain, aux lignes
faussement simplistes. Le blanc domine, mais réchauffé d'autant
d'éléments qui apportent à cette architecture subtile une pointe
d'originalité : touche rouge vif d'une grande banquette, parquet
gris anthracite, fleurs et, sur les murs, deux toiles originales
représentant le visage de Bouddha.
Un espace chic et "cool" où l'on déguste une cuisine d'une sage
modernité : huîtres creuses perles noires, gelée d'eau de mer,
mousse de raifort, poire comice ; bar de ligne à la compotée de
tomates, écume d'orange fleurée à la cannelle... La carte, courte
mais très souvent renouvelée, séduit par sa variété et la qualité
des produits. Gaël Orieux s'approvisionne au marché et a fait
notamment le choix de ne servir que des poissons dont l'espèce
n'est pas menacée (mulet noir, maigre, tacaud). Quant au choix de
vins, il invite à d'agréables découvertes à prix étudiés.

Entrées

- Ormeaux de l'île de
  Groix en persillade
  et risotto cuisiné
  comme une paella

- Langoustines à la
  verveine, bavarois de
  betteraves jaunes

Plats

- Turbot, condiment
  noix, kasha de
  sarrasin, hydromel et
  couteaux de mer

- Ris de veau, pralin
  de cacahouètes
  caramélisées

Desserts

- Soufflé au chocolat
  pur caraïbe, glace au
  miel et pollen

- Comme un
  millefeuille parfumé
  à la fève tonka et
  vanille de Tahiti

Les Botanistes

Traditionnelle  D2

11 bis r. Chomel
✆ 01 45 49 04 54
Ⓜ Sèvres-Babylone
Fermé août, dimanche et fériés

Carte 33/58 €

Les Botanistes ? Cela fait tout simplement référence à la profession de Pierre-Jean-Baptiste Chomel (1671-1740), membre de l'Académie des sciences qui a donné son nom à la rue. Pourtant, on va le voir, la cuisine de cette petite adresse ne se résume pas à de la verdure, loin s'en faut ! Foie gras de canard mi-cuit au torchon, chipirons au piment d'Espelette et leur risotto d'épeautre au chorizo, filet de bœuf poêlé et son gratin de pomme de terre, baba au rhum, financier... Ouf ! À l'ardoise, on retrouve la fine fleur de la cuisine bistrotière, dans un décor qui ne fait pas plante verte : carrelage en damier, buffet en bois clair, banquettes douillettes, appliques florales d'esprit Art déco, herbiers et natures mortes distillant leur charme champêtre, si joliment suranné.

Brasserie Thoumieux

Moderne  B1

Hôtel Thoumieux,
79 r. St-Dominique
✆ 01 47 05 79 00
www.thoumieux.fr
Ⓜ La Tour Maubourg

Formule 30 € – Carte 40/80 €

Fondée en 1923, cette brasserie mythique, marquée du sceau de la Belle Époque, vit une seconde jeunesse sous la houlette de Jean-François Piège (qui a son restaurant gastronomique à l'étage). Modernisé, le décor flamboie : grands miroirs, moulures, lampes boules et longues banquettes rouges. Avec le ballet des people et aficionados attirés par la renommée du chef, les lieux ont même renoué avec toute la théâtralité de ces brasseries autrefois capitales, où s'encanaillaient bourgeois, hommes du monde et actrices... La carte elle-même, originale, fait de jolies œillades à l'esprit des lieux ! De midi à minuit, on propose salade de homard bleu au mesclun d'herbes et salade de saison, barbue sauvage aux légumes, curry et citron vert, big burger, volaille jaune des Landes rôtie...

Café Constant

T r a d i t i o n n e l l e B2

139 r. St-Dominique
☎ 01 47 53 73 34
www.maisonconstant.com
Ⓜ École Militaire

Formule 16 € – Menu 23 € (déjeuner en semaine) – Carte 34/51 € ✗

[A/C] Lentement mais sûrement, l'ancien chef du Crillon, Christian Constant, a fait de la rue St-Dominique un vrai QG gourmand. À deux pas de son restaurant gastronomique, le Violon d'Ingres, cette annexe (dirigée par une jeune équipe) occupe un petit bistrot d'angle sans prétention. Et sans réservation ! Ici, la simplicité règne en maître. Le décor, brut de décoffrage, ne verse pas dans l'épate. La cuisine témoigne d'un sens aigu du produit, conservant un peu de l'esprit des grandes maisons (les manières et les prix en moins). Sur l'ardoise, on trouve de goûteux plats de bistrot, pensés selon le marché : œufs mimosa, tartare de saumon, huîtres et bar au gingembre, parmentier de cuisse de canard croisé au vin rouge, pommes gaufrettes... Constamment épatant, le Constant !

Café de l'Esplanade

M o d e r n e B2

52 r. Fabert
☎ 01 47 05 38 80
Ⓜ La Tour Maubourg

Carte 45/90 € ✗✗

 Les frères Costes peuvent se vanter de transformer tout ce qu'ils touchent en or. À savoir en endroits branchés, comme cette [A/C] Esplanade, alchimie réussie d'un lieu, d'une ambiance et d'une cuisine résolument tendance. Démonstration en quatre points. La superbe vue sur les Invalides, notamment en terrasse. La griffe "Jacques Garcia", qui a signé un décor en phase avec le monument voisin. La carte, qui oscille entre plats de brasserie chic et recettes du monde, avec une certaine influence asiatique : petits nems, club sandwich, tom yam chili sea bass, belle tranche de foie de veau et sa réduction de vinaigre de cidre, millefeuille framboise du dimanche... Enfin, le personnel looké, avec voiturier, au service d'une clientèle people et politique. Verdict : y courir pour voir et être vu, après avoir réservé.

Café Max

T r a d i t i o n n e l l e   B2

7 av. de la Motte-Picquet

✆ 01 47 05 57 66

Ⓜ École Militaire

Fermé 3 semaines en août, Noël au Nouvel An, samedi et dimanche

Carte 40/60 €   ✗

☞ Tout près des Invalides, ce discret restaurant semble presque enveloppé d'une aura de mystère. Les habitués – dont de nombreux hommes politiques – s'installent à toute heure de la journée dans cet intérieur de bistrot chic, presque rococo ; des tableaux classiques et des photos anciennes tapissent les murs, d'un noir de jais, et, assis sur les banquettes en velours rouge, on devise doucement sous un éclairage tamisé... La carte joue fièrement la tradition : œuf mayonnaise, oreilles de cochon sur salade de lentilles, rognon de veau grillé entier et sa sauce moutarde, parmentier de bœuf aux parfums de truffes, boudin... avec, pour finir, si vous conservez de l'appétit, les fameuses crêpes Suzette. De quoi mettre d'accord tous les politiques, de quelque bord qu'ils soient !

Le 122

M o d e r n e   C2

122 r. de Grenelle

✆ 01 45 56 07 42

www.le122.fr

Ⓜ Solférino

Fermé 25 juillet-25 août, samedi et dimanche

Formule 22 € – Menu 29/37 € – Carte 50/60 €   ✗

 Dans le quartier des ministères, rue de Grenelle (au numéro... 122), un bistrot chic pour une savoureuse cuisine actuelle. Ancien kiné, le patron, passionné de gastronomie, a tout abandonné pour passer un bac pro en hôtellerie ; une expérience chez Laurent où il rencontre son chef de cuisine, et l'affaire est lancée. Sa vocation ? Faire beau et bon à prix doux. La cuisine relève le pari : assiette de légumes printaniers, volaille marinée au masala, turbot au beurre noisette et son émulsion de crustacés au vin d'Arbois, selle d'agneau rôtie et polenta crémeuse, croustillant de pied de cochon, brioche italienne... Dans les deux salles, le décor design (tons gris et mauve, globes lumineux, chaises Ghost signées Starck) se marie parfaitement à ces assiettes bien dans leur époque.

Chez les Anges

T r a d i t i o n n e l l e   B2

54 bd de la Tour-Maubourg
🕿 01 47 05 89 86
www.chezlesanges.com
Ⓜ La Tour Maubourg
Fermé 3 semaines en août, samedi et dimanche

Formule 26 € – Menu 35/55 €

 Manger au paradis, cela vous tente ? La salle profite pleinement de la lumière du jour grâce à ses larges baies vitrées, et l'on peut s'attabler autour d'un grand comptoir central... Côté déco, esprit contemporain oblige, des vitrines habillent les murs et abritent de bien jolis nectars honorant toutes les régions viticoles françaises. On déguste des plats traditionnels, justes et sincères, qui varient en fonction du marché : assiette de légumes de Joël Thiébault et son coulis de citron jaune, foie de veau en tranche épaisse et sa fricassée de champignons, ou encore tarte au chocolat noir Venezuela 72 %... Et en accompagnement, une belle carte de vins et whiskys.

Chez Graff

T r a d i t i o n n e l l e   C2

62 r. de Bellechasse
🕿 01 45 51 33 42
Ⓜ Solférino
Fermé dimanche

Formule 21 € – Menu 25 € (déjeuner en semaine) – Carte environ 40 €

Tables en bois massif, grand miroir et vieilles photos : un bistrot dans l'esprit des années 1960, relooké façon 2013 ! L'équipe de la Laiterie Sainte Clotilde (dans la même rue) a ouvert cette nouvelle adresse, qui doit son nom au grand-père de Thomas, l'un des trois associés. Dans la lignée de la maison mère, ils proposent ici une bonne cuisine française – salade d'endives à la pomme verte et gelée de concombre, bavette Angus Aberdeen marinée et salade de roquette et parmesan, suprême de volaille du Gers aux lentilles et champignons, mousse au chocolat, etc. – et des assiettes de charcuterie et fromage. La carte, volontairement courte, assure une belle rotation des produits, et l'ambiance est certifiée conviviale à toute heure !

Les Climats

M o d e r n e

Tour Eiffel • École Militaire • Invalides

41 r. de Lille
☎ 01 58 62 10 08
www.lesclimats.fr
Ⓜ Rue du Bac
Fermé 3 semaines en août, 1ᵉʳ-10 janvier, dimanche
et lundi

D2

Formule 36 € – Menu 42 € (déjeuner), 86/150 € ♛ – Carte 72/84 € ✕

Les Climats

Le restaurant est installé dans le cadre atypique de l'ancienne Maison des Dames des Postes, Télégraphes & Téléphones, qui hébergea à partir de 1905 les opératrices des PTT. Disons-le tout de go : l'intérieur, d'un style Art nouveau assumé, est somptueux. Mosaïque ancienne au sol, plafond dont les arches sont égayées de motifs fleuris, luminaires originaux en laiton, vitraux, gros fauteuils rouges, etc.

Côté assiette, Julien Boscus, jeune chef ayant fait ses classes chez Yannick Alléno et Pierre Gagnaire, compose des assiettes qui n'ont rien de... téléphoné. Sa signature ? Une alliance raffinée de recettes d'inspiration française et d'une créativité distillée avec tact. Beaux produits et accords gustatifs reconnectent tous les sens !

Et n'oublions pas les deux grandes caves vitrées, offrant une vue sur de belles bouteilles, et notamment l'une des plus riches sélections de vins de Bourgogne à Paris – la région étant précisément connue pour ses fameux "climats"...

Entrées	Plats	Desserts
• Tourteau aux aromates, sauce aux fruits de la passion, encornet, avocat et pamplemousse	• Cabillaud, fricassée de cèpes, cocos de Paimpol et jus de veau	• Poire pochée, velours de safran, biscuit frangipane et sorbet poire
• Huîtres en nage chaude à l'échalote	• Quasi de veau cuit à la ficelle, gnocchis au parmesan et légumes de saison	• Mangue fraîche et compotée, tuile et sorbet au lait de coco

Le Clos des Gourmets

M o d e r n e

B1

16 av. Rapp

✆ 01 45 51 75 61

www.closdesgourmets.com

Ⓜ Alma Marceau

Fermé 1er-25 août, dimanche et lundi

Menu 30 € (déjeuner), 34/38 € – Carte 40/60 €

L'adresse n'a pas volé son nom ! Côté clos, une belle salle habillée de boiseries peintes en blanc, relevée de panneaux gris ou bruns, avec des tables bien dressées et une véranda. Simplicité, élégance, chaleur : de tels clos, on en cultiverait beaucoup ! Côté gourmets, le style du chef, Arnaud Pitrois, se reconnaît sans hésitation. Tirant profit des leçons de ses maîtres (Guy Savoy, Christian Constant, Éric Frechon, etc.), il élabore une cuisine personnelle, inventive et pleine de parfums : persillé de lapin en gelée parfumée à l'estragon, poulette du Gers rôtie et ses pommes grenaille, tête de cochon croustillante à la vinaigrette d'herbes, fenouil confit aux épices douces et son sorbet citron. Et le chapitre n'est pas clos...

Les Cocottes

T r a d i t i o n n e l l e

B2

135 r. St-Dominique

www.maisonconstant.com

Ⓜ École Militaire

Formule 23 € – Menu 28 € – Carte 26/55 €

Le concept imaginé par Christian Constant, dans le sillage des autres adresses de son fief gourmand (entendez par là la rue St-Dominique) ? Des cocottes ! Version Staub, en fonte gris anthracite, servies dans un décor à part : ni resto ni bistrot, le lieu s'organise autour d'un comptoir tout en longueur, très stylé avec ses tabourets haut perchés et son design épuré. À la carte de ce concept de "snacking" convivial, de bons petits plats mijotés : velouté de légumes d'autrefois, terrine de campagne, pommes de terre caramélisées farcies au pied de porc, pigeon fermier rôti à l'ail... Côté vins, une grande ardoise située au-dessus du bar annonce les réjouissances. L'adresse n'a pas de téléphone : on s'invite sans réserver, à la bonne franquette.

Dar Lyakout

Marocaine
94 bd de la Tour-Maubourg
☎ 01 45 50 16 16
www.darlyakout.com
Ⓜ École Militaire

B2

Menu 38 € – Carte 34/50 €

 Bricks croustillants et dorés ; tajines subtils et raffinés ; couscous cuisinés dans les règles de l'art, aux légumes fondants et aux morceaux de viande tendres et savoureux ; pâtisseries au miel et loukoums délicatement parfumés... Dans la maison (dar) de Lyakout (prénom féminin), on se régale de bons petits plats orientaux, généreux et bien tournés. Telle une douce évocation des Mille et Une Nuits, à la manière d'un riad du Marrakech contemporain, la déco concilie le style lounge et l'artisanat marocain, mêlant tons à la mode (du brun, du prune), lumignons et mosaïques typiques. Entre deux douceurs sucrées et quelques rêveries, on pourrait presque espérer apercevoir le fabuleux génie de la lampe...

D'Chez Eux

Du sud-ouest
2 av. Lowendal
☎ 01 47 05 52 55
www.chezeux.com
Ⓜ École Militaire

B2

Formule 31 € – Menu 36 € (déjeuner en semaine) – Carte 46/110 €

A/C D'Chez Eux, c'est une petite adresse avec un accent bien de là-bas. Dans la charmante salle aux airs d'auberge de carte postale, où ne manquent ni les meubles rustiques ni les nappes à carreaux rouge et blanc, on retrouve les terres du Sud-Ouest dans leur débordant appétit. D'Chez Eux, tout fleure bon la tradition : produits régionaux, assiettes généreuses, cave imposante – axée en partie sur les bordeaux et les bourgognes – et serveurs en tablier de bougnat. Pas étonnant que la recette séduise depuis plus de 50 ans, en restant invariablement sourde aux appels de la mode ! Laissez-vous tenter par le chariot de hors-d'œuvre, le panier de charcuteries, l'œuf mayonnaise et sa macédoine de légumes, le poulet rôti "coucou de Rennes" aux girolles ou encore le confit de canard, tous irrésistibles...

David Toutain

M o d e r n e
29 r. Surcouf
☎ 01 45 50 11 10
www.davidtoutain.com
Ⓜ Invalides
Fermé 3 semaines en août, samedi et dimanche

B1

Formule 42 € – Menu 68/158 € 🍷

🍴

A/C

David Toutain

Le voici chez lui, David Toutain, qui s'était fait connaître en étant de belles expériences (Arpège, Agapé Substance...). Il s'est récemment établi dans cette rue discrète du quartier des ministères, que l'on n'est pas habitué à voir comme un tel carrefour de tendances. De fait, derrière ce nom de David Toutain, c'est toute une mouvance culinaire qui s'agite : le jeune chef est la coqueluche des "foodistas" parisiens, il convient de réserver très à l'avance pour obtenir une place...

La table réserve en effet une expérience délicieuse, exemplaire du goût contemporain ! L'espace, d'abord : une forme de loft, tout en matériaux bruts (bois, béton), aux lignes scandinaves. L'assiette également n'est pas sans évoquer cette Europe du Nord aujourd'hui si en vue. Goût du végétal, associations inédites, légèreté et graphisme épuré : la parenté est palpable, et pourtant, la finesse, la créativité, la palette d'expressions du chef révèlent une vraie singularité et même une forme de sagesse. S'inscrire pleinement dans une génération tout en étant soi-même : un bel équilibre !

Spécialités
• Cuisine du marché

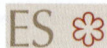

ES ✿

M o d e r n e

91 r. de Grenelle

📞 01 45 51 25 74

Ⓜ Solférino

Fermé 3 semaines en août, mardi midi, dimanche et
lundi – Réservation conseillée

C2

Menu 55 € (déjeuner)/105 €

Yosuke Kojima

Une adresse créée en 2013 par Takayuki Honjo, jeune chef
japonais adepte, comme nombre de ses compatriotes, de cuisine
et de culture françaises. Ancien de plusieurs grandes maisons
(Astrance à Paris, Quintessence à Tokyo, Mugaritz au Pays
basque), il a pensé son restaurant dans les moindres détails : une
salle blanche et très épurée, presque monacale, où le mobilier
moderne ne cherche pas à attirer l'attention ; contre la baie
vitrée, un léger voilage permet d'isoler la salle de la rue. Dans ce
contexte, le repas peut s'apparenter à une forme de cérémonie...
Dès les premières bouchées, le talent du chef saute aux papilles ! Foie
gras et oursins, ou pigeon et cacao : les associations fonctionnent
sans fausse note, les saveurs se mêlent intimement, et l'harmonie
des compositions est toujours subtile, avec un sens de l'économie
qui rappelle les racines nippones du jeune homme – bien que les
fondamentaux de la cuisine française soient parfaitement maîtrisés.
Enfin, la carte des vins rend un vibrant hommage à la Bourgogne.
Encore un bel apport du Japon à la France !

Spécialités

• Cuisine du marché

Les Fables de La Fontaine ✿

Poissons et fruits de mer B2

131 r. St-Dominique
✆ 01 44 18 37 55
www.lesfablesdelafontaine.net
Ⓜ École Militaire
Fermé 23-27 décembre – Réservation conseillée

Menu 35 € 🍷 (déjeuner en semaine), 42/120 € – Carte 81/106 €

A/C

Les Fables de La Fontaine

Une fable gourmande et subtile... Dans la rue St-Dominique, le décor adopte l'esprit d'un bistrot chic bien dans son époque : la salle, tout en longueur, aligne tables en bois foncé (tout comme la devanture), comptoir à l'entrée, le tout rehaussé avec des pierres apparentes et des tons harmonieusement associés (dominantes de gris). L'essentiel est dit : simplicité et qualité.

Même programme côté cuisine. Le choix se porte sur le "tout poisson", avec une belle sélection de vins blancs : croustillant de langoustines au basilic et émulsion d'agrumes, turbot en vapeur de foin, laitue de mer aux coquillages, sole meunière, parfait passion-praliné, minestrone de melon et nectarine... La maîtrise technique, au rendez-vous dans toutes les réalisations, sait s'effacer devant l'excellence des produits, qui varient selon les arrivages de la marée. Car l'esprit d'authenticité prime toujours. Un point de plus en faveur de ces Fables d'aujourd'hui aux savoureuses histoires de poissons.

Entrées

- Langoustine, citron vert, herbes fraîches et tomate
- Tourteau, avocat, gaspacho, gelée et enoki

Plats

- Homard bleu, coques, oignon rouge et artichaut
- Cabillaud, citron jaune, aubergine, olive et lard fumé

Desserts

- Soufflé framboise.
- Cerise, meringue, pistache et vanille

Tour Eiffel • École Militaire • Invalides

Florimond

T r a d i t i o n n e l l e B2

19 av. de La Motte-Picquet
℘ 01 45 55 40 38
www.leflorimond.com
Ⓜ École Militaire
Fermé 27 avril-3 mai, 10-17 août, 1er-4 janvier, samedi midi et dimanche

Formule 20 € – Menu 25 € (déjeuner)/37 € – Carte 40/65 € ✗

A/C Florimond – du nom du jardinier de Monet à Giverny – a l'esprit bistrotier et convivial... Pour faire honneur à ce prénom chantant, le chef, Pascal Guillaumin, signe une goûteuse cuisine du terroir avec des produits tout droit venus de Corrèze, sa région d'origine. Ce digne fils et petit-fils de charcutier fait d'ailleurs lui-même ses saucisses, boudins et autres conserves. Et si sa carte fait la part belle à la viande, les amateurs de poisson ne sont pas oubliés pour autant. Le tout agrémenté des légumes du maraîcher Joël Thiébault ou encore de céréales cuisinées au wok. Rien que de belles impressions...

Fontaine de Mars

T r a d i t i o n n e l l e B2

129 r. St-Dominique
℘ 01 47 05 46 44
www.fontainedemars.com
Ⓜ École Militaire

Carte 35/80 € ✗

Quand Barack Obama choisit d'y dîner en 2009, le buzz fut énorme... Ce parfait bistrot des années 1930 (restauré à l'identique) est une véritable institution du 7e arrondissement. Dans les deux salles joliment rétro, où dominent les incontournables et délicieuses nappes à carreaux rouge et blanc, ou sur la terrasse qui fait face à la fontaine de Mars (d'où l'enseigne), il règne une atmosphère décontractée qui doit beaucoup à la gentillesse de la patronne. On s'y régale donc, à la bonne franquette, de plats traditionnels au parfait esprit bistrotier : foie gras, sole meunière, boudin, andouillette, filet de bœuf sauce béarnaise, magret de canard, terrine et cassoulet maison... Pas besoin d'être le président des États-Unis pour pouvoir en profiter !

Garance ✿

C r é a t i v e

34 r. St-Dominique

☎ 01 45 55 27 56

www.garance-saintdominique.fr

Ⓜ Invalides

Fermé samedi et dimanche – Réservation conseillée

C1

Menu 39 € (déjeuner)/68 € – Carte 68/77 €   ✗ ✗

A/C

Garance

Qu'elle est jolie et sympathique, cette Garance née de l'association de deux anciens de l'Arpège, Guillaume Muller (en salle) et Guillaume Iskandar (aux cuisines). À deux pas de l'esplanade des Invalides, leur bistrot contemporain semble faire souffler un vent de fraîcheur sur tout l'arrondissement. Un vent porteur de délicieux parfums !

Le chef signe en effet une belle cuisine, aux accents assez personnels et mettant toujours en avant le produit : de là des recettes sans fioritures, qui varient au gré des saisons et dévoilent à la fois une vraie modernité et un authentique savoir-faire de cuisinier. Le plaisir est au rendez-vous, le soir, où la carte est plus ambitieuse, comme le midi, où le menu proposé offre un excellent rapport qualité-prix.

Côté décor, le choix est donné entre le rez-de-chaussée, où un petit comptoir ouvrant sur les cuisines permet d'assister en direct à la réalisation des plats, et l'étage qui évoque un petit appartement haussmannien revu à la sauce contemporaine. Dans les deux cas, le service est charmant. Garance ? Celle des Enfants du Paradis ?

Entrées

- Asperges vertes, truffe et jambon ibérique
- Calamars à la crème de parmesan

Plats

- Cochon de lait rôti, gnocchis de pomme de terre à la sauge
- Pêche du jour

Desserts

- Mousse au chocolat, banane flambée et noisettes croquantes
- Salade de fruits rouges et fromage blanc

Gaya Rive Gauche par Pierre Gagnaire ✤

P o i s s o n s   e t   f r u i t s   d e   m e r   **D2**

44 r. du Bac
✆ 01 45 44 73 73
www.pierre-gagnaire.com
Ⓜ Rue du Bac
Fermé 10-17 août, vacances de Noël, lundi midi et dimanche

Menu 65 € (déjeuner) – Carte 60/110 €   ✕

Jacques Gavard

Sa seconde adresse à Paris, Pierre Gagnaire – qui possède plusieurs antennes dans le monde (Londres, Tokyo, Hong Kong) – l'a souhaitée "élégante, joyeuse et décalée". Un restaurant quotidien plus accessible, donc, où la cuisine se veut à la fois "bonne et un peu drôle". Pari gagné avec son Gaya, niché au cœur de Saint-Germain, quartier rive gauche s'il en est. Sous l'impulsion de la décoratrice Violaine Jeantet, les deux salles ont été réaménagées dans un style cosy, raffiné et intime, grâce notamment à des boiseries murales en sapelli...

Ambiance détendue et astucieuse cuisine très iodée sont toujours au rendez-vous : on ne se lasse pas de ces préparations délicates et créatives, déclinées de "marée modeste" en "marée noble", à l'image de cette chair de tourteau et concombre, mayonnaise d'artichaut au plancton, ou de cette délicieuse poêlée de langoustines au gingembre, brunoise mangue et pomme verte. Dans la mythologie grecque, Gaïa n'était-elle pas mère des divinités marines ?

Entrées	Plats	Desserts
• Sardines grillées-laquées, piquillos et fenouil au paprika	• Barbue grillée, anchois demi-sel, céleri branche et huile d'olive verte	• Mousseline "Cuba", eau de cacao à l'amande amère, meringue et pamplemousse
• Pintade fermière à la verveine, poêlée de girolles aux noix	• Pojarsky de veau aux cèpes, fondue d'épinards aux pignons	• Bombe glacée au café, biscuit au citron

Il Vino d'Enrico Bernardo ✿

M o d e r n e

B1

13 bd La Tour-Maubourg
☎ 01 44 11 72 00
www.enricobernardo.com
Ⓜ Invalides
Fermé 2 semaines en août, samedi midi, dimanche
et lundi

Formule 35 € – Menu 70 € ♛ (déjeuner)/95 € ♛   ✕✕

Enrico Bernardo

Connaissez-vous Enrico Bernardo ? Élu Meilleur Sommelier d'Italie à deux reprises et Meilleur Sommelier du Monde en 2004, l'homme a le chic pour faire partager sa passion du vin. C'est la raison d'être d'Il Vino ! Épaulé par le chef espagnol José Manuel Miguel, il fait découvrir à la clientèle ses coups de cœur viticoles du moment, autour de deux menus aux noms évocateurs : "Sur les routes du monde" et "Sur les routes de France et d'Italie". On adhère bien vite à ce concept "vins & mets", notamment grâce à une partition culinaire sans fausse note, à l'image de cet émietté de tourteau aux fines lamelles de légumes d'hiver, dés de pomme verte et espuma de daïkon, ou de ce filet de canard rôti aux girolles sautées et son risotto au blé...

Quant au décor, il est très chic et tout à fait dans le ton avec ses murs blancs et ses sarments de vigne peints. Les sommeliers amateurs – et les autres – seront ravis !

Spécialités
• Menu surprise

7e # Jean-François Piège ✿ ✿

M O D E R N E   B1

Hôtel Thoumieux,
79 r. St-Dominique (1er étage)
☎ 01 47 05 79 79
www.thoumieux.fr
Ⓜ La Tour Maubourg
Fermé août, samedi et dimanche – Réservation conseillée

Menu 99 € 🍷 (déjeuner), 154/264 € 🍷   ✗✗

Restaurant Jean-François Piège

Un escalier discret, offrant un accès discret à l'étage de la brasserie Thoumieux… puis l'impression de pénétrer dans un appartement privé, au décor chic et feutré (une création d'India Mahdavi, inspirée par les années 1950). Après s'être rendu célèbre au Crillon – ou, pour le versant médiatique, en tant que juré de l'émission Top Chef –, Jean-François Piège vous reçoit ici comme à la maison : il cuisine en confidence, pour ainsi dire rien que pour vous (à peine vingt couverts par service). On dresse la table devant le client ; les effluves qui émanent de la cuisine contiguë – et en partie visible – aiguisent terriblement l'appétit et… la curiosité. On propose chaque jour un menu différent, intitulé "L'art de manger", avec 9 hors-d'œuvre froids et chauds déclinés en petites portions ; on choisit ensuite un ou plusieurs plats (4 ou 5 choix) sur la carte du moment. Les propositions du chef font mouche : les assiettes parfaitement pensées et dressées, véritables ateliers d'émotions culinaires, alliant qualité des produits, harmonie des saveurs, finesse, caractère… D'une sincérité éblouissante.

Spécialités

• Sélection des plus beaux produits de saison

Le Jules Verne ✿

M O D E R N E

2ème étage Tour Eiffel (Ascenseur privé pilier sud)

✆ 01 45 55 61 44

www.lejulesverne-paris.com

Ⓜ Bir-Hakeim

A2

Tour Eiffel • École Militaire • Invalides

Menu 105 € (déjeuner en semaine), 190/230 €

Pierre Monetta

Sans vous sentir obligé de gravir les 704 marches qui conduisent au 2ᵉ étage de la tour Eiffel, rendez-vous au pilier sud et laissez faire l'ascenseur privé qui mène directement au Jules Verne, à 125 m au-dessus du sol. Ce lieu emblématique dirigé par Alain Ducasse offre un cadre unique : le midi comme le soir, la vue sur Paris à travers les poutrelles métalliques de la tour est tout simplement spectaculaire ! Pensez à réserver très à l'avance (uniquement par Internet) votre table près des baies vitrées. Le décor contemporain signé Patrick Jouin (parois en nid-d'abeilles, fauteuils en cuir et fibre de carbone) est à la hauteur, de même que la cuisine classique revisitée façon Ducasse, réalisée ici par le jeune chef Jérémy Brouet. Les pâtisseries sont quant à elles signées Christophe Devoille, pâtissier-chocolatier et glacier de formation. Enfin, la carte des vins, remarquable, compte plus de 400 références de l'Hexagone, dont quelques crus d'exception. Une adresse au sommet du patrimoine français !

Entrées

- Asperges vertes de Provence, servies tièdes, mousseline truffée
- Daurade marinée à cru, citron et basilic

Plats

- Grenadin de veau rôti, pomme de terre anna, vrai jus
- Tournedos de bœuf et foie gras de canard, pommes soufflées et sauce Périgueux

Desserts

- Écrou croustillant au chocolat de notre manufacture à Paris
- Baba à l'armagnac de votre choix, crème peu fouettée

Kinnari

Thaïlandaise   B1

8 r. Malar

☎ 01 47 05 18 18

Ⓜ La Tour Maubourg

Fermé 2 semaines en août et dimanche

Formule 19 € – Menu 22 € (déjeuner), 29/39 € – Carte 32/47 € ✗

Dans la culture thaïe, Kinnari est une fameuse divinité mi-femme, mi-cygne, connue pour la grâce de sa danse et de ses chants. C'est donc sous ses auspices que Bounma Seng Vieng Kham, le jeune propriétaire, a créé ce restaurant au charme particulièrement authentique : la décoration, tout en laques sombres et teintes mordorées, rend joliment hommage à l'ancien royaume de Siam. Quant à la carte, elle reprend le meilleur des recettes thaïlandaises : croustillants de crevettes frits à la thaïe, salade de papaye verte aux crevettes, magret de canard sauce tamarin et litchis. Sans oublier le poulet au curry vert, les larmes du tigre ou les nems au chocolat. Les cuisiniers sont recrutés en Thaïlande pour plus d'authenticité. Une adresse sympathique, où les prix savent rester relativement raisonnables.

La Laiterie Sainte Clotilde 😇

Traditionnelle   C2

64 r. de Bellechasse

☎ 01 45 51 74 61

Ⓜ Solférino

Fermé 30 juillet-24 août, vacances de Noël, samedi midi et dimanche – Réservation conseillée

Formule 21 € – Menu 25 € (déjeuner) – Carte 34/43 € ✗

Une photo ancienne trône sur le comptoir et nous parle d'un temps où ces lieux faisaient office de laiterie de quartier, au début du siècle passé… Un véritable pedigree pour cette adresse qui entend creuser un sillon original au milieu des ministères, celui de la nostalgie, sans prétention et de manière informelle – façon bobo ! On y cultive donc le goût d'hier à travers une collection de chaises en formica (dépareillées, évidemment) et… une jolie cuisine ménagère et bistrotière. Soupe du jour (toute l'année), onglet de bœuf et ses pommes grenaille sautées, merlu rôti à la sauce à l'oseille, gâteau au chocolat, etc. : l'ardoise respire l'évidence ! En prime, un choix bien pensé d'une vingtaine de bouteilles (de vin) et une addition qui ne vous prend pas pour… une vache à lait. À déguster d'une traite.

Nakatani

M o d e r n e C3

27 r. Pierre-Leroux

☏ 01 47 34 94 14

Ⓜ Vanneau

Fermé 3 semaines en août, dimanche et lundi

Menu 40 € (déjeuner)/80 € ✗✗

[A/C] Après dix années passées auprès d'Hélène Darroze, Shinsuke Nakatani a décidé de faire le grand saut. Le voici aujourd'hui à la tête de cette table feutrée et reposante, habillée de douces couleurs et de matières naturelles. En cuisine, ce Japonais pétri de talent peut enfin, en toute liberté, montrer ce dont il est capable ! Avec un sens aigu de l'assaisonnement, des cuissons et de l'esthétique des plats, il compose une belle cuisine française au gré des saisons ; les saveurs et les textures s'entremêlent avec harmonie et l'ensemble dégage une belle cohérence. On se régale d'un menu unique (3 plats le midi, 6 le soir), servi par un personnel discret et efficace. Étant donné le nombre de places (18 couverts), il faudra penser à réserver à l'avance.

Oudino

T r a d i t i o n n e l l e C3

17 r. Oudinot

☏ 01 45 66 05 09

www.oudino.fr

Ⓜ Vaneau

Fermé 5-20 août, 24 décembre-1er janvier, samedi et dimanche

Formule 20 € – Carte 32/48 €

[A/C] Une adresse sans prétention, où l'on aime prendre ses habitudes. L'Oudino a tout ce qu'il faut pour susciter la fidélité : une ambiance décontractée au cœur du quartier des ministères, une salle au décor simple – réplique moderne et épurée d'un bistrot Art déco avec miroirs, lustres à boules, mobilier en bois sombre et murs ivoire – et une cuisine bistrotière dans l'air du temps. Pousses d'épinards au chèvre frais, croustillant d'épaule d'agneau confite pendant sept heures, parmentier de canard, financier tiède aux framboises, œufs à la neige... Les plats suivent les saisons, le marché et les idées venues d'ici et d'ailleurs. En prime, de bons vins et un menu du jour affichés sur l'ardoise, et un accueil attachant qui répond à la devise du restaurant : "Que l'on s'y sente comme chez soi."

Petrossian - Le 144

Poissons et fruits de mer B1

144 r. de l'Université
℘ 01 44 11 32 32
www.petrossian.fr
Ⓜ Invalides
Fermé août, dimanche et lundi

Menu 35 € (déjeuner), 60/155 € – Carte 74/110 €

 Petrossian… Le nom occupe une place à part dans la mythologie des amateurs de caviar – mais aussi de saumon – depuis des décennies : plus exactement depuis les années 1920, quand deux frères d'origine arménienne, Melkoum et Mouchegh Petrossian, se lancent dans l'importation en France de ces mets de prestige, avec le succès que l'on sait… Presque un siècle plus tard, les œufs d'esturgeon sont toujours à l'honneur au restaurant situé au premier étage de la boutique, à deux pas de l'esplanade des Invalides. Aujourd'hui comme hier, on s'y régale des spécialités de la maison : caviar, saumon fumé, coupes du tsar, tartare de bœuf en Napoléon, œuf Petrossian… Une valeur sûre pour les habitués, et une belle découverte pour tous les autres !

Pottoka

Basque B2

4 r. de l'Exposition
℘ 01 45 51 88 38
www.pottoka.fr
Ⓜ École Militaire
Fermé 3 semaines en août

Formule 22 € – Menu 27 € (déjeuner en semaine), 35/60 € – Carte 47/57 €

Pottoka ? Il s'agit tout simplement de l'emblème historique de l'Aviron bayonnais – le club de rugby, comme son nom ne l'indique pas –, une sympathique mascotte à mi-chemin entre Footix et Petit Poney. Pourquoi ce nom ? Le chef, Sébastien Gravé, est originaire du Pays basque et ne jure que par ses bons produits… Depuis l'été 2011, il préside aux destinées de ce bistrot pelotonné au cœur du quartier des ministères. Jambon de Bayonne, chorizo, piment d'Espelette, ossau-iraty, gâteau basque, etc. : essai transformé sur toute la ligne pour une cuisine généreuse, colorée et bien tournée, qui fait galoper jusqu'à la frontière espagnole bien plus vite qu'un TGV. À s'en effilocher les espadrilles !

Le P'tit Troquet

Traditionnelle

B2

28 r. de l'Exposition
☎ 01 47 05 80 39
Ⓜ École Militaire
Fermé 3 semaines en août, 2 semaines en janvier, samedi midi, lundi midi et dimanche

Formule 18 € – Menu 25 € (déjeuner)/35 € – Carte 40/58 € ✗

En voilà un qui porte bien son nom ! Dans une ruelle à deux pas du Champ-de-Mars, ce bistrot de poche entretient une atmosphère d'un autre temps : vieux carrelage, petit comptoir en zinc où trône un antique percolateur, vieilles affiches et luminaires que l'on date, à vue de nez, du début du 20e s. ; sans oublier les chaises et les banquettes délicieusement rétro, et les tables au coude-à-coude... Mais que serait un intérieur d'époque sans une carte à l'avenant ? Sur ce sujet, aucune inquiétude : tatin d'endives aux pommes et au chèvre frais, terrine de lapin et pistaches, bœuf bourguignon servi en cassolette, crème brûlée à la vanille ; la tradition est dans l'assiette et l'on se régale ! Ensuite, on repart vaquer à ses occupations, après avoir avalé un p'tit café et réglé la p'tite note...

La Table du Vietnam

Vietnamienne

B1

6 av. Bosquet
☎ 01 45 56 97 26
www.Latableduvietnam.fr
Ⓜ Pont de l'Alma
Fermé août, samedi midi et dimanche

Formule 19 € – Carte 40/68 € ✗

L'ancien restaurant Nabuchodonosor est désormais une table entièrement dédiée aux saveurs... du Vietnam ! Madame My, l'une des associées, s'est fixé un objectif de taille : faire découvrir les recettes de son pays natal, aussi bien le nord (région de Hanoï) que le centre (Hué) et le sud (Saigon). Dans un cadre sobre et confortable, on multiplie donc les découvertes : banh cuon (raviolis de pâte de riz fourrés aux crevettes), noix de Saint-Jacques à la mode de la baie d'Along, ou encore le "Saigon ardent", filet de bœuf grillé relevé à la citronnelle. Un conseil : pour une dégustation conviviale – et à la façon du Vietnam –, optez pour les entrées et les plats à partager !

Tante Marguerite

T r a d i t i o n n e l l e C1

5 r. Bourgogne

📞 01 45 51 79 42

www.bernard-loiseau.com

Ⓜ Assemblée Nationale

Fermé 3 semaines en août, samedi et dimanche

Formule 29 € – Menu 39/130 € – Carte 70/110 € 🍴

 Par une heureuse coïncidence, c'est rue de Bourgogne que se situe cette table d'inspiration... bourguignonne. Cette institution bourgeoise du groupe Bernard Loiseau offre un décor cossu, avec boiseries, chaises Louis XV et... une étonnante table design (la n° 20). À la carte et pour les suggestions du marché, de belles recettes du terroir : escargots sautés à la purée d'ail et au jus de persil, jambon persillé du Morvan, ris de veau rôti et son jus de veau, faux-filet de bœuf de Charolles rôti et ses échalotes au vin rouge, mousse de riz au lait au cassis, etc. Sans oublier le gibier en saison. Intimité et lumières douces pour conversations feutrées : à deux pas du Palais Bourbon, les personnalités politiques adorent s'y retrouver...

35° Ouest

P o i s s o n s   e t   f r u i t s   d e   m e r D2

35 r. de Verneuil

📞 01 42 86 98 88

Ⓜ Rue du Bac

Fermé 26 juillet-24 août, dimanche et lundi

– Réservation conseillée

Formule 36 € 🍷 – Carte 52/103 € 🍴

Au 35, rue de Verneuil, vous avez rendez-vous avec la mer... Créée par Pascal Yar, cette petite table se veut totalement marine. Contemporain, son décor affiche une allure zen et étudiée, baignée dans un camaïeu gris-vert des plus apaisants. En complément des quelques tables design, le comptoir en bois ne manque pas de séduire la clientèle cravatée du 7e, parfois pressée le midi. Côté cuisine, le chef sait apprivoiser les saveurs de l'océan. Poissons et coquillages sont d'une grande fraîcheur, parfaitement choisis, cuisinés sans esbroufe mais avec tout le respect qui leur est dû. Un produit, une garniture : c'est simple et efficace. En outre, le service est diligent et courtois. Un seul mot d'ordre donc : cap à l'Ouest !

Vin sur Vin

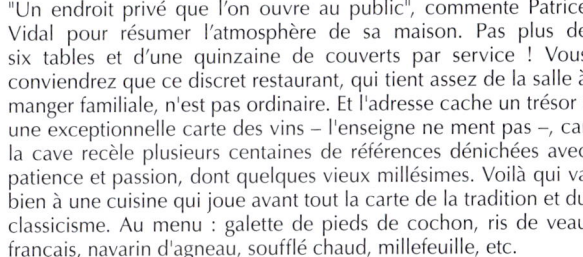

Classique

20 r. de Monttessuy

☎ 01 47 05 14 20

Ⓜ Pont de l'Alma

Fermé 4-28 août, 22 décembre-8 janvier, lundi sauf le soir de septembre à mars, samedi midi et dimanche – Réservation conseillée

A1

Carte 82/110 €

"Un endroit privé que l'on ouvre au public", commente Patrice Vidal pour résumer l'atmosphère de sa maison. Pas plus de six tables et d'une quinzaine de couverts par service ! Vous conviendrez que ce discret restaurant, qui tient assez de la salle à manger familiale, n'est pas ordinaire. Et l'adresse cache un trésor : une exceptionnelle carte des vins – l'enseigne ne ment pas –, car la cave recèle plusieurs centaines de références dénichées avec patience et passion, dont quelques vieux millésimes. Voilà qui va bien à une cuisine qui joue avant tout la carte de la tradition et du classicisme. Au menu : galette de pieds de cochon, ris de veau français, navarin d'agneau, soufflé chaud, millefeuille, etc.

Wakaba

Japonaise

20 r. de l'Exposition

☎ 01 45 51 90 81

Ⓜ École Militaire

Fermé samedi midi, dimanche midi et lundi

B2

Menu 20 € (déjeuner), 45/80 €

Wakaba ? Ce nom pourrait se traduire par "jeune pousse", mais aussi "débutant". Voilà qui illustre parfaitement l'humilité de M. Yamada, le patron de ce restaurant japonais, qui s'est lancé sur le tard dans la restauration après une carrière de conseiller commercial et une expérience de trois ans au Kinugawa (1ᵉʳ arrondissement). Avec l'aide d'un chef expérimenté, il permet à ses hôtes de découvrir de délicieuses spécialités nippones, et plus particulièrement de la région de Kyoto. Le midi, le petit menu offre un excellent rapport qualité-prix ; le soir, le choix est plus large et l'on pioche dans des compositions réalisées au gré des saisons. On accompagne le tout de saké, d'un vin français ou de thé vert... Simplicité, authenticité et humilité : une petite adresse qui a tout pour plaire !

Le Violon d'Ingres ❀

Traditionnelle B2

135 r. St-Dominique
☎ 01 45 55 15 05
www.maisonconstant.com
Ⓜ École Militaire

Formule 41 € 🍷 – Menu 49 € 🍷 (déjeuner en semaine) – Carte 70/85 € ✕✕

A/C

Q photography

Une enseigne au sens double pour Christian Constant : elle évoque à la fois sa passion pour la cuisine, héritée de sa grand-mère, et sa fascination pour le peintre éponyme, originaire comme lui de Montauban. Le nom de son premier restaurant était donc tout trouvé, quand il a décidé de voler de ses propres ailes après une brillante carrière dans les palaces et les grandes maisons (Ledoyen, Ritz, Crillon). Mais ici, fini les grosses brigades, les ambiances très huppées et les recettes qui subjuguent au-delà de tout. Christian Constant s'exprime avec simplicité, faisant confiance à une équipe réduite, dans ce qui ressemble à une néobrasserie de luxe. La salle, entièrement repensée en 2013, se pare désormais de teintes taupe, brun et beige, avec de grands miroirs muraux pour en agrandir l'espace. On y déguste de belles recettes traditionnelles – où le Sud-Ouest tient une bonne place –, d'une parfaite maîtrise technique, mais joliment modernisées et toujours concoctées à base de produits de grande qualité. Un détail : pensez à réserver, c'est souvent complet. La rançon du succès.

Entrées

- Œufs de poule mollets roulés à la mie de pain, toasts de beurre truffé
- Macédoine de légumes au raifort et médaillons de homard

Plats

- Véritable cassoulet montalbanais
- Suprême de bar croustillant aux amandes, jus acidulé aux câpres et au citron

Desserts

- Traditionnel millefeuille
- Soufflé chaud parfumé à la vanille de Madagascar, glace à la Chartreuse

J. Loïc / Photononstop

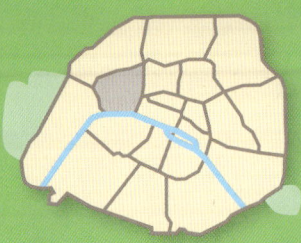

Champs-Élysées ·
Concorde · Madeleine

B. Rieger / hemis.fr

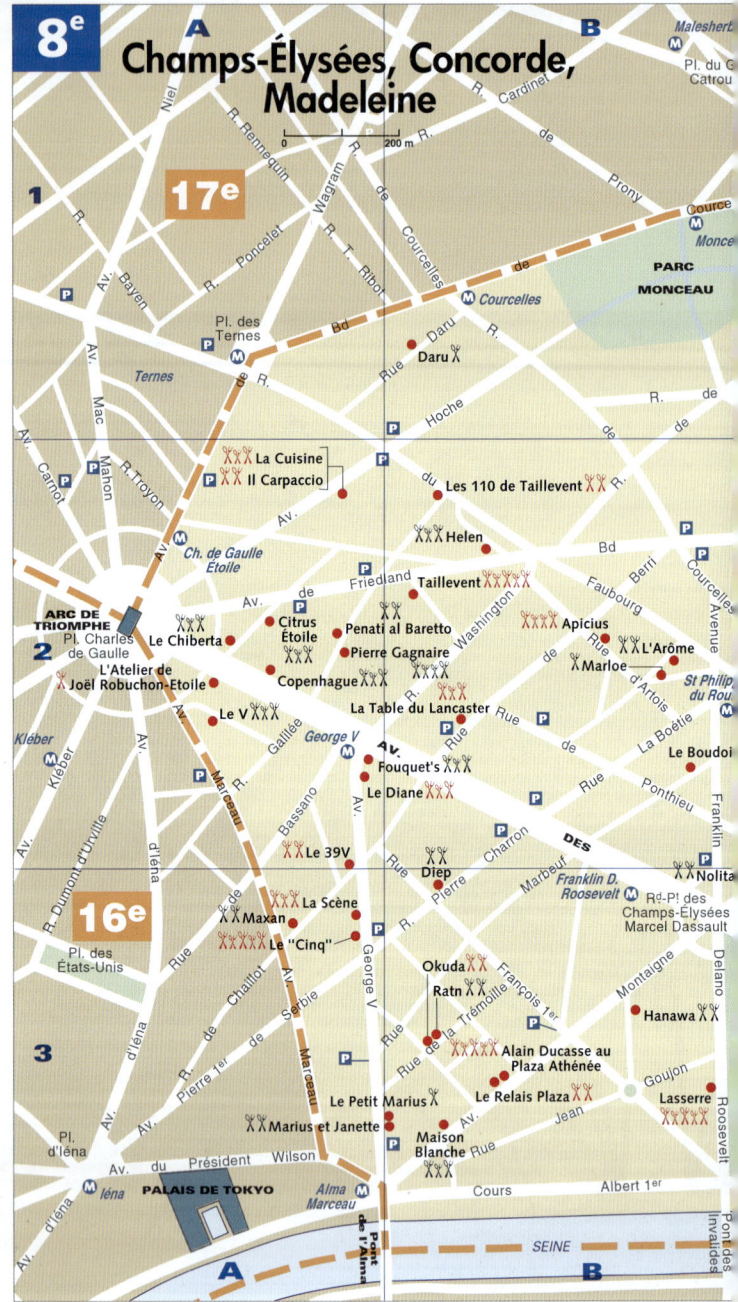

17ᵉ

16ᵉ

PARC MONCEAU

ARC DE TRIOMPHE

Pl. Charles de Gaulle

La Cuisine

Il Carpaccio

Les 110 de Taillevent

Helen

Taillevent

Friedland

Citrus Étoile

Le Chiberta

L'Atelier de Joël Robuchon-Etoile

Penati al Baretto

Pierre Gagnaire

Apicius

L'Arôme

Marloe

St Philip du Rou

Copenhague

La Table du Lancaster

Le V

Fouquet's

Le Diane

Le Boudoi

Le 39V

Diep

Nolita

La Scène

Maxan

Le "Cinq"

Okuda

Ratn

Hanawa

Alain Ducasse au Plaza Athénée

Le Petit Marius

Le Relais Plaza

Lasserre

Marius et Janette

Maison Blanche

PALAIS DE TOKYO

SEINE

C

D Place de Clichy

Villiers

Rome Batignolles

R. Clapeyron

Le Percolateur

Shin Jung

R. St-Pétersbourg

Bd des Villiers

1

Il Piccolino

R. de Constantinople

R. du Rocher

Liège

Liège

R. d'Amsterdam

9e

Monceau

Bd de Malesherbes

Mandoobar

Europe

Madrid

Pl. de l'Europe

de

R. d'Amsterdam

Londres

Lisbonne

de Rue Messine

Treilhard

Dominique Bouchet

Miromesnil

R. de Vienne

Portalis

R. du de

Rue R. Rocher

GARE ST-LAZARE

St Lazare M

Lazare

Saint

Lazare

Le Gaigne

ST-AUGUSTIN

Haussmann

Pomze

Bistrot du Sommelier

R. de la Pépinière

Pl. St-Augustin

St Augustin

Bd

Hausmann

Havre Caumartin

2

La Boétie

Miromesnil

d'Astorg

Rue d'Anjou

Pasquier

l'Arcade

des

Mathurins Auber

Crom'Exquis

Rue

Caumartin

Auber

Saint

114, Faubourg

Épicure

R. de la Ville l'Evêque

Rue de

Chez Cécile "la Ferme des Mathurins"

Honoré

Rue

Malesherbes

Pl. de la Madeleine

de

Mermoz

Pl. Beauvau

Matignon

Honoré

Surène

STE-MARIE-MADELEINE

Madeleine

Laurent

Marigny

PALAIS DE L'ELYSÉE

Le Vraymonde

R. d'Anjou

Tante Louise

1728

Lucas Carton

Madeleine Bd

de la Madeleine

Cambon

Av. Gabriel

du Faubourg

St-Honoré

Royale

Chez Monsieur

R. St-Florentin

PLACE VENDÔME

R. de Castiglione

CHAMPS

Av. W. Churchill

Av. Gabriel

R. B. d'Anglas

Champs-Élysées Clemenceau

Pavillon Elysée Lenôtre

ÉLYSÉES

Concorde

1er

GRAND PALAIS LAIS LA COUVERTE

PETIT PALAIS

Pavillon Ledoyen

OBÉLISQUE

3

Mini Palais

la Reine

PL. DE LA CONCORDE

R. de

Concorde

Quai

des

Tuileries

Pont Alexandre III

Quai

d'Orsay

Pont de la Concorde

JARDIN DES TUILERIES

C

D

Alain Ducasse au Plaza Athénée ✿✿

Champs-Élysées · Concorde · Madeleine

C r é a t i v e

B3

Hôtel Plaza Athénée,
25 av. Montaigne
☎ 01 53 67 65 00
www.alain-ducasse.com
Ⓜ Alma Marceau
Fermé fin juillet à fin août, lundi midi, mardi midi, mercredi midi,
samedi et dimanche

Menu 380 € – Carte 200/340 €

Pierre Monetta

La fermeture pour embellissement du Plaza Athénée a porté ses fruits : la magnificence de la salle – dont le décor Régence a été revu et corrigé par Patrick Jouin et Sanjit Manku – subjugue ! Alain Ducasse jouit ici d'un superbe écrin (avec celui du Meurice, où il œuvre également) pour faire découvrir sa cuisine. Une cuisine qui a elle aussi évolué, car le grand chef a repensé cette table autour du concept de "naturalité", qui représente une forme d'aboutissement de ses recherches : atteindre la vérité même du produit.

Choix audacieux et... tout naturel : la carte est fondée sur la trilogie poisson-légumes-céréales. Un terrain d'investigation qui permet des mariages de saveurs inédits – avec certaines recettes d'anthologie – et porte toute une philosophie : du producteur (tels les jardiniers du Potager du Roi, à Versailles, qui sont mis à l'honneur) au cuisinier, le respect des ingrédients est total, et la virtuosité technique semble devoir s'effacer devant la recherche des saveurs. Une manière de délivrer la quintessence de la haute cuisine ; un graal de cuisinier, une quête infinie...

Entrées

- Légumes des jardins du château de Versailles, noisettes pilées
- Betteraves marinées, lieu jaune cuit et cru, amarante

Plats

- Bar de l'Atlantique, jeunes poireaux et olives noires
- Tripettes de stockfish en fin ragoût comme à Monte-Carlo

Desserts

- Citron de Menton et algues kombu à l'estragon
- Caillé de brebis d'Espelette, céréales et miel d'arbousier

Aoki Makoto

M o d e r n e

C2

19 r. Jean Mermoz

☎ 01 43 59 29 24

Ⓜ Mirosmenil

Fermé août, 23 décembre-7 janvier, samedi midi, lundi soir, dimanche et jours feriés

Formule 23 € – Menu 37/68 € – Carte 65/85 €

Ne vous fiez pas aux apparences ! L'enseigne de ce petit bistrot contemporain a beau être japonaise, sa cuisine n'en est pas moins typiquement française – et de bonne tenue. Avant d'ouvrir son propre restaurant (à quelques minutes des Champs-Élysées, s'il vous plaît), Aoki Makoto a travaillé pour de belles maisons parisiennes (Palais Royal, Senderens...). C'est avec une application et une exigence toutes nipponnes qu'il se consacre depuis aux usages et techniques de la gastronomie hexagonale ! Parmi les spécialités proposées sur la courte carte : mosaïque de foie gras, côte de porc rôtie... La formule déjeuner présente un excellent rapport qualité-prix.

Champs-Élysées • Concorde • Madeleine

Bistrot du Sommelier

T r a d i t i o n n e l l e

C2

97 bd Haussmann

☎ 01 42 65 24 85

www.bistrotdusommelier.com

Ⓜ St-Augustin

Fermé 3-24 août, samedi et dimanche

Formule 34 € – Menu 39 € (déjeuner), 70 € ⍟/118 € ⍟ – Carte 50/75 €

Ou plutôt devrait-on dire : "Le Bistrot du Meilleur Sommelier du Monde, millésime 1992." Car c'est Philippe Faure-Brac, honoré de ce titre lors de la septième édition du prestigieux concours, qui tient ce restaurant depuis plus de 20 ans. Confortable salle et décor tout entier dédié à Bacchus, atmosphère conviviale, superbe cave aux mille et une références : s'initier aux accords mets-vins élaborés par le sommelier et son complice en cuisine, Guillaume Saluel, est un véritable plaisir ! À noter, "les vendredis du vigneron", des repas-dégustations thématiques au cours desquels un propriétaire présente ses bouteilles et son domaine ; réservation indispensable, of course ! Gastronomique et... pédagogique.

8ᵉ

Apicius ❀

Classique

20 r. d'Artois

✆ 01 43 80 19 66

www.restaurant-apicius.com

Ⓜ St-Philippe du Roule

Fermé août, samedi, dimanche et fériés

B2

Menu 180/200 € – Carte 110/220 €

XXXX

Eric Laignel

Aux fourneaux depuis plus de quarante ans, Jean-Pierre Vigato séduit les plus blasés en élaborant la cuisine qu'il aime : une "cuisine vérité", personnelle et limpide, qui valorise le produit – prédilection pour les plats canailles – et la tradition bourgeoise, entre classicisme et invention.

En 2004, son Apicius (hommage à cet épicurien de l'Antiquité romaine qui aurait écrit le premier livre culinaire) a investi le rez-de-chaussée d'un hôtel particulier classé, impressionnant par ses airs de petit palais et son parc. Si l'espace (trois salles en enfilade côté jardin, deux salons côté cour) profite d'une ampleur qui fait rêver, l'ambiance reste détendue. Le service y est pour beaucoup, le décor aussi : lustres de théâtre, objets d'art chinés, niches ornées de grands bouquets, vaisselle colorée, bar à colonnes antiques et plafond paré d'angelots… Alors, ancien, rococo, contemporain, tendance ? Le tout à la fois, et en tout cas très réussi !

Entrées

- Langoustines bretonnes cuites en coques, thé fumé de crustacés comme une soupe miso
- Poissons bleus : maquereau, homard et crevettes aux algues

Plats

- Tourte de canard "façon grande cuisine bourgeoise"
- Milieu de très gros turbot rôti, jus tranché aux épices

Desserts

- Bergamote acidulée et sorbet pamplemousse
- Soufflé au chocolat noir et chantilly sans sucre

L'Arôme ❀

M o d e r n e

B2

3 r. St-Philippe-du-Roule
✆ 01 42 25 55 98
www.larome.fr
Ⓜ St-Philippe-du-Roule
Fermé 1er-23 août, 20-28 décembre, samedi et
dimanche

Menu 59 € ♟ (déjeuner)/199 € ♟ – Carte 88/125 € ✕✕

L'Arôme

Humer un arôme, un parfum, un bouquet : un beau programme
proposé par Éric Martins, grand professionnel de l'accord mets
et vins, qui sélectionne minutieusement chaque bouteille de sa
cave. Il mène de main de maître cette table délicate qui séduit
tout de suite par son décor élégant et chaleureux. Touches
contemporaines, vue sur les cuisines et espace dédié à la
sommellerie au sous-sol (avec quelques tables) : l'ensemble est
plaisant, à l'unisson de l'assiette.

Grand amoureux des produits de saison, le jeune chef, Thomas
Boullault – ancien du Royal Monceau et du George V –, élabore
une cuisine raffinée, contemporaine et inventive. Les menus
changent chaque jour au gré du marché... Vous tomberez sous
le charme de la délicatesse et de l'équilibre des saveurs. Fleur de
courgette farcie au tourteau, carré d'agneau de Lozère rôti aux
épices du trappeur, déclinaison de noix de coco... entre autres
subtils parfums.

Entrées

- Tourteau de l'Arôme, avocat hass au vinaigre balsamique blanc
- Foie gras de canard poêlé, pomélo au chocolat pétillant

Plats

- Turbot en viennoise de miso, petits légumes, sauce mousseline au yuzu et mirabelle
- Bœuf Black Angus poêlé aux herbes des garrigues

Desserts

- Soufflé chaud au citron de Menton, glace lait-citron-vodka
- Chaud-froid chocolat-framboise infusé au thé rouge fleuri, sorbet fromage blanc

L'Atelier de Joël Robuchon - Étoile

C r é a t i v e

A2

133 av. des Champs-Élysées (Publicis Drugstore niveau -1)

📞 01 47 23 75 75

www.joel-robuchon.com

Ⓜ Charles de Gaulle-Étoile

Menu 43 € (déjeuner), 63/175 € – Carte 75/175 €

Gourmet TV Productions

Paris, Londres, Las Vegas, Tokyo, Taipei, Hong Kong, Singapour… et encore une fois Paris. Avec deux pieds dans la capitale française, les célèbres Ateliers du grand chef font, au sens propre, le tour du monde. Beau symbole, cet opus est né fin 2010 à deux pas de l'Arc de Triomphe, au niveau - 1 du Publicis Drugstore des Champs-Élysées (également une entrée avec voiturier rue Vernet).

Destin franco-international, donc, pour ce concept qui colle à l'époque et à la tendance, version planète mondialisée – dans ce qu'elle a de plus chic. Un décor tout en rouge et noir ; un grand comptoir autour duquel on prend place sur de hauts tabourets, face à la brigade à l'œuvre ; une ambiance feutrée et à la fois décontractée : l'enseigne incarne une approche contemporaine de la haute cuisine. Sans se départir de la plus grande exigence, la carte se décline en petites portions, à la manière des tapas et des yakitoris (brochettes). Produits de première qualité, simplicité des préparations, saveurs marquantes… tout est millimétré et on ne s'en lasse pas. À quand le prochain atelier ?

Entrées

- Langoustine en ravioli truffé à l'étuvée de chou vert
- Œuf de poule mollet et friand, mousse de parmesan aux asperges et jambon ibérique

Plats

- Caille caramélisée au foie gras, pomme purée
- Côtelettes d'agneau de lait à la fleur de thym

Desserts

- Chocolat tendance, crémeux onctueux au chocolat araguani, sorbet cacao, biscuit Oréo
- Bulle de sucre soufflée aux fruits et son sorbet

Le Boudoir

M O D E R N E

B2

25 r. du Colisée
📞 01 43 59 25 29
www.boudoirparis.fr
Ⓜ Franklin D. Roosevelt
Fermé 1ᵉʳ-23 août, samedi et dimanche

Formule 30 € – Menu 35 € (déjeuner en semaine)/55 € – Carte 49/62 € 🍴

  Meilleur Ouvrier de France en charcuterie à l'âge de 24 ans, Arnaud Nicolas exprime aujourd'hui dans ce Boudoir son amour du... boudin. Oui, la charcuterie cuisinée peut être un art : voyez son pâté en croûte de volaille et foie gras ! Terrines et autres saucisses sont évidemment créées sur place, mais on ne saurait leur résumer le savoir-faire du jeune homme, qui a travaillé de longues années au Louis XV d'Alain Ducasse, à Monaco. De là son goût pour les beaux produits et les saveurs franches dans l'assiette – ce qu'illustre par exemple son baba au rhum... Bref, sa table est fort gourmande. Côté décor, on découvre un sympathique bistrot coloré autour d'un comptoir en zinc au rez-de-chaussée, et trois petites salles cosy à l'étage (dont un fumoir à cigares). Comment bouder un tel Boudoir ?

Les 110 de Taillevent

T r a d i t i o n n e l l e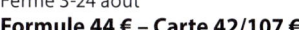

B2

195 r. du Faubourg-St-Honoré
📞 01 40 74 20 20
www.taillevent.com/les-110-de-taillevent-brasserie.
com
Ⓜ Charles de Gaulle-Etoile
Fermé 3-24 août

Formule 44 € – Carte 42/107 €

 Sous l'égide de la prestigieuse maison Taillevent, cette brasserie très chic joue la carte des associations mets et vins. Une vraie réussite... appuyée sur un choix exceptionnel de 110 vins au verre ! Sur le menu, chaque plat est associé à quatre suggestions originales : autant de correspondances susceptibles de ravir les amateurs comme les néophytes. On boude d'autant moins son plaisir que la cuisine elle-même ne manque pas de panache : traditionnelle et bien tournée, elle revisite nombre d'incontournables, tels la salade caesar, le pâté en croûte, la bavette sauce au poivre, le chocolat liégeois et sa chantilly... Des recettes soignées, concoctées avec des produits de qualité. Enfin, le cadre, élégant et chaleureux, convainc que l'on a là tiré le bon numéro...

114, Faubourg ❀

M O D E R N E

Hôtel Bristol,
114 r. du Faubourg-St-Honoré
📞 01 53 43 44 44
www.lebristolparis.com
Ⓜ Miromesnil
Fermé 26 juillet-16 août, samedi midi et dimanche midi

C2

Formule 54 € – Carte 77/210 €

A/C

114, Faubourg

Au sein du Bristol, une brasserie unique, assurément ! La salle interpelle au premier coup d'œil : traversée d'imposantes colonnes dorées, elle arbore sur ses murs orangés de grands motifs de dahlias luminescents… En son cœur s'ouvre un grand escalier, qui dessert le niveau inférieur où les tables côtoient les cuisines ouvertes. Chic, chatoyant, à la fois animé et confidentiel, ce lieu est une réussite.

C'est dans ce cadre original que le jeune chef, Éric Desbordes, revisite, sous la houlette d'Éric Frechon, les beaux classiques de la cuisine de l'Hexagone : pâté en croûte, tartare de bœuf, joue de veau, suprême de volaille, millefeuille à la vanille Bourbon, ananas rôti… Sans craindre la simplicité, mais toujours avec un soin avéré, les assiettes débordent de saveurs. Une prestation dans les règles de l'art, aux tarifs certes élevés… mais ne sommes-nous pas dans un palace ?

Entrées

- Soupe d'artichaut, petit violet farci au foie gras et à la truffe noire
- Pâté de canard en croûte et légumes au vinaigre

Plats

- Canard challandais en deux cuissons, polenta crémeuse de maïs et figue rôtie à la cannelle
- Sole, pousses d'épinards et huile vierge aux câpres

Desserts

- Millefeuille à la vanille Bourbon, caramel au beurre demi-sel
- Crémeux au chocolat manjari, crème glacée aux grains de cafés

Chez Cécile - La Ferme des Mathurins

Moderne

D2

17 r. Vignon
✆ 01 42 66 46 39
www.chezcecile.com
Ⓜ Madeleine
Fermé samedi et dimanche

Menu 35 €

🍴

 Une institution du quartier de la Madeleine où l'on se sent réellement bien, sans parvenir à expliquer pourquoi. Est-ce l'ambiance bon enfant qui règne entre ces vénérables murs ? Ou la bonne humeur de la clientèle fidèle ? Sûrement un peu des deux... Si bien que le charme de ce bistrot d'antan – Georges Simenon y avait ses habitudes – opère toujours, même si le décor a été modernisé (rassurez-vous, les banquettes rouges sont toujours là !). Côté assiettes, c'est soigné, copieux et gourmand (cuisine traditionnelle et du marché). À noter : les soirées jazz organisées le jeudi, au cours desquelles la patronne elle-même chante et swingue... Pensez à réserver !

Champs-Élysées • Concorde • Madeleine

Chez Monsieur

Traditionnelle

D3

11 r. Chevalier-St-George
✆ 01 42 60 14 36
www.chezmonsieur.fr
Ⓜ Madeleine
Fermé 1 semaine en janvier et week-ends en juillet-août

Carte 46/80 €

🍴

  Foie gras, escargots au beurre d'ail et persil, blanquette de veau servie en cocotte, pied de porc pané, profiteroles, crêpes Suzette à l'ancienne... Dire que la carte est ancrée dans la tradition bistrotière est un euphémisme ! Et que penser de la salle avec son carrelage ancien en carreaux de ciment, son zinc et ses murs couverts de nombreux miroirs et de petites gravures rétro ? Elle comble simplement les touristes et les habitués, heureux de trouver tant d'authenticité à deux pas de l'église de la Madeleine. Les amoureux du nectar des dieux ronronneront également de plaisir à la seule lecture de la carte des vins, riche de beaux flacons et adaptée à toutes les bourses.

Le Chiberta ✿

Créative

A2

3 r. Arsène-Houssaye
☏ 01 53 53 42 00
www.lechiberta.com
Ⓜ Charles de Gaulle-Etoile
Fermé 3 semaines en août, samedi midi et dimanche

Menu 60 (semaine), 120/165 € ☙ – Carte 95/135 €

Le Chiberta

Le Chiberta version Guy Savoy s'est choisi le noir comme couleur, le vin comme symbole et l'inventivité comme fil conducteur. En entrant, on est plongé dans un autre univers, tamisé, calme et feutré. Parfait pour les repas d'affaires comme pour les rencontres plus intimes. L'aménagement intérieur, conçu par l'architecte Jean-Michel Wilmotte, surprend par son minimalisme radical, tout en chic discret et design. La grande originalité du lieu reste indéniablement la "cave à vins verticale" : de grands crus habillant les murs à la manière d'une bibliothèque ou d'œuvres d'art. Entre deux alignements de bouteilles, des tableaux modernes et abstraits colorent ponctuellement l'espace dominé par le bois et l'ardoise. Le premier menu n'est servi qu'au comptoir ; il convient de s'installer à table pour apprécier toute l'étendue de la cuisine, supervisée par le "patron", qui revisite joliment la tradition. Bon à savoir : le menu du marché est revu quotidiennement, le service irréprochable, et la cave, évidemment, parfaitement composée.

Entrées

- Salade de homard bleu, vinaigrette de corail
- Soupe d'artichaut à la truffe noire, brioche feuilletée aux champignons

Plats

- Bar de ligne en écailles grillées, encornets à la plancha et tagliatelles au fenouil
- Déclinaison de veau, carotte-orange et navets farcis

Desserts

- Opéra, glace café
- Terrine d'orange et pamplemousse, tuile au thé Earl-Grey

Le Cinq ✿✿

M O D E R N E

Hôtel Four Seasons George V,
31 av. George V
☏ 01 49 52 71 54
www.fourseasons.com/paris
Ⓜ George V

A3

Menu 145 € (déjeuner)/290 € – Carte 182/307 € ✗✗✗✗✗

Le Cinq

Grand changement à la tête de cette table de renom, avec le départ du talentueux Éric Briffard et l'arrivée, après de magnifiques années passées chez Ledoyen, de Christian Le Squer. Quel parcours sans faute pour ce fils d'agriculteurs bretons qui s'est forgé lui-même et est déjà passé par Le Divellec, Lucas Carton, Taillevent ou encore le Ritz !

De sa Bretagne natale, il a conservé avant tout le goût du large – signant de superbes hommages au poisson – mais aussi des plats terriens. Riche d'un savoir-faire d'exception, il démontre une connaissance peu commune des préparations et des produits, toujours sélectionnés parmi les meilleurs. Pour autant, cette science et cette virtuosité ont l'art de savoir se faire oublier... pour mieux laisser place au plaisir de la dégustation. Du grand art !

Quant à l'élégance du décor, inspiré du Grand Trianon et réinterprété par l'architecte Pierre-Yves Rochon, elle reste entière : harmonie de tons ivoire, dorés et gris, colonnes altières, moulures, tableaux, hautes gerbes de fleurs, etc. Sans oublier la douce lumière provenant du jardin intérieur...

Entrées	Plats	Desserts
• Concentré iodé, Saint-Jacques à cru et tarama givré	• Turbot de petit bateau braisé et pommes ratte truffées	• Croquant de pamplemousse confit et cru
• Grosses langoustines bretonnes en deux cuissons et émulsion d'agrumes	• Ris de veau rissolé en brochette de bois de citronnelle, jus d'herbes	• Givré laitier au goût levure

Citrus Étoile

M o d e r n e      A2

6 r. Arsène-Houssaye

℘ 01 42 89 15 51

www.citrusetoile.com

Ⓜ Charles de Gaulle-Étoile

Fermé vacances de Noël, samedi, dimanche et fériés

Menu 49/69 € – Carte 82/92 €   ✕✕✕

Le chef, Gilles Épié, étoilé au guide MICHELIN à l'âge de vingt-deux ans, a fait son retour à Paris après un séjour de dix ans en Californie. C'est avec son épouse Élizabeth qu'il a pensé cette maison qui est la leur. Elle en a supervisé la décoration (lignes épurées, atmosphère feutrée) et s'occupe de l'accueil, charmant. Lui invente en cuisine de nouvelles associations de saveurs, influencées par ses expériences américaine et asiatique. Imaginez un beignet de foie gras caramélisé au porto, une pièce de cabillaud marinée dans du soja et du saké puis grillée, un foie de veau à la vapeur, et pour le dessert, un cheesecake soufflé… À voir aussi : la cave vitrée et, sur chaque table, un poisson rouge dans son aquarium. Insolite !

Copenhague

D a n o i s e      A2

142 av. des Champs-Élysées (Maison du Danemark - 1ᵉʳ étage)

℘ 01 44 13 86 26

www.restaurants-maisondudanemark.com

Ⓜ George V

Fermé 3 semaines en août, samedi, dimanche et fériés

Menu 51 € (déjeuner), 74/98 € – Carte 75/150 €   ✕✕✕

Sur les Champs-Élysées, la Maison du Danemark vaut comme une ambassade culinaire du Grand Nord depuis 1955. Au 1ᵉʳ étage, le Copenhague offre un cadre apaisant avec son décor contemporain épuré et ses larges baies vitrées dominant l'avenue. C'est sous l'œil bienveillant de la reine Margaret – un grand portrait orne l'un des murs de la salle – ou installé sur l'agréable terrasse (dans une cour au calme, sur l'arrière), que vous découvrirez des spécialités qui fleurent bon la patrie d'Andersen : foie gras de canard confit à l'aquavit, saumon grillé à l'unilatéral, renne légèrement fumé et rôti, riz au lait aromatisé à la vanille et à la cannelle… "Velbekomme" (bon appétit) !

Crom'Exquis

M o d e r n e

C2

22 r. d'Astorg

℡ 01 42 65 10 74

www.cromexquis.com

Ⓜ St-Augustin

Fermé 3 semaines en août, 24 décembre-1er janvier, samedi et dimanche

Formule 30 € – Menu 39 € (déjeuner), 45/59 € – Carte 52/81 €

A/C Ce Crom'Exquis paraît un simple restaurant de quartier, mais on ne peut taire sa filiation : à sa tête œuvre Pierre Meneau, fils de Marc – chef fameux de L'Espérance, au pied de la colline de Vézelay, en Bourgogne. La grande cuisine se transmet-elle par les gènes ? Il n'est pas question d'en juger ici, car l'adresse joue résolument sur un autre terrain : non celui de la très haute gastronomie, mais celui d'une partition d'aujourd'hui soucieuse de valoriser de bons produits. Quelques extraits de la carte : velouté de potiron, foie gras poêlé et girolles ; sole aux gnocchis et brunoise d'aubergine ; suprême de volaille au homard, risotto à l'estragon ; ananas rôti dans l'huile d'olive et sorbet à la grenade... Avec bien sûr quelques cromesquis (par exemple à l'andouillette) en guise d'amuse-bouches !

La Cuisine

M o d e r n e

A2

Hôtel Le Royal Monceau,
37 av. Hoche

℡ 01 42 99 88 16

www.leroyalmonceau.com

Ⓜ Charles de Gaulle-Etoile

Formule 58 € – Menu 75 € (déjeuner en semaine), 98/155 € – Carte 95/114 €

A/C

"La Cuisine" du Royal Monceau... Nulle équivoque : la table distille toute l'atmosphère exclusive d'un restaurant de palace, ici déclinée, sous l'égide de Philippe Starck, dans une belle veine artiste et intime. Photos originales, lithographies, pampilles, bois précieux, hauts drapés habillant les murs – en écho aux nappes blanches qui revêtent les tables : la salle est aussi élégante que feutrée... Un cadre raffiné pour un joli moment de cuisine française : la carte explore le répertoire classique avec habileté. Des produits bien mis en valeur, des associations de saveurs soucieuses d'harmonie, de la légèreté : on redécouvre les plaisirs de l'œuf mollet, de la sole meunière ou du baba au rhum... À noter : les desserts sont signés du grand pâtissier Pierre Hermé.

Daru

R u s s e B1

19 r. Daru
℘ 01 42 27 23 60
www.daru.fr
Ⓜ Courcelles
Fermé août, samedi midi et dimanche

Formule 40 € – Carte 50/150 €

A/C La première épicerie russe de la capitale, créée par un officier de la
garde de Nicolas II en 1918 ! Les lieux débordent de chaleur et de
convivialité – la première salle distille l'ambiance d'une échoppe,
la seconde est tout en rouge et noir – et transportent dans la
Russie d'autrefois : vieux fûts, bouteilles de vodkas rares, portraits
de tsars, tableaux, boiseries foncées, poupées... Aujourd'hui, la
tradition perdure et l'on continue de régaler les hôtes de zakouskis
(taramas en "farandole" pour deux personnes : oursin, saumon
fumé, hareng mariné, etc.), de caviar, d'un koulibiac de volaille
aux champignons ou d'un incontournable bœuf stroganoff (au
paprika). À déguster sur fond de balalaïka et, pour les amateurs, en
sirotant une vieille vodka. Typique autant qu'atypique !

Diep

C h i n o i s e  B3

55 r. Pierre-Charon
℘ 01 45 63 52 76
www.diep.fr
Ⓜ George V

Carte 40/80 €

A/C À deux pas des Champs-Élysées, ce restaurant fondé par la
  famille Diep en 1985 paraît... un véritable morceau d'Asie !
  Sur la devanture comme dans la grande salle domine la couleur
🕐 rouge, qui évoque instantanément la Chine, tandis que tout un
mur arbore un bas-relief représentant le temple d'Angkor Vat. Des
références variées exprimant le syncrétisme de la cuisine, laquelle
fait honneur aux spécialités chinoises mais aussi thaïlandaises et,
dans une moindre mesure, vietnamiennes : potage pékinois aux
légumes, dim-sum, sole au caramel et échalotes, crevettes au
gingembre, thon à l'ail et au poivre, canard laqué, filet de bœuf
à l'impérial... Avis aux amateurs : crustacés et poissons sont
nombreux à la carte.

Le Diane ✿✿

M o d e r n e

Hôtel Fouquet's Barrière,
46 av. George-V

☎ 01 40 69 60 60

www.fouquets-barriere.com

Ⓜ George V

Fermé août, 1ᵉʳ-7 janvier, samedi midi, dimanche et lundi

A2

Formule 48 € ⏴ – Menu 68 € (déjeuner), 90/200 € ⏴ – Carte 110/150 € 🍴🍴🍴

Hôtel Fouquet's Barrière

Confidentiel, chic et sobre : au sein de l'hôtel Fouquet's Barrière, le Diane sait rester discret et incarne le restaurant de grand hôtel par excellence ! Sa salle en rotonde, aux tons joliment mordorés, ouvre sur un agréable patio et distille une atmosphère on ne peut plus feutrée. À table règne le même esprit élégant... Le chef connaît bien sa partition et compose un thème gourmand tout en subtilité et finesse, où les produits nobles – choisis avec le plus grand soin – forment un chœur délicat et... délicieux ! Foie gras, truffe blanche, araignée de mer, turbot de ligne, langoustine, ris de veau, caviar, volaille de Bresse : on ne saurait mieux dire ! Le classicisme est à l'honneur, mais laisse poindre ici et là une touche de fantaisie, une note acidulée et quelques variations inattendues. Les règles du grand art culinaire à la française mettent en exergue la pureté des saveurs : Diane, ou la chasseresse des plaisirs du palais...

Entrées	Plats	Desserts
• Ormeaux, effiloché de tourteau, avocat et condiment gingembre	• Ris de veau braisé, oignons de Roscoff et arroche rouge	• Soufflé chocolat et poire, glace au miel
• Foie gras en écailles de cèpes, figues et cazette	• Rouget barbet en fleur de courgette, jus de tomate et gnocchis safranés	• Fraîcheur exotique, mousse à la noix de coco, sorbet mangue-passion

Dominique Bouchet

M o d e r n e

C1

11 r. Treilhard
☎ 01 45 61 09 46
www.dominique-bouchet.com
Ⓜ Miromesnil
Fermé 2 semaines en août, samedi et dimanche
– Réservation conseillée

Menu 55 € (déjeuner en semaine)/105 € – Carte 76/126 € ✕✕

Dominique Bouchet

Du palace au bistrot. Dominique Bouchet a choisi. Lui qui dirigea les brigades du Crillon et de la Tour d'Argent (participant même à l'aventure japonaise de celle-ci) aspirait à plus de légèreté, et peut-être plus de liberté. Plus rien à prouver en matière de haute gastronomie, l'envie de laisser la place aux générations montantes pour ouvrir enfin un restaurant à son nom, la volonté aussi de ne plus courir après la perfection absolue ou les récompenses… Toutes ces raisons l'ont poussé à s'installer "chez lui" et à revenir à l'essentiel : une belle cuisine classique mise au goût du jour et incontestablement maîtrisée. C'est l'avantage de la sagesse que de ne pas s'égarer ! À noter, la belle sélection de vins au verre.

Sobriété, intimité et calme résument l'atmosphère générale de la salle, tout en longueur. Pour seul décor : murs de pierres apparentes, tables en bois wengé, tableaux et cuisines ouvertes au fond. Les repas s'y déroulent sans fausse note. Comme un long fleuve tranquille.

Entrées	Plats	Desserts
• Charlotte de crabe et de tomate, bisque froide à la badiane	• Gigot d'agneau de sept heures à la cuillère, vin infusé aux fèves de cacao	• Soufflé chaud au Grand Marnier
• Gelée de bœuf, pied de porc et foie gras, velouté de haricots coco	• Saint-pierre rôti, artichaut en deux versions, émulsion au jus d'agrumes	• Millefeuille et glace à la vanille Bourbon

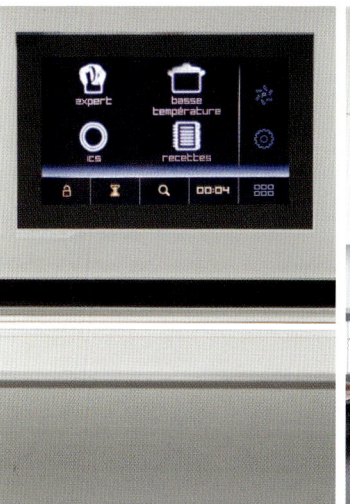

Savourer l'exception

Collection Grey Pearl. Votre goût de la perfection.

La teinte suave et délicate Grey Pearl invite à l'évasion et apporte une douceur subtile aux appareils les plus performants du moment. Tactilium, le premier four à écran tactile offre une interactivité surprenante pour maîtriser d'un geste précis et intuitif toutes vos programmations. Autre pièce maîtresse de cette collection, la table induction, et son espace modulable horiZone[tech], ouvre le plus libre territoire d'expression culinaire à votre inspiration. Ces créations sont signées par la marque française de référence depuis 1684.

Retrouvez toutes les gammes De Dietrich sur
www.dedietrich-electromenager.fr

www.agencemj.com   BRANDT FRANCE – SAS au capital de 1 000 000 euros – RCS Nanterre 801 250 531

De Dietrich
OBJETS DE VALEUR DEPUIS 1684

GALERIE DE DIETRICH PARIS
6 rue de la Pépinière, Paris 8ᵉ

S'initier à un art

Entrez dans un espace culinaire d'exception.

Il existe un haut lieu du design, à la fois laboratoire culinaire
et show-room prestigieux ouvert sur le monde, qui vit au rythme
de rencontres et d'expositions. Ce lieu est la Galerie De Dietrich.
De Paris à Sydney, nos galeries invitent à la découverte de nos
collections Cuisson, Lavage et Froid dans une scénographie élégante
et feutrée. Ces objets de valeur, nés d'une culture d'excellence trois
fois séculaire, y révèlent leurs ultimes technologies et y inspirent
régulièrement les acteurs contemporains de la haute cuisine.
De Dietrich vous donne rendez-vous dans ses galeries pour
une initiation à un art culinaire d'exception.

PARIS - SHANGHAI - SINGAPOUR - SYDNEY

www.agencemj.com   BRANDT FRANCE – SAS au capital de 1 000 000 euros – RCS Nanterre 801 250 531

De Dietrich
OBJETS DE VALEUR DEPUIS 1684

Épicure ❁❁❁

M o d e r n e

Hôtel Bristol,
112 r. du Faubourg-St-Honoré
℘ 01 53 43 43 40
www.lebristolparis.com
Ⓜ Miromesnil

C2

Menu 135 € (déjeuner)/295 € – Carte 170/330 €

Hôtel Le Bristol

Depuis sa métamorphose, la célèbre table du Bristol continue d'offrir des moments d'exception. Dans ce qui était autrefois la salle d'été du restaurant, face au jardin de l'hôtel particulier, on découvre une salle d'un classicisme brillant, signée Pierre-Yves Rochon. L'esprit du 18e siècle s'y exprime avec sobriété et élégance : mobilier de style Louis XVI, pierre blonde, miroirs, etc., le tout scandé par de grandes portes-fenêtres ouvertes sur la verdure. Sachez qu'aux beaux jours la terrasse extérieure offre un luxe rare au cœur de Paris...

Le palace a choisi le nom d'Épicure pour enseigne : un philosophe grec, chantre du plaisir dans la tempérance. Presque une devise pour Éric Frechon ! La cuisine de ce Meilleur Ouvrier de France impressionne par la subtilité et l'harmonie de ses associations de saveurs, la finesse de ses sauces. Si le chef reste dans le droit fil de la plus belle tradition culinaire, en valorisant notamment de magnifiques produits du terroir, il détourne également les classiques avec talent et créativité. La liberté dans l'exigence, les délices dans la mesure !

Entrées

- Macaronis farcis à la truffe noire, artichaut et foie gras de canard gratinés au vieux parmesan
- Caviar de Sologne, mousseline de pomme de terre ratte

Plats

- Poularde de Bresse cuite en vessie, écrevisses et girolles
- Homard rôti dans sa carapace au beurre demi-sel, sauté de calamars aux piments doux

Desserts

- Précieux chocolat nyanbo, fine tuile croustillante et sorbet doré à l'or fin
- Citron de Menton givré au limoncello, saveurs de poire et de citron confit

8e

Fouquet's

Classique

99 av. Champs-Élysées
☎ 01 40 69 60 50
www.lucienbarriere.com
Ⓜ George V

A2

Menu 90 € – Carte 78/168 €

Il accueille depuis toujours les lauréats de la nuit des Césars ; les prix Jean-Gabin, Romy-Schneider, Louis-Delluc et Marcel-Pagnol y sont décernés chaque année. Les jeunes aviateurs venaient célébrer leurs victoires à son Bar de l'Escadrille dès 1914. Sa célèbre terrasse sur la "plus belle avenue du monde" est le lieu de rendez-vous du Tout-Paris depuis plus d'un siècle... Le Fouquet's est un endroit mythique, une brasserie de luxe où l'on se rend comme on va voir la tour Eiffel lorsqu'on visite Paris. Rénové par Jacques Garcia en 1999, son bel intérieur – classé à l'inventaire des Monuments historiques – séduit hôtes prestigieux et anonymes du monde entier. Un emblème de la capitale, depuis 1899.

Le Gaigne

Moderne

2 r. de Vienne
☎ 01 45 22 23 62
www.restaurantlegaigne.fr
Ⓜ St-Augustin
Fermé août, samedi midi et dimanche

D2

Formule 33 € – Menu 42/65 €

 Il y a quelques années, lorsque Mickaël Gaignon travaillait au Pré Catelan auprès de Frédéric Anton, ce dernier l'avait affublé d'un surnom affectueux : le Gaigne. Ce n'est pas tombé dans l'oreille d'un sourd : en 2008, il a baptisé ainsi son premier restaurant situé dans le Marais... et, aujourd'hui, la nouvelle adresse qu'il vient d'inaugurer dans le très chic 8e arrondissement ! Il y développe une belle cuisine actuelle, teintée de classicisme, qui évolue au gré des saisons. À la carte, un carpaccio de daurade de pêche, pickles de betterave et chou-fleur ; un carré et selle d'agneau rôtis aux herbes, frite de polenta, tomate confite... De bons produits de la terre et de la mer, une exécution soignée : on est conquis !

Hanawa

J a p o n a i s e

B3

26 r. Bayard
℘ 01 56 62 70 70
www.hanawa.fr
Ⓜ Franklin D. Roosevelt
Fermé 2 semaines en août, dimanche et fériés

Menu 38 € (déjeuner en semaine), 65/120 € – Carte 41/81 € 🍴🍴

Plus de mille mètres carrés, trois étages, huit ambiances thématiques. Avec un espace digne d'un mégastore, ce restaurant japonais voit les choses en grand. Contrairement aux premières adresses parisiennes du propriétaire (dont le traditionnel Kinugawa), Hanawa dépasse les frontières gourmandes de l'archipel, avec des chefs qui maîtrisent aussi bien les spécialités nippones que françaises. Ces dernières se dégustent au sous-sol (un salon en demi-lune et plusieurs comptoirs dédiés au teppanyaki). Pour la gastronomie asiatique, rendez-vous à l'étage où l'on propose en plus un sushi-bar. La sobriété raffinée du lieu (bois, fleurs) convient aux déjeuners d'affaires, et il n'est pas rare d'y croiser les élégantes du quartier et quelques têtes connues – les studios de RTL sont à deux pas.

Champs-Élysées • Concorde • Madeleine

Il Piccolino

I t a l i e n n e

C1

10 r. de Constantinople
℘ 01 42 93 73 33
web http://ilpiccolino.fr
Ⓜ Europe
Fermé 1er-10 mai, 13-23 août, dimanche et fériés

Formule 25 € – Carte 36/60 €

Pour sûr, il est *piccolino* ("tout petit" en italien) ce restaurant, mais il en a sous la Botte ! Son propriétaire, milanais, élabore lui-même la carte, et s'il a gardé l'accent lombard, il n'en néglige pour autant aucune région de la péninsule : outre la charcuterie à la coupe (tel le fameux culatello di Zibello, accompagné par exemple de cèpes à l'huile) et les pecorino et parmesan présentés entiers, on découvre gnocchis au gorgonzola, raviolis à la double truffe, joue de bœuf braisée au barolo (vin piémontais) et polenta, pannacotta à l'amarena... Les produits sont de qualité, les recettes maîtrisées, et le joli choix de vins transalpins leur va d'autant mieux ! Enfin, l'ambiance se révèle plutôt raffinée malgré l'exiguïté de la salle, où retentissent des airs d'opéras italiens diffusés *a mezza voce*...

Helen

Poissons et fruits de mer B2

3 r. Berryer
℡ 01 40 76 01 40
www.helenrestaurant.com
Ⓜ George V
Fermé 3 semaines en août, 24 décembre-5 janvier, samedi midi, dimanche et lundi

Menu 48 € (déjeuner)/130 € – Carte 80/170 €

[A/C]

Janine Gebran

Créé en 2012, Helen est aujourd'hui une valeur sûre parmi les restaurants de poisson des beaux quartiers. Au menu : uniquement des pièces sauvages issues de la pêche quotidienne de petits bateaux, travaillées avec grand soin et simplicité. Dans l'assiette, en effet, pas de fioritures, une seule règle compte : mettre en valeur les saveurs naturelles – et iodées – du poisson (cru, grillé, à la plancha, à la vapeur, etc.). Les amateurs sont aux anges ! De plus, la carte varie au gré des arrivages, proposant par exemple un carpaccio de daurade royale au citron caviar, des sardines à l'escabèche, un turbotin rôti à la sauge et pancetta, des rougets barbets meunière... Tout cela est servi avec précision et savoir-faire : certains poissons sont même découpés directement en salle. Salle qui épouse également ce parti pris de sobriété, en faisant montre d'une épure toute contemporaine et d'une belle élégance... Helen, ou le raffinement dans la simplicité.

Entrées	Plats	Desserts
• Carpaccio de daurade royale au citron caviar • Queues de langoustines aux agrumes	• Turbotin rôti à la sauge et pancetta • Aiguillettes de saint-pierre et poivron confit	• Chariot de desserts

Il Carpaccio 🕸

I t a l i e n n e

Hôtel Le Royal Monceau,
37 av. Hoche
📞 01 42 99 88 12
www.leroyalmonceau.com
Ⓜ Charles de Gaulle-Etoile
Fermé août, dimanche et lundi

A2

Menu 145/200 € 🍷 – Carte 80/115 €   ✗✗

Le Royal Monceau Raffles

Au cœur du Royal Monceau, palace exclusif s'il en est, on accède à Il Carpaccio par un couloir nacré, orné de milliers de coquillages. Une belle évocation des nymphées du baroque italien ! Le ton est donné : vous voilà transporté en Italie, version artiste et raffinée. Dans le décor de la salle, le soleil de la Botte peut bien resplendir : c'est un véritable jardin d'hiver, entièrement ceint de verrières, aux couleurs printanières.

Un bel écrin, donc, pour une cuisine qui joue avec subtilité la carte de la gastronomie transalpine. Nulle sophistication inutile, point de fioritures : dans l'esprit du pays, les assiettes cultivent avant tout le goût des bons produits et des saveurs naturelles, autour d'ingrédients phares sélectionnés avec soin. Même esprit du côté des vins, principalement en provenance du Piémont et de la Toscane. Enfin, les desserts sont signés Pierre Hermé, qui revisite avec le talent qu'on lui connaît les classiques de la péninsule. Au final, voilà une belle évocation de l'Italie...

Entrées

- Salade de poulpe de roche
- Salade tiède de cœur d'artichaut, céleri, pistaches et grana padano

Plats

- Ventrèche de thon de Méditerranée et aubergine confite
- Noix de veau rôti façon calzone, légumes de saison

Desserts

- Tiramisu
- Pannacotta aux fruits rouges

Lasserre ✿

Classique

B3

17 av. F.-D.-Roosevelt
☎ 01 43 59 53 43
www.restaurant-lasserre.com
Ⓜ Franklin D. Roosevelt
Fermé août, mardi midi, mercredi midi, samedi midi,
dimanche et lundi

Formule 90 € – Menu 220 € (déjeuner) – Carte 147/272 €

Lasserre

Tout près des Champs-Élysées, cet hôtel particulier de style Directoire marque immanquablement les esprits. René Lasserre (disparu en 2006), monté à Paris pour apprendre le métier alors qu'il était adolescent, a élevé son restaurant au rang de symbole. Située à l'étage, la salle à manger arbore un luxueux décor : colonnes, jardinières d'orchidées et de plantes vertes, vaisselle et bibelots en argent, lustres en cristal, porcelaines de Chine… Autre élément propre à la magie de l'endroit, un étonnant toit ouvrant, devenu célèbre, illumine les tables au gré des saisons. Enfin, le service à l'ancienne des serveurs en queue-de-pie ajoute à l'intemporalité des lieux.

Le cadre ignore donc résolument l'époque… et la carte reste emblématique des grandes tables à la parisienne, cultivant la haute gastronomie avec toute l'exigence de son prestigieux héritage. La griffe Lasserre, hier comme demain.

Entrées

- Macaroni, truffe noire et foie gras de canard
- Calamar, oursin, caviar, délicate royale et émulsion fumée

Plats

- Entrecôte de veau fermier poêlée, garniture Crécy et vrai jus
- Homard de nos côtes rôti aux pêches

Desserts

- Crêpes Suzette
- Duvet de coco au pamplemousse et crème d'avocat

Laurent

C l a s s i q u e

C3

41 av. Gabriel

✆ 01 42 25 00 39

www.le-laurent.com

Ⓜ Champs Elysées Clemenceau

Fermé 23 décembre-2 janvier, samedi midi, dimanche et fériés

Menu 95 € (déjeuner)/180 € – Carte 165/250 €

Laurent

Personne ne sait vraiment pourquoi le nom de Monsieur Laurent, qui devint propriétaire de ce restaurant en 1860, a perduré jusqu'à consacrer définitivement l'ancien Café du Cirque édifié par Hittorff – auquel on doit aussi le Ledoyen – en 1842. Cela fait partie du mythe de cette vieille maison, située au cœur des jardins du rond-point des Champs-Élysées. Ancien pavillon de chasse de Louis XIV ou guinguette sous la Révolution – là encore, la légende varie –, Laurent conserve son cadre néoclassique et bourgeois, très en vogue à l'époque de sa création. Pilastres, colonnes, frontons et chapiteaux antiques, associés à de confortables banquettes, font toujours l'élégance et le charme – un brin désuet – des salles à manger et des salons particuliers.

La cuisine d'Alain Pégouret s'inscrit à merveille dans cet écrin. Classique, elle respecte et valorise les codes de la tradition bleu-blanc-rouge. On comprend que le Tout-Paris politique et des affaires apprécie cette institution. Encore plus aux beaux jours, quand on peut profiter de sa terrasse ouverte sur la verdure. Un lieu privilégié.

Entrées

- Araignée de mer dans ses sucs en gelée, crème de fenouil
- Foie gras de canard poêlé, mangue rôtie et gingembre

Plats

- Turbot nacré à l'huile d'olive, bardes et légumes verts dans une fleurette iodée
- Friands de pied de porc croustillants, purée de pomme de terre

Desserts

- Glace vanille minute
- Soufflé chaud aux saveurs de saison

Lazare

T r a d i t i o n n e l l e

parvis de la gare St-Lazare, r. Intérieure

☎ 01 44 90 80 80

www.lazare-paris.fr

Ⓜ St-Lazare

D2

Carte 32/82 €

Éric Frechon, chef fameux du Bristol, a plus d'un tour dans son sac ! Voici sa dernière trouvaille, qui a mis en émoi le Tout-Paris gourmand à la rentrée 2013 : une brasserie ferroviaire en plein cœur de la gare St-Lazare, fraîchement rénovée. Le succès ne s'est pas fait attendre : depuis l'ouverture, l'endroit accueille tous les jours (de 7h30 à 23h) une clientèle variée, allant du cadre en pause déjeuner au voyageur entre deux correspondances. Si la greffe a pris, c'est bien grâce à cette cuisine française et traditionnelle, qui respecte les canons du genre (œuf mimosa, maquereaux au vin blanc, filet de sole dieppoise, etc.) en s'autorisant quelques variantes salutaires, toujours avec goût. Quant au décor, il se montre convivial et chaleureux, et met à l'aise. Voilà un établissement sur les rails !

Lucas Carton

M o d e r n e

9 pl. de la Madeleine

☎ 01 42 65 22 90

www.lucascarton.com

Ⓜ Madeleine

Fermé 3 semaines en août, dimanche et lundi

D3

Menu 89 € (semaine), 129/179 € ♟ – Carte 105/163 €

D'entrée, le nom interpelle… Il évoque une longue histoire : Robert Lucas et sa "Taverne Anglaise" en 1732 ; Francis Carton en 1925 qui accole les deux patronymes et crée cette identité très sonore, "Lucas Carton", où il fera briller trois étoiles dans les années 1930 ; Alain Senderens, enfin, qui porte de nouveau l'adresse au firmament au milieu des années 1980, avant de choisir, en 2005, de lui donner son propre nom pour la repenser librement. Une nouvelle page s'ouvre fin 2013 : l'enseigne Lucas Carton renaît ! Les magnifiques boiseries créées par Majorelle au début du 20e s. demeurent, tout en cohabitant avec un mobilier design, et l'adresse endosse avec tact les nouveaux codes de la gastronomie contemporaine, sous l'égide du jeune chef, Julien Dumas. L'histoire continue pour cette vénérable institution…

Maison Blanche

M o d e r n e   B3

15 av. Montaigne
℡ 01 47 23 55 99
www.maison-blanche.fr
Ⓜ Alma Marceau
Fermé 2 semaines en août, samedi midi et dimanche midi

Formule 48 € – Menu 58 € (déjeuner), 69/145 € – Carte 80/112 € 🍴🍴

Un cadre grandiose ! Tel un cube posé sur le toit du théâtre des Champs-Élysées – un pont suspendu soutient cette étonnante Maison perchée –, la salle semble toiser la capitale à travers son immense baie vitrée... Quant à la terrasse, elle offre une vue tout simplement époustouflante sur la tour Eiffel. Si bien qu'on ne sait plus où poser le regard en entrant dans ce loft ultradesign ! Lové dans l'une des banquettes-alcôves ou installé sur la mezzanine, on ne se lasse pas du spectacle... Côté carte : une cuisine contemporaine bien réalisée, imprégnée d'influences méditerranéennes et asiatiques. Avec une belle sélection de vins venus du Languedoc et de la vallée du Rhône... juste là-bas, derrière les toits de Paris.

Mandoobar   Ⓝ

C o r é e n n e   D1

7 r. d'Edimbourg
℡ 01 55 06 08 53
Ⓜ Europe
Fermé 1 semaine à Pâques, en août et à Noël, samedi midi et dimanche

Carte 20/30 €

Les bonnes tables coréennes n'étant pas forcément légion à Paris, on est heureux de dénicher celle-ci dans une petite rue au-dessus de la gare Saint-Lazare. Dans une salle miniature (12 couverts à peine !), le chef, Kim Kwang-Loc, aussi agile que précis, réalise directement sous vos yeux raviolis et tartare de bœuf. Puis le premier coup de fourchette arrive et le constat s'impose : on se régale. Ses préparations sont fines, goûteuses, et regorgent de parfums ; les herbes et autres condiments asiatiques les relèvent de la plus élégante manière. Tout cela pour une addition très mesurée... On se pince !

 Champs-Élysées • Concorde • Madeleine

 8ᵉ

 233

Marius et Janette

P o i s s o n s   e t   f r u i t s   d e   m e r   B3

4 av. George V
✆ 01 47 23 41 88
www.mariusjanette.com
Ⓜ Alma Marceau

Menu 48 € (déjeuner en semaine) – Carte 85/130 €

Une référence à l'Estaque et aux films de Robert Guédiguian ? Plutôt un petit coin de St-Tropez, à en juger par le décor de la salle à manger évoquant un yacht... et par la clientèle sélecte attablée au milieu des cannes à pêche, filets, espadons en plastique accrochés aux murs et autres hublots en cuivre. Dès les premiers rayons de soleil, changement de décor : lunettes tendance et bronzages dorés filent s'afficher en terrasse, installée sur l'avenue George-V. Côté cuisine naturellement, on a aussi le pied marin : poissons, coquillages et crustacés règnent sans partage sur la carte, qui évolue au gré des marées.

Marloe

M o d e r n e   B2

12 r. du Cdt.-Rivière
✆ 01 53 76 44 44
www.marloe.fr
Ⓜ St-Philippe-du-Roule
Fermé 1er-21 août, 21-29 décembre, samedi et dimanche

Formule 36 € – Menu 45 € – Carte 36/68 €

Dans ce quartier huppé dessiné par les Champs-Élysées et l'avenue Roosevelt, à l'angle de deux jolies rues, Marloe est la nouvelle création de l'équipe de l'Arôme voisin. L'endroit a des allures de bistrot chic et cosy (tons rouge, blanc et noir, miroirs anciens, chaises et tables en formica) et fait déjà office de cantine – haut de gamme ! – pour la clientèle du quartier. De fait, la cuisine séduit : queues de gambas en panko, cœur de saumon fumé impérial et beurre aux algues, bœuf Black Angus au jus de cassis, croque-monsieur du grand-père Leroy au jambon de Paris... C'est cuisiné nettement et sans esbroufe, à partir de produits d'excellente qualité, et la carte évolue avec les saisons. Séduisant !

Maxan

M o d e r n e

A3

3 r. Quentin-Bauchart
☏ 01 40 70 04 78
www.rest-maxan.com
Ⓜ George V
Fermé 1er-23 août, 24 décembre-3 janvier, samedi
midi et dimanche

Formule 32 € – Menu 40 € – Carte 40/60 € ✕✕

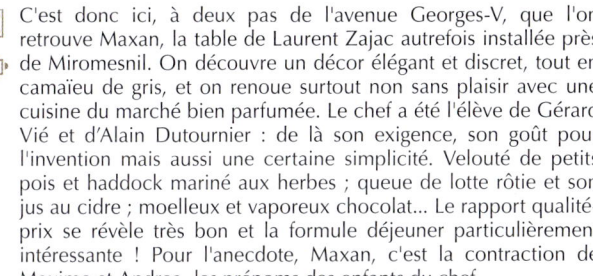

C'est donc ici, à deux pas de l'avenue Georges-V, que l'on retrouve Maxan, la table de Laurent Zajac autrefois installée près de Miromesnil. On découvre un décor élégant et discret, tout en camaïeu de gris, et on renoue surtout non sans plaisir avec une cuisine du marché bien parfumée. Le chef a été l'élève de Gérard Vié et d'Alain Dutournier : de là son exigence, son goût pour l'invention mais aussi une certaine simplicité. Velouté de petits pois et haddock mariné aux herbes ; queue de lotte rôtie et son jus au cidre ; moelleux et vaporeux chocolat... Le rapport qualité-prix se révèle très bon et la formule déjeuner particulièrement intéressante ! Pour l'anecdote, Maxan, c'est la contraction de Maxime et Andrea, les prénoms des enfants du chef.

1728

C r é a t i v e

D2

8 r. d'Anjou
☏ 01 40 17 04 77
www.1728-paris.com
Ⓜ Madeleine
Fermé 3 semaines en août, dimanche, lundi et fériés

Formule 39 € – Menu 60 € (dîner)/105 € – Carte 64/86 € ✕✕✕

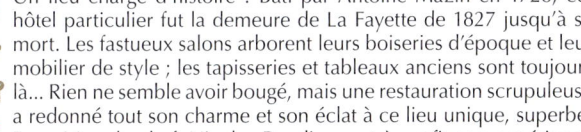

Un lieu chargé d'histoire ! Bâti par Antoine Mazin en 1728, cet hôtel particulier fut la demeure de La Fayette de 1827 jusqu'à sa mort. Les fastueux salons arborent leurs boiseries d'époque et leur mobilier de style ; les tapisseries et tableaux anciens sont toujours là... Rien ne semble avoir bougé, mais une restauration scrupuleuse a redonné tout son charme et son éclat à ce lieu unique, superbe. En cuisine, le chef, Nicolas Roudier, met à profit son expérience pour créer de belles assiettes dans les règles de l'art. Il marie sans hésitation les saveurs de l'Occident et de l'Orient : les produits nobles se déclinent avec pétales de gingembre, algues marines, thé fumé du Tigre, curry rouge... Et de très belles signatures jalonnent la carte des vins, composée avec passion.

Mini Palais

M o d e r n e

Au Grand Palais - 3 av. Winston Churchill

☎ 01 42 56 42 42

www.minipalais.com

Ⓜ Champs-Élysées Clemenceau

C3

Menu 29 € (déjeuner en semaine) – Carte 34/75 €

Au Grand Palais se cache ce Mini Palais, dédié aux plaisirs du... palais ! Le cadre est superbe, laissant apparaître la structure métallique du bâtiment, mais son plus grand atout est la terrasse sous les immenses colonnes de la façade, avec ses mosaïques et sa vue sur le Petit Palais. On y croirait la Belle Époque ressuscitée ! Sous les rayons du soleil, l'endroit est tout simplement exquis, et l'après-midi il y fait bon goûter d'un thé et d'une petite pâtisserie... Même plaisir à l'heure du repas, avec une cuisine soignée, pensée sous la houlette d'Éric Fréchon (du Bristol) : galantine de volaille fermière et foie gras de canard ; merlan frit, chips et sauce tartare ; baba au rhum géant à partager, etc. Et pour les petits creux, on sert aussi quelques en-cas (tartines, planches, etc.), de midi à minuit.

Nolita

I t a l i e n n e

1 av. Matignon (Motor Village - 2ème étage)

☎ 01 53 75 78 78

www.nolita-ristorante.fr

Ⓜ Franklin D. Roosevelt

Fermé 2 samedi en août, samedi midi et dimanche soir

B2

Menu 39 € (déjeuner en semaine), 49/120 € – Carte 42/79 €

Sa localisation peut étonner – au sein du MotorVillage, le show-room d'un grand groupe automobile italien – mais ce restaurant est une vraie réussite ! Le décor, très urbain, a été conçu par Jean-Michel Wilmotte : noir et blanc, avec des lignes contemporaines et... une vitrine mettant en scène un bolide transalpin, pour les amateurs de belle mécanique. Pour autant, la cuisine ne fait pas figuration, avec des saveurs qui démarrent au quart de tour ! Le chef, passé par de belles maisons, sait magnifier l'esprit de la Botte : la carte puise dans l'authenticité de ses régions, tout en se teintant d'une belle modernité. Cochon de lait parfumé au tabac (un plat rustique d'origine sarde), salade de calamars extrafrais, carte des vins comptant quelque 150 références... Vrombissements de plaisir !

Okuda ✳

J a p o n a i s e

7 r. de la Trémoille

✆ 01 40 70 19 19

www.okuda.fr

Ⓜ Alma Marceau

Fermé 1 semaine en août, mardi midi et lundi
– Réservation conseillée

B3

Champs-Élysées • Concorde • Madeleine

Menu 85 € (déjeuner), 150/220 €

✗✗

Okuda

Vingt-trois couverts, un décor sobre et élégant, des hôtesses en kimono traditionnel et un silence d'or : c'est dans cet écrin que l'on déguste depuis 2013 les créations "kaiseki" (un menu dégustation sans choix, constitué de nombreux petits plats) du célèbre chef japonais Toru Okuda, déjà couronné d'étoiles à Tokyo. Harmonie des saveurs, subtilité des sauces, délicatesse des textures... C'est bien du grand art que révèle chaque assiette : les meilleurs produits de saison, importés du Japon ou originaires de France, sont préparés avec un soin méticuleux, et s'associent en de magnifiques compositions, élégantes et subtiles, dans le respect des traditions nippones.

À peine éclose, la table s'impose d'ores et déjà comme une valeur très sûre de la gastronomie japonaise à Paris... sinon dans le monde !

Spécialités

• Menu omakase

Champs-Élysées • Concorde • Madeleine

Pavillon Elysée Lenôtre

Moderne   C3

10 av. des Champs-Elysées
☏ 01 42 65 85 10
www.lenotre.fr
Ⓜ Champs Elysées Clemenceau
Fermé 15-23 février, 3 semaines en août, dimanche
sauf le midi d'avril à octobre et lundi de novembre à mars

Formule 37 € – Carte 48/71 €

À la fois boutique célébrant les arts de la table, école de cuisine et restaurant : le Pavillon Élysée Lenôtre est en quelque sorte la vitrine du célèbre traiteur parisien. Cette ambassade gourmande a trouvé son écrin sur la "plus belle avenue du monde", dans ce magnifique pavillon Napoléon III construit pour l'Exposition universelle de 1900. Superbement restauré et résolument contemporain, il donne sur une terrasse très courue... L'été, on s'y dore au soleil en lisant la carte, fort appétissante : tarte fine aux légumes et au chèvre, croustillante et pleine de saveur ; filet de dorade au fenouil braisé, bien parfumé... et les incontournables macarons ! Une cuisine dans l'air du temps, moderne, vive et bien sentie.

Le Percolateur

Traditionnelle   D1

20 r. de Turin
☏ 01 43 87 97 59
www.lepercolateur.fr
Ⓜ Rome
Fermé 2 semaines en août, samedi midi et dimanche

Formule 16 € – Menu 22 € (déjeuner)/31 € – Carte 35/56 €

Un bistrot tendance, cool et un rien arty ! On le doit à la belle inspiration de deux frères, David et Philippe Madamour, anciens patrons du "7-15" dans le 15e arrondissement. C'est à New York que Philippe, travaillant alors au célèbre Bilboquet, a commencé sa collection de percolateurs. Brillant de mille feux chromés, ils trônent désormais derrière le comptoir ; l'enseigne leur rend un juste hommage. Curiosité, goût du voyage, éclectisme : des traits de caractère qui résument plutôt bien la carte. Velouté de carotte à la vanille Bourbon, poulet laqué au miel et soja, crumble pommes-poires caramélisées, etc. : les habitués en redemandent ! Bonnes formules à petits prix au déjeuner en semaine.

Pavillon Ledoyen ✿ ✿ ✿

M O D E R N E

8 av. Dutuit (carré Champs-Élysées)
☎ 01 53 05 10 01
www.yannick-alleno.com
Ⓜ Champs-Elysées Clemenceau
Fermé 4-24 août, samedi midi, dimanche et fériés

C3

Menu 128 € (déjeuner)/275 € – Carte 185/300 €

XXXX

Philippe Vaurès Santamaria

On ne présente plus cette prestigieuse institution parisienne, dont le décor Second Empire, dans les jardins des Champs-Élysées, incarne l'image même du grand restaurant à la française : le luxe du décor, la culture des arts de la table, le service orchestré avec élégance, tout dessine un écrin unique à la gloire de la gastronomie !

Un écrin qui a écrit en 2014 une nouvelle page – largement médiatisée – de son histoire, en ayant été repris par Yannick Alléno. Disons-le tout de go : le grand chef a réalisé un tour de force en y imprimant d'emblée sa signature, offrant des repas aussi délicieux que marquants. La richesse de la carte, la magnificence des produits sélectionnés, le caractère des recettes qui s'imposent avec évidence comme autant de compositions parfaitement abouties : voilà bien l'œuvre d'un cuisinier au faîte de son art… Mention spéciale pour ses jus et ses sauces, magnifiés à travers de savantes extractions : ou comment mettre des techniques d'avant-garde au service de la grande cuisine française. Brio et maestria !

Entrées

- Pain de brochet brioché, extrait de champignons coraillés
- Tourteau en fines feuilles de calamar, chutney de pamplemousse et lait d'amande

Plats

- Bœuf Wagyu de Gunma, ravioles croustillantes, olives et tomates vertes confiturées
- Homard bleu grillé à la vinaigrette de corail

Desserts

- Poire rôtie à la vanille, tuile à la fève tonka et caramel au beurre salé
- Palet de crème tendre au chocolat noir, glace à la vanille Bourbon

8e

Penati al Baretto

I t a l i e n n e

9 r. Balzac

☎ 01 42 99 80 00

www.penatialbaretto.eu

Ⓜ George V

Fermé août, samedi midi et dimanche

A2

Formule 39 € – Menu 45 € (déjeuner) – Carte 64/103 €

Penati Al Baretto

Alberico Penati aura d'emblée imposé sa table italienne parmi les meilleures de la capitale ! Il s'est installé début 2014 au sein de l'Hôtel de Vigny, à deux pas de l'Arc de Triomphe, dans cette rue Balzac déjà bien connue des gastronomes (Pierre Gagnaire y a sa table). Un heureux augure ? Le fait est que sa cuisine honore la plus belle tradition transalpine – et donc la gastronomie mondiale, qui lui doit tant ! –, avec cette alliance de raffinement et de générosité qui est sa marque la plus frappante. On ne trouve rien de trop sophistiqué dans ses recettes, où règne même une forme de simplicité ; toutes rendent surtout hommage aux terroirs de la Botte, dont elles explorent le large éventail de spécialités. On sent la touche d'un homme qui sait travailler et porte avec aisance son héritage culinaire, toujours enraciné dans ces régions si riches de produits emblématiques. Les assiettes ne mentent pas : elles débordent de saveurs… Quant au décor, il distille une ambiance feutrée et élégante, dans un beau camaïeu de bois et de tons beige et chocolat. *Eleganza e semplicità*, encore et toujours !

Entrées

- Salade d'artichaut cru et cuit au fenouil et au parmesan
- Carpaccio de denti sauvage

Plats

- Linguine di Verrigni aux langoustines
- Râble de lapin, chips de pancetta croustillantes

Desserts

- Parfait glacé au citron de Sicile et fruits rouges
- Tiramisu

Le Petit Marius

8e

Poissons et fruits de mer B3

6 av. George-V
℡ 01 40 70 11 76
Ⓜ Alma Marceau

Menu 31 € (déjeuner en semaine)/49 € ℙ – Carte 48/80 €

 Bar grillé au fenouil, friture d'eperlans et d'encornets, aïoli de morue... Ce Petit Marius chante une douce ritournelle, celle des produits de la mer ! Avec une légère pointe d'accent marseillais (exotique sur l'avenue George-V...), mais sans parti pris aucun : au gré des approvisionnements, la carte propose saumon bio d'Écosse, moules de bouchot de la baie du Mont-St-Michel, ou encore langoustines de Bretagne. Le tout s'apprécie dans un décor de bistrot moderne, aux tons chauds et largement ouvert sur la rue, où se distinguent quatre sculptures de barracudas en métal... pour suggérer un appétit féroce peut-être ?

Pomze

Moderne C2

109 bd Haussmann (1er étage)
℡ 01 42 65 65 83
www.pomze.com
Ⓜ St -Augustin
Fermé 22 décembre-2 janvier, samedi sauf le soir de septembre à juin et dimanche

Formule 31 € – Menu 35 € – Carte 47/67 €

 Originale adresse que cette Pomze, qui invite à un "voyage autour de la pomme" ! La maison comporte trois espaces différents : une épicerie au rez-de-chaussée (vente de cidre, calvados, etc.), une saladerie au sous-sol et un restaurant au 1er étage. Dans la salle, à la sobriété toute contemporaine, des toiles représentant des vergers rappellent le concept de la table, dédiée au fruit défendu – mais plus largement à tous les beaux produits. Derrière les fourneaux, c'est une équipe japonaise qui œuvre, proposant une cuisine créative, voyageuse et soignée... Le rapport qualité-prix se révèle excellent.

Champs-Élysées · Concorde · Madeleine

Pierre Gagnaire

C r é a t i v e

6 r. Balzac

℡ 01 58 36 12 50

www.pierregagnaire.com

Ⓜ George V

Fermé 3 semaines en août, 1 semaine à Noël, samedi et dimanche

A2

Menu 150 € (déjeuner)/295 € – Carte 300/350 €

Francis Amiand

Chef "surbooké" jonglant d'une adresse à l'autre, entre Paris, Londres, Tokyo, Hong Kong, Séoul et Dubaï, Pierre Gagnaire trace sa voie en solitaire. Comme personne, il réalise une cuisine d'auteur exploratrice, entière, excessive. Car cet équilibriste de talent – également grand amateur de jazz et d'art contemporain – cherche sans cesse : selon lui, l'excellence se joue sur le détail. Pour autant, il sait quand s'arrêter. "J'essaie d'épurer, d'éviter les fausses bonnes idées", souligne-t-il à l'envi. Lui qui ne rédige jamais de recettes compose une carte de mets qui ressemble à un poème, mettant l'imagination en branle et les papilles en émoi avant même le début du repas. Préparez-vous à un festival de saveurs ! Une avalanche de mets qui n'attend de vous que curiosité et ouverture d'esprit...

Un mot, enfin, sur le cadre du restaurant de la rue de Balzac – l'enseigne mère de Gagnaire : moderne et sobre, il joue la note du raffinement discret, ton sur ton avec le service délicat.

Entrées

- Omble chevalier meunière aux feuilles de verveine, marmelade d'oignon rouge et carottes multicolores
- Langoustine poêlée aux lentilles vertes

Plats

- Côte de veau pafumée d'herbe à curry et carvi, noix de ris dorée
- Rouget de roche, livèche et bulagna, jus de rhubarbe au curcuma

Desserts

- Le grand dessert de Pierre Gagnaire
- Biscuit soufflé pur pistache

Ratn

I n d i e n n e   B3

9 r. de la Trémoille

℘ 01 40 70 01 09

www.restaurantratn.com

Ⓜ Alma Marceau

Carte 47/58 €   ✗✗

 Une authentique adresse indienne, dont le nom signifie… joyau. Le décor très soigné et élégant (tentures soyeuses, panneaux de bois sculptés, statues hindoues, etc.), l'accueil délicat, et surtout la carte qui offre un bel aperçu du répertoire moghol et indien : voilà qui a le parfum de l'ailleurs ! Qualité des produits, subtilité des marinades, harmonie des mariages d'épices, etc. : la cuisine fait montre d'une belle ambition, soutenue de génération en génération par la famille de ses propriétaires, originaire du pays et passionnée par la gastronomie indienne. L'adresse est donc parfaite pour qui souhaite s'initier à ses raffinements, d'autant que le cadre feutré, faut-il le répéter, permet de passer un agréable moment…

Le Relais Plaza

T r a d i t i o n n e l l e   B3

Hôtel Plaza Athénée,

21 av. Montaigne

℘ 01 53 67 64 00

www.dorchestercollection.com/fr/paris/restaurants-et-bars/3

Ⓜ Alma Marceau

Fermé août

Formule 48 € – Menu 60 € – Carte 75/135 €   ✗✗

 C'est la cantine chic et intime des maisons de couture voisines ; la brasserie où le Tout-Paris a ses habitudes. Il faut dire que le Relais Plaza a vu et voit passer du beau monde : Grace Kelly, Charles Aznavour, Liza Minelli, Yves Saint Laurent, John Travolta, Albert de Monaco ou encore Junko Koshino. Le cadre original et superbe de cette institution – un élégant intérieur Art déco inspiré du paquebot Normandie – a largement contribué à son succès ; il a bénéficié de la rénovation complète de l'hôtel en 2014, qui a su préserver tout son cachet. On ne se lassera donc sans doute jamais de cette adresse si attachante, de tous les classiques de la carte qui ont fait sa réputation, de même que des fameuses soirées "Swing'in Relais" menées par le directeur de salle, Werner Küchler, fameux crooner à ses heures !

8e | ## La Scène ❀

M o d e r n e

Hôtel Prince de Galles,
33 av. George-V
☎ 01 53 23 78 50
www.restaurant-la-scene.fr
Ⓜ George V
Fermé août, samedi midi et dimanche

A3

Menu 65 € (déjeuner), 95/195 € – Carte 95/190 €

Hôtel Prince de Galles

Au cœur de l'élégant hôtel Prince de Galles, situé à deux pas de l'avenue des Champs-Élysées, cette Scène braque tous les projecteurs sur les cuisines, séparées de la salle par un simple comptoir de marbre blanc. Celles-ci sont le domaine de Stéphanie Le Quellec, habituée des feux de la rampe car victorieuse de l'émission télévisée Top Chef en 2011.

On ne saurait cependant réduire son parcours à ce succès : la jeune chef justifie d'une formation des plus académiques et d'un solide parcours à travers des maisons de renom, qui ont sans doute répondu à une soif naturelle pour l'exigence et la rigueur. De là, des réalisations très techniques, précises et délicates, mais qui savent aussi oser l'invention et refuser la banalité, sans jamais se perdre dans des accords hasardeux. Sur cette Scène où tout se joue en direct, les assiettes révèlent de vives saveurs et... crèvent l'écran !

Entrées

- Œuf fermier d'Île-de-France, jaune tiède acidulé, asperges vertes et morilles
- Langoustine, concombre de jardin, crème crue et sarrasin toasté

Plats

- Ris de veau doré au jus, compression de romaine, salicornes et olives noires
- Rouget de roche "cuit de peur", sucs de bouillabaisse, gnocchis et poutargue

Desserts

- Vanille en cinq feuilles, crème onctueuse
- Tarte aux pommes

Champs-Élysées • Concorde • Madeleine

244

Shin Jung

8^e

Coréenne — D1

7 r. Clapeyron
☎ 01 45 22 21 06
www.shinjung.fr
Ⓜ Rome
Fermé dimanche midi

Formule 14 € – Menu 37/45 € ☐ – Carte 25/40 €

Les fidèles de cette sympathique adresse familiale viennent déguster, en toute simplicité, une véritable cuisine coréenne. Souvent moins connue que celle des autres pays asiatiques, elle est pourtant tout aussi appétissante. La gastronomie de la Corée se caractérise notamment par son penchant pour le poisson cru, l'emploi du kimchi (chou mariné et pimenté) et l'importance des grillades, réalisées sur de petits barbecues. L'autre incontournable, c'est le bibimbap – ici un vrai délice... Authenticité garantie ! À découvrir dans une petite salle toute simple et sobre. Le service est rapide, agréable et sans chichi, ce qui explique l'affluence certains midis en semaine...

Tante Louise

Traditionnelle — D2

41 r. Boissy-d'Anglas
☎ 01 42 65 06 85
www.bernard-loiseau.com
Ⓜ Madeleine
Fermé 3 semaines en août, 1 semaine à Noël, samedi, dimanche et fériés

Formule 29 € – Menu 39/75 € – Carte 55/82 €

Il y a Tante Marguerite près de l'Assemblée nationale, et Tante Louise à côté de la Madeleine, toutes les deux appartenant au groupe – ou à la famille ? – Bernard Loiseau. Cette aïeule-ci doit son nom à Louise Blanche Lefeuvre, véritable "Mère" parisienne qui créa le restaurant en 1929 et en fit une institution. Un passé glorieux dont on sent l'empreinte dès l'avenante façade où l'on peut lire : "Les produits de Bourgogne s'invitent à Paris." Rien de surprenant donc à ce que l'on puisse déguster ici une cassolette d'escargots au beurre persillé ou des rognons de veau accompagnés d'une purée de rattes bien moelleuse. Autre savoureux détail, la carte des vins est élaborée par le sommelier du Relais de Saulieu. Voilà une "tantine" à qui l'on aimerait rendre visite plus souvent !

Champs-Élysées • Concorde • Madeleine

Champs-Élysées • Concorde • Madeleine

La Table du Lancaster ✿✿

Moderne

B2

Hôtel Lancaster,
7 r. de Berri
☏ 01 40 76 40 18
www.hotel-lancaster.fr
Ⓜ George V
Fermé 3 semaines en août, samedi, dimanche et fériés

Menu 49 € (déjeuner), 98/175 € – Carte 105/125 €

La Table du Lancaster

Toute l'atmosphère exclusive et confidentielle d'un restaurant de grand hôtel – et quand il s'agit du Lancaster, ce mythique établissement au charme si particulier…

Le moment est d'autant plus rare que le jeune chef, Julien Roucheteau, signe une cuisine brillante et d'une grande délicatesse. L'heure de la maturité a sonné pour ce cuisinier formé dans de belles tables parisiennes, et qui aujourd'hui sur le devant de la scène révèle un indéniable talent. Une technique impeccable, des jeux de textures et de saveurs harmonieux et subtils, des produits d'exception… voilà ce qui distingue ses assiettes, qui révèlent de surcroît une large palette d'expression, mettant aussi bien en valeur les terroirs, les marées que les influences lointaines. Ou comment revisiter la gastronomie française tout en redessinant une géographie des saveurs !

Dernier conseil : aux beaux jours, n'hésitez pas à profiter de la terrasse aménagée dans la cour-jardin, à l'abri des regards. Intime et singulière, la Table du Lancaster l'est assurément.

Entrées	Plats	Desserts
• Homard bleu aux noisettes torréfiées et guacamole	• Côte de veau poêlée aux gnocchis acidulés	• Tarte soufflée sésame-passion et sorbet banane
• Tourteau en gelée de céleri rafraîchi de coriandre	• Saint-pierre saisi, calisson de navet au kumquat	• Vacherin contemporain, ananas et basilic

Taillevent ✿✿

C l a s s i q u e

15 r. Lamennais

☎ 01 44 95 15 01

www.taillevent.com

Ⓜ Charles de Gaulle-Etoile

Fermé 25 juillet-24 août, samedi, dimanche et fériés
– Réservation conseillée

B2

Champs-Élysées • Concorde • Madeleine

Menu 88 € (déjeuner), 218/360 € – Carte 155/270 € ✗✗✗✗✗

A/C

Taillevent

Cette adresse qu'on ne présente plus porte fièrement les couleurs de la tradition. Par ses propriétaires, en premier lieu : la famille Vrinat qui, depuis trois générations, a fait la réputation de ce restaurant incontournable et est désormais associée à la famille Gardinier (Les Crayères à Reims). Par son nom : référence à l'auteur du "Viandier", le plus ancien manuscrit de recettes rédigé en français (vers 1379). Par son cadre, enfin : l'ancien hôtel particulier du duc de Morny (19ᵉ s.), classique, feutré et propice aux rendez-vous politiques et aux repas d'affaires. L'éclairage tamisé et l'harmonie de tons bruns, rouges et beiges favorisent un climat d'intimité, enrichi depuis 2004 par des œuvres d'art contemporain. Une façon d'entretenir des liens avec l'air du temps. Comme en cuisine, où le sixième chef de la maison, Alain Solivérès, mêle l'ancien au moderne, les recettes empruntées à la haute gastronomie à des touches méditerranéennes et actuelles. Et, cerise sur le gâteau : les caves, pléthoriques en vins rares, qui comptent parmi les plus belles de la capitale.

Entrées

- Rémoulade de tourteau, sauce fleurette citronnée
- Boudin de homard bleu

Plats

- Ris de veau croustillant
- Bar de ligne, poireaux, champagne et caviar osciètre

Desserts

- Crêpes Suzette
- Soufflé chaud au chocolat

Le 39V ✿

M o d e r n e

39 av. George-V (6ème étage - entrée par le 17 r. Quentin-Bauchart)

✆ 01 56 62 39 05

www.le39v.com

Ⓜ George V

Fermé août, samedi et dimanche

Formule 40 € – Menu 50 € (déjeuner), 95/195 € ☐ – Carte 79/153 € ✗✗

Le 39V

La température monte au 39… de l'avenue George-V ! Franchissez donc le porche de ce discret immeuble haussmannien : de là, un ascenseur vous mène directement au 6e étage. Dans les hauteurs, sur les toits de Paris, niche cette petite cité pour gastronomes… D'abord le bar, habillé de noir, où l'on peut siroter quelque cocktail avant de rejoindre sa table. Puis la grande salle, coiffée de verre et dont les larges baies ouvrent sur une délicieuse petite terrasse.

Les lieux sont raffinés ; l'assiette n'est pas en reste. Le chef, Frédéric Vardon, propose une belle relecture de la cuisine de tradition. Très attaché à la qualité des ingrédients, il met un point d'honneur à rendre visite à ses fournisseurs sur leur domaine de production. Un travail aux origines et une véritable clef de voûte pour des assiettes raffinées et démontrant de solides bases classiques. On s'enfièvre pour ce 39V plein de saveurs !

Entrées	Plats	Desserts
• Œuf fermier cuit mollet, royale de champignons et mouillettes	• Volaille jaune, écrevisses et champignons blancs	• Soufflé chaud à la vanille Bourbon de Madagascar et framboises
• Grenouilles en chaud-froid à la cressonnière et caviar primeur	• Turbot de Bretagne, pommes de terre, salicornes et girolles	• Paris-brest

Le V

M o d e r n e　　　　　　　　　　A2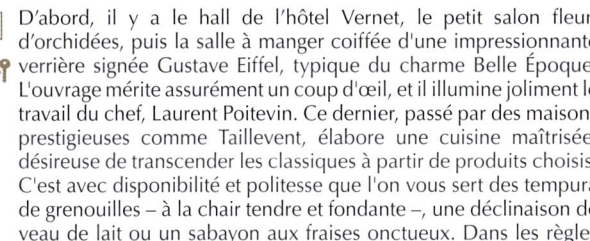

Hôtel Vernet,
25 r. Vernet
☎ 01 44 31 98 00
www.hotelvernet.com
Ⓜ Charles de Gaulle-Etoile
Fermé samedi midi et dimanche

Formule 39 € – Carte 46/83 €　　　　🍴🍴🍴

A/C　D'abord, il y a le hall de l'hôtel Vernet, le petit salon fleuri
　　　d'orchidées, puis la salle à manger coiffée d'une impressionnante
☞♟ verrière signée Gustave Eiffel, typique du charme Belle Époque.
　　　L'ouvrage mérite assurément un coup d'œil, et il illumine joliment le
　　　travail du chef, Laurent Poitevin. Ce dernier, passé par des maisons
　　　prestigieuses comme Taillevent, élabore une cuisine maîtrisée,
　　　désireuse de transcender les classiques à partir de produits choisis.
　　　C'est avec disponibilité et politesse que l'on vous sert des tempura
　　　de grenouilles – à la chair tendre et fondante –, une déclinaison de
　　　veau de lait ou un sabayon aux fraises onctueux. Dans les règles
　　　de l'art...

Le Vraymonde

C h i n o i s e　　　　　　　　　D3

Buddha-Bar Hotel,
4 r. d'Anjou
☎ 01 83 96 88 70
www.buddhabarhotelparis.com
Ⓜ Madeleine

Formule 35 € – Menu 45 € (déjeuner en semaine) – Carte 48/80 € 🍴🍴🍴
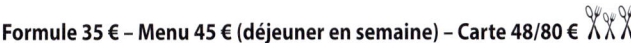

 On connaissait le Buddha-Bar, adresse parisienne très branchée ;
　　　voici le Buddha-Bar Hotel, créé dans un hôtel particulier du 18e s.
　　　(entre la rue du Faubourg-St-Honoré et la place de la Madeleine),
　　　et son restaurant, le Vraymonde. Le lieu vaut le coup d'œil !
 Un décor rare, chic et feutré, dont l'esthétique semble puiser à
　　　la source de la Chine éternelle, distillant une ambiance glamour
☞♟ et raffinée : voilà qui fait voyager... La cuisine également invite
　　　au dépaysement : métissée et saupoudrée d'épices, elle marie à
　　　merveille les accords sucrés-salés, à l'instar de cette poitrine de
　　　veau longuement confite et sa laque au miel et curry. À l'unisson
　　　du cadre, les recettes sont une ode au brassage culturel, à la
　　　rencontre des saveurs...

Opéra ·
Grands Boulevards

8e

Place de Clichy

Pl. Pigalle

Pigalle

R. Vic

Bd de Clichy

Rue

R. Pierre Fontaine

R. de Douai

R. de St-Pétersbourg

R. d'Amsterdam

R. Blanche

R. Moncey

R. Jean Baptiste

R. Notre-Dame de Lorette

St George

✗ La Petite Sirène de Copenhague

Les Affranch

Les Canailles ✗

La Bruyère

Momoka au n°24 ✗

Momoka au n°5 ✗

Liège

de Liège

R. de

Clichy

R. Blanche

STE-TRINITÉ

GARE ST-LAZARE

Londres

Pl. d'Estienne d'Orves

Trinité

Rue Saint Lazare

Georgette ✗

R. de Georges

de Amsterdam

Rue du Havre

St Lazare

Saint Lazare

Rue

Rue de Mogador

Rue de la Chaussée

Provence

Mamou ✗

Fayette

La

Rue

Havre Caumartin

Rue

Boulevard

Rue d'Antin

Chaussée d'Antin

Haussmann

Caumartin

Auber

Scribe

Rue

✗✗ L'Opéra

OPÉRA GARNIER

Bd des Italie

Pl. de la Madeleine

STE-MARIE-MADELEINE

Rue de

R.

Tronchet

✗ Le Lumière

Bd des Capucines

Opéra

M Quatre Septembre

Madeleine

de la Madeleine

A · B

0   200 m

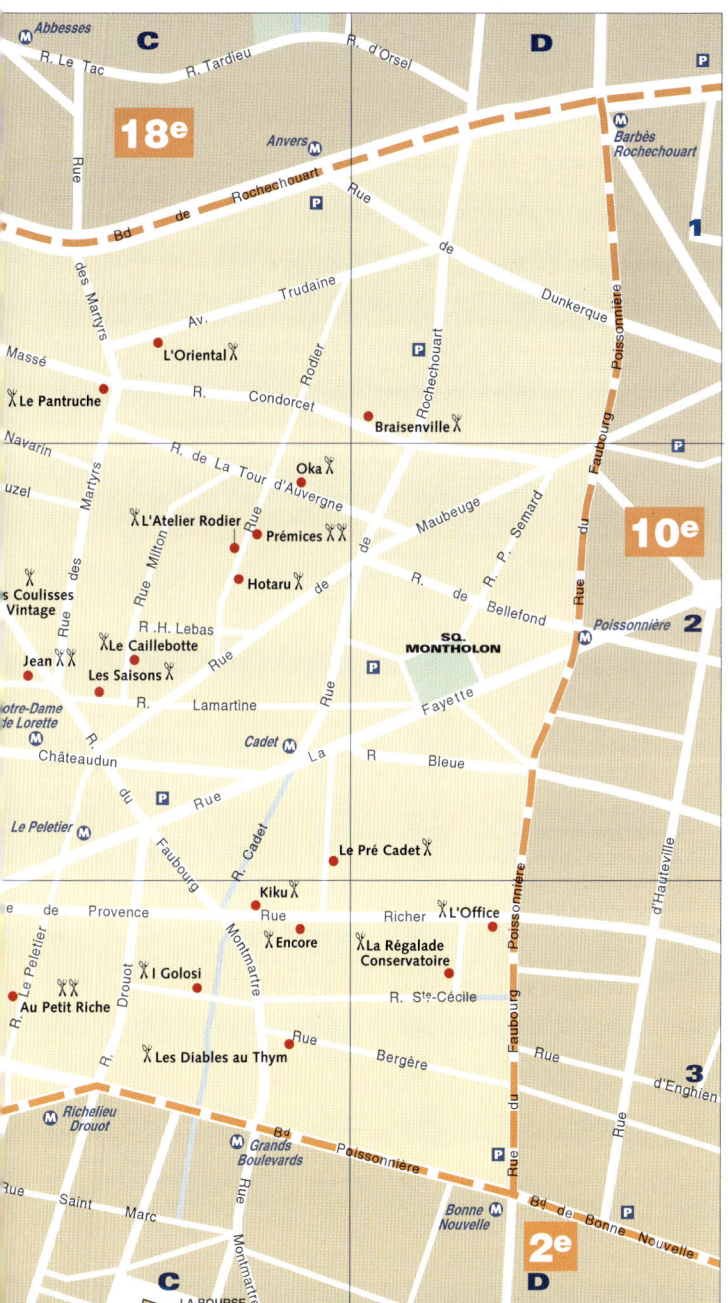

Les Affranchis 😊

M o d e r n e

5 r. Henri-Monnier

☎ 01 45 26 26 30

www.restaurantlesaffranchis.fr

Ⓜ St-Georges

Fermé 24 juillet- 23 août, dimanche et lundi

B1-2

Formule 26 € – Menu 35 € – Carte 40/65 € ✗

Un hommage à l'excellent film de Martin Scorsese ? Une référence à la poste voisine ? Rien de cela : Les Affranchis, c'est avant tout une déclaration d'indépendance pour le binôme qui a ici choisi de voler de ses propres ailes ! Nul esprit revanchard cependant, sinon une belle envie de continuité : après avoir été formés à bonne école (Beurre Noisette, Les Fables de la Fontaine, etc.), les deux jeunes hommes peuvent rendre ce qu'ils ont appris, en imprimant leur propre marque... Au menu, donc, une bonne cuisine de bistrot contemporain (foie gras poché aux épices et chutney d'oignons, foie de veau taillé épais, etc.) qui a, comme la déco plutôt vintage, d'ores et déjà conquis la clientèle bourgeois-bohème du quartier St-Georges.

Atelier Rodier

M o d e r n e

17 r. Rodier

☎ 01 53 20 94 90

www.latelier-rodier.com

Ⓜ Notre-Dame de Lorette

Fermé août, 1 semaine à Noël, mardi midi, mercredi midi, samedi midi, dimanche et lundi

C2

Formule 24 € – Menu 41/60 € – Carte 44/59 € ✗

C'est au nord du 9e arrondissement, au milieu de la rue Rodier dont la longue pente marque les prémices de la butte Montmartre, que l'on découvre ce petit restaurant né en 2013. Le lieu dénote... Au cœur de la salle, qui affirme un vrai style design, une grande vitre d'atelier ouvre sur les cuisines. Simple effet de mode ? C'est surtout une déclaration de confiance, tout à fait dans l'esprit de l'époque, destinée à montrer que l'on n'a rien à cacher, aussi bien en matière de traçabilité des produits qu'en matière de savoir-faire. Ici œuvre Santiago Torrijos, un jeune homme passé par de bonnes maisons et tout à fait à l'aise dans son rôle de bistronome en chef. Ses recettes, créatives et inspirées, réservent de savoureuses surprises !

Au Petit Riche

T r a d i t i o n n e l l e

C3

25 r. Le Peletier
☎ 01 47 70 68 68
www.restaurant-aupetitriche.com
Ⓜ Richelieu Drouot
Fermé week-ends de mi-juillet à fin août et fériés

Formule 26 € – Menu 31/37 € ♙ – Carte 36/64 €

 Maupassant l'évoquait dans *Bel Ami*, Mistinguett et Chevalier le fréquentaient assidûment : c'est bel et bien une institution ! D'ailleurs, les "petits riches" qui venaient ici dès 1854 vous le diraient : ses salons façon 19e s. sont restés tels quels, avec banquettes en velours rouge, miroirs finement gravés, chapelières, élégantes tables au coude-à-coude... Le chef fait le bonheur des habitués – une belle clientèle de quartier et étrangère – en perpétuant une carte à l'esprit bistrotier traditionnel (pâté en croûte, huîtres, haddock poché, côte de veau et sa purée maison, baba au rhum, etc.). Une tranche d'histoire à "déguster" sur fond de recettes d'inspiration tourangelle, et à arroser d'une bouteille de la superbe sélection de vins de Loire.

Braisenville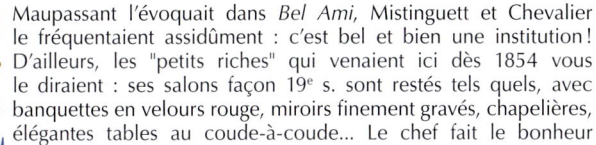

M o d e r n e

C1

36 r. Condorcet
☎ 09 50 91 21 74
Ⓜ Anvers
Fermé 1 semaine en août, samedi midi et dimanche
– Réservation conseillée

Formule 18 € – Menu 22 € (déjeuner)/35 € – Carte 25/45 € dîner

Jeu de mot canaille pour l'enseigne de ce petit repaire très contemporain... voire très *hot* ! Sur le mur principal, une grande photographie représentant une femme nue empoignant un beau morceau de viande rouge – un cliché signé Michel Restany – attire tous les regards et affirme un côté volontiers glamour et décalé (comme le reste de la déco, typée années 1970). Plaisir des sens, goût pour la chose carnée et... chaleur de braise : le ton est donné, car la cuisine tourne autour d'un beau four à braise, qui permet des cuissons de précision. L'influence ibérique est palpable ; on la retrouve aussi à travers le choix de charcuterie (jambon bellota) et, le soir, une approche de type "raciones" avec une succession de petits plats. Inventive et pétillante, la formule fait mouche – avec les vins nature qui lui vont bien.

Le Caillebotte

M o d e r n e   C2

8 r. Hippolyte-Lebas
☎ 01 53 20 88 70
Ⓜ Notre-Dame-de-Lorette
Fermé 1 semaine en avril, 31 juillet-23 août, 25 décembre-3 janvier, samedi et dimanche

Formule 19 € – Menu 35/49 €   ✕

Les heureux propriétaires du Pantruche (un peu plus haut vers Pigalle), dont le succès ne se dément pas depuis plusieurs années, récidivent : tout près de Notre-Dame-de-Lorette, leur Caillebotte est promis à un bel avenir ! C'est, en quelque sorte, l'archétype du bistrot contemporain : déco épurée, lampes en suspension, mur en miroir et mobilier de bois clair, avec une baie vitrée donnant sur les cuisines. Franck Baranger, le chef, y compose ces assiettes fraîches et résolument modernes dont il a le secret : langoustines servies crues sur des lasagnes de concombre, thon blanc de Saint-Gilles et coulis de petits pois mentholés... Une cuisine gourmande et colorée, pleine de saveurs, qui colle parfaitement à l'ambiance conviviale et bon enfant des lieux. Voilà une adresse qui fait du bien !

Les Canailles

M o d e r n e   B2

25 r. La Bruyère
☎ 01 48 74 10 48
www.restaurantlescanailles.fr
Ⓜ St-Georges
Fermé 3 semaines en août, samedi et dimanche
– Réservation conseillée

Formule 26 € – Menu 34 € – Carte environ 37 €   ✕

Parfaite pour s'encanailler, cette sympathique adresse a été créée par deux Bretons formés à bonne école, notamment chez Dominique Bouchet et au Crillon. Ici, ils jouent la carte de la bistronomie, des recettes de saison et bien sûr des plats canailles. À l'image de cette belle tranche de pâté de tête et de cette échine de porc, poêlée de girolles et pommes grenaille. Ne passez pas à côté des spécialités de la maison : le carpaccio de langue de bœuf sauce ravigote et le baba au rhum avec sa chantilly à la vanille... On se régale d'autant plus que les portions sont généreuses ! Avec en prime une belle ambiance de bistrot de quartier, à deux pas de la butte Montmartre et du Moulin Rouge... où l'on pourra finir de s'encanailler.

Les Coulisses Vintage

Classique   C2

19 r. Notre-Dame-de-Lorette
℡ 01 45 26 46 46
www.lescoulissesvintage.com
Ⓜ St-Georges
Fermé 3 semaines en août, samedi midi, dimanche
et lundi

Formule 16 € – Menu 40 € – Carte 75/100 €

Après toutes ces dernières années où le monde de la gastronomie
a été marqué par le renouveau et l'expérimentation, la cuisine
classique française est finalement devenue foncièrement... vintage.
Or, on le sait, le vintage est aujourd'hui à la mode ! Pourquoi
bouder son plaisir quand on (re-)découvre d'aussi appétissantes
recettes que les pieds de veau sauce homardine, la poularde demi-
deuil, les joues de bœuf ou le lièvre à la royale, et même le soufflé
au chocolat ? Des classiques qui conservent toute la saveur qui
a justifié leur création en leur temps, d'autant qu'ils sont ici très
joliment cuisinés : les casseroles en cuivre sont même de rigueur
sur le fourneau. Le tout dans un cadre sans prétention : nul doute,
les règles du bon se moquent... des modes !

Les Diables au Thym

Moderne   C3

35 r. Bergère
℡ 01 47 70 77 09
www.lesdiablesauthym.com
Ⓜ Grands Boulevards
Fermé 3 semaines en août, samedi midi et dimanche

Formule 30 € – Carte 50/70 €

 Ah, les Grands Boulevards... Le Palace et les Folies Bergère ne
sont pas loin et, de jour comme de nuit, l'animation est à son
comble. Hommes d'affaires et habitués du quartier aiment à se
retrouver en ces Diables au Thym, petit restaurant contemporain
où l'on savoure une cuisine du marché appétissante – sinon
malicieuse –, tout en produits frais et de saison. Tentez par
exemple la soupe du moment, des poivrons marinés... au thym, un
pavé de maigre poêlé servi avec une ratatouille à la fleur... de thym,
et, pour finir, osez le clafoutis aux fruits de saison. Les cuissons
justes et les assaisonnements bien dosés flattent les papilles.
Pour accompagner le tout, on propose de jolis vins "nature". Nul
diablotin en ces lieux !

Encore

M o d e r n e

C3

43 r. Richer
☎ 01 72 60 97 72
Ⓜ Le Peletier
Fermé 2 semaines en août, 2 semaines à Noël,
samedi et dimanche

Formule 25 € – Menu 30 € (déjeuner), 48/75 €

Encore un bistrot branché, à la fois rétro et gastro comme il se doit ? Béton ciré, mobilier de récupération (banquettes en skaï, chaises dépareillées), tables en bois brut, suspensions d'esprit industriel, etc. : tous les codes du lieu tendance sont bel et bien réunis, mais avec une simplicité qui évite les stéréotypes... De fait, l'endroit n'a rien d'une énième copie, car c'est un vrai chef, avec un style bien à lui, qui fait tourner l'affaire ! Ainsi cette entrée originale, jouant sur l'amertume : bulots, poireaux et noix de muscade dans un jus d'herbes. Qu'il s'agisse de l'ardoise du jour au déjeuner, ou du menu dégustation le soir, on découvre un authentique travail de cuisinier, avec la touche d'inventivité qui va bien. La conclusion s'impose : encore et toujours plus !

Georgette

T r a d i t i o n n e l l e

B2

29 r. St-Georges
☎ 01 42 80 39 13
Ⓜ Notre-Dame de Lorette
Fermé vacances de février et de printemps, août,
vacances de la Toussaint, samedi, dimanche, lundi
et fériés

Formule 20 € – Carte 32/42 €

Une plongée au cœur des sixties, voilà ce que propose Georgette. Derrière ce prénom rétro, il y a un sympathique bistrot qui réjouira les nostalgiques des tables multicolores en formica et des sièges en skaï vert olive. Le cachet insolite du lieu plaît aussi aux touristes en mal d'authenticité, heureux de goûter à cette atmosphère décontractée. "Retour aux sources" également dans la cuisine, inspirée par la tradition et réalisée avec des produits de qualité. Le chef vous régale avec ses harengs aux oignons doux, son pâté en croûte façon Ducloux ou des oreilles de cochon au vin blanc doux. Encore un petit creux ? Tentez le riz au lait ou un Eton mess, un dessert typiquement britannique. Si c'est Georgette qui vous le dit !

Hotaru

Japonaise   C2

18 r. Rodier
☏ 01 48 78 33 74
Ⓜ Notre-Dame de Lorette
Fermé 3 semaines en août, 2 semaines en hiver,
dimanche et lundi

Menu 24 € (déjeuner), 25/27 € – Carte 20/64 €

Association originale que celle d'une authentique cuisine japonaise et d'un décor de restaurant très parisien (mais rehaussé de touches asiatiques et d'expositions d'art). Aux fourneaux œuvre Isao Ashibe, jeune chef né à Paris, pour autant totalement imprégné de culture nippone : fils de l'un des premiers Japonais ayant créé un restaurant dans la capitale française (dans les années 1950 !), il a lui-même parfait sa formation de longues années durant dans l'archipel. Outre les incontournables makis et sushis, il propose des recettes moins connues, principalement à base de poisson et de fruits de mer (comme le foie de lotte, dit "le foie gras marin"), des plats mijotés et des fritures (agemono). Une vraie cuisine familiale japonaise, où la qualité et la fraîcheur des produits sont au rendez-vous.

I Golosi

Italienne   C3

6 r. de la Grange-Batelière
☏ 01 48 24 18 63
Ⓜ Richelieu Drouot
Fermé 2 semaines en août, samedi soir et dimanche

Carte 25/53 €

Épicerie italienne (pastas, huiles, biscuits, etc.), comptoir de dégustation au rez-de-chaussée et salle de restaurant à l'étage : on a l'embarras du choix dans cette trattoria du joli passage Verdeau, où résonne l'accent des serveurs. Le décor ne présente aucun intérêt particulier, pour mieux laisser parler l'assiette et ses saveurs authentiques. Un conseil : n'hésitez pas à demander la belle carte de vins transalpins – plus de 500 références –, afin d'accompagner antipasti, soupes de saison et alléchants plats de pâtes... Chaque semaine, une petite sélection originale d'accords mets-vins vous est d'ailleurs proposée. Sans oublier le café du patron, digne des meilleurs. Une botte secrète, en quelque sorte... Dernier détail, I Golosi signifie "les gourmands" en italien : tout est dit !

Jean

C r é a t i v e
8 r. St-Lazare
📞 01 48 78 62 73
www.restaurantjean.fr
Ⓜ Notre-Dame de Lorette

C2

Formule 49 € – Menu 85 € (dîner)/120 € – Carte 78/101 € 🍴

A/C

Jean

Poutres peintes, tentures fleuries, atmosphère feutrée, charme bourgeois, etc. En plein cœur du 9ᵉ arrondissement, Jean donne l'illusion d'une charmante escapade en dehors du Paris contemporain... et sa cuisine cultive des plaisirs authentiques ! Aux fourneaux œuvre Attilio Marrazzo, un jeune chef italien qui a fait ses armes chez Joël Robuchon ; c'est imprégné de son expérience chez ce grand nom de la gastronomie française, tout comme des goûts de son enfance, qu'il imagine des mets raffinés, aux saveurs tranchées, où cuissons et textures se mettent mutuellement en valeur. Le soir, vous pouvez laisser faire le chef à travers un menu dégustation où il donne libre cours à son imagination. À noter : on propose un brunch au déjeuner le dimanche.

Entrées
- Escargots de Bourgogne poêlés, gnocchis parfumés au citron et velouté à l'ail doux
- Araignée de mer et fine gelée de jus de pastèque

Plats
- Rouget-barbet farci à la tapenade, sauce romesco et kumquat confit
- Ris de veau rôti et fumé à la feuille de figuier, figues de Solliès

Desserts
- Dacquoise aux amandes, bavarois vanille et balsamique, cœur coulant mara des bois
- Soufflé et carpaccio à l'ananas, sorbet basilic

Kiku

Japonaise   C3

56 r. Richer

✆ 01 44 83 02 30

Ⓜ Cadet

Fermé 1 semaine en août, 1 semaine en décembre, samedi midi et dimanche

Formule 29 € – Menu 37 € (déjeuner)/57 €

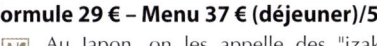

A/C Au Japon, on les appelle des "izakaya", ces bars à saké qui proposent à la dégustation une succession de petits plats. À deux coups de baguettes des Folies Bergère, le concept est original, et totalement convaincant : loin du diktat des sushis – et sans thon rouge, préservation de l'espèce oblige –, Kiku fait la part belle au répertoire traditionnel d'une vraie auberge nippone, avec chirashi, marmites, poisson du jour... Une cuisine à la fois fraîche, parfumée et soignée, qui sait aussi oser les variations contemporaines et s'adapter aux petites "manies" occidentales, par exemple avec un choix de desserts (ainsi cette délicieuse crème brûlée au sésame noir et sa glace au sésame blanc). Formule intéressante au déjeuner, menu dégustation le soir, et bon rapport qualité-prix dans les deux cas !

Le Lumière

Moderne   A3

Hôtel Scribe,

1 r. Scribe

✆ 01 44 71 24 24

www.hotel-scribe.com

Ⓜ Opéra

Fermé lundi

Formule 45 € – Menu 95 € – Carte 55/80 €

 Silence, moteur... action ! On peine à imaginer l'émotion qu'ont dû ressentir les spectateurs du premier film des frères Lumière. Et

A/C pourtant, c'est ici même, au sein de l'hôtel Scribe, qu'il fut projeté en 1895. Le décor de la salle leur rend hommage, et c'est sous

 une lumineuse verrière zénithale que l'on prend place pour le repas. Quand les premières assiettes apparaissent, le synopsis est convaincant : le chef sait mettre en scène les produits de qualité. Un savoir-faire et une originalité que l'on perçoit par exemple dans cette ventrèche de thon albacore piquée au lard de Colonnata, artichauts poivrade, girolles poêlées et écume de nougatine à l'ail doux. Cadrage, scénario : le film se révèle savoureux... avec pour "happy end" de délicats desserts.

Mamou

T r a d i t i o n n e l l e   B3

42 r. Taitbout

☏ 01 44 63 09 25

Ⓜ Chaussée d'Antin

Fermé 3 semaines en août, 1 semaine à Noël, lundi
soir, mardi soir, samedi midi et dimanche

Formule 19 € – Carte 35/52 €   ✕

Quelles qu'aient été les motivations du choix de ce nom
de "Mamou", on y voit volontiers une évocation de l'amour
maternel, voire des bons petits plats qui réchauffaient nos cœurs
d'enfant... On se réfugiera donc avec plaisir dans les jupons de ce
restaurant de quartier né en 2013 à deux pas des grands magasins.
L'endroit – dont le décor joue plutôt la carte de la simplicité –
est tout indiqué pour une pause réconfortante après une séance
de shopping. Comment ne pas reprendre des forces, en effet, en
dégustant un menu aussi généreux : crème de cèpes, quasi de veau
rôti et pêche de vigne pochée à la verveine... À la dégustation, on
ne s'étonnera pas d'apprendre que le chef est passé par de belles
maisons. Il signe sans conteste un amour de cuisine du marché.

Momoka au n°5

J a p o n a i s e   B2

5 r. Jean-Baptiste-Pigalle

☏ 01 40 16 19 09

Ⓜ Trinité d'Estienne d'Orves

Fermé août, samedi midi, dimanche et lundi
– Réservation conseillée

Formule 29 € – Menu 39 € (déjeuner), 49/68 € – Carte 35/45 €   ✕

 Masayo Hashimoto a passé neuf ans dans une pâtisserie française
à Osaka... puis elle a rejoint l'Hexagone en emportant dans ses
bagages la douceur des plats traditionnels de son enfance au pays
du Soleil-Levant. En cuisinière passionnée et méticuleuse, elle
fait évoluer ses créations du jour au gré du marché et de son
inspiration, et elle adore plus que tout travailler les légumes
et les poissons – toujours avec simplicité et précision. Et
comme son Momoka est vraiment mini, la minicuisine est visible
de la minisalle (quatorze couverts seulement), créant une vraie
atmosphère "comme à la maison"... Évidemment, il faut penser à
réserver, mais l'on pourra aussi tenter sa chance au n° 24, où la
chef a créé une succursale !

Momoka au n°24

J a p o n a i s e    B2

24 r. Jean-Baptiste-Pigalle
✆ 09 67 29 47 54
Ⓜ Trinité d'Estienne d'Orves
Fermé août, samedi midi, dimanche et lundi
– Réservation conseillée

Formule 29 € – Menu 39 € (déjeuner), 45/68 €

 Installée depuis plusieurs années au n° 5 de la rue Jean-Baptiste-Pigalle, où elle devait refuser – étroitesse oblige – nombre de clients, Masayo Hashimoto a dupliqué sa petite adresse en créant une succursale au n° 24. Heureuse nouvelle : avec une salle deux fois plus grande, on a donc dorénavant trois fois plus de chance de dégoter une place, ici ou là-bas, pour profiter de sa cuisine ! La carte est en effet la même que dans la maison mère : on retrouve ici tout le savoir-faire de cette authentique cuisinière japonaise, qui fut d'abord pâtissière (le goût de la précision, déjà...) à Osaka, et excelle dans la préparation de petites préparations bien tournées, où les légumes et le poisson sont rois. Le tout dans un décor épuré, rehaussé de bois clair... à la mode japonaise bien évidemment !

L'Office

M o d e r n e    D3

3 r. Richer
✆ 01 47 70 67 31
Ⓜ Poissonnière
Fermé 31 juillet-23 août, 24 décembre-4 janvier,
samedi et dimanche – Réservation conseillée

Menu 22 € (déjeuner), 28/39 €

Un bistrot de poche, à deux pas des Folies Bergère… On passerait presque devant sans le voir, tant il se fait discret, et pourtant ! Dans une ambiance décontractée, assis au coude-à-coude, on se régale d'une cuisine qui change au rythme du marché et des saisons. Des préparations justes et savoureuses signées par un chef japonais, passé notamment par les cases Robuchon, Ducasse, Piège ou encore Barbot. Ses recettes font mouche... et sont accompagnées d'un judicieux choix de vins. À chaque repas, on a le choix entre trois entrées, trois plats et trois desserts, le tout à prix serrés. Une formule qui en séduit visiblement plus d'un : il n'est pas rare que l'on refuse du monde. Si d'aventure c'était complet, tentez votre chance au Richer, juste en face (pas de téléphone, pas de réservation) : c'est la même équipe !

Oka

N

M o d e r n e

C2

28 r. Tour-d'Auvergne

℡ 01 45 23 99 13

www.okaparis.fr

Ⓜ Cadet

Fermé août, 23 décembre-5 janvier, le midi,
dimanche et lundi – Réservation conseillée

Menu 35 €

[A/C] Oka, c'est "maison" en langue amérindienne... Un symbole fort, choisi par Raphaël Rego pour baptiser sa première affaire : le jeune chef est originaire du Brésil (de Rio exactement) et c'est après avoir rencontré sa compagne française à Sydney – où il étudiait le marketing ! – qu'il s'est converti à l'Hexagone... et à la cuisine. Un virage réussi, tant son travail est séduisant. Formé dans de belles tables étoilées, pleinement inspiré par ses racines cariocas, il signe ici des recettes très personnelles, tels ces ravioles de langoustines et sauce américaine déglacée à la cachaça, cette tranche de cochon et espuma d'igname, ou encore cet ananas caramélisé au miel et glace coriandre. Des assiettes dont la délicatesse donne à sa "maison" un goût... d'universel.

L'Opéra

M o d e r n e

B3

pl. Jacques-Rouché - Palais Garnier

℡ 01 42 68 86 80

www.opera-restaurant.fr

Ⓜ Opéra

Formule 37 € ☂ – Carte 43/91 €

   Fantôme ? Petit rat ? Non, gourmet de l'Opéra ! Au sein du palais Garnier lui-même – sous la rotonde qui accueillait autrefois les fiacres –, l'architecte Odile Decq a imaginé un espace tout en courbes... Les piliers d'origine prennent une nouvelle dimension, mis en valeur par une mezzanine "autoportante" aux airs de grand vaisseau spatial. À la fois fifties, sixties, contemporain et 19e s., ce lieu étonnant a du style, c'est indéniable ! Et la terrasse extérieure permet de profiter de l'architecture du monument... Dans l'assiette, même raffinement autour d'une cuisine de saison. Langoustines poêlées, yuzu et amandes fraîches ; cabillaud laqué, semoule de légumes croquants et grenade ; opéra en dessert (évidemment...) : en ces lieux dédiés à la danse et à la musique, la carte a tout d'une partition gourmande.

L'Oriental

Marocaine

C1

47 av. Trudaine

✆ 01 42 64 39 80

www.loriental-restaurant.com

Ⓜ Pigalle

Menu 34 € – Carte 32/45 €

Sur l'avenue Trudaine, où s'étend sa terrasse aux beaux jours, L'Oriental est fidèle à l'esprit marocain, sa patrie de cœur : tons ocre, banquettes confortables, éclairages tamisés... sans oublier quelques notes "couleur locale" comme les tables ornées de faïence, les tableaux classiques et la fontaine importée directement de Marrakech. En cuisine, la tradition demeure une valeur sacrée. Pour preuve, les plats authentiques et parfumés qui témoignent d'un savoir-faire transmis de génération en génération. Tajines, couscous et autres bricks se dégustent dans une ambiance chaleureuse, grâce à la clientèle d'habitués et au service attentionné.

Le Pantruche

Moderne

C1

3 r. Victor-Massé

✆ 01 48 78 55 60

www.lepantruche.com

Ⓜ Pigalle

Fermé 3 semaines en août, 24 décembre-5 janvier, samedi et dimanche – Réservation conseillée

Formule 19 € – Menu 35 € – Carte 42/50 €

Paris canaille, Paris la gouaille, Pantruche ! Les titis de Pigalle se sont transformés en gourmets avertis et se pressent dans ce bistrot vintage. Miroirs piqués, banquette rétro et zinc enjôleur : bien qu'actuel, le cadre fait de l'œil au Paris des années 1940. Sur l'ardoise, on reconnaît le style de Franck Baranger, un chef au beau parcours. Selon la saison, il imagine un tartare d'huîtres à la crème de laitue, une poitrine de veau confite à la verveine et petits pois à la menthe ou un inimitable soufflé au Grand Marnier. C'est efficace sans être simpliste, c'est généreux, et l'on repart le sourire aux lèvres : "Ah, Paname !"

La Petite Sirène de Copenhague

D a n o i s e

47 r. Notre-Dame-de-Lorette
📞 01 45 26 66 66
www.lapetitesireneparis.com
Ⓜ St-Georges
Fermé août, 23 décembre-2 janvier, samedi midi,
dimanche et lundi – Réservation conseillée

Menu 35 € (déjeuner)/41 € – Carte 55/77 €

À peine entré, vous serez sous le charme de cette authentique ambassade du Danemark. Pourtant cette sirène-là n'envoûte pas en chantant : elle attire les gourmets dans ses filets avec de succulents harengs aigres-doux et un incomparable saumon fumé. Deux vedettes incontestées d'une carte de mets sucrés-salés en provenance directe de la patrie d'Andersen. Naturellement, le reste suit : Peter et sa sympathique équipe prennent votre commande avec un délicieux accent nordique, en vous proposant un pigeon au chou rouge, une sole et ses pommes de terre à l'aneth… ainsi que d'excellentes øl (bières danoises) et un incontournable aquavit – à consommer avec modération, bien sûr. Couleur locale aussi, le sobre décor : tomettes cirées, photos anciennes du parc de Tivoli de Copenhague… Un régal !

Le Pré Cadet

T r a d i t i o n n e l l e

10 r. Saulnier
📞 01 48 24 99 64
www.leprecadet.fr
Ⓜ Cadet
Fermé 1 semaine en mai, 3 semaines en août, 1 semaine
en décembre, samedi midi, dimanche et lundi – Réservation conseillée

Menu 31 € – Carte 38/59 €

Cantine du quartier des banques le midi ; point de ralliement des noctambules le soir… L'herbe est toujours verte au Pré Cadet, et la salle bien remplie. D'un coup d'œil sur la carte, on comprend les raisons de ce succès : une cuisine traditionnelle canaille et copieuse, proposée à prix d'amis. Ici, la tête de veau sauce gribiche, l'andouillette, le foie et le ris de veau sont l'orgueil de la maison ! Mais on peut évidemment se sustenter d'une solide côte de bœuf de race salers rehaussée d'une sauce marchand de vin et accompagnée de pommes de terre sautées. Pour finir, on hésite entre des profiteroles et une pêche melba… Tradi, on vous l'a dit !

Prémices

M o d e r n e   C2

24 r. Rodier

☏ 01 45 26 86 26

www.facebook.com/restaurantpremices

Ⓜ Cadet

Fermé 1 semaine en mai, 3 semaines en août, 1 semaine
vacances de Noël, lundi midi, samedi et dimanche – Réservation conseillée

Formule 24 € – Menu 36 € (déjeuner) – Carte 57/77 €   ✕✕

Financier dans une banque d'affaires, Alexandre Weill est reparti
de zéro... pour se livrer à sa passion de la gastronomie, apprendre
la cuisine et ouvrir son propre restaurant. Bien lui en a pris ! On
ne peut en effet lui dénier un vrai talent de cuisinier, précis dans
ses réalisations, original dans ses propositions. Huîtres en gelée au
gingembre et basilic ; volaille jaune des Landes, purée maison et
jus à la marjolaine ; millefeuille (avec une superbe pâte feuilletée)
et crème diplomate à la vanille... Autant de recettes subtiles et sans
esbroufe, savoureuses, mettant en valeur des produits sélectionnés
avec soin. Dans un cadre contemporain pensé avec beaucoup de
goût, le repas se révèle des plus agréables. Et ce ne sont que les
prémices...

La Régalade Conservatoire

M o d e r n e   D3

Hôtel de Nell,

7-9 r. du Conservatoire

☏ 01 44 83 83 60

www.charmandmore.com

Ⓜ Bonne Nouvelle

Fermé samedi midi et dimanche – Réservation conseillée

Menu 37 €   ✕

  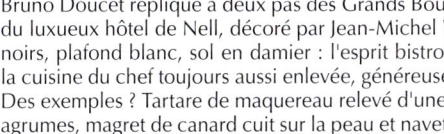

Et de trois ! Après ses Régalades des 14e et 1er arrondissements,
Bruno Doucet réplique à deux pas des Grands Boulevards, au sein
du luxueux hôtel de Nell, décoré par Jean-Michel Wilmotte. Murs
noirs, plafond blanc, sol en damier : l'esprit bistrot se fait chic, et
la cuisine du chef toujours aussi enlevée, généreuse et savoureuse.
Des exemples ? Tartare de maquereau relevé d'une vinaigrette aux
agrumes ; magret de canard cuit sur la peau et navets nouveaux, riz
au lait "comme le faisait ma grand-mère", etc. Fidèle à l'habitude
de l'enseigne, le rapport qualité-prix est excellent : vivement le
prochain opus !

Opéra • Grands Boulevards

Les Saisons

Traditionnelle

52 r. Lamartine

📞 01 48 78 15 18

www.restaurant-les-saisons.com

Ⓜ Notre-Dame de Lorette

Fermé 3 semaines en août, dimanche et lundi

C2

Formule 17 € – Menu 22 € (déjeuner en semaine) – Carte 32/47 € ✗

Comme les années, les bistrots parisiens ont leurs saisons... L'heure du printemps est revenue pour cette adresse au cachet d'antan (banquettes en moleskine, petites tables serrées, etc.), sur laquelle un jeune chef fait aujourd'hui souffler un vent de fraîcheur. Jonathan Lutz a repris l'affaire fin 2011, après avoir fait ses classes dans quelques institutions du bistrot parisien. Ici chez lui, il s'approprie avec doigté les classiques du genre, proposant par exemple terrine de pâté de campagne maison et céleri rémoulade, filet de bœuf et légumes thaïs sautés au wok, crème brûlée à la vanille, etc. – avec aussi un joli choix de fromages. À noter : il concocte au déjeuner, en semaine, deux menus plutôt bon marché. Dans tous les cas, son credo, c'est la gourmandise... au plus près de chaque saison, évidemment !

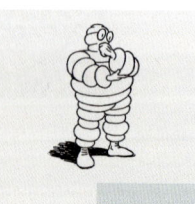

Le rouge est la couleur de la distinction : nos valeurs sûres ! Passés en rouge, le symbole ✗ repère donc les établissements les plus agréables.

S. Sonnet / hemis.fr

Gare de l'Est ·
Gare du Nord ·
Canal St-Martin

B. Rieger / hemis.fr

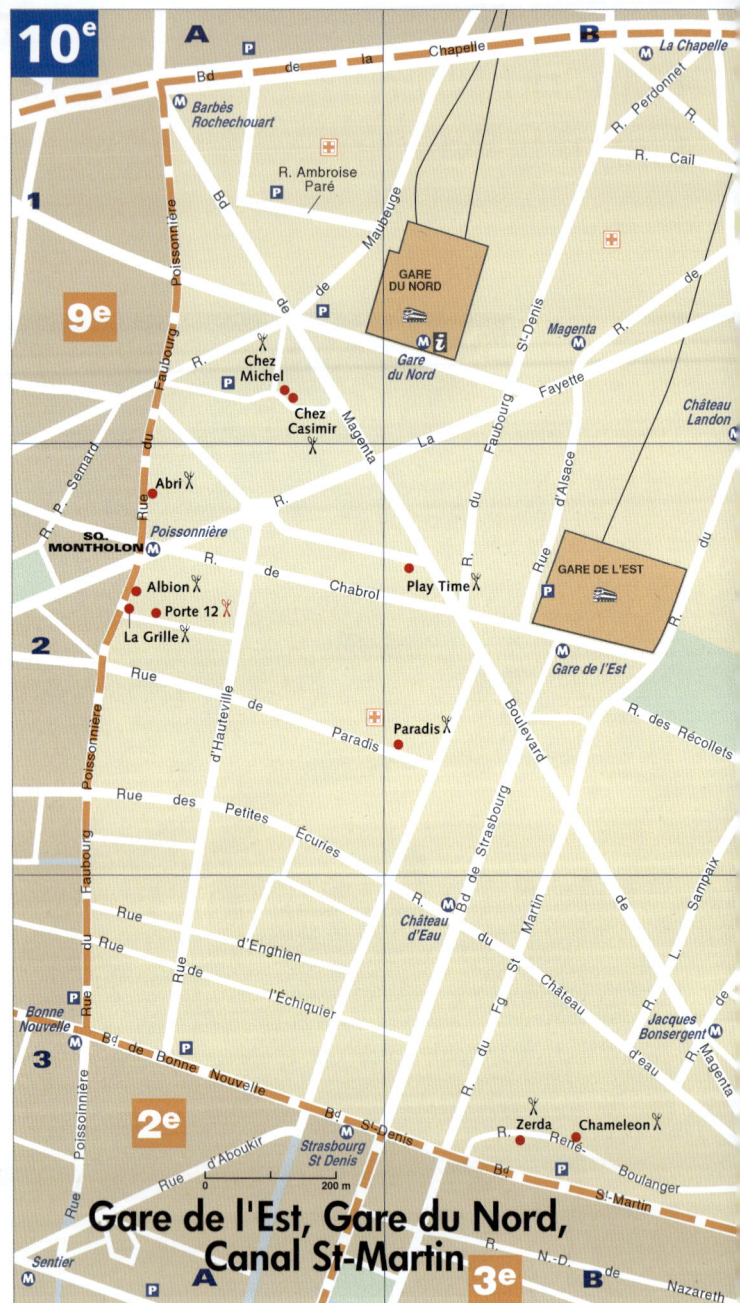

Gare de l'Est, Gare du Nord, Canal St-Martin

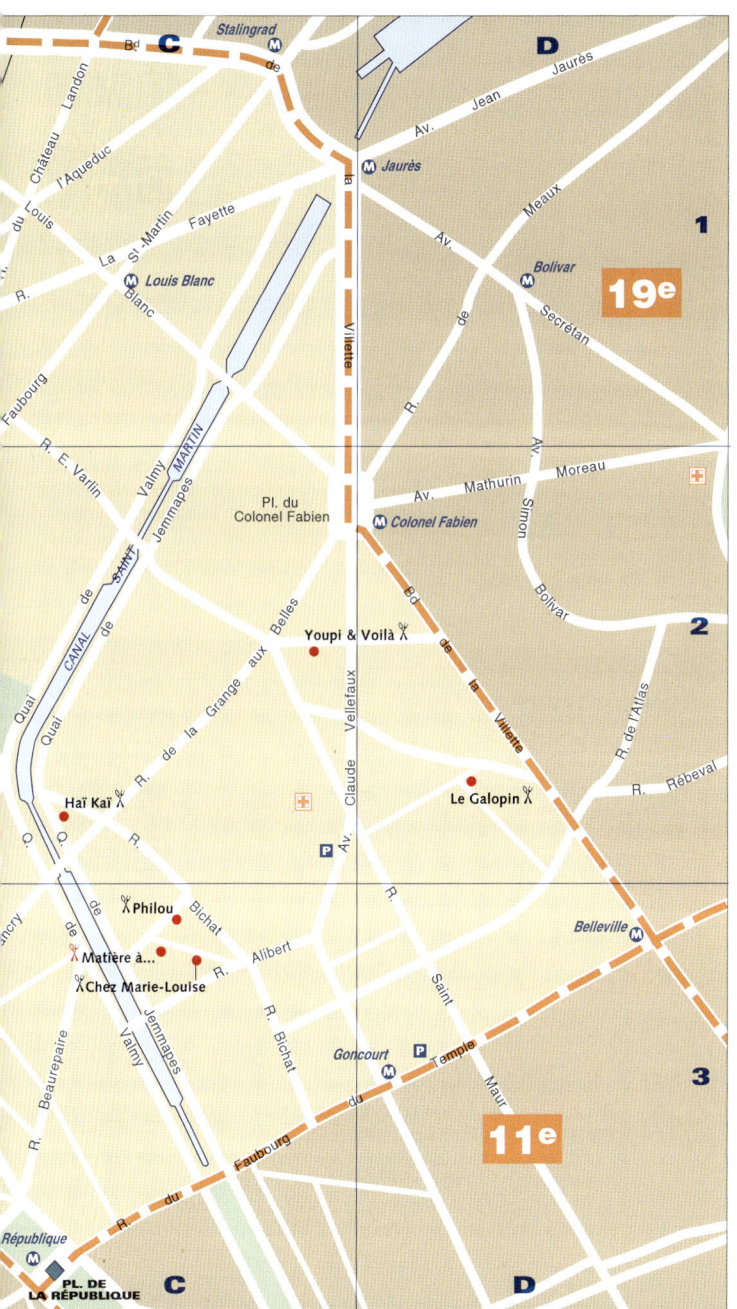

Abri

M o d e r n e

A2

92 r. du Faubourg-Poissonnière

☎ 01 83 97 00 00

Ⓜ Poissonnière

Fermé août, samedi midi, dimanche et lundi
– Réservation conseillée

Menu 25 € (déjeuner)/45 €

Et un de plus ! Se sont-ils passé le mot, tous ces jeunes Japonais qui s'installent aujourd'hui à Paris ? On ne s'en plaindra pas, tant cette tendance apporte à la capitale, en ces années 2010, de belles et bonnes adresses... Passé notamment par La Table de Joël Robuchon et Taillevent, Katsuaki Okiyama s'est entouré d'une équipe 100 % nippone... mais sa cuisine est grandement française. Bien sûr, elle porte la marque de cette sensibilité propre à l'Asie, qui va si bien aux classiques de l'Hexagone : ainsi ce maquereau mariné au citron et sa salade de fenouil, ou ce cochon rôti servi doré avec un jus de viande et une sauce au vinaigre de pomme. Bref, malgré sa petitesse et son décor modeste (vingt couverts environ), voilà un Abri où l'on se réfugie avec plaisir ! Le rapport qualité-prix est excellent...

Albion

M o d e r n e

A2

80 r. du Faubourg-Poissonnière

☎ 01 42 46 02 44

Ⓜ Poissonnière

Fermé 3 semaines en août, vacances de Noël, samedi
et dimanche

Carte 40/52 €

 Nulle perfidie en cette Albion où œuvre un chef... britannique ! Installé dans l'Hexagone depuis plus de dix ans, Matt Ong s'est parfaitement approprié le répertoire de nos provinces, au premier rang desquelles celui du bistrot parisien. Avec des produits soigneusement choisis, il crée des recettes originales mais pas excentriques, cuisinées avec justesse : qu'il s'agisse d'un poulpe de Galice à la plancha ou d'un filet de pintade landaise, les saveurs sont bien marquées. Les tarifs restent raisonnables, et l'on peut se faire plaisir avec une bonne sélection de bouteilles de petits propriétaires, car l'établissement fait aussi cave à vins. À la limite des 9e et 10e arrondissements, on peut donc réviser son anglais à l'envi et s'entraîner à prononcer : *"This bistro is very friendly !"*

Chameleon

T r a d i t i o n n e l l e B3

70 r. René-Boulanger

✆ 01 42 08 99 41

www.chameleonrestaurant.fr

Ⓜ Strasbourg-St-Denis

Fermé 15-22 février, 9-23 août, samedi midi et dimanche

Formule 18 € – Menu 22 € (déjeuner)/37 € – Carte 40/50 € ✕

 Mobilier chiné, luminaires post-industriels, cuisine bistronomique... Cette adresse, à deux pas des théâtres de la Porte-St-Martin et de la Renaissance, s'inscrit tout droit dans la tendance urbaine et contemporaine (qui a dit bobo ?). À la baguette, deux associés que l'on ne s'attendait guère à voir dans cette affaire : Valérie vient du monde du théâtre et Arnaud est un ancien créateur d'entreprise... mais ils ont en commun une passion dévorante pour la gastronomie et les bons produits – une passion partageuse. Sur la petite terrasse colorée ou à l'intérieur, on se régale d'un tartare de veau au basilic et olives taggiasche, ou encore d'une pintade aux carottes confites et pousses d'épinards... Belle représentation !

Chez Casimir

T r a d i t i o n n e l l e A1

6 r. Belzunce

✆ 01 48 78 28 80

Ⓜ Gare du Nord

Formule 24 € – Menu 28 € (déjeuner en semaine), 32/50 € ✕

Bistrot typiquement parisien que ce Casimir imaginé par Thierry Breton, le patron de Chez Michel, à quatre numéros de là sur le même trottoir. Dans la semaine, on se régale d'une cuisine fraîche, simple et bien troussée, qui fait la part belle aux produits du marché et réjouit de nombreux habitués. Mais la grande affaire, c'est le traou mad ("bonnes choses") des samedi et dimanche midi. Imaginez un peu : un buffet de hors-d'œuvre variés à volonté, de la soupe, de l'omelette, le plat en cocotte du jour et, pour ceux qui en sont encore capables, un dessert. Chut, ne dites rien, c'est déjà l'affluence...

10e

Chez Marie-Louise 😃

Traditionnelle C3

11 r. Marie-et-Louise

☎ 01 53 19 02 04

www.chezmarielouise.com

Ⓜ Goncourt

Fermé août, 24 décembre-2 janvier, samedi et dimanche

Formule 16 € – Menu 19 € (déjeuner) – Carte 29/43 €

Ah, le canal St-Martin et l'hôpital St-Louis, quartier bobo s'il en est ! Rue Marie-et-Louise, ce néobistrot est on ne peut plus au cœur du sujet. Banquettes en moleskine, moulures, propositions alléchantes à l'ardoise, etc. ; l'ambiance joue la carte rétro. On se laisse tenter, sur les conseils de Christophe, par une terrine de lapin en gelée et aromates, ou un magret de canard rôti, jus aux griottines et pomme paillasson. Nul doute : le chef revisite la tradition avec simplicité et goût ! Et l'on n'en finit plus de commenter l'excellent millefeuille à la vanille, spécialité de la maison...

Chez Michel 😃

Traditionnelle A1

10 r. Belzunce

☎ 01 44 53 06 20

Ⓜ Gare du Nord

Fermé 3 semaines en août, lundi midi, samedi et dimanche

Formule 29 € – Menu 35/100 € – Carte 32/45 €

Depuis toutes ces années, l'atmosphère informelle et conviviale de Chez Michel est devenue proverbiale. Dans un décor où dominent le bois et les tons blanc et bleu, avec au niveau inférieur une petite salle aux airs de caveau de dégustation, on se délecte de la fameuse cuisine de Thierry Breton, qui a l'art de concocter une carte traditionnelle et... bretonne (sa terre natale, qui explique également le blanc et bleu du décor, CQFD), complétée par de jolies suggestions à l'ardoise. Fricassée d'abats d'agneau de lait, pâté en croûte de pigeon, joue de bœuf à la ficelle, tronçon de barbue aux petits légumes, soufflé chocolat orange, riz au lait grand-mère... Breizh, mais pas seulement !

Le Galopin

Moderne

D2

34 r. Sainte-Marthe
☎ 01 42 06 05 03
www.le-galopin.com
Ⓜ Belleville
Fermé 2 semaines en août, 1 semaine vacances de Noël,
le midi, dimanche et lundi – Réservation indispensable

Menu 48 €

Quel galopin, ce Romain Tischenko, lui qui après avoir remporté la très médiatique émission Top Chef sur M6 (édition 2010) a choisi... la discrétion ! A-t-il résisté aux sirènes de nombre d'investisseurs ? Refusé des ponts d'or ? Quoi qu'il en soit, il n'a laissé parler que sa passion – celle de la gastronomie, du partage, de l'humilité aussi peut-être... – en ouvrant ce petit bistrot sur la jolie place Ste-Marthe. Ici chez lui, derrière ses fourneaux ouverts sur la salle, il cuisine comme à des amis, avec l'envie palpable de faire découvrir et de faire plaisir. Jeux sur les ingrédients, les herbes, les températures, etc., exécutés avec brio et inspiration : il offre à tous un beau moment tout en saveurs. Une adresse très recommandable, avec ou sans l'estampille "Vu à la TV" !

La Grille

Traditionnelle

A2

80 r. du Faubourg-Poissonnière
☎ 01 47 70 89 73
Ⓜ Poissonnière
Fermé 3 semaines en août, samedi et dimanche

Carte 35/60 €

Passez la grille, et voici le Paris d'autrefois qui resurgit ! Un bistrot "pur jus" avec ses vieux miroirs piqués par les années où semblent se refléter les dîneurs du temps passé. Carrelage hors d'âge et chaises bistrot… Même le service cadre avec l'âme du lieu, dont on vous explique avec gouaille les classiques. Rien ne semble avoir changé et pourtant… Quatre associés sont désormais aux commandes de cette institution, et lui insufflent un bel entrain. Il convient de faire honneur à une solide cuisine du genre, parfumée et soignée. Filets de hareng ? Tête de veau sauce gribiche ? Bœuf bourguignon ? Rognons de veau au porto ? On a l'embarras du choix et, surtout, la certitude qu'abondance et saveurs sont au rendez-vous.

Haï Kaï

M o d e r n e

104 quai Jemmapes

📞 09 81 99 98 88

www.haikai.fr

Ⓜ Jacques Bonsergent

Fermé 3 semaines en août, dimanche et lundi

C2

Formule 17 € – Menu 22 € (déjeuner en semaine)/45 € – Carte 35/50 €

A/C Haï Kaï, c'est la prise de pouvoir de deux femmes sur leur propre destin – et, par là même, sur celui de plusieurs centaines de fins gourmets à Paris... Gabi, ancienne artiste-photographe, est passionnée de vins et a sélectionné près de 120 références, issues de la biodynamie et de petits producteurs français. Amélie, la chef, ne jure que par la fraîcheur des produits et travaille à l'instinct, au fil du marché et des saisons. Ses plats se révèlent intelligents et bien ficelés, avec ce qu'il faut de créativité : on en redemande... D'autant que l'on se sent vraiment bien, ici : la salle à manger est un véritable antre bobo-chic, lumineux et décoré simplement ; le service tout bonnement délicieux, à la fois souriant et peu avare de conseils ou d'explications sur les plats et les vins qui les accompagnent.

Matière à...

M o d e r n e

15 r. Marie-et-Louise

📞 09 83 07 37 85

Ⓜ Goncourt

Fermé 2-17 août, samedi midi et dimanche
– Réservation conseillée

C3

Formule 19 € – Menu 23 € (déjeuner)/42 € – Carte 32/43 €

On se sent comme à la maison dans ce restaurant aux allures de loft, avec sa grande table haute en chêne, ses lampes suspendues et sa collection de miroirs sur l'un des murs. Le jeune chef, Anthony Courteille, a plus d'un tour dans son sac. Boulanger de formation – son pain, ultra-croustillant, est à tomber –, il excelle aussi dans la composition de plats fins et subtilement parfumés, dans lesquels il sait exploiter tout le potentiel des bons produits qu'il a sélectionné. On se régale dans une atmosphère chaleureuse, où l'on peut refaire le monde avec son voisin de table, ou encore discuter avec le chef, dont la cuisine se situe directement dans le prolongement de la salle. Nul doute : il y a Matière à... revenir souvent !

Paradis

Moderne

B2

14 r. Paradis
☎ 01 45 23 57 98
www.restaurant-paradis.com
Ⓜ Gare de l'Est
Fermé 10-23 août, samedi midi et dimanche

Menu 16 € (déjeuner) – Carte 33/60 €

Les larges baies vitrées laissent entrer le jour dans une salle élégante – parquet, banquettes –, dont le décor 1930 est souligné de touches africaines. Pour accéder à la mezzanine, on s'agrippe même à une rambarde issue du France, le célèbre paquebot ! Cette ambiance voyageuse est aussi de mise dans les assiettes : œuf parfait à 64° C, salade de lentilles et jambon de parme ; pavé de merlu de ligne, risotto vert, navets et brocolis, jus de viande ; ou encore carré de cochon ibérique, légumes croquants et jus aux olives... Ces créations généreuses et colorées, pleines de saveurs, montrent une vraie attention dans le travail des produits. Les légumes, notamment, sont omniprésents et chouchoutés ; le chef est passé par la case Passard, ceci expliquant sûrement cela... Une certaine idée du Paradis !

Philou

Traditionnelle

C3

12 av. Richerand
☎ 01 42 38 00 13
www.restophilou.com
Ⓜ Gouncourt
Fermé août, dimanche et lundi

Formule 19 € – Menu 34 €

De grandes et alléchantes ardoises, des miroirs, une affiche des *Enfants du paradis* de Marcel Carné... Voilà une bien sympathique adresse bistronomique, qui joue la carte de la convivialité gourmande. Au gré du marché et pile dans la tendance, le chef japonais, Shin Maeda, concocte avec cœur une poêlée de girolles et œuf mollet, des rognons de veau et galette de maïs, un saint-pierre rôti et endives caramélisées, un paris-brest ou un kouign amann... En vogue aussi, la carte des vins, qui fait la part belle à de petits vignerons indépendants, le tout à prix doux. Avec son bistrot de copains près du canal St-Martin, ce Philou-là a tout compris. Filez-y !

Playtime

M o d e r n e

B2

5 r. des Petits-Hôtels

☎ 01 44 79 03 98

Ⓜ Gare du Nord

Fermé août, 23 décembre-2 janvier, lundi soir, samedi et dimanche

Formule 22 € – Menu 30 € (déjeuner), 36/45 €

A/C Amoureux de l'originalité, Viveka Sandklef et Jean-Michel Rassinoux sont restés de grands enfants : M. Hulot aurait certainement apprécié leur cuisine ludique, où le beau classicisme français se pare d'influences scandinaves et japonaises. Ravioles de queue de bœuf au consommé à la citronnelle, filet de lieu jaune au saté et bouillon thaï, glace butternut et espuma vanille : la carte propose un voyage à travers le monde et une échappée dans le temps... Car ce lieu, vibrant hommage au film éponyme de Jacques Tati, revisite les fifties avec humour et décontraction. Time to play !

Porte 12

M o d e r n e

A2

12 r. des Messageries

☎ 01 42 46 22 64

www.porte12.com

Ⓜ Poissonnière

Fermé août, vacances de Noël, samedi midi, dimanche et lundi – Réservation conseillée

Menu 35 € (déjeuner), 58/65 €

En 2014, l'ancien Café Panique est devenu le Porte 12. En cuisine, on trouve Vincent Crépel, jeune chef français originaire du Pays basque et ayant fait une partie de ses gammes auprès d'André Chiang à Singapour. La table est déjà très en vue, et pour cause : il élabore une cuisine d'auteur enthousiasmante, résolument contemporaine, inspirée par ses voyages et ses différentes expériences professionnelles (l'Asie, encore et toujours). Les recettes évoluent au gré du marché, avec quelques associations audacieuses : maquereau, concombre et algues ; merlu, blette et butternut ; ou encore pousse de brioche, riz soufflé et poivre de Java. Le décor, contemporain, verse dans une élégante épure et, de la salle, on peut observer le travail des cuisines à travers une baie vitrée. Une "porte" ouverte sur du plaisir pur !

Youpi & Voilà

Moderne C2

8 r. Vicq-d'Azir
℘ 01 83 89 12 63
www.youpietvoila.**fr**
Ⓜ Colonel-Fabien
Fermé 2 semaines en août, dimanche et lundi

Formule 20 € – Menu 25 € (déjeuner)/43 € – Carte 35/60 € ✗

Youpi, voilà de la bistronomie à l'état pur ! Entre l'hôpital St-Louis et la place du Colonel-Fabien, on s'exclame de soulagement en découvrant, parmi de nombreuses pizzerias et kebabs, ce petit bistrot tout simple, qui, à la lecture de sa carte placardée sur la vitrine, annonce de jolis plaisirs... "Poulpe de St-Jean-de-Luz, tomates confites, fenouil braisé et ketchup de framboise" : comment ne pas avoir envie de pousser la porte ? L'assiette ne ment pas : voilà bel et bien de la bonne cuisine, signée par un vrai chef derrière les fourneaux – Patrice Gelbart de son nom. Son ambition : "créer des liens humains entre la terre, le producteur et le client." Pari réussi ! De surcroît chaleureuse, l'adresse est parfaite pour un repas entre amis, lequel se résumera d'un mot : youpi !

Zerda

Marocaine B3

15 r. René-Boulanger
℘ 01 42 00 25 15
www. Zerdacafe.**fr**
Ⓜ Strasbourg-St-Denis
Fermé lundi midi et samedi – Réservation conseillée

Carte environ 45 € ✗

À la tête du Zerda – une institution née dans les années 1940 –, Jaffar Achour, originaire de Kabylie, s'impose comme un spécialiste, un défricheur, voire un démiurge du couscous, toujours à la recherche de combinaisons inédites. Du classique couscous méchoui (agneau et merguez) à l'insolite couscous seffa (poulet, dattes, raisins secs, amandes, pistaches, fleur d'oranger, cannelle et spéculos), il joue avec les belles potentialités et les riches parfums de ce plat emblématique... qui hisse le partage au rang d'art de vivre. Le tout dans un décor arabisant, comme il se doit, et une ambiance familiale qui met à l'aise. Enfin, le joli choix de vins d'Afrique du Nord mérite attention. Une bonne graine, pour sûr !

R. Mazin / Photononstop

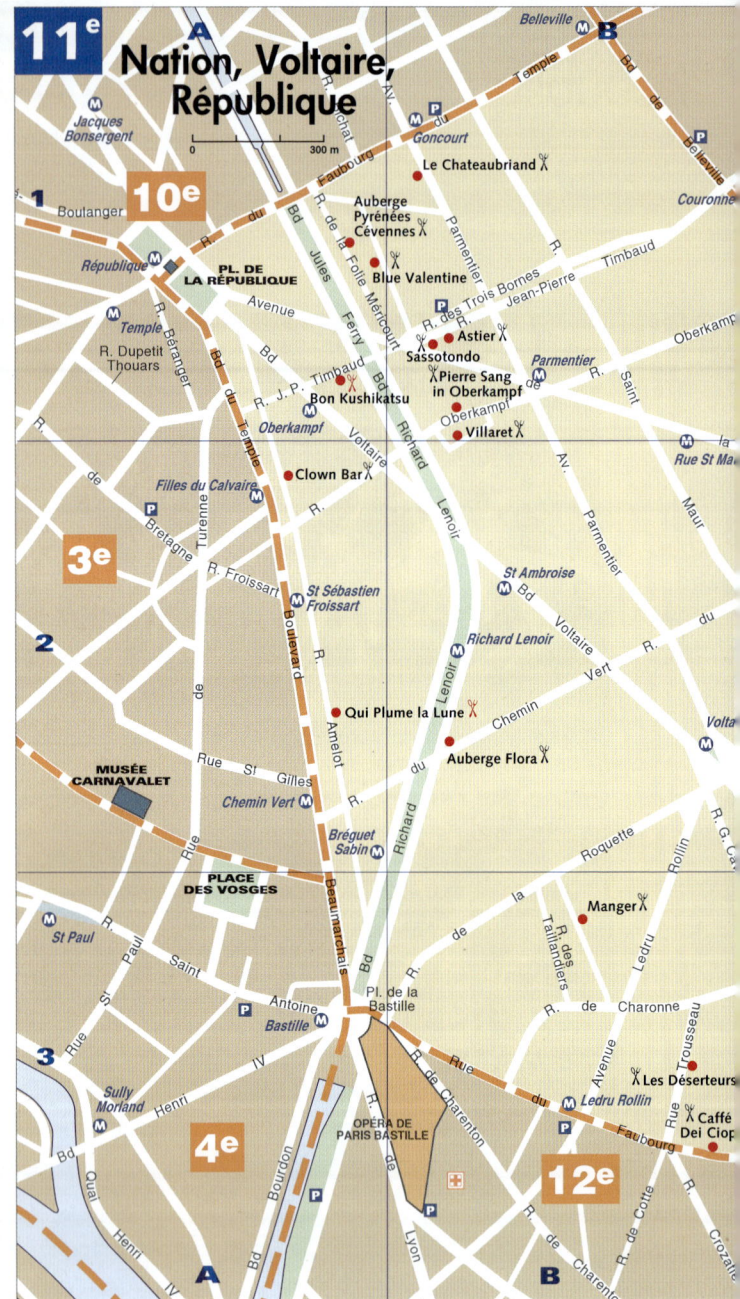

Nation, Voltaire, République

11e

10e

3e

4e

12e

Belleville

Jacques
Bonsergent

Le Chateaubriand

Auberge
Pyrénées
Cévennes

Blue Valentine

Astier

Sassotondo

Pierre Sang
in Oberkampf

Bon Kushikatsu

Villaret

Clown Bar

Couronne

PL. DE
LA RÉPUBLIQUE

République

Temple

R. Dupetit
Thouars

Filles du Calvaire

St Sébastien
Froissart

Qui Plume la Lune

MUSÉE
CARNAVALET

Chemin Vert

Bréguet
Sabin

PLACE
DES VOSGES

St Paul

Auberge Flora

St Ambroise

Richard Lenoir

Manger

Pl. de la
Bastille

Bastille

Sully
Morland

Les Déserteurs

Ledru Rollin

Caffé
Dei Ciop

OPÉRA DE
PARIS BASTILLE

0   300 m

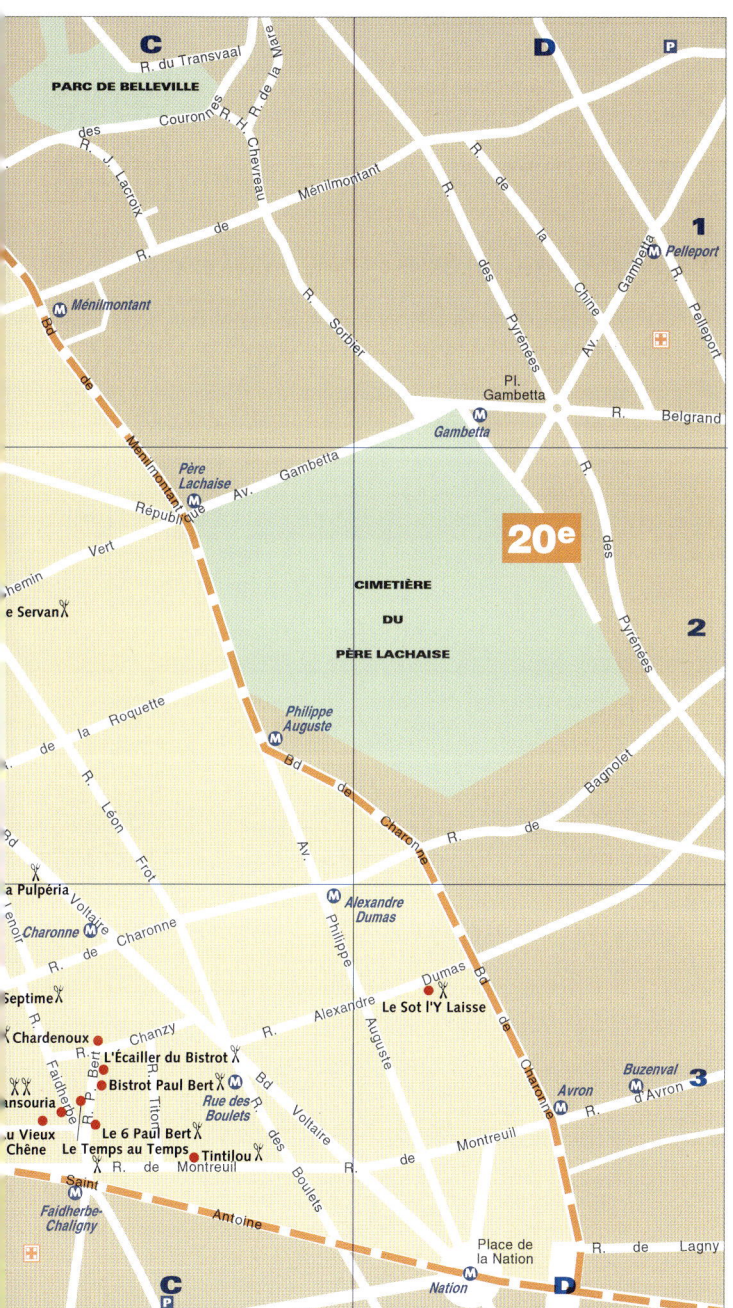

PARC DE BELLEVILLE

R. du Transvaal

C

D

R. J. Lacroix

Couronnes

R. des

R. de

Ménilmontant

R. H. Chevreau

R. de la Mare

R. de

P

Gambetta

M Pelleport

1

R. de la Chine

Av. Gambetta

R. des Pyrénées

R. Pelleport

Bd

de

Ménilmontant

M Ménilmontant

R. Sorbier

Pl. Gambetta

R.

Belgrand

M Gambetta

Père Lachaise

M Père Lachaise

Av. Gambetta

Vert

R. des Pyrénées

20ᵉ

chemin

Servan ✕

de

la Roquette

République

CIMETIÈRE

DU

PÈRE LACHAISE

2

R. de Bagnolet

Philippe Auguste

M Philippe Auguste

Bd

de

Charonne

R.

R. de

de

R. Léon Frot

Ad

a Pulpéria

Voltaire

Charonne

M Charonne

R. de

Av. Philippe Auguste

Bd

de

Charonne

M Alexandre Dumas

Alexandre Dumas

Buzenval

M Avron

M d'Avron

3

R.

Septime ✕

Chanzy

Dumas ●

Le Sot l'Y Laisse

R.

✕ Chardenoux ●

L'Écailler du Bistrot ✕

Bd

Avron

R.

● Bistrot Paul Bert ✕ **M**

ansouria ✕ ✕

R. Faidherbe

u Vieux Chêne ●

● Le 6 Paul Bert

Le Temps au Temps ✕

Rue des Boulets

R. de Montreuil

Montreuil

R.

R.

Tilsitt

Bd Voltaire

✕ ● Tintilou ✕

R.

Bd

des Boulets

de

M Saint

Faidherbe-Chaligny

Antoine

Place de la Nation

R. de Lagny

C **P**

M Nation

D

285

Nation • Voltaire • République

Astier

T r a d i t i o n n e l l e B1

44 r. J.-P.-Timbaud

☎ 01 43 57 16 35

www.restaurant-astier.com

Ⓜ Parmentier

Fermé 1ᵉʳ-15 janvier, lundi et mardi en été

– Réservation conseillée

Menu 30 € (déjeuner), 35/45 € – Carte environ 42 €

A/C

🍇 Boudin noir servi avec un jus de viande déglacé au cidre, poitrine de porc braisée au foin, pintade fermière, plateau de fromages (où l'on se sert à volonté) : un vrai "lieu de gourmandise et de bavardage", selon les vœux du patron ! Et il faut aussi parler de la cave, d'une belle richesse (environ 400 références), où les vins se déclinent avec poésie : vins de soif, vins gourmands, vins de méditation, grands flacons... Tradition, simplicité et bon rapport qualité-prix : la recette d'Astier est imparable. Et le succès de cette institution ne se dément pas. On ne se lasse pas de son accueillant décor de bistrot patiné, des tables à touche-touche, des nappes à carreaux et de la vaisselle siglées Astier – en un mot, de son caractère à la bonne franquette !

Auberge Flora

M o d e r n e B2

44 bd Richard-Lenoir

☎ 01 47 00 52 77

www.aubergeflora.com

Ⓜ Bréguet Sabin

Formule 19 € – Menu 23 € (déjeuner en semaine), 29/35 € – Carte 31/62 €

A/C Le dernier défi de la chef Flora Mikula, qui a décidé d'associer le couvert... et le gîte. C'est ainsi qu'en 2012 cet ancien hôtel proche de Bastille est devenu "son" auberge – une belle auberge d'aujourd'hui ! Comment résister aux charmes de l'endroit, véritable lieu de vie, où la cuisinière vous accueille pour ainsi dire comme à la maison ? Sa cuisine, toujours aussi pétillante, débordante de soleil et de saveurs, invite à la convivialité : petits farcis à la tomate, filet de dorade et légumes méditerranéens... On peut aussi passer simplement pour grignoter quelques tapas (crostinis de sardine en pissaladière, poulpes marinés au fenouil et citron vert, etc.), ou pour le brunch des samedi et dimanche. Avis aux Parisiens : pourquoi ne pas boucler vos valises et partir en week-end... boulevard Richard-Lenoir ?

Auberge Pyrénées Cévennes

Régionale et terroir A1

106 r. de la Folie-Méricourt

📞 01 43 57 33 78

Ⓜ République

Fermé 1er-21 août, samedi midi, dimanche et fériés

Menu 31 € – Carte 30/70 € ✕

[A/C] La bonne humeur qui se dégage de cette maison est communicative. Les plaisanteries fusent et la patronne prodigue un accueil inégalable. Dans la salle, les tables sont accolées ; des files de jambons, saucissons et grappes de piments d'Espelette pendent au plafond... Aucun doute, ici, les bons vivants sont rois ! L'assiette propose un véritable tour de France gourmand, qui passe inévitablement par les Pyrénées et les Cévennes, sans négliger pour autant les autres régions. Des recettes généreuses et authentiques, des plats canailles et des "lyonnaiseries" dont le plus fidèle compagnon – un gouleyant pot de beaujolais, par exemple – ne saurait être oublié. Tout le charme d'une auberge régionale, à prix sages et sans chichi.

Au Vieux Chêne

Traditionnelle C3

7 r. du Dahomey

📞 01 43 71 67 69

www.vieuxchene.fr

Ⓜ Faidherbe Chaligny

Fermé 25 avril-3 mai, 25 juillet-16 août, 24 décembre-4 janvier, samedi et dimanche

Formule 15 € – Menu 19 € (déjeuner)/33 € – Carte 41/48 € ✕

Fondé en 1932 et... solide comme un chêne ! Le cadre est rétro, l'ambiance sympathique : toutes les racines d'un bistrot parisien. Dans une autre vie, le patron a officié au sein de belles maisons (Rostang, Savoy) ; aujourd'hui, il jongle allègrement entre la salle et la cuisine. Le midi, il propose un bon petit menu du jour et, pour les moins pressés, la carte offre un joli choix : bœuf braisé et sauté, lotte rôtie au chorizo et nage de légumes, poitrine de cochon fermier avec un croustillant de champignons, tous très tentants. Même verdict pour les desserts avec, par exemple, un financier aux noisettes et sa glace au fromage blanc. Quant à la carte des vins, elle compte quelque 150 références. Les néophytes pourront même combler leurs lacunes en lisant le petit livret qui décrit les crus !

Bistrot Paul Bert

Traditionnelle

C3

18 r. Paul-Bert
☎ 01 43 72 24 01
Ⓜ Faidherbe Chaligny
Fermé août, dimanche et lundi – Réservation conseillée

Menu 19 € (déjeuner en semaine)/38 € – Carte 43/62 €

Deux salles décorées de bouteilles, de banquettes et de miroirs, et une troisième logée dans une ancienne boucherie aux jolies faïences murales de 1920 : vous êtes prêt pour découvrir une cuisine de bistrot au mieux de sa forme. Ici, on ne badine pas avec les bonnes choses ! Les assiettes sont copieuses, sans chichi et bien goûteuses : marbré de foie gras et poireaux, hure de cochon, parmentier de joue et queue de bœuf, cochon de lait aux girolles, filet de bœuf au poivre de Sarawak... On salive aussi à la pensée des desserts, tels le macaron aux framboises, le soufflé au Grand Marnier ou le fameux paris-brest maison. Vous êtes encore indécis ? Songez à l'impressionnante carte des vins, qui affiche près de 500 références !

Blue Valentine

Moderne

B1

13 r. de la Pierre-Levée
☎ 01 43 38 34 72
Ⓜ République
Fermé mercredi midi, lundi et mardi

Formule 29 € – Menu 36 € (déjeuner)/42 €

Une enseigne noire sur laquelle le nom du restaurant se détache en lettres dorées ; à l'intérieur, une grande peinture murale et un look de bistrot... Ce Blue Valentine ne manque pas de cachet ! Le propriétaire a eu le nez creux en s'attachant les services de Terumitsu Saito, chef japonais venu du Mandarin Oriental : il travaille des produits d'excellente qualité – anguille fumée, lotte, poulpe, porc de Bigorre ou colvert – avec talent et audace, sans jamais se laisser aller à la routine : voici un chef qui a le sens du contrepied, notamment dans l'usage qu'il fait de certains produits. Pour ce qui est de l'ambiance, les deux maîtres-mots sont détente et convivialité : on passe un beau moment, et l'on n'a qu'une envie, c'est de revenir au plus vite.

Bon Kushikatsu

Japonaise

A1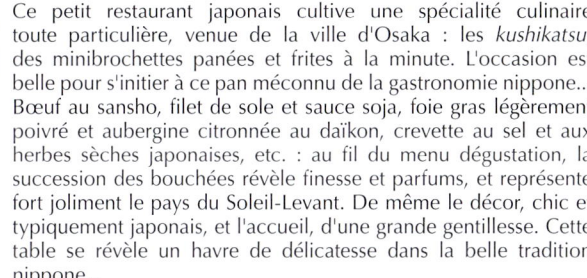

24 r. Jean-Pierre Timbaud

☎ 01 43 38 82 27

Ⓜ Oberkampf

Fermé lundi midi, mardi midi et dimanche
– Réservation conseillée

Menu 30 € (déjeuner en semaine)/60 €

Ce petit restaurant japonais cultive une spécialité culinaire toute particulière, venue de la ville d'Osaka : les *kushikatsu*, des minibrochettes panées et frites à la minute. L'occasion est belle pour s'initier à ce pan méconnu de la gastronomie nippone... Bœuf au sansho, filet de sole et sauce soja, foie gras légèrement poivré et aubergine citronnée au daïkon, crevette au sel et aux herbes sèches japonaises, etc. : au fil du menu dégustation, la succession des bouchées révèle finesse et parfums, et représente fort joliment le pays du Soleil-Levant. De même le décor, chic et typiquement japonais, et l'accueil, d'une grande gentillesse. Cette table se révèle un havre de délicatesse dans la belle tradition nippone...

Nation • Voltaire • République

Caffé dei Cioppi

Italienne

B3

159 r. du Faubourg-St-Antoine

☎ 01 43 46 10 14

Ⓜ Ledru Rollin

Fermé août, vacances de Noël, samedi, dimanche et lundi – Réservation conseillée

Carte 26/47 €

 Une histoire digne du meilleur cinéma italien... À l'affiche ? Federica Mancioppi, pâtissière ayant grandi à Milan avant de gagner Paris, et Fabrizio Ferrara, passé de la Sicile au Relais Plaza. Le générique ? Une devanture toute simple, dans un passage piéton du faubourg St-Antoine. Le décor ? Cinq tables, pas une de plus, pas une de moins, réservées à quelques chanceux, avec en arrière-plan les fourneaux visibles de la salle, au-dessus desquels s'active le duo complice. Le scénario ? Tout un défilé de belles saveurs italiennes, pétillantes ou fondantes, incontournables ou plus inattendues : risotto à l'encre de seiche, linguine aux palourdes, sbrisolona (amandes et farine de maïs) et sa crème de mascarpone... À la fin du film, pas de doute : le héros, c'est vous !

Le Chardenoux

Traditionnelle   C3

1 r. Jules-Vallès
☎ 01 43 71 49 52
www.restaurantlechardenoux.com
Ⓜ Charonne

Formule 22 € – Menu 27 € (déjeuner en semaine)/39 €

Rouvert à l'occasion de son 100ᵉ anniversaire en 2008, ce bistrot parisien trouve un second souffle sous l'impulsion du très médiatique Cyril Lignac. Ses deux petites salles à manger ont gardé tout leur charme d'origine : comptoir en marbre coloré, zinc, plafond mouluré orné de ciels peints et mobilier bistrot. Côté cuisine, la carte opte pour un séduisant registre traditionnel avec la terrine de campagne, l'œuf cocotte aux cèpes, le sauté de bœuf aux olives préparé en cocotte, l'andouillette et la côte de veau de lait de Corrèze à partager. Les plats du jour remettent sous les projecteurs hachis parmentier de canard ou bœuf bourguignon, et des desserts tels que le paris-brest ou le soufflé au chocolat. On en salive d'avance...

Le Chateaubriand

Moderne   B1

129 av. Parmentier
☎ 01 43 57 45 95
www.lechateaubriand.net
Ⓜ Goncourt
Fermé 25 décembre-1ᵉʳ janvier, dimanche, lundi et le midi

Menu 60/120 €

Inaki Aizpitarte, célèbre chef basque, attire la clientèle branchée du Tout-Paris avec son bistrot "pur jus". D'hier, le lieu a conservé le décor – tel qu'on pouvait encore en trouver dans les années 1930 – jouant sur le mélange néo-rétro (zinc, ardoises, haut plafond et tables étroites). D'aujourd'hui, il possède le répertoire culinaire et un service stylé avec des serveurs tout droit sortis d'un défilé de mode, aux allures décontractées. Chaque soir, l'unique menu dégustation offre une cuisine créative, osée et goûteuse. Produits et vins sont choisis avec soin chez des producteurs indépendants. Pensez à réserver, vu la médiatisation de cette table et la grande affluence.

Clown Bar

11ᵉ

M o d e r n e

A2

114 r. Amelot

☏ 01 43 55 87 35

Ⓜ Fille du Calvaire

Fermé lundi et mardi – Réservation conseillée

Carte 35/55 €

L'ancienne buvette du Cirque d'hiver a été reprise par l'équipe du Saturne, armée de belles ambitions. La déco est ouvertement kitsch, rétro à souhait, avec plafonds peinturlurés et céramiques à l'effigie de clowns. Aux fourneaux, le chef japonais opère avec une précision chirurgicale, et en utilisant des produits de belle qualité ; à l'instinct, il compose de belles assiettes créatives et bien dans l'air du temps. Cette cuisine se décline sans menu, uniquement au fil d'une carte aux intitulés sommaires : thon blanc / betterave / framboise ; escargot / radis glaçon / jaune d'œuf... Carte qui change au gré de l'inspiration de la semaine. Côté vins, on fait son choix parmi près de 150 références. Buzz oblige, c'est plein plusieurs jours à l'avance : pensez à réserver !

Nation • Voltaire • République

Les Déserteurs

M o d e r n e

B3

46 r. Trousseau

☏ 01 48 06 95 85

www.les-deserteurs.com

Ⓜ Ledru-Rollin

Fermé 2 semaines en août, mardi midi, dimanche et lundi

Menu 28 € (déjeuner en semaine), 45/60 €

Deux anciens du Sergent Recruteur (dans le 4ᵉ), second de cuisine et sommelier, ont rompu les rangs afin d'ouvrir ce restaurant, baptisé... Les Déserteurs. On sait au moins une chose : ces deux-là ont le sens de l'humour ! Dans cet antre cosy, tout de bois brut et de déclinaisons de gris, ils réjouissent leur clientèle avec une cuisine pleine de fraîcheur, résolument tournée vers le produit. Il suffit d'en citer quelques exemples : œuf bio mollet, purée de céleri, teriyaki, pain rôti et chanterelles ; colvert sauvage de chez Miéral, grand-roux crémeux et cèpes des Vosges ; fromage frais, rhubarbe et sorbet à la cerise... De véritables plats de chef dans lesquels rien n'est laissé au hasard, et qui montrent l'exemple d'une créativité parfaitement maîtrisée !

L'Écailler du Bistrot

Poissons et fruits de mer C3

22 r. Paul-Bert
☎ 01 43 72 76 77
Ⓜ Faidherbe Chaligny
Fermé août, dimanche et lundi

Menu 19 € (déjeuner en semaine)/55 € – Carte 45/67 €

Ici, on ne sert que des produits de la mer. Les huîtres arrivent directement de Bretagne, en provenance de Riec-sur-Belon (maison Cadoret), mais aussi d'autres bassins ostréicoles. L'ardoise du jour présente plusieurs poissons, tous de belle fraîcheur, cuisinés très simplement pour conserver leurs agréables saveurs iodées. Autres points forts de la maison : le menu homard, servi presque toute l'année, et la carte des vins étoffée, comptant près de 500 références. Quant au décor des deux petites salles à manger, il transporte les Parisiens droit vers les flots avec ses maquettes de voiliers et autres embarcations, ses peintures marines et ses boiseries évoquant les cabines de bateaux. Avant d'embarquer, il est prudent de réserver.

Manger

Moderne B3

24 r. Keller
☎ 01 43 38 69 15
web http://manger-leresto.com
Ⓜ Bréguet-Sabin
Fermé dimanche soir et le midi

Menu 57 € – Carte 45/60 €

Cette table, véritable coqueluche des jeunes branchés parisiens – entre autres ! –, est le prolongement dans l'assiette de l'association Toques et Partage, qui fait rimer gastronomie avec solidarité : un tiers de l'équipe est composée de chômeurs en réinsertion. Depuis la grande salle design, illuminée par un puits de jour, on jette un œil indiscret vers les cuisines ouvertes, avant de se régaler des créations du chef, actuelles et soignées. Au fil des saisons et du marché : foie gras poêlé aux épices, velouté de butternut, filet de bœuf, bar rôti... Et deux fois par mois, de grands chefs ou pâtissiers (Alléno, Gagnaire, Michalak, par exemple) sont invités à proposer un plat pendant une soirée spéciale, dont 10 % de la note est reversée à une association caritative. Un grand bravo !

Mansouria

Marocaine

C3

11 r. Faidherbe
✆ 01 43 71 00 16
www.mansouria.fr
Ⓜ Faidherbe-Chaligny
Fermé lundi midi et dimanche – Réservation conseillée

Menu 28/36 € – Carte 30/54 €

🍴🍴

A/C Fatema Hal est une figure parisienne de la gastronomie marocaine et son restaurant une véritable institution en la matière. Ethnologue de formation, auteur de livres traitant de la cuisine de son pays, elle a insufflé à ce lieu authentique le meilleur de ses racines. Voilà pourquoi le Tout-Paris vient et revient depuis toujours dans ce décor mauresque pour savourer les "vraies" spécialités d'Afrique du Nord, préparées par d'habiles cuisinières originaires de là-bas : tajines, couscous, pastillas, crème parfumée à la fleur d'oranger, etc. Le service, aussi souriant que courtois et efficace, ne souffre aucune comparaison. Est-il besoin de le préciser : mieux vaut réserver sa table, en particulier le soir en fin de semaine...

11ᵉ

Nation • Voltaire • République

Pierre Sang in Oberkampf

Moderne

B1

55 r. Oberkampf
www.pierresangboyer.com
Ⓜ Parmentier
Fermé août, dimanche et lundi

Formule 20 € – Menu 25 € (déjeuner), 35/39 €

🍴

A/C Qui est adepte de l'émission Top Chef, sur M6, connaît forcément Pierre Sang, finaliste en 2011. C'est ici, à Oberkampf, qu'il a décidé de s'installer. Une belle surprise ! On retrouve toute la gentillesse du jeune homme, qui délivre – on pouvait l'imaginer – une cuisine sensible et partageuse. Le menu change chaque jour en fonction du marché et de son inspiration, laquelle n'hésite pas à bousculer les habitudes, mais jamais vainement. Le cuisinier n'a pas oublié les fondamentaux, lui qui, après son BEP au Puy-en-Velay, a roulé sa bosse à Lyon, en Asie, à Londres, etc. De là sa patte cosmopolite, amatrice d'herbes et d'épices... Nul doute : ses assiettes ne manquent ni d'idées ni de saveurs ! Les produits viennent des commerçants voisins et on passe en ami (pas de réservation) : un endroit fort sympathique !

La Pulpéria

Traditionnelle

C3

11 r. Richard-Lenoir

☎ 01 40 09 03 70

Ⓜ Voltaire

Fermé août, 31 décembre-6 janvier, samedi midi et dimanche – Réservation conseillée

Menu 18 € (déjeuner en semaine) – Carte 44/64 € ✗

Elle se situe à Charonne, cette Pulpéria – du nom de ces épiceries qu'on trouve en Amérique latine –, mais elle porte bien cette appellation : c'est l'affaire de Fernando, jeune chef originaire d'Argentine, passé par de fameuses maisons parisiennes (Crillon, Royal Monceau). Ici chez lui, il réinterprète à l'envi les recettes de son pays et de l'Hexagone, à l'image de cette empañada (feuilleté farci à la viande) en entrée, croustillante et bien parfumée. Argentine oblige, la viande tient évidemment le haut du pavé. Avis aux amateurs : elle se révèle de grande qualité et préparée dans les règles de l'art... Dans l'esprit de l'arrondissement, la déco joue la carte du bistrot simple et branché. Bref, chez Fernando, tout est *bueno* !

Sassotondo

Italienne

B1

40 r. J.-P. Timbaud

☎ 01 43 55 57 00

www.sassotondo.com

Ⓜ Parmentier

Fermé 1 semaine en février, 3 semaines en août, 25 décembre-1er janvier, lundi et mardi

Menu 18 € (dîner)/33 € – Carte 36/55 € ✗

Cette trattoria contemporaine s'épanouit rue Jean-Pierre Timbaud, au cœur d'un quartier branché s'il en est... Chaises et tables en bois sombre, lumières tamisées, ambiance décontractée : le ton est donné. Sassotondo est le nom d'un domaine viticole et tout ici vient de la Botte ! À commencer par les vins et par le chef, d'origine toscane. Le pain et les pâtes sont faits maison, à partir d'une farine italienne ; l'occasion de découvrir des plats trop souvent méconnus en France comme l'acquacotta (un bouillon de légumes servis avec des croûtons et des œufs), les crêpes à la florentine fourrées de ricotta et d'épinards, la côte de veau rôtie aux salsifis, etc. *Va bene !*

Qui plume la Lune ❀

M o d e r n e
50 r. Amelot
✆ 01 48 07 45 48
www.quiplumelalune.fr
Ⓜ Chemin Vert
Fermé août, 1ᵉʳ-9 janvier, dimanche, lundi, mardi et
fériés – Réservation conseillée

A2

Nation • Voltaire • République

Menu 60 € (déjeuner en semaine), 85/120 €

Exclusive Restaurant

Qui plume la Lune, c'est d'abord un joli endroit, chaleureux et
romantique... Sur l'un des murs de la salle trône une citation
de William Faulkner : "Nous sommes entrés en courant dans le
clair de lune et sommes allés vers la cuisine." Pierres apparentes
et matériaux naturels (bois brut, branchages, etc.) complètent ce
tableau non dénué de poésie...

Qui plume la Lune, c'est aussi un havre de délices, porté par un
chef aussi humble que passionné : Jacky Ribault. Il a travaillé
dans de belles maisons (en particulier en Asie, dont sa cuisine
porte la marque) avant de créer ce restaurant avec son épouse.
Ici, il démontre une détermination rare à ne sélectionner que de
superbes produits – selon une éthique écologique, ainsi de beaux
légumes bio – et à mettre à leur service son savoir-faire de cuisinier,
avec une créativité toute maîtrisée : de là des assiettes pleines de
vitalité, de fraîcheur et de senteurs ! Très agréable moment, donc,
sous la clarté de cette table aussi lunaire que terrestre...

Entrées
- Rouget, sésame noir, mangue et makis
- Sushi de foie gras, chutney pomme-ananas

Plats
- Pigeon rôti, jus au genévrier, légumes de saison
- Veau de lait, jus à l'avoine, risotto d'orge perlé

Desserts
- Millefeuille praliné au citron vert.
- Sablé "rhubarbapapa" et lavande

Septime ✿

M O D E R N E

80 r. de Charonne

✆ 01 43 67 38 29

www.septime-charonne.fr

Ⓜ Charonne

Fermé 3 semaines en août, lundi midi, samedi et dimanche

C3

Menu 30 € (déjeuner)/65 €

F.Flohic

Des fournisseurs triés sur le volet, beaucoup de fraîcheur et d'aisance, de la passion et même un peu de malice, mais toujours de la précision et de la justesse : mené par le jeune Bertrand Grébaut (passé notamment par les cases Robuchon, Passard et Agapé), Septime symbolise le meilleur de cette nouvelle génération de tables parisiennes à la fois très branchées et... très épicuriennes !

Au milieu de la rue de Charonne, dans ce 11e arrondissement aujourd'hui très en vue, le lieu exploite à fond les codes de la modernité : grande verrière d'atelier, tables en bois brut, poutres en métal... Une vraie inspiration industrielle, plutôt chic dans son aboutissement, d'autant que le service, jeune et prévenant, contribue à faire passer un bon moment.

Le principal se jouant évidemment dans l'assiette, exemplaire de ce courant néobistrot aujourd'hui très porteur : une créativité décomplexée développant des accords de saveurs pointus et originaux, avec un respect total du beau produit, sans craindre de cultiver une heureuse simplicité... Ce Septime n'a vraiment rien de sévère !

Spécialités

● Cuisine du marché

Le Servan

M o d e r n e   C2

32 r. St-Maur

℘ 01 55 28 51 82

Ⓜ Rue Saint-Maur

Fermé 3 semaines en août, 1ʳᵉ semaine de janvier, lundi midi, samedi et dimanche

Menu 23 € (déjeuner) – Carte 42/48 €   ✕

À l'angle de la rue St-Maur, cet ancien troquet quelque peu défraîchi a été rénové par deux sœurs, Katia et Tatiana Levha, qui ont su en conserver l'esprit original et désuet : moulures et peintures, carrelage de bistrot et comptoir en formica... Tatiana, en cuisine, compose une cuisine fraîche et spontanée, basée sur des produits simples mais toujours très bons ; elle ne rechigne pas à tenter des associations inattendues, souvent avec brio ! Au détour d'une assiette, on décèle aussi quelques influences asiatiques, qui s'expliquent peut-être par les origines philippines des deux frangines. Côté flacon, on fait la part belle à des vins "nature" bien choisis. L'adresse a déjà son lot d'aficionados venus de tout le quartier : un succès amplement mérité !

Le 6 Paul Bert

M o d e r n e   C3

6 r. Paul-Bert

℘ 01 43 79 14 32

Ⓜ Faidherbe-Chaligny

Fermé août, dimanche, lundi et mardi midi

Menu 19 € (déjeuner)/44 €

Le propriétaire du Bistrot Paul Bert et de l'Écailler du Bistrot a le mérite de la cohérence : lorsqu'il a choisi une rue, il n'en démord pas de sitôt. C'est au numéro 6 qu'il a choisi d'installer cette table qui a tous les atours d'un bistrot chic – parquet en chêne massif, mange-debout, luminaires en forme de bouteille de vin et mobilier hétéroclite... Mais on a mieux à faire que contempler le décor : dans l'assiette, la cuisine fraîche et spontanée du chef, d'origine québécoise – et qui officiait auparavant au Bistrot –, nous fait de l'œil ! Thon rouge, betteraves et cassis, carré de cochon et palourdes, ou encore pêche rôtie et glace au lait : on passe un beau moment, entouré de la crème des gourmets parisiens, tendance "hipster" et "foodista"... L'adresse a le vent en poupe et l'on comprend pourquoi !

11e

Nation · Voltaire · République

Le Sot l'y Laisse

Moderne

70 r. Alexandre-Dumas
℡ 01 40 09 79 20
Ⓜ Alexandre Dumas
Fermé 3 semaines en août, 1 semaine en décembre, samedi midi, lundi midi et dimanche

D3

Formule 19 € – Menu 25 € (déjeuner) – Carte 42/70 €

Bien sot qui laisserait de côté ce beau bistrot ! À la limite des 11e et 20e arrondissements, il participe d'un véritable phénomène aujourd'hui à Paris : celui des tables lancées par de jeunes chefs japonais. Comme les autres, Eiji Doihara, originaire d'Osaka, est venu parfaire sa formation dans l'Hexagone avant de décider de s'y installer. L'occasion de rendre un bel hommage à cette gastronomie française qui le passionne... Ventrèche de thon mi-cuit, vinaigrette au soja, légumes de Joël Thiébault et quelques fleurs ; fricassée de sot-l'y-laisse aux champignons sauvages ; blanc-manger au sésame noir et mousseline de lait : généreuses et gourmandes, ou légères et délicates, ses recettes valorisent de superbes produits et font mouche à chaque fois. L'adresse remporte un succès mérité !

Le Temps au Temps

Traditionnelle

13 r. Paul-Bert
℡ 01 43 79 63 40
Ⓜ Faidherbe Chaligny
Fermé 11-26 août, 29 décembre-2 janvier, mardi midi, dimanche et lundi

C3

Formule 19 € 🍷 – Menu 21 € 🍷 (déjeuner)/32 €

A/C Entre Nation et Bastille, le petit bistrot de Denis Sabarots est une valeur sûre. Parquet, murs caramel et vieilles pendules derrière le comptoir composent le décor de la salle à manger, grande comme un mouchoir de poche. Le chef-patron propose une cuisine de saison à tendance actuelle, déclinée sur l'ardoise du jour, courte et simple. Quelques exemples ? Tartine de maquereau et rillettes, carré de veau et caviar d'aubergine, baba au rhum et pêches au sirop, etc. À noter, l'alléchante formule du déjeuner et la sympathique petite sélection de vins de propriétaires. À (re)découvrir sans tarder, en réservant, car le nombre de couverts est limité.

Tintilou

M o d e r n e　　　　C3

37 bis r. de Montreuil
📞 01 43 72 42 32
www.letintilou.fr
Ⓜ Faidherbe-Chaligny
Fermé 3 semaines en août, 1 semaine en février,
samedi midi et dimanche

Formule 17 € – Menu 35/49 € – Carte 50/62 €

Cet ancien relais de mousquetaires du 16ᵉ s., avec sa cour classée et ses plafonds à la française, a laissé derrière lui les couleurs arc-en-ciel qu'on lui connaissait pour des teintes plus neutres… Le résultat est élégant et original, comme cette cuisine qui rêve de voyages et de parfums. La carte est courte et change chaque mois, présentant les plats par d'alléchantes associations : "velouté de potiron et noisettes, fourme d'Ambert et crevettes black tiger", "joues de cochon, palourdes et blé vert du Liban", ou encore "saint-pierre de Bretagne, cocos de Paimpol et girolles", etc. Et lorsque l'on déguste une assiette de couteaux à la coriandre fraîche, on se prend à rêver de promenade en bord de mer à marée basse… Savoureuse simplicité !

Villaret

T r a d i t i o n n e l l e　　　B1

13 r. Ternaux
📞 01 43 57 75 56
Ⓜ Parmentier
Fermé 2 semaines en août, samedi midi et dimanche

Formule 21 € – Menu 26 € (déjeuner), 33/55 € – Carte 40/60 €

   Les délicieux parfums qui vous accueillent dès la porte ne trompent pas : voici une vraie adresse gourmande ! Son credo : bien faire, en toute simplicité. Le décor de parfait bistrot met à l'aise : beau bar en zinc, bois omniprésent, briques et colombages. La cuisine est franche et sympathique, à base de produits de qualité que le chef sait travailler avec justesse : salade de girolles et petit salé avec son œuf poché ; poulet fermier pattes bleues au savagnin et cocos de Paimpol ; pigeon rôti au thym et embeurrée de chou vert… La cave offre un choix étonnant : les amateurs de bourgognes et de côtes-du-rhône devraient trouver leur bonheur ! On propose aussi des vins à prix doux désignés avec humour comme "médicaments du jour", à l'unisson de l'accueil qui est… aux petits soins.

Bastille · Bercy · Gare de Lyon

Bastille, Bercy, Gare de Lyon

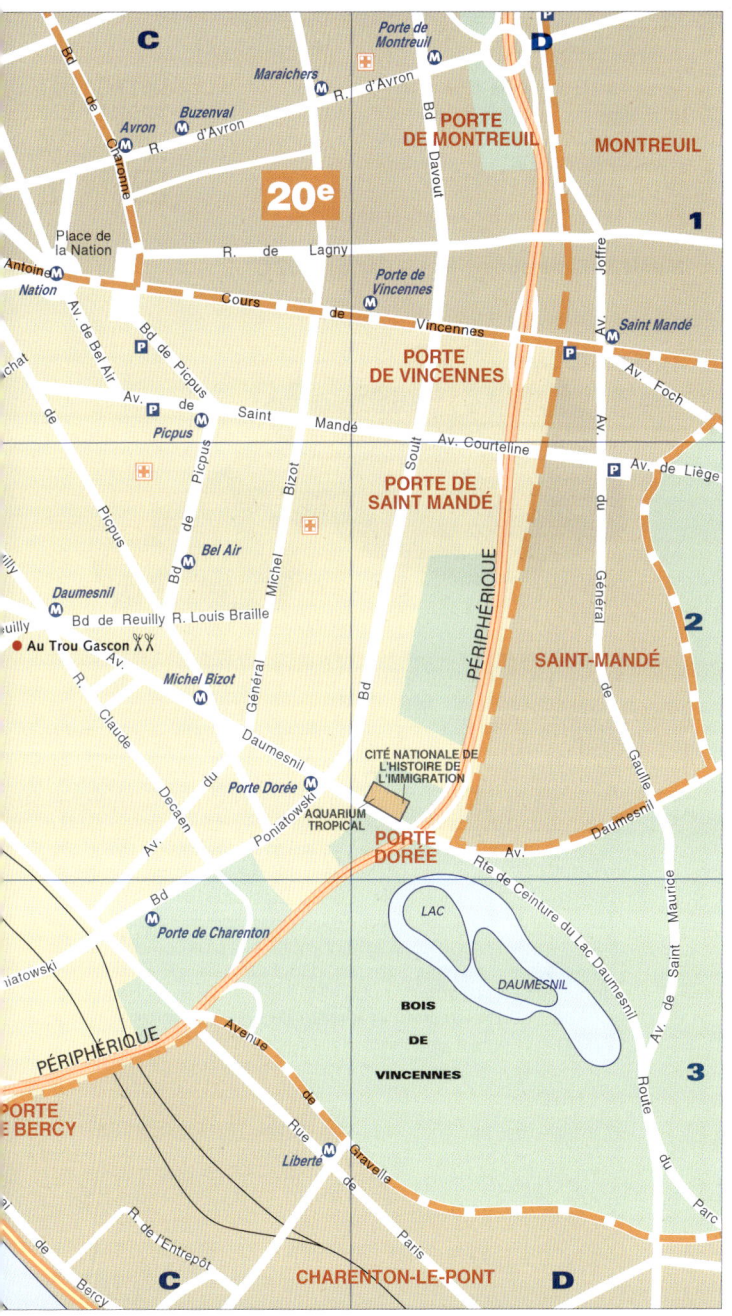

Au Trou Gascon

Du sud-ouest

40 r. Taine

☎ 01 43 44 34 26

www.autrougascon.fr

Ⓜ Daumesnil

Fermé août, 1er-7 janvier, samedi et dimanche

C2

Menu 39 € (déjeuner)/88 € – Carte 64/82 €

Michelin

Alain Dutournier y a fait ses débuts en 1973, donnant au terroir gascon ses lettres de noblesse dans la capitale. Aujourd'hui, il a conquis une table fameuse des beaux quartiers (le Carré des Feuillants, dans le 1er arrondissement), mais son ancien bistrot 1900 est resté dans la famille. Grâce à son jeune chef, Clément Thouvenot, le Trou Gascon continue d'attirer les fins connaisseurs des spécialités du Sud-Ouest, ou plus précisément de l'Adour et de l'Océan. Les incontournables sont à la carte : pâté en croûte au foie gras de canard, lièvre à la royale, tourtière chaude et croustillante... et, bien sûr, le cassoulet. Le terroir dans toute sa splendeur !

Mais cette ode à la tradition ne doit pas occulter l'autre visage d'une adresse qui sait aussi se faire créative et plus contemporaine. Et que serait tout cela sans un bon cru ? De ce côté-là, pas d'inquiétude : la carte des vins est d'une richesse incomparable (près de 1 000 références) et réserve de belles surprises. Ce Trou Gascon est fidèle à sa réputation.

Entrées

- Homard bleu vapeur, royale coraillée et infusion d'herbes parfumées
- Foie gras de canard des Landes en pâté, croûte pistachée

Plats

- Caneton croisé rôti, escalope de foie gras et escaoutoun de maïs aux cèpes
- Lièvre à la royale, truffe et foie gras

Desserts

- Russe pistaché et framboises craquantes, crème glacée à la pistache
- Tourtière croustillante, glace caramel salé

À La Biche au Bois

Traditionnelle

A1

45 av. Ledru-Rollin
☎ 01 43 43 34 38
Ⓜ Gare de Lyon
Fermé 24 juillet-23 août, 23 décembre-2 janvier, lundi
midi, samedi et dimanche

Formule 19 € – Menu 24 € 🍷 (déjeuner)/31 € – Carte environ 35 € 🍴

Les inconditionnels de cette adresse l'apprécient pour sa longévité
et pour son caractère : celui d'un bistrot d'esprit années 1920,
avec tables nappées à touche-touche, argenterie, ambiance
conviviale... et cuisine à l'ancienne ! Le patron, consciencieux et
motivé, met en effet un point d'honneur à préserver la tradition.
Quelques incontournables : la terrine maison, le coq au vin et le
gibier, toujours à l'honneur en saison, tels le sanglier, le lièvre... et
la biche, bien sûr ! Pour la note sucrée : "l'Opéra Biche" maison
(un gâteau moelleux et sa crème anglaise) ou la crème caramel. En
un mot, une carte aux puissants accents du terroir qui justifie le
succès de l'établissement.

Le Cotte Rôti

Moderne

A1

1 r. de Cotte
☎ 01 43 45 06 37
Ⓜ Ledru Rollin
Fermé 3 semaines en août, 24 décembre-2 janvier,
samedi midi, dimanche et lundi – Réservation
conseillée

Formule 19 € – Menu 22 € (déjeuner)/39 € 🍴

 Dans ce quartier d'Aligre toujours en ébullition, le Cotte Rôti est à
l'image de son chef, Nicolas Michel : convivial et épicurien. À sa
cuisine de bistrot, il apporte un certain sens de la rigueur hérité des
belles maisons où il a travaillé. Il n'est qu'à goûter cet œuf parfait,
parmentier champignons-noisettes, lard et maïs ; ce velours
de tomates oubliées, condiment gaspacho, rillettes d'anguille
fumée ; ou encore ces sardines en escabèche, confit d'échalotes,
framboise, antipasti de girolles... De belles recettes dans l'air du
temps, déroulées au gré de l'humeur et du marché, tout proche.
Beaucoup de finesse donc dans cette adresse pour gourmands où
les couleurs vives claquent aux murs. Et la carte des vins rend un
hommage bien mérité aux crus de la vallée du Rhône !

La Gazzetta

M é d i t e r r a n é e n n e

A1

29 r. de Cotte – 📞 01 43 47 47 05
www.lagazzetta.fr – Ⓜ Ledru Rollin
Fermé août, dimanche soir et lundi

Formule 19 € – Menu 24 € (déjeuner), 39/59 € – Carte 42/65 € dîner 🍴

Luigi Nastri, chef en provenance d'Italie, s'est installé ici avec une équipe 100 % transalpine et décline une savoureuse cuisine méditerranéenne, s'autorisant quelques escapades plus exotiques (petites touches d'épices). Ici, la règle est claire : de beaux produits, de belles saveurs et de la simplicité.

Il Goto 😊

I t a l i e n n e

B2

212 bis r. de Charenton – 📞 01 43 46 30 02
www.ilgoto.fr – Ⓜ Dugommier
Fermé 3 semaines en août, vacances de Noël et de
Pâques, dimanche et lundi

Formule 16 € 🍷 – Menu 20 € (déjeuner en semaine) – Carte 27/41 € 🍴

Sympathique, ce restaurant tenu par Simone et Marzia, un couple d'Italiens passionnés ! Lui, en cuisine, mitonne de délicieux petits plats en utilisant des produits venus tout droit du Trentin, du Frioul et de la Vénétie. Ses spécialités ? Le tartare de bœuf mariné au romarin et poivrons doux siciliens ; les gnocchis de pain aux orties et asiago, pesto d'aubergine, crumble de pecorino ; ou encore le filet de bar grillé et carpaccio d'agrumes de Sicile… Des créations goûteuses et soignées, que l'on accompagne d'un bon petit rouge transalpin. Et, pour ne rien gâcher, les tarifs sont imbattables !

Quincy

C l a s s i q u e

A1

28 av. Ledru-Rollin
📞 01 46 28 46 76
www.lequincy.fr
Ⓜ Gare de Lyon
Fermé 10 août-10 sept., samedi, dimanche et lundi

Carte 71/81 €

🍴

Sympathique, ce restaurant tenu par Marzia et Simone, un couple d'Italiens passionnés. Tartare de bœuf mariné au romarin et poivrons doux siciliens ; gnocchis de pain aux orties et asiago, pesto d'aubergine, crumble de pecorino… Des créations goûteuses et soignées, que l'on accompagne d'un bon rouge transalpin !

Table - Bruno Verjus

M o d e r n e

3 r. de Prague

✆ 01 43 43 12 26

www.tablerestaurant.fr

Ⓜ Ledru Rollin

Fermé 2 semaines en août, samedi et dimanche

– Réservation conseillée

A1

Formule 19 € – Menu 25 € (déjeuner), 60/120 € – Carte 40/90 €

Choisir les plus beaux produits, les cuisiner avec humilité : tel est le credo de Bruno Verjus, étonnant personnage, entrepreneur, blogueur et critique gastronomique... devenu chef ! Dans sa cuisine ouverte face aux clients, qui n'en manquent pas une miette, il parle de chacun de ses fournisseurs avec une petite lumière dans l'œil, avec l'apparente envie de s'effacer devant l'artisan qui a produit la matière de son travail. La carte, volontairement courte, présente des compositions atypiques, au plus près des ingrédients : foie gras des Landes rôti entier au sautoir, maturé à la flouve odorante, assaisonné de fèves de cacao et de poivre du Bénin ; daurade royale de l'île d'Yeu snackée au laurier, émulsion de beurre et vinaigre de riz fumé... Des recettes pleines d'énergie, où l'on devine une passion sincère et communicative !

Will

M o d e r n e

75 r. Crozatier

✆ 01 53 17 02 44

www.will-restaurant.com

Ⓜ Ledru Rollin

Fermé 2 semaines août, dimanche et lundi

– Réserver

B1

Formule 19 € – Carte 35/45 €

Avant de créer cette adresse furieusement tendance à deux pas du marché d'Aligre, William Pradeleix a travaillé dans de belles maisons en France et surtout à l'étranger : Londres, Marrakech, Bora-Bora... On le devine : sa cuisine a l'âme voyageuse ! Carpaccio de maigre, radis cerise, vinaigrette au gingembre ; poitrine confite de cochon du Cantal, artichauts poivrades, jus teriyaki ; ou encore tout choco sésame, praliné et caramel au beurre salé... La salle est toute petite (30 couverts) avec une déco qui emprunte autant à l'ambiance bistrot (vieux parquet, comptoir de service) qu'au style design des années 1950 (banquettes vertes, luminaires métalliques). L'ensemble a du cachet et se révèle très chaleureux, ce qui ajoute encore à la qualité de la table !

Place d'Italie ·
Gare d'Austerlitz ·
Bibliothèque nationale
de France

J. Saget / AFP Creative/Photononstop

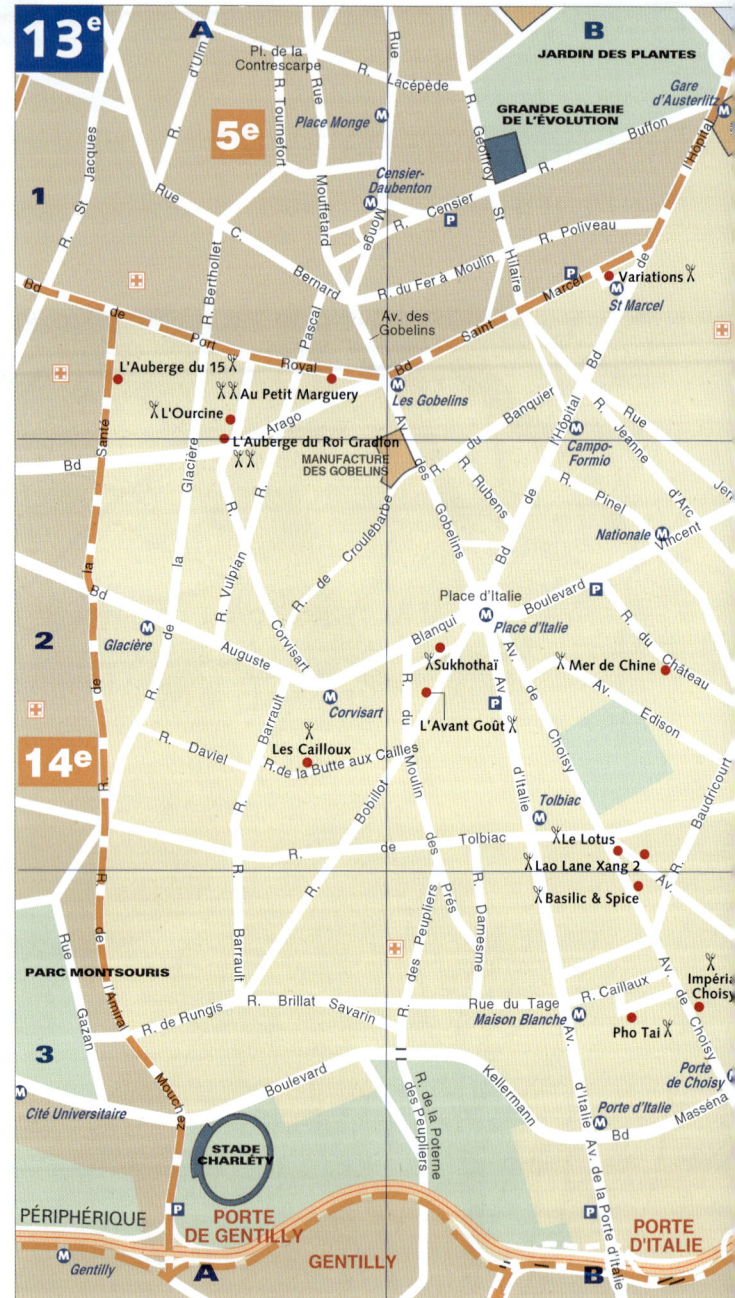

A   B

5e

Pl. de la
Contrescarpe

JARDIN DES PLANTES

Rue Lacépède
R. d'Ulm
Rue Tournefort
Rue Monge

**GRANDE GALERIE
DE L'ÉVOLUTION**

Gare
d'Austerlitz

Place Monge M

Buffon

Censier-
Daubenton M

R. Geoffroy

1
R. St Jacques

Rue
R. Mouffetard
C.
R. Berthollet

Censier
R. St Hilaire

R. Poliveau

R. du Fer à Moulin

M Marcel ● **Variations** ⚔
St Marcel

Bernard

Bd de Port Royal

R. Passage

Av. des
Gobelins

Saint Marcel

L'Auberge du 15 ⚔
⚔ **Au Petit Marguery**

Les Gobelins

⚔ **L'Ourcine**

Arago

R. du Banquier

R. de l'Hôpital

Rue Jeanne d'Arc

Bd de la Santé
Bd

R. Glacière
R. de la

● **L'Auberge du Roi Gradlon** ⚔
⚔

**MANUFACTURE
DES GOBELINS**

Campo-Formio

R. Vulpian

R. de Croulebarbe

Av. des Gobelins

R. Rubens

R. de Pinel

Nationale M

R. Vincent

d'Arc

2
M *Glacière*

Auguste

Corvisart

Blanqui

Place d'Italie M
Place d'Italie P

Boulevard

R. du Château

R. Barrault
M *Corvisart*

⚔ **Sukhothaï**

⚔ **Mer de Chine** ●

Av. d'Italie

Av. Edison

14e

R. Daviel

● **Les Cailloux**

R. de la Butte aux Cailles

P

L'Avant Goût ⚔

R. du Moulin des Prés

R. Bobillot

Av. de Choisy

Tolbiac

Baudricourt

de

Tolbiac

des

⚔ **Le Lotus** ●
⚔ **Lao Lane Xang 2** ●
⚔ **Basilic & Spice** ●

PARC MONTSOURIS

R. Barrault

R. Brillat Savarin
R. de Rungis

R. Damesme

R. de la Poterne des Peupliers

Rue du Tage
Maison Blanche M

R. Caillaux
Av. de Choisy

⚔ *Impéria
Choisy*

● **Pho Tai** ⚔

3
M
Rue Gazan
Rue de l'Amiral Mouchez

Cité Universitaire

Boulevard

**STADE
CHARLÉTY**

Kellermann

*Porte
de Choisy*

Masséna

Porte d'Italie

PÉRIPHÉRIQUE

P

**PORTE
DE GENTILLY**

A   **GENTILLY**

Av. de la Porte d'Italie

Bd
P

**PORTE
D'ITALIE**

B

M *Gentilly*

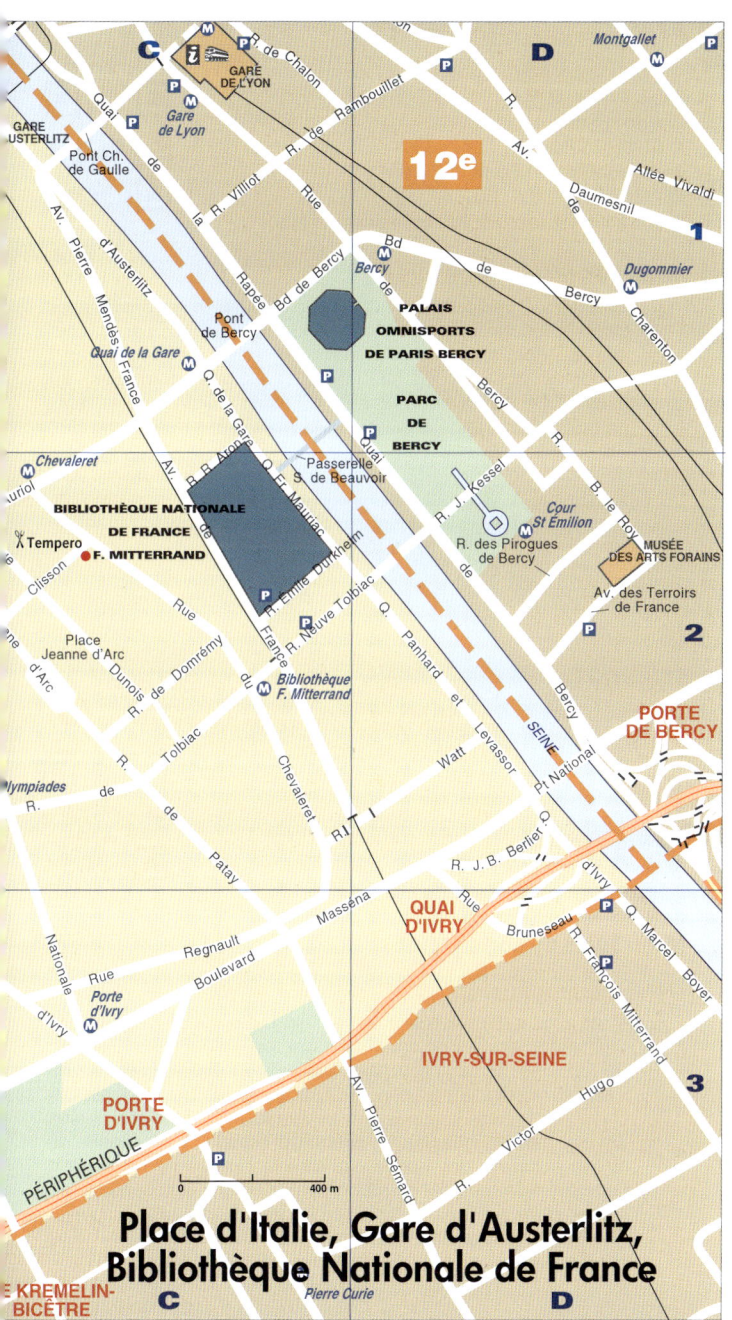

Place d'Italie, Gare d'Austerlitz, Bibliothèque Nationale de France

13e

Place d'Italie • Gare d'Austerlitz • Bibliothèque nationale de France

L'Auberge du 15

M o d e r n e   A1

15 r. de la Santé
📞 01 47 07 07 45
www.laubergedu15.com
Ⓜ Glacière
Fermé août, vacances de Noël, dimanche et lundi

Menu 39 € (déjeuner), 65/85 €

Changement radical dans cette Auberge du 15 hier connue pour célébrer les saveurs de l'Aubrac, aujourd'hui menée par un chef japonais dont le terroir de prédilection est celui de l'invention ! Yoshinori Morie a déjà un joli parcours parisien derrière lui (Encore, Le Petit Verdot) et sait mettre en valeur les excellents produits frais – une constante de la maison ! – dont il dispose. Ris de veau au vinaigre de framboise et salsifis braisés, pithiviers de volaille fermière à la truffe et au foie gras, forêt-noire... On se délecte de ses audacieuses créations dans une élégante salle à manger – pierres apparentes, tables en bois brut –, offrant de surcroît une vue directe sur les cuisines.

L'Auberge du Roi Gradlon

B r e t o n n e   A1-2

36 bd Arago
📞 01 45 35 48 71
www.roigradlon.fr
Ⓜ Les Gobelins
Fermé 3 semaines en août, 1 semaine vacances de Noël, mercredi et jeudi – Réservation conseillée
Menu 30/68 € – Carte 47/106 €

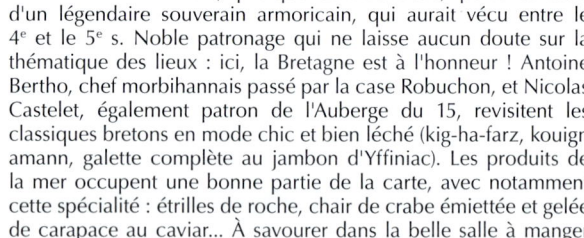

Cette adresse discrète, presque confidentielle, porte le nom d'un légendaire souverain armoricain, qui aurait vécu entre le 4e et le 5e s. Noble patronage qui ne laisse aucun doute sur la thématique des lieux : ici, la Bretagne est à l'honneur ! Antoine Bertho, chef morbihannais passé par la case Robuchon, et Nicolas Castelet, également patron de l'Auberge du 15, revisitent les classiques bretons en mode chic et bien léché (kig-ha-farz, kouign amann, galette complète au jambon d'Yffiniac). Les produits de la mer occupent une bonne partie de la carte, avec notamment cette spécialité : étrilles de roche, chair de crabe émiettée et gelée de carapace au caviar... À savourer dans la belle salle à manger (portant les vestiges des fondations de l'abbaye des Cordeliers) ou sur la terrasse.

Au Petit Marguery

T r a d i t i o n n e l l e   A1

9 bd de Port-Royal
℘ 01 43 31 58 59
www.petitmarguery.com
Ⓜ Les Gobelins

Formule 24 € – Menu 29 € (déjeuner)/37 € ♈ – Carte 36/56 €   ✗✗

A/C   La réputation du Petit Marguery n'est plus à faire, et tout y semble immuable : le décor Belle Époque rose et bordeaux, digne de figurer au patrimoine ; les serveurs qui n'ôteraient leur classique tenue noir et blanc pour rien au monde ; l'esprit chaleureux du lieu et... la carte qui joue la grande tradition ! Les habitués ne s'y trompent pas et reviennent en nombre déguster de copieux plats bistrotiers, comme les terrines maison ou la tête de veau sauce ravigote. En saison, on se bouscule également pour les spécialités de gibier, tels le fameux lièvre à la royale ou le filet de chevreuil sauce grand veneur. Des plats aussi satisfaisants que le rapport qualité-prix... Une institution indéboulonnable !

L'Avant Goût

M o d e r n e   B2

26 r. Bobillot
℘ 01 53 80 24 00
www.lavangout.com
Ⓜ Place d'Italie
Fermé dimanche et lundi – Réservation conseillée

Formule 15 € ♈ – Menu 35 €   ✗

A/C   L'engouement pour ce bistrot contemporain de la Butte aux Cailles ne se dément pas, il grandit même d'année en année ! Du coup, il affiche complet midi et soir. Indispensable donc de réserver. Le succès tient à la patte de Christophe Beaufront, ancien élève de Michel Guérard et Guy Savoy, qui invente sans cesse de nouvelles associations de saveurs, avec un penchant prononcé pour les épices. En dehors de l'emblématique pot-au-feu de cochon aux épices, laissez-vous tenter par la terrine de foie gras à la vanille, le dos de cabillaud et les fraises façon tiramisu... Les menus changent tous les mois, profitez-en ! Présentés à l'ardoise, ils participent au décor sympathique et simple (banquettes rouges, tables serrées) qui va de pair avec l'ambiance décontractée.

Basilic & Spice

Place d'Italie • Gare d'Austerlitz • Bibliothèque nationale de France

T h a ï l a n d a i s e   B3

88 av. de Choisy

☎ 01 45 85 19 30

www.basilicspice.com

Ⓜ Tolbiac

Fermé 3 semaines en juillet

Formule 13 € – Menu 20 € (déjeuner en semaine)/39 € – Carte 25/49 € ✗

A/C Au cœur du Chinatown parisien, un petit restaurant asiatique dont le décor évoque avec une certaine originalité la culture thaïlandaise : fresques, photos de jeunes moines bouddhistes, bibelots, masques en bois, orchidées, murs en ardoise, etc. Quant à l'assiette, elle met évidemment à l'honneur les spécialités du pays, mais aussi certaines recettes du Cambodge voisin, dont les propriétaires du restaurant sont originaires. Salade de papaye aux crevettes, poulet sauté au curry rouge, ou encore bar entier grillé dans une feuille de bananier à la façon khmère... Une cuisine fraîche et bien réalisée, qui traverse les frontières : on ne boude pas son plaisir !

Les Cailloux

I t a l i e n n e   A2

58 r. des Cinq Diamants

☎ 01 45 80 15 08

www.lescailloux.fr

Ⓜ Corvisart

Fermé 1 semaine en août

Formule 14 € 🍷 – Menu 18 € 🍷 (déjeuner en semaine) – Carte 34/49 € ✗

Envie d'une virée en Italie dans le pittoresque quartier de la Butte-aux-Cailles ? Une seule adresse : Les Cailloux. Ce restaurant a déjà conquis le cœur de nombreux fidèles qui ne se lassent pas de son ambiance informelle et de sa cuisine ensoleillée. Jambon toscan ; carpaccio de bœuf, roquette et parmesan ; raviolis maison ricotta épinard ; linguines crème de citron et romarin ; tiramisu... La carte des mets, imitée par celle des vins (jolie sélection à tous les prix), regorge de propositions 100 % transalpines. Côté décor, c'est un mélange de trattoria et de bistrot à la mode (plancher en bois brut, petit zinc, murs beiges). Service souriant et places prises d'assaut. N'oubliez pas de réserver !

Impérial Choisy

C h i n o i s e   B3

32 av. de Choisy
☏ 01 45 86 42 40
Ⓜ Porte de Choisy

Carte 17/52 €

A/C D'appétissants canards laqués suspendus en vitrine donnent tout de suite le ton et l'ambiance de ce restaurant : vous êtes au cœur du Chinatown parisien. Destination : la cuisine cantonaise avec ses nombreuses spécialités, réalisées ici dans les règles de l'art. Salade de méduse, soupe de raviolis aux crevettes et nouilles, poulet fermier au gingembre et à la ciboulette, canard laqué aux cinq parfums, mais aussi un bon choix de poissons diversement préparés. Les assiettes sont généreuses, les produits frais et parfumés. Pas de fioritures inutiles dans cette salle tout en longueur, sobre et claire, qui ne désemplit pas (service non-stop, voire un peu expéditif !) et où l'on mange au coude-à-coude. Un vrai goût d'authenticité, sans se ruiner.

Lao Lane Xang 2

V i e t n a m i e n n e   B2

102 av. d'Ivry
☏ 01 58 89 00 00
www.restolaolanexang.com
Ⓜ Tolbiac
Fermé jeudi midi et mercredi

Formule 13 € – Carte 19/35 €

A/C L'histoire parisienne des Siackhasone, originaires du Laos, commence dans les années 1990, avec la création successive des restaurants Rouammit et Lao Lane Xang 1, aux 103 et 105 de l'avenue d'Ivry. En 2007, Do et Ken – frères et dignes héritiers du savoir-faire familial – ouvrent cette table "bis", située juste en face de son aînée. La carte marie avec finesse spécialités laotiennes, thaïes et vietnamiennes, et le décor, sobre et contemporain, renouvelle totalement l'habituel style "cantine" du quartier. Pour savourer une soupe de crevettes à la citronnelle bien parfumée ou un canard laqué au tamarin, à la fois tendre et croustillant, pensez à réserver !

Place d'Italie • Gare d'Austerlitz • Bibliothèque nationale de France

Le Lotus

Vietnamienne   B2

121 av. d'Ivry
☎ 01 53 61 00 61
www.lelotus13.com
Ⓜ Tolbiac
Fermé 1ᵉʳ-15 septembre et lundi

Carte 16/36 €   ✗

[A/C] Madeleine N'Guyen et son mari sont les heureux propriétaires de ce savoureux Lotus, situé à cheval entre les avenues d'Ivry et de Choisy. Cette "cantine" ne cherche pas midi à quatorze heures et mise tout sur une cuisine 100 % vietnamienne, avec une longue carte qui devrait vous mettre l'eau à la bouche : salade d'ananas aux fruits de mer, soupe de pâtes de riz aux crevettes, au poulet et au porc, crêpe vietnamienne, brochette de porc grillé ou encore bœuf sauté au basilic... La fraîcheur et les saveurs sont au rendez-vous, et l'on est servi avec simplicité et diligence. Pour un repas efficace et parfumé, ce Lotus sort du lot !

Mer de Chine

Chinoise   B2

159 r. du Château-des-Rentiers
☎ 01 45 84 22 49
Ⓜ Place d'Italie
Fermé juillet

Menu 15 € (déjeuner en semaine)/25 € – Carte 20/50 €   ✗

[A/C] De la cuisine cantonaise, on connaît bien peu de choses à l'exception de son riz, parfois bien maltraité. Dans cette Mer de Chine, à l'écart de l'agitation de Chinatown, on s'immerge dans des recettes aux subtils mariages de saveurs et de textures : salade de méduse au blanc de volaille, crabe en mue sauté à l'ail, nouilles sautées au soja et œuf de cent ans... Avec une bière Tsingtao et un (léger) fond musical "made in China", on ne boude pas son plaisir ! Signe qui ne trompe pas : les Asiatiques se précipitent à chaque service dans la coquette petite salle, qui arbore une sobre décoration d'inspiration chinoise. Non, la cuisine cantonaise ne se résume pas à son riz.

L'Ourcine

T r a d i t i o n n e l l e   A1

92 r. Broca
📞 01 47 07 13 65
www.restaurant-lourcine.fr
Ⓜ Les Gobelins
Fermé 3 semaines en août, dimanche et lundi

Formule 26 € – Menu 36 €

Qualité et modestie résument joliment l'esprit de l'Ourcine, un sympathique bistrot qui compte de nombreux fidèles – et dont la salle a été rénovée en 2013. Sa façade attire l'œil en proclamant d'entrée de jeu qu'ici on a affaire à une "cuisine de cuisinier" et à des "vins de vignerons" ! De doux pléonasmes pour dire la passion du chef, Sylvain Danière (ayant travaillé chez Yves Camdeborde et à l'Épi Dupin), pour l'authenticité : sa cuisine du marché et de saison ne triche ni avec les produits ni avec les saveurs. Menu du jour, plats du moment, petite ardoise "coups de cœur" (parfois avec supplément) regorgent de belles propositions : bonbons croustillants d'agneau braisé aux dattes, tournedos de poulet de Challans farci au foie gras, blanc-manger aux mirabelles, au miel et aux épices douces...

Pho Tai

V i e t n a m i e n n e   B3

13 r. Philibert-Lucot
📞 01 45 85 97 36
Ⓜ Maison Blanche
Fermé 2 semaines en août, vacances de Noël et mercredi

Carte 20/30 €

Une adresse confidentielle... mais bien connue des initiés. Situé dans une rue calme et isolée du quartier asiatique, ce restaurant vietnamien sort assurément du lot : tout le mérite en revient à son chef et patron, Monsieur Te, arrivé en France en 1968 et fort bel ambassadeur de la cuisine du Vietnam. Ses raviolis et autres rouleaux de printemps (poulet, porc ou crevettes), son poulet croustillant au gingembre frais et ciboulette, ses marmites au jus de coco, ou encore ses incontournables bo bun et soupes phô : tout est parfumé et plein de saveurs... Conséquence logique : la petite salle – où Madame Te et sa fille assurent un accueil charmant – est rapidement pleine. Mais si les places manquent, sachez que vous pouvez vous rendre en face, au Pho Tai Tai, également tenu par la famille...

Place d'Italie • Gare d'Austerlitz • Bibliothèque nationale de France

Sukhothaï

Thaïlandaise B2

12 r. du Père Guérin
01 45 81 55 88
Ⓜ Place d'Italie
Fermé lundi midi et dimanche

Formule 14 € 🍷 – Menu 16 € 🍷/29 € – Carte 24/37 €

A/C Du nom de la première capitale du Siam (fondée au 13e s.), ce restaurant thaï situé à deux pas de la place d'Italie est vraiment beaucoup moins cher qu'un vol direct pour Bangkok ! Dans la salle à manger de poche, quelques bouddhas sculptés, des gravures et des fleurs de-ci de-là suffisent à planter le décor. Le service lui aussi joue la discrétion et les serveurs se faufilent avec aisance parmi les tables en rang d'oignons. Quant à la carte, elle présente un grand choix de saveurs thaïlandaises traditionnelles : bœuf, canard, porc et crustacés se frottent à la citronnelle, au basilic, au piment ou au lait de coco. Et quelques spécialités chinoises viennent compléter cette offre déjà large. Réservation fortement conseillée.

Tempero

N

Créative C2

5 r. Clisson
09 54 17 48 88
www.tempero.fr
Ⓜ Chevaleret
Fermé août, 1 semaine vacances de Noël, lundi soir, mardi soir, mercredi soir, samedi et dimanche – Réservation conseillée

Formule 15 € – Menu 20 € (déjeuner) – Carte 28/42 €

Un bistrot fort sympathique, qui booste littéralement ce quartier plutôt calme, entre la Pitié-Salpêtrière et la BNF ! Il doit beaucoup à la personnalité de sa chef, Alessandra Montagne, originaire du Brésil et passée par des tables aussi séduisantes que Ze Kitchen Galerie et Yam'Tcha. Ici chez elle, en toute décontraction, elle cuisine au gré du marché de beaux produits frais, signant des recettes vivifiantes à la croisée de la France, du Brésil évidemment, mais aussi de l'Asie. Un joli métissage qui cultive l'essentiel : de suaves parfums... Un concept mi-bistrot, mi-cantine qui fait mouche !

Variations

T r a d i t i o n n e l l e   **B1**

18 r. des Wallons
☏ 01 43 31 36 04
www.restaurantvariations.com
Ⓜ Saint-Marcel
Fermé août, samedi midi et dimanche

Formule 17 € – Menu 19 € (déjeuner), 30/44 € – Carte 36/64 €   ✗

Un vrai bistrot, celui-là : des banquettes, des tables en bois, des moulures et de grands miroirs anciens. Le chef (un ancien pilote de chasse !) compose de jolies... variations autour du marché et des saisons. Amoureux des beaux produits, il aime donner du piquant à la cuisine traditionnelle, avec une pincée de poivre de Madagascar par exemple, au parfum de bois et de fleur. À la carte : de spectaculaires pastas flambées à la grappa dans une meule de parmesan, un filet de dorade aux petits légumes et, pourquoi pas, une crème brûlée au sirop de coquelicot ou une brioche façon pain perdu, avec du caramel... Aux beaux jours, la salle s'épanche doucement sur la rue, si calme à deux pas de la Pitié-Salpêtrière.

Place d'Italie • Gare d'Austerlitz • Bibliothèque nationale de France

Ce guide vit avec vous : vos découvertes nous intéressent. Coup de colère ou coup de cœur, faites-nous part de vos impressions : écrivez-nous !

Montparnasse ·
Denfert-Rochereau ·
Parc Montsouris

J. Loïc / Photononstop

14e

Montparnasse, Denfert-Rochereau, Parc Montsouris

A **B**

Lecourbe

Pasteur

TOUR

Bd. de Vaugirard

Montparnasse
Bienvenüe

R.

Blomet

de

R. du Docteur Roux

GARE
MONTPARNASSE

R.

Vaugirard

1 Vaugirard

MONTPARNASSE 2

MONTPARNASSE 3
VAUGIRARD

JARDIN
ATLANTIQUE

R.

de

R. d'Alleray

R. Paul Barruel

R. Dulot

R. du C.al R. Mouton

Rue   du   Cotentin

Place de
Catalogne

Jean

Lalande

Pasteur

La Cagouil

R.

d'Alleray

R. de
la Procession

R. Alain

Cobé

R.

de

R. St. Amand

R. Castagnary

Danzig

R. Pernety

Raymond Losserand du

des

Vouillé

Vercingétorix

R.

Pernety

La Cantine du Troquet

15e

de

Gergovie

Didot

**PARC
GEORGES BRASSENS**

Morillons

Plaisance

L'Essentiel

R.

d'Alésia

R.

Brancion

R. Castagnary

R. Raymond Losserand

R. Pierre Larousse

Didot

2

R. J. Baudry

Porte de Vanves

R.

Les Petits Plats

des

R. Julia Bartet

Bd

R.

Av.

**PORTE
BRANCION**

R.

Lafenestre

Brune

**PORTE
DE VANVES**

G.

Place du
25 Août 1944

La Régal

**PORTE
DE CHÂTILLON**

Malakoff Plateau
de Vanves

Av.

Hugo

Victor

R.

Pierre

PÉRIPHÉRIQUE

MALAKOFF

R. E. Varlin

R. Béranger

Brossolette

Av. Jules Ferry

3

Bd

Gabriel

Larousse

Péri

Gabriel

Péri

République

Av. Augustin Dumont

Pierre

R.

Jaurès

de

Maurice

Arnoux

Jean

Rue

A Av. Av. R. Verdier **B**

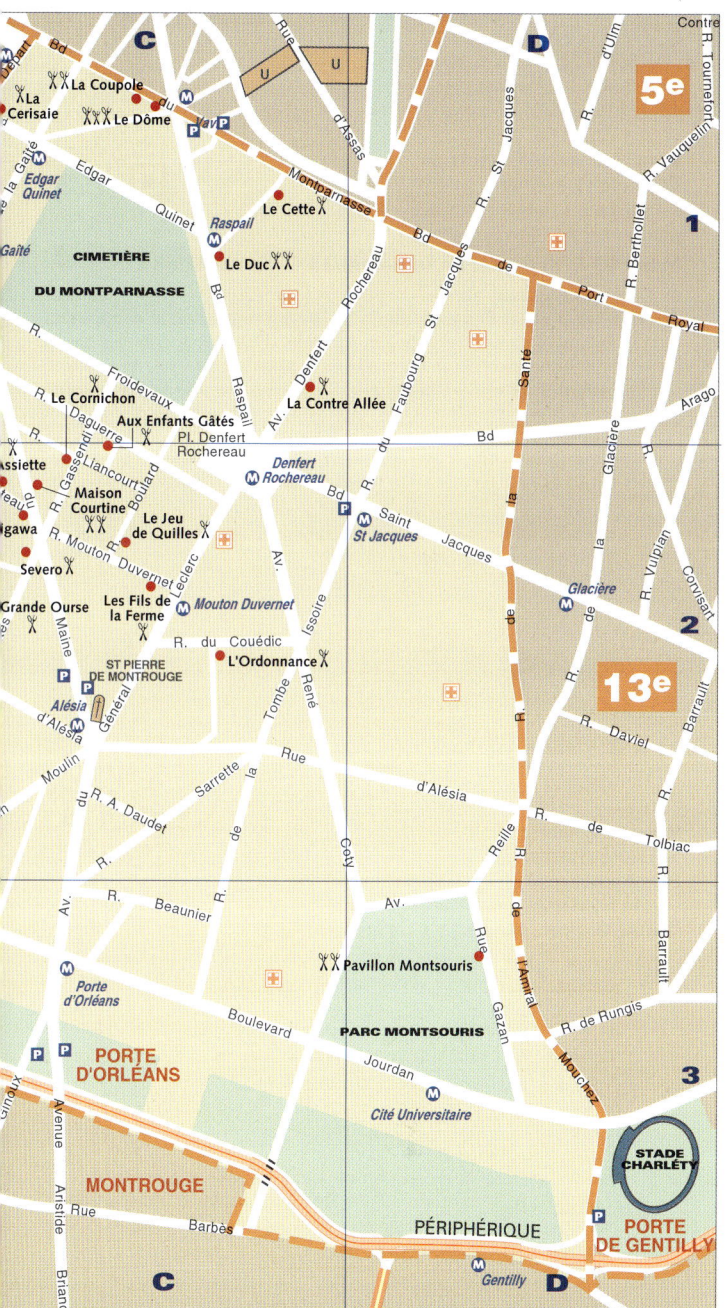

C

D

La Coupole
La Cerisaie
Le Dôme

5e

1

Bd Edgar Quinet

Quinet

Le Cette

Raspail

CIMETIÈRE
DU MONTPARNASSE

Le Duc

Gaîté

Montparnasse

Bd

Port Royal

Froidevaux

Le Cornichon

Aux Enfants Gâtés
Pl. Denfert
Rochereau

La Contre Allée

assiette

Liancourt

Maison
Courtine

Le Jeu
de Quilles

Denfert
Rochereau

igawa

Severo

Mouton Duvernet

Saint
St Jacques

Jacques

Grande Ourse

Les Fils de
la Ferme

Mouton Duvernet

Glacière

2

13e

R. du Couédic
L'Ordonnance

ST PIERRE
DE MONTROUGE

Alésia
d'Alésia

Moulin

R. A. Daudet

Sarrette

Rue

d'Alésia

Tolbiac

Beaunier

Av.

Porte
d'Orléans

Pavillon Montsouris

PARC MONTSOURIS

**PORTE
D'ORLÉANS**

Boulevard

Jourdan

Cité Universitaire

3

R. de Rungis

MONTROUGE

**STADE
CHARLÉTY**

Barbès

PÉRIPHÉRIQUE

**PORTE
DE GENTILLY**

C

Gentilly

D

L'Assiette

Classique

C2

181 r. du Château

☎ 01 43 22 64 86

www.restaurant-lassiette.com

Ⓜ Mouton Duvernet

Fermé août, 1 semaine vacances de Noël, lundi et mardi – Réservation conseillée

Menu 23 € (déjeuner en semaine)/35 € – Carte 41/68 €

Après plusieurs années derrière les fourneaux de deux restaurants de la galaxie Ducasse (Benoit, Aux Lyonnais), où il a appris la rigueur et l'amour des beaux produits, David Rathgeber a choisi l'indépendance. Sa maison a remplacé le bistrot Chez Lulu – une institution et une ex-boucherie – mais en a gardé la convivialité et la patine d'origine. Dans la cuisine, visible à l'entrée, le chef et sa brigade mitonnent de bons petits plats classiques revus à la mode bistrot chic. Cassoulet maison, rillettes de jarret de cochon confit, tartare de crevettes bleues, crème caramel au beurre salé, soufflé au chocolat : c'est tout simplement bon, de saison et sans esbroufe, à l'image du décor, plaisant avec ses tables en bois et ses céramiques au plafond.

Aux Enfants Gâtés

Moderne

C2

4 r. Danville

☎ 01 40 47 56 81

www.auxenfantsgates.fr

Ⓜ Denfert Rochereau

Fermé vacances de février, 3 semaines en août, vacances de Noël, dimanche et lundi

Formule 25 € – Menu 35 € – Carte 38/50 €

 L'ancien petit bistrot de Julie Ferrault (L'Entêtée) est devenu un repaire... d'Enfants Gâtés ! L'intérieur, entièrement rénové, se pare de belles teintes contemporaines ; aux murs, des citations de grands chefs et quelques recettes donnent un côté presque "littéraire" à la salle, où l'on se sent vraiment à l'aise. Le chef est passé par plusieurs belles maisons, dont la Grande Cascade, au bois de Boulogne ; il compose des plats de caractère, agrémentant la tradition en fonction de son inspiration et de ce qu'il déniche au marché : terrine de faisan et compotée de chou rouge à l'aigre-doux ; poitrine de veau confite au four, endives caramélisées à l'orange ; figue pochée au vin épicé, chantilly et mascarpone... Des jus et bouillons délicieux, des saveurs percutantes : sans conteste, cette adresse nous gâte !

La Cagouille

Poissons et fruits de mer B1

10 pl. Constantin-Brancusi
☎ 01 43 22 09 01
www.la-cagouille.fr
Ⓜ Gaîté

Formule 29 € – Menu 35 € – Carte 37/92 €

Une placette empreinte de quiétude et un programme 100 % poissons, coquillages et crustacés de très belle fraîcheur, cela vous tente ? Cette table du quartier Montparnasse porte le nom du petit gris charentais, mais point d'escargots à la carte ! Que des produits des mers et rivières travaillés sans fioriture. Pavé de cabillaud à la crème d'ail, dos de saint-pierre grillé et beurre de cerfeuil, et en dessert des profiteroles ou encore le "noir au noir". La salle à manger dégage une sympathique atmosphère marine avec boiseries, poulies, cordages, coquillages et tables de bistrot en marbre. Et pour profiter des beaux jours, filez sur la délicieuse terrasse chlorophyllée. Belle collection de cognacs en prime.

La Cantine du Troquet

Traditionnelle B1

101 r. de l'Ouest
Ⓜ Pernety
Fermé 2 semaines en août, dimanche et lundi

Menu 34 € – Carte 28/41 €

Une Cantine, certes, mais la cantine du charismatique Christian Etchebest ! On s'y retrouve entre copains et l'on s'invite sans réserver, pour échanger une franche part de convivialité. Ambiance décontractée et décor de néobistrot : zinc, banquettes rouges, couverts et serviettes dans des pots à même les tables, photos des camarades. Sur la grande ardoise murale – ni menu ni carte –, les plats aux influences basques (cochonnailles, poulet des Landes, piquillos, fromages des Pyrénées servis avec une bonne confiture de cerise noire, etc.) fraternisent avec les classiques bistrotiers (œuf mayo, frites maison, riz au lait, tarte du jour…). Tous à la Cantine !

La Cerisaie

Du sud-ouest
70 bd Edgard-Quinet
☎ 01 43 20 98 98
www.restaurantlacerisaie.com
Ⓜ Edgar Quinet
Fermé 14 juillet-15 août, 25 décembre-1er janvier,
samedi et dimanche – Réservation conseillée

Formule 25 € – Carte 34/42 €

C1

Si vous venez sans réserver, Maryse Lalanne risque fort de vous annoncer, d'un air désolé mais charmant : "C'est complet !" Il faut dire que ce restaurant de poche (vingt places) est très prisé, et l'on s'y presse volontiers pour découvrir l'ardoise du jour et de savoureuses spécialités régionales. Parmi les classiques de la maison, les terrines de saison, le magret d'oie aux poires rôties et aux épices, ou encore la tarte fondante au chocolat... De bons petits plats qui reflètent tout le talent d'un chef passé par les plus grandes maisons toulousaines. Côté cave, des vins bien choisis les sublimeront sans mal. La Cerisaie ? Une belle ambassade du Sud-Ouest... en plein quartier breton !

Le Cette

Traditionnelle
7 r. Campagne-Première
☎ 01 43 21 05 47
Ⓜ Raspail
Fermé 3 semaines en août, samedi et dimanche

C1

Formule 18 € – Menu 22 € (déjeuner) – Carte 40/60 €

À deux pas du boulevard du Montparnasse, cette rue est entrée dans l'histoire pour avoir accueilli en 1960 le tournage du film *À bout de souffle*, de Jean-Luc Godard. C'est donc dans ce quartier éminemment parisien qu'un restaurateur sétois ("Cette" est l'ancienne graphie de la ville) a repris le troquet du coin pour en faire un repaire gourmand. Dans un décor chaleureux – tables en formica, grands miroirs et beaux luminaires boules –, vous serez enthousiasmé par la cuisine du chef, japonais, qui œuvrait autrefois à l'Ourcine (13e) : à titre d'exemple, les favoris de l'ardoise sont le dos de cabillaud avec bouillon de choux et girolles, et l'épaule d'agneau confite... Une cuisine saine et fraîche, réalisée avec de bons produits du marché. Pour vous régaler à moindre coût, passez plutôt le midi.

Cobéa

M o d e r n e

11 r. Raymond-Losserand

📞 01 43 20 21 39

www.cobea.fr

Ⓜ Gaîté

Fermé 19-27 avril, août, 22-29 décembre, dimanche et lundi – Réservation conseillée

Menu 49 € (déjeuner), 69/119 €   🍴🍴🍴

Restaurant Cobéa

Cobéa ? Une plante d'Amérique du Sud et un clin d'œil aux propriétaires : **Co** comme Jérôme Cobou en salle, **Bé** comme Philippe Bélissent aux fourneaux et **A** comme Associés. Mais avant d'être associés, ces deux compères sont surtout amis et... passionnés de gastronomie ! Après avoir fait leurs armes dans de belles maisons, Philippe et Jérôme décident de se lancer en 2011, pleins d'enthousiasme... Monsieur Lapin – institution du 14e arrondissement fondée dans les années 1920 – se libère : qu'à cela ne tienne, Cobéa est né ! Dans ce restaurant à la déco sage et élégante, on se sent tout simplement bien et l'on a tout loisir d'admirer Philippe Bélissent s'activer en cuisine, toujours inspiré... Déjà étoilé au Restaurant de l'Hôtel, dans le 6e arrondissement, il n'a rien perdu de son talent. Sens du produit, goût du bon, harmonie des saveurs et subtilité... Ses assiettes sont franches et fines. Couteaux en persillade, lotte confite à l'avocat grillé, foie gras poêlé, châtaignes et champignons : **Co** comme Contentement, **Bé** comme Béatitude et **A** comme Allez-y sans tarder !

Entrées

- Langoustine bretonne, jus de carapace et pêche
- Foie gras

Plats

- Ris de veau aux carottes
- Saint-pierre de ligne, poireau-gingembre

Desserts

- Fraise et meringue
- Chocolat

La Contre Allée

Moderne

83 av. Denfert-Rochereau

📞 01 43 54 99 86

www.contreallee.com

Ⓜ Denfert Rochereau

Fermé 2 semaines en août, 21-27 décembre, samedi et dimanche

Formule 31 € – Menu 37/75 € – Carte 50/65 €

C1

Sur une discrète contre-allée de l'avenue Denfert-Rochereau, avec son grand auvent rouge et son cadre plutôt classique, l'adresse a tout du restaurant parisien traditionnel... Et pourtant ! On y découvre une vraie cuisine de cuisinier – réalisée par un chef japonais –, appuyée sur de solides bases classiques parfaitement accommodées aux goûts d'aujourd'hui. Les assiettes sont joliment dressées, les saveurs bien marquées, les associations relevées. Bref, une cuisine vivante et sans chichis, qui sait faire résonner l'époque en toute simplicité. De surcroît, les prix sont mesurés, et l'ambiance extrêmement conviviale. Voilà une formule qui mérite d'être encouragée sans contre-indications !

Le Cornichon

Moderne

C2

34 r. Gassendi

📞 01 43 20 40 19

www.lecornichon.fr

Ⓜ Denfert Rochereau

Fermé août, 1 semaine vacances de Noël, samedi et dimanche

Menu 35 €

Rassurez-vous, ce bistrot du quartier Denfert-Rochereau n'a rien d'un cornichon – si ce n'est quelques touches de couleur verte ! Cette affaire, c'est la seconde vie de Franck Bellanger, un ingénieur informatique hier salarié d'une fameuse chaîne de télévision privée, et depuis toujours passionné de restauration. Ce qui a fait basculer sa vie professionnelle ? La rencontre du jeune chef Matthieu Nadjar, formé à bonne école et avec lequel il a décidé de se lancer. On ne le regrettera pas : beaux produits, jolies recettes, beaucoup de saveurs, etc., leur Cornichon est un joli bistrot d'aujourd'hui plein de croquant et de peps !

La Coupole

Traditionnelle

102 bd Montparnasse
✆ 01 43 20 14 20
www.lacoupole-paris.com
Ⓜ Vavin

C1

Formule 30 € – Menu 37/59 € – Carte 40/78 € ♟♟

 On manque d'adjectifs pour qualifier l'aura de cette Coupole, l'une des dernières véritables brasseries parisiennes. Mythique ? Pour le moins ! Créée en 1927, signée par les architectes Barillet et Le Bouc, elle fut au cœur des nuits parisiennes des Années folles. Restaurant phare du Montparnasse artistique et littéraire, ses hôtes illustres se nommaient Kessel, Picasso, Man Ray, Sartre, Giacometti ou Hemingway. Attablé dans une immense – et magnifique – salle Art déco, on assiste au ballet incessant des garçons, qui escortent d'un bout à l'autre du restaurant les classiques de la maison : escargots de Bourgogne marinés au chablis, curry d'agneau fermier à l'indienne, cœur de filet de bœuf poêlé au poivre et flambé à l'armagnac... Des plats fidèles à la tradition, accompagnés de sauces maison. Intemporel !

Le Dôme

Poissons et fruits de mer

108 bd Montparnasse
✆ 01 43 35 25 81
Ⓜ Vavin

C1

Carte 75/130 € ♟♟♟

 Bienvenue dans ce qui fut l'un des temples de la bohème littéraire et artistique des Années folles. Le Dôme... La célèbre brasserie marine de Montparnasse, à l'atmosphère unique, chic et animée. Orné de photos d'époque et d'une fresque du peintre Carzou – un habitué –, le bel intérieur Art déco témoigne de ce glorieux âge d'or. Boiseries omniprésentes, banquettes en cuir fauve et vert, vitraux colorés, lumières tamisées par des abat-jour... Chaque détail participe à l'âme du lieu, précieusement conservée au fil du temps. La cuisine et le service sont au diapason. Les produits de la mer occupent la scène, préparés au gré des arrivages et joliment présentés dans des assiettes généreuses à souhait – les vins aussi font honneur à la table. Comme au temps des Montparnos.

Le Duc

Poissons et fruits de mer **C1**

243 bd Raspail

℘ 01 43 20 96 30

Ⓜ Raspail

Fermé 1ᵉʳ-24 août, 23 décembre-5 janvier, samedi midi, dimanche et lundi

Menu 55 € (déjeuner) – Carte 70/160 €

On a beau être au cœur de la rive gauche, on se croirait dans une cabine de yacht... Peut-être celle d'un duc épris de voyages au long cours et de saveurs iodées ? Cette atmosphère chic et surannée a séduit bon nombre de fidèles de longue date, toujours ravis de déguster des plats goûteux et raffinés. Le chef, Pascal Hélard, ne sélectionne que des poissons et fruits de mer de tout premier choix – en provenance directe des ports de pêche –, et s'attache à les travailler avec simplicité, pour en magnifier la saveur... Un beurre émulsionné, une huile d'olive bien choisie : aller à l'essentiel, sans chichis mais avec savoir-faire. Évidemment, on se réjouit aussi à l'arrivée du chariot des desserts, qui regorge de délices incontournables : baba au rhum, millefeuille, île flottante, etc. Embarquement immédiat !

L'Essentiel

Traditionnelle **B2**

168 r. d'Alesia

℘ 01 45 42 64 80

Ⓜ Plaisance

Réservation conseillée

Formule 15 € – Menu 18 € (déjeuner en semaine) – Carte 26/36 €

Vous aimez les ambiances animées ? Ce café-bistrot du 14ᵉ arrondissement est pour vous : dans sa toute petite salle, souvent archi-comble, on mange au coude-à-coude... serrés comme des sardines dans une boîte ! Le service, qui peut être un peu anarchique, invite aussi à la convivialité, comme l'esprit de la cuisine, entre plats canailles (terrine maison, onglet de bœuf à l'échalote) et recettes de saison bien tournées (salade de girolles, dos de cabillaud aux petits légumes). Difficile de résister, d'autant que le tout s'accompagne d'une belle sélection de vins. En bref, l'adresse sait cultiver l'Essentiel... et l'addition reste extraordinairement légère !

Les Fils de la Ferme

T r a d i t i o n n e l l e   C2

5 r. Mouton-Duvernet
℘ 01 45 39 39 61
www.filsdelaferme.com
Ⓜ Mouton Duvernet
Fermé 3 semaines en août, 2 semaines début janvier,
dimanche et lundi

Formule 25 € – Menu 35 €

 Issus d'une famille de restaurateurs – leurs parents tenaient La
Ferme du Périgord dans le 5e arrondissement, – Jean-Christophe
et Stéphane Dutter, après avoir fait leurs classes chez Ducasse et
Robuchon pour l'un, chez Georges Blanc et Christian Morisset
pour l'autre, ont ressenti le besoin de se poser sur leur propre
territoire. Chose faite depuis 2004 avec cette table d'esprit très
bon enfant, où ils concoctent à quatre mains une cuisine de
bistrot légèrement modernisée (médaillons de foies de volaille au
chutney orange-fenouil, filet mignon de cochon rôti, pannacotta
au chocolat blanc...). Le cadre aux airs d'auberge, avec pierres
apparentes, comptoir en zinc et mobilier rustique en bois sombre, a
quelque chose d'attachant. À noter : prix sages et vins sélectionnés
directement auprès de petits producteurs.

La Grande Ourse

M o d e r n e   C2

9 r. Georges-Saché
℘ 01 40 44 67 85
www.restaurantlagrandeourse.fr
Ⓜ Mouton Duvernet
Fermé août, samedi midi, dimanche et lundi

Formule 18 € – Menu 22 € (déjeuner)/37 €

 Inutile d'attendre la nuit tombée et de scruter le ciel pour profiter
de la Grande Ourse. Il suffit de sillonner le quartier pour découvrir,
campé sur une petite place, ce bistrot tout ce qu'il y a de terrien.
Le cadre n'atteint pas la Lune et n'en est que plus chaleureux (tons
prune et orange, tables en bois). Quant à la cuisine, elle rend bien
hommage à la "Grande Casserole" (un clin d'œil ?) dont elle fait
son enseigne : avec finesse, le chef travaille de savoureux produits
frais. Au déjeuner, ses propositions sont assez simples ; elles se
révèlent plus étoffées le soir. Extraits d'ardoise : tartare d'huîtres
à la crème de beaufort, croustillant de joue de bœuf aux panais,
sablé aux fraises... On finit la soirée le nez en l'air, pour apprécier
les scintillements de l'autre Grande Ourse.

Montparnasse • Denfert-Rochereau • Parc Montsouris

Le Jeu de Quilles

Traditionnelle   C2

45 r. Boulard
℡ 01 53 90 76 22
www.jdequilles.fr
Ⓜ Mouton Duvernet
Fermé 3 semaines en août, 22 décembre-2 janvier,
samedi soir, dimanche et lundi – Réservation conseillée

Carte 32/65 €

 Une adresse minuscule, conviviale et sans prétention. Esprit dépouillé – à l'entrée, un coin épicerie, et, au fond, une cuisine-comptoir communiquant avec la salle – car l'essentiel se joue autour des produits. Il faut dire que Benoît Reix (ex-Triporteur, Wadja, Fines Gueules) se fournit auprès des meilleurs commerçants de la place parisienne : le boucher Hugo Desnoyer pour les viandes, la Cave des Papilles pour les vins, Pierre Klucik pour les fromages... et cela fait toute la différence. L'ardoise du jour propose un choix volontairement limité ; à la simplicité des intitulés répondent des saveurs intactes (tartare de chinchard, poitrine de veau caramélisée, sablé breton façon Tatin). À l'heure du déjeuner comme le soir, la réservation est conseillée, pour ne pas arriver... comme un chien dans un jeu de quilles !

Kigawa

Traditionnelle   C2

186 r. du Château
℡ 01 43 35 31 61
www.kigawa.fr
Ⓜ Mouton Duvernet
Fermé lundi midi et mardi – Réservation conseillée

Formule 25 € – Menu 47/64 € – Carte 45/62 €

Kigawa comme Michihiro Kigawa, le chef et patron de cet établissement tout simple... et comme Junko, sa femme, qui accueille les clients avec toute la politesse propre au pays du Soleil-Levant. Ne vous attendez pas pour autant à déguster makis ou sushis : le jeune chef a travaillé pendant une dizaine d'années dans un restaurant français d'Osaka avant de venir à Paris. En goûtant son pressé de caille au foie gras sauce ravigote, ou son filet de lieu jaune poêlé à la sauge, vous comprendrez mieux toute l'étendue de sa maîtrise de la gastronomie hexagonale, qu'il revisite avec tact !

Maison Courtine

M o d e r n e

C2

157 av. du Maine

☏ 01 45 43 08 04

www.lamaisoncourtine.com

Ⓜ Mouton Duvernet

Fermé 1 semaine en février, 3 semaines en août, lundi midi, samedi midi et dimanche

Formule 26 € – Menu 39 € ✗✗

Jadis bastion bien connu de la cuisine du Sud-Ouest entre Montparnasse et Alésia, la Maison Courtine est désormais un restaurant contemporain, intime, frais et coloré... On y savoure une cuisine du marché bien ancrée dans son époque, rehaussée de touches méridionales. Au gré de son inspiration, le chef vous propose par exemple une pièce de bœuf Hereford aux échalotes confites, fondant de pomme de terre à la crème d'Isigny et champignons ; ou encore de fines ravioles à la chair de crabe, fondue de jeunes poireaux, jus mousseux et piment d'Espelette... Pour accompagner tous ces mets, la carte des vins se révèle intéressante, avec un choix opportun de demi-bouteilles. Un dernier mot sur le service efficace, assuré par une équipe jeune et dynamique.

L'Ordonnance

T r a d i t i o n n e l l e

C2

51 r. Hallé

☏ 01 43 27 55 85

Ⓜ Mouton Duvernet

Fermé 1er-15 août, samedi midi et dimanche

Menu 18 € 🍷 (déjeuner), 25/34 € ✗

Dans une rue tranquille du 14e arrondissement, ce bistrot nouvelle vague appose sans les opposer cuisine sérieuse et bonne franquette. Les trois petites salles toutes simples respirent la franche convivialité : le chaleureux patron quitte souvent les cuisines pour se consacrer à ses clients ! Les plats forcent l'admiration par leurs saveurs franches, leurs cuissons et assaisonnements précis : poireaux vinaigrette, œuf poché et foie gras poêlé ; carré d'agneau rôti au thym ; clafoutis aux cerises (en saison)... Une ordonnance à prescrire sans hésitation, à un risque près : l'accoutumance.

Montparnasse • Denfert-Rochereau • Parc Montsouris

Pavillon Montsouris

M o d e r n e  D3

20 r. Gazan

☏ 01 43 13 29 00

www.pavillon-montsouris.fr

Ⓜ Cité Universitaire

Fermé vacances de février et dimanche soir de mi-septembre à Pâques

Menu 51 € – Carte 62/92 €

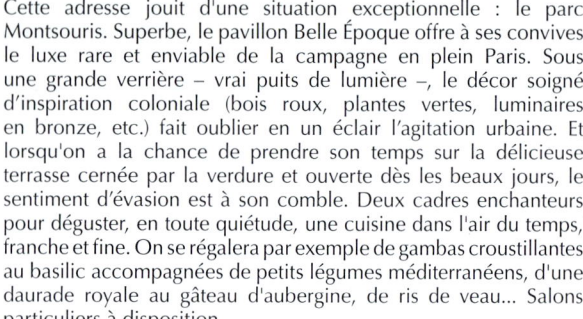

Cette adresse jouit d'une situation exceptionnelle : le parc Montsouris. Superbe, le pavillon Belle Époque offre à ses convives le luxe rare et enviable de la campagne en plein Paris. Sous une grande verrière – vrai puits de lumière –, le décor soigné d'inspiration coloniale (bois roux, plantes vertes, luminaires en bronze, etc.) fait oublier en un éclair l'agitation urbaine. Et lorsqu'on a la chance de prendre son temps sur la délicieuse terrasse cernée par la verdure et ouverte dès les beaux jours, le sentiment d'évasion est à son comble. Deux cadres enchanteurs pour déguster, en toute quiétude, une cuisine dans l'air du temps, franche et fine. On se régalera par exemple de gambas croustillantes au basilic accompagnées de petits légumes méditerranéens, d'une daurade royale au gâteau d'aubergine, de ris de veau... Salons particuliers à disposition.

Les Petits Plats

T r a d i t i o n n e l l e B2

39 r. des Plantes

☏ 01 45 42 50 52

Ⓜ Alésia

Fermé 4-25 août et dimanche – Réservation conseillée

Formule 18 € – Carte 36/66 €

Moulures immaculées, miroirs, très beau comptoir en bois, parquet et grande ardoise présentant les mets du moment : un petit bistrot élégant, dans son jus 1910 ! Alexis Minot, le jeune patron, mène son affaire selon ce credo : faire partager son goût de la bonne chère et des jolis vins. Pari réussi : les petits plats bistrotiers du chef côtoient une cuisine ménagère goûteuse, simple et de saison ; la formule du jour, joliment canaille, s'affiche à prix très doux. Terrine de lapereau, croustillant de pied de porc et son jus à la sauge, viande d'Aubrac, vacherin à la vanille ou mi-cuit au chocolat servi en cocotte... C'est savoureux, convivial et sans chichis, avec la possibilité de choisir certains plats en demi-portion, pas bête ! Conséquence : la réservation s'impose.

La Régalade

Traditionnelle B3

49 av. Jean-Moulin
℡ 01 45 45 68 58
Ⓜ Porte d'Orléans
Fermé 25 juillet-20 août, 1ᵉʳ-10 janvier, lundi midi,
samedi et dimanche – Réservation conseillée

Formule 31 € – Menu 37 €

Ce bistrot qu'on ne présente plus ne désemplit pas, si bien que deux autres Régalade ont ouvert dans les 1ᵉʳ et 9ᵉ arrondissements ! Aux fourneaux depuis 2004, Bruno Doucet (Gagnaire, Apicius...) propose une cuisine mi-terroir, mi-marché et toujours généreuse. Pour preuve, cette terrine déposée sur la table en guise d'amuse-bouche, à déguster avec du bon pain de campagne... La suite du repas est à l'avenant : les plats sont copieux, accompagnés de beaux vins de propriétaires, et mettent en valeur les produits. Authenticité, gentillesse, plaisir... On comprend le succès du lieu. Seul regret : on ne se régale qu'en semaine !

Montparnasse • Denfert-Rochereau • Parc Montsouris

Severo

Viandes et grillades C2

8 r. des Plantes
℡ 01 45 40 40 91
Ⓜ Mouton Duvernet
Fermé vacances de Pâques, 25 juillet-17 août,
vacances de la Toussaint et de Noël, samedi et
dimanche – Réservation conseillée

Carte 31/105 €

Ce bistrot de viande, sans chichi ni manière, s'est taillé une bonne petite réputation. Il faut dire qu'à sa tête, William Bernet se démène. Il virevolte entre les tables pour prendre les commandes et partage avec ses convives son amour des bons nectars. Une passion qui s'exprime à travers les grandes ardoises posées sur toute la hauteur des murs. On peut y choisir des vins de propriété en provenance de tous les terroirs et accessibles à toutes les bourses. Spécialisée dans les grillades, la carte honore également la belle tradition bistrotière. Et rappelons qu'ici le patron – un ancien boucher – rassit lui-même sa viande !

Porte de Versailles ·
Vaugirard · Beaugrenelle

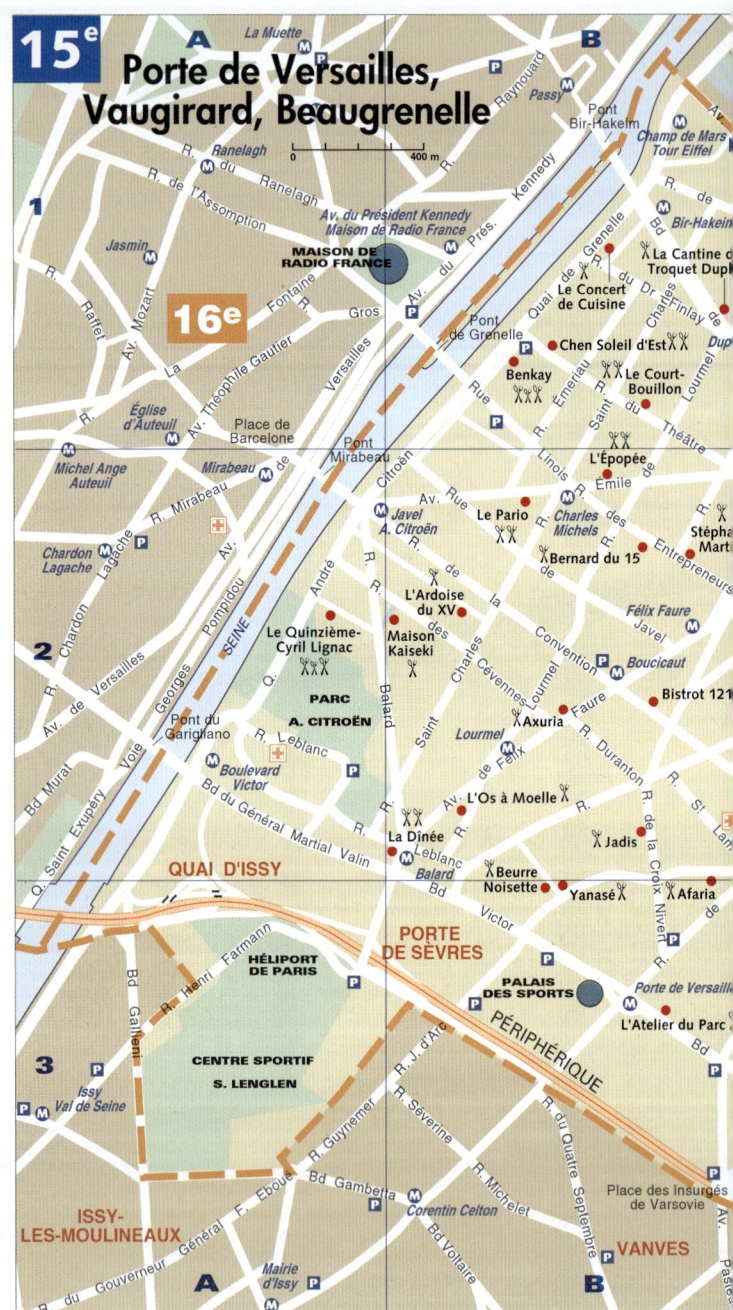

15e
Porte de Versailles, Vaugirard, Beaugrenelle

16e

0 — 400 m

La Muette

Ranelagh
R. du Ranelagh
R. de l'Assomption

Jasmin

Raffet
Av. Mozart

Fontaine
Av. Théophile Gautier

Église
d'Auteuil

Michel Ange
Auteuil

Mirabeau
R. Mirabeau

Chardon
Lagache

Chardon
Lagache

Le Quinzième-
Cyril Lignac

R. de Versailles

PARC
A. CITROËN

Pont du
Garigliano

Boulevard
Victor
Bd du Général Martial Valin

Bd Mural

QUAI D'ISSY

Bd Gallieni

Issy
Val de Seine

3

CENTRE SPORTIF
S. LENGLEN

ISSY-
LES-MOULINEAUX

Mairie
d'Issy

R. du Gouverneur Général F. Éboué

Av. du Président Kennedy
Maison de Radio France

MAISON DE
RADIO FRANCE

Gros

Versailles

Pont
Mirabeau

Place de
Barcelone

Pont de Grenelle

Av. du Prés.
Kennedy

Passy
Pont
Bir-Hakeim

Champ de Mars
Tour Eiffel

R. de
Bir-Hakeim

Bd de Grenelle

Le Concert
de Cuisine

La Cantine
Troquet Dup

Charles
Finlay

Chen Soleil d'Est

Émeriau

Benkay

Le Court-
Bouillon

Saint

Lourmel

Théâtre

L'Épopée

Linois

Émile

Citroën

Av. Rue
Javel
A. Citroën

Le Pario

Charles
Michels

Stépha
Mart

Entrepreneurs

Bernard du 15

L'Ardoise
du XV

de

la

Félix Faure

Javel

Maison
Kaiseki

Charles

Convention

Boucicaut

SEINE

Cévennes
Lourmel

Faure

Axuria

Bistrot 121

Lourmel

R. de Félix

R. Duranton

R. St-Lan

Pont du
Garigliano

Leblanc

L'Os à Moelle

Av.

Jadis

R. de la Croix Nivert

La Dinée

Leblanc
Balard
Bd

Beurre
Noisette

Yanasé

Afaria

Victor

PORTE
DE SÈVRES

HÉLIPORT
DE PARIS

PALAIS
DES SPORTS

Porte de Versailles

L'Atelier du Parc

PÉRIPHÉRIQUE

R. J. d'Arc

R. du Quatre Septembre

R. Séverine

R. Guynemer

Bd Gambetta

Corentin Celton

R. Michelet

Bd Voltaire

Place des Insurgés
de Varsovie

VANVES

338

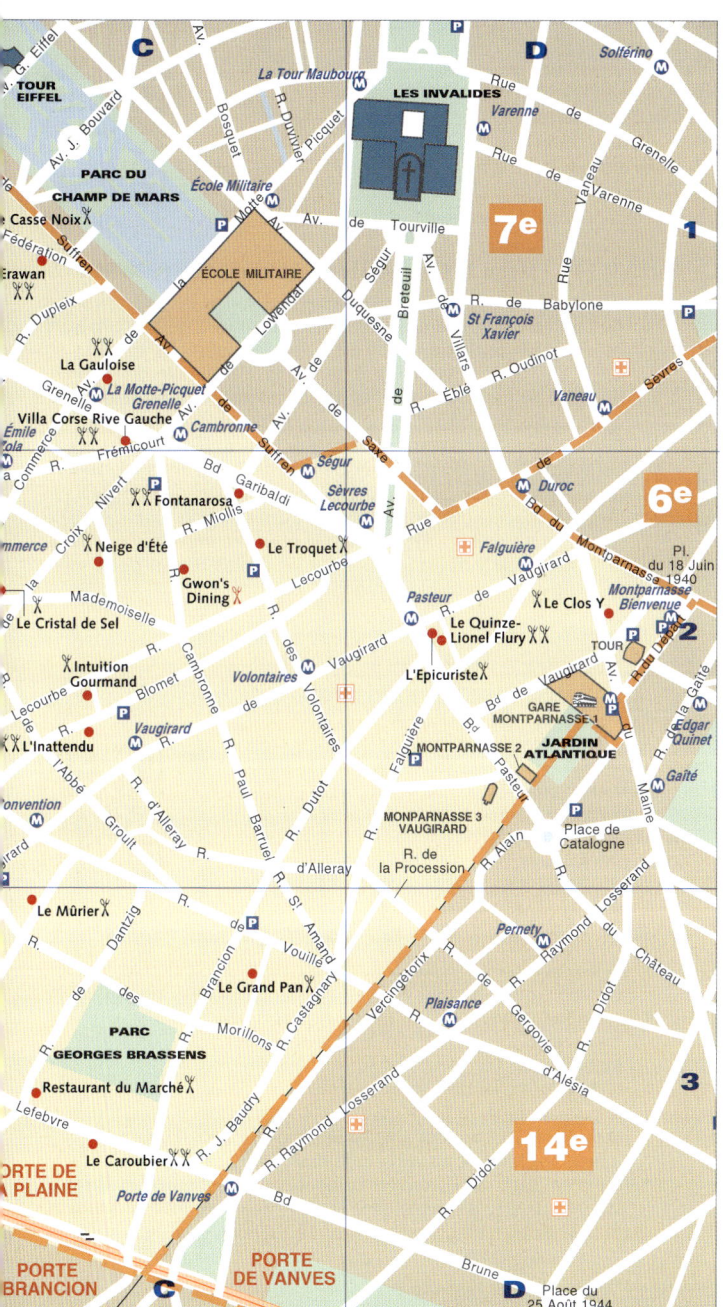

Afaria

C r é a t i v e

B3

15 r. Desnouettes
📞 01 48 42 95 90
www.afaria.fr
Ⓜ Convention
Fermé 3-26 août, dimanche et lundi

Formule 23 € – Menu 27 € (déjeuner en semaine) – Carte 38/50 € 🍴

Afaria signifie "À table" en basque. Tel est le cri de ralliement de Ludivine et Frédérique, anciennes secondes de ce restaurant proche de la porte de Versailles, dont elles ont repris les rênes en 2013. Un changement dans la continuité ! À l'heure de l'apéritif, on déguste toujours de belles tapas autour de la table d'hôte ; côté restaurant, on s'éloigne du Sud-Ouest, dans un décor de bistrot, pour découvrir les surprises concoctées par les deux complices. Laissez-vous tenter par une terrine d'artichaut au lard fumé et au vieux comté, une tempura de langoustines, salade de quinoa aux fruits de la passion, ou un filet de daurade poêlé aux légumes grillés à l'italienne... Et pour accompagner tout cela, la sélection de vins est affichée sur les grands miroirs de la salle. Difficile de résister à l'invitation !

L'Ardoise du XV

M o d e r n e

B2

70 r. Sébastien-Mercier
📞 01 45 78 91 38
www.lardoiseduxv.fr
Ⓜ Charles Michels
Fermé 1 semaine à Noël, août, dimanche soir et lundi

Formule 19 € – Menu 24 € (déjeuner)/35 € – Carte 32/50 € 🍴

Pâté en croûte de veau au foie gras ; soupe de melon au jambon serrano ; joue de lotte et ratatouille ; canette aux abricots et au romarin ; entrecôte, os à moelle et purée maison ; baba au rhum ; millefeuille à la vanille de Madagascar ; tiramisu... Tels sont les intitulés que l'on peut lire sur la belle ardoise de cette Ardoise nichée au cœur du 15e arrondissement ! Vous l'aurez compris : la cuisine remet la tradition au goût du jour, et ce avec fraîcheur et saveurs... Comment s'en étonner de la part d'un chef qui a longtemps travaillé au sein des fameux Ateliers de Joël Robuchon ? C'est en 2012 qu'il a ouvert ce petit restaurant avec son épouse, laquelle assure le service dans la salle, au décor tout en sobriété. Bref, voilà bien un bistrot d'aujourd'hui avide de saveurs...

L'Atelier du Parc

M o d e r n e

35 bd Lefèbvre
✆ 01 42 50 68 85
www.atelierduparc.fr
Ⓜ Porte de Versailles
Fermé 2 semaines en août, lundi midi et dimanche

B3

Formule 22 € – Menu 35/85 € – Carte 50/78 €

Voilà un établissement qui tranche avec les nombreuses brasseries traditionnelles de la porte de Versailles : bar en plexiglas changeant de couleur, teintes sobres et beaux sièges design qui donnent leur version d'un nouvel Art déco... Ce cadre chic et moderne sied parfaitement à la cuisine inventive et soignée de deux jeunes chefs pleins d'allant. Pâté en croûte au foie gras relevé d'un sorbet à la moutarde à l'ancienne, tartare de dorade au jus de gingembre et mélisse, bouillabaisse revisitée, épaule d'agneau confite 36 heures aux épices, baba à la crème chantilly vanillée ; tout est fait maison ! Beaucoup de finesse, de la créativité et une belle surprise face au parc des expositions.

Porte de Versailles • Vaugirard • Beaugrenelle

Axuria

M o d e r n e

51 av. Félix-Faure
✆ 01 45 54 13 91
www.axuria-restaurant.fr
Ⓜ Boucicaut

B2

Formule 24 € – Menu 37 € (dîner) – Carte 43/58 €

Axuria, c'est l'agneau de lait des Pyrénées, en basque... Et le Pays basque, c'est précisément la région du propriétaire, Olivier Amestoy ! Après avoir passé huit ans dans ce restaurant (alors nommé La Chaumière) en tant que chef, il décide de reprendre l'affaire en 2011, pour créer un lieu qui lui ressemble... Pari réussi : contemporain, chaleureux et très "nature", Axuria colle parfaitement à la cuisine d'Olivier, fraîche, centrée sur le beau produit, nourrie de classiques et néanmoins personnelle et tendance... Selon les saisons, vous vous régalerez peut-être de bulots et de bigorneaux cuisinés aux herbes sur un lit de petits poireaux à l'huile de noix, d'un soufflé au Grand Marnier... ou, bien sûr, d'agneau de lait des Pyrénées – rôti au thym et à l'ail, spécialité de la maison !

Benkay

J a p o n a i s e

Novotel Tour Eiffel,
61 quai de Grenelle
℡ 01 40 58 21 26
www.restaurant-benkay.com
Ⓜ Bir-Hakeim
• Fermé 19 juillet-18 août

B1

Menu 46 € ♔ (déjeuner), 59/160 € – Carte 93/188 € ✕✕✕

    Au quatrième et dernier étage d'un petit building du Front de Seine, ce restaurant nippon se révèle élégant, sobre et raffiné avec sa vue plongeante sur la Seine et la Maison de la Radio. On y honore les différentes facettes de la gastronomie japonaise : installé autour du teppanyaki, émerveillez-vous du spectacle des mets crépitant sur les cinq plaques de cuisson, ou bien – de manière plus classique – profitez d'une cuisine washoku (service à table) ; enfin, admirez le savoir-faire de l'excellent maître sushi sur un comptoir dédié. Les produits sont de qualité, les préparations aussi alléchantes que spectaculaires : filet de bœuf saisi devant le convive, calamars sautés sur le vif et crêpes flambées avec leur neige carbonique, etc. Une belle expérience pour les amateurs.

Bernard du 15

M o d e r n e

62 r. des Entrepreneurs
℡ 01 40 59 09 27
Ⓜ Charles Michels
• Fermé août, samedi midi et dimanche

B2

Menu 20/33 € – Carte 36/55 € ✕

Ravioles de gambas et combava, tajine de poisson aux olives et citron de Nice, carré d'agneau rôti au foin, millefeuille à la vanille... À la lecture de la carte, on voyage déjà entre les saveurs d'ici et d'ailleurs, entre classicisme et modernité. Car la cuisine de Bernard Sellin aime mélanger les influences et surprendre. Pour cela, ce chef expérimenté puise son inspiration dans sa Bretagne natale, ses périples aux Caraïbes, ses expériences parisiennes, l'humeur du moment et le rythme des saisons. Le résultat – des recettes subtilement épicées – se révèle convaincant ! Des épices qu'on retrouve d'ailleurs exposées dans le sobre décor, à côté de tableaux évoquant eux aussi des terres lointaines.

Beurre Noisette

M O D E R N E

68 r. Vasco-de-Gama
📞 01 48 56 82 49
www.lebeurrenoisette.com
Ⓜ Lourmel
Fermé 2 semaines en août, dimanche et lundi

B3

Formule 23 € – Menu 31 € (déjeuner en semaine), 36/55 € – Carte 36/46 € ✗

Dans sa rue tranquille entre Balard et Porte de Versailles, ce bistrot accueillant et chaleureux (avec une grande table d'hôte dans l'une des salles) est un petit havre de délices... Le chef, Thierry Blanqui, a travaillé pour les plus grandes maisons parisiennes et imagine les recettes du jour au gré du marché et de son inspiration. Et voilà qu'apparaissent sur l'ardoise tourte feuilletée au canard et foie gras, volaille des Landes au vin d'Arbois, ou lièvre à la royale (gibier en saison). Les produits canailles sont bien à l'honneur (pieds de cochon, ris de veau, etc.) et, cuisinés avec raffinement, ils révèlent un maximum de saveurs... Un pied dans la tradition, l'autre dans la nouveauté : on se régale ! Le tout accompagné, comme il se doit, d'une belle sélection de vins au verre ou au pichet.

Bistro 121

M O D E R N E

121 r. de la Convention
📞 01 45 57 52 90
www.bistro121.fr
Ⓜ Boucicaut

B2

Formule 18 € – Menu 24 € (semaine) – Carte 39/48 € ✗

 Des expos d'art, un œuf cocotte aux champignons et au foie gras ; un vieux comptoir (unique vestige du passé), des supions crémeux accompagnés d'un risotto à l'encre de seiche ; une déco contemporaine raffinée et cosy, une tête de veau sauce ravigote ; un service aux petits soins, un véritable paris-brest, ou encore un lingot au chocolat noir... Dit comme ça, on pourrait croire à un inventaire à la Prévert, et c'est un peu vrai ! Car tout se mêle au Bistrot 121 : les gens, les rires, les senteurs, l'art sur les murs et dans les assiettes, les couleurs de bons petits plats bistrotiers d'hier et d'aujourd'hui, le sens du partage... Et cette atmosphère 121 % chaleureuse ne fait pas perdre de vue l'essentiel : une cuisine bien ficelée, gourmande et généreuse... à prix doux !

La Cantine du Troquet Dupleix

T r a d i t i o n n e l l e B1

53 bd de Grenelle
℡ 01 45 75 98 00
Ⓜ Dupleix

Carte 27/51 €

Création du sémillant Christian Etchebest, cette Cantine du Troquet version Dupleix surfe sur une recette éprouvée : pourquoi s'en plaindre ? Comme dans le 14e arrondissement, la carte joue sur un registre mi-brasserie mi-bistrot qui mise tout sur des recettes bien tournées… où transparaissent évidemment les origines basques du patron. Charcuteries Éric Ospital (terrines, oreilles de cochon grillées, jambons, etc.), couteaux cuits à la plancha, grandes salades de saison, saumon et chipirons, lomo, fromage des Pyrénées, gâteau basque, etc. On se régale ! Puisqu'il n'est pas possible de réserver, on vient en toute simplicité, et s'il faut attendre, on boit l'apéro au comptoir en faisant connaissance avec ses voisins…

Le Caroubier

M a r o c a i n e C3

82 bd Lefèbvre
℡ 01 40 43 16 12
www.restaurant-lecaroubier.com
Ⓜ Porte de Vanves
Fermé le lundi en août

Formule 18 € – Menu 29 € – Carte 33/51 €

 Une véritable oasis de douceur… tout près de la porte de Versailles ! Le Caroubier incarne depuis plus de trente ans le meilleur de la cuisine marocaine. Dans une ambiance chaleureuse, entre tapis et objets d'Afrique du Nord, on déguste une cuisine savoureuse, préparée dans les règles de l'art. Couscous délicats, tajines aux saveurs subtiles et franches, pastillas gorgées du soleil de l'Atlas… tous les grands classiques sont exécutés sans fausse note et servis avec générosité. L'accueil est prévenant, le service rapide et efficace, les prix modérés : nul besoin d'un billet d'avion pour vivre à l'orientale !

Le Casse Noix

Traditionnelle   C1

56 r. de la Fédération

☏ 01 45 66 09 01

www.le-cassenoix.fr

Ⓜ Bir Hakeim

Fermé 3 semaines en août, 1 semaine à Noël, samedi et dimanche

Formule 21 € – Menu 33/45 € – Carte 37/56 €

À moins de faire un tour à la maison de la culture du Japon, on n'avait que peu de raisons de traverser la tranquille rue de la Fédération… Et puis est arrivé le Casse Noix. En entrant, on est saisi par l'ambiance conviviale et les chaleureuses tablées au coude-à-coude ; le regard s'attarde sur les murs tapissés d'affiches anciennes, et sur les meubles anciens garnis de vieilles pendules et d'objets rétro… Côté petits plats, l'authenticité prime aussi : charcuteries et boudin en provenance directe de chez le papa du chef, Meilleur Ouvrier de France à Orléans, délicieuse cuisine canaille, bons vins… Ce Casse Noix casse des briques !

Chen Soleil d'Est

Chinoise   B1

15 r. du Théâtre

☏ 01 45 79 34 34

Ⓜ Dupleix

Fermé août et dimanche

Menu 40 € (déjeuner en semaine)/75 € – Carte 65/95 €

Avec les deux lions qui encadrent son entrée, ce restaurant chinois montre d'emblée qu'il a du caractère… et de la finesse. Façon yin et yang, la cuisine de madame Chen révèle, au premier chef, des saveurs à la fois affirmées et délicates, qu'il s'agisse des "classiques" qui font la réputation de la maison (tel le demi-canard pékinois en trois services) ou des propositions du jour variant au gré du marché. La carte des vins offre un choix intéressant et ajoute encore au plaisir de la table. Enfin, le décor révèle une autre sorte de raffinement : boiseries d'acajou, bas-reliefs représentant des scènes traditionnelles, tables joliment dressées et beaux bouquets de fleurs fraîches…

Le Clos Y

Créative

27 av. du Maine
☎ 01 45 49 07 35
www.leclosy.com
Ⓜ Montparnasse Bienvenüe
Fermé dimanche midi et lundi

D2

Formule 20 € – Menu 25 € (déjeuner en semaine), 45/60 €

Élégamment posés les uns à côté des autres, couverts à la française et baguettes à la japonaise semblent en communion sur les tables… Un véritable symbole : celui du dialogue entre ces deux arts culinaires originellement très lointains, mais qui ne cessent aujourd'hui de converger et de fusionner ! Le chef, Yoshitaka Ikeda, né à Osaka et formé en partie en France, rejoint avec ce Clos Y la longue liste des jeunes cuisiniers nippons qui font depuis quelques années le choix de s'installer dans l'Hexagone. Car ici en effet, il est bien question de dialogue et d'enrichissement mutuel. Qualité des produits, soin d'exécution, recherche de la subtilité : les assiettes révèlent toutes les affinités des gastronomies française et japonaise, dont le mariage semble de plus en plus logique et naturel.

Le Concert de Cuisine

Créative

14 r. Nélaton
☎ 01 40 58 10 15
Ⓜ Bir-Hakeim
Fermé 7-28 août, lundi midi, samedi midi et dimanche – Réservation conseillée

B1

Formule 27 € – Menu 33 € (déjeuner), 46/63 €

En véritable homme-orchestre, le chef japonais Naoto Masumoto plaque de beaux accords sur son teppanyaki… jouant souvent à guichets fermés ! Et pour cause, une semaine après l'ouverture en 2009, un certain Jacques Chirac et son épouse réservaient leurs places au parterre, suscitant un certain engouement médiatique… Point de cacophonie pour autant, la cuisine a conservé le goût de la simplicité et de la précision. Le chef travaille devant les clients et n'hésite pas à assurer lui-même le service. De mets en mets, thèmes japonais et gammes françaises se succèdent en une habile fusion : terrine de foie gras aux épices sansho, steak de thon mi-cuit au wasabi, cochon laqué au sésame et sa purée de céleri, tiramisu au thé vert… De quoi vouloir un rappel !

Le Court-Bouillon

M o d e r n e

B1

51 r. du Théâtre

☎ 01 45 77 08 18

www.lecourtbouillon.com

Ⓜ Avenue Émile Zola

Fermé 9-26 août, vacances de Noël, samedi midi, dimanche et lundi

Formule 39 € – Menu 45 € – Carte 54/62 €

Entre Charles-Michels et Dupleix, ce restaurant né en 2009 n'a pas tardé à se forger une jolie réputation dans le quartier. Non seulement tout y est élégant, doux et raffiné – l'accueil d'Isabelle Achard, la femme du chef, en tête –, mais la cuisine d'Éric se révèle subtile et appétissante, à prix modérés. Avec savoir-faire et passion, ce chef formé derrière les fourneaux de grandes maisons (Taillevent, Plaza Athénée) travaille de bons produits de saison et, sur des bases traditionnelles, concocte des plats pleins de fraîcheur. Ravigote de crabe et salade d'herbes, foie gras de canard maison à la fleur de sel de Guérande, feuilleté aux asperges, onglet de bœuf aux échalotes… Dans ce Court-Bouillon gorgé de saveurs, le plaisir de la bonne chère ne tourne pas court !

Porte de Versailles • Vaugirard • Beaugrenelle

Le Cristal de Sel

M o d e r n e

C2

13 r. Mademoiselle

☎ 01 42 50 35 29

www.lecristaldesel.fr

Ⓜ Commerce

Fermé 11-20 avril, 1er-22 août, 19-29 décembre, dimanche et lundi

Formule 18 € – Menu 27 € (déjeuner) – Carte 40/50 €

Le Cristal de Sel porte bien son nom avec son décor immaculé : poutres et murs blanchis, grandes ardoises, mobilier de bistrot (tables zinguées et chaises en bois design), cuisines ouvertes sur la salle permettant d'admirer le travail du chef, Karil Lopez. Autour de lui, une équipe jeune et dynamique qui fait montre d'une passion communicative dès qu'on évoque la gastronomie… et concocte des plats aux petits oignons ! Ici, les excellents produits sont mariés avec finesse, et l'on se régale d'un croustillant de gambas à la coriandre et aux épices tandoori, d'une sole meunière au beurre d'algue et de son gratin de blettes… Côté dessert, on craque pour un financier à la framboise et son sorbet à la rhubarbe, ou encore pour une crème légère à l'orange et son florentin.

347

Porte de Versailles • Vaugirard • Beaugrenelle

La Dînée

M o d e r n e

B2

85 r. Leblanc
☎ 01 45 54 20 49
www.restaurant-ladinee.com
Ⓜ Balard
Fermé août, samedi et dimanche

Formule 41 € – Menu 49 €

 La Dînée, dans le Littré, c'est une auberge où l'on s'arrête pour le repas. Non loin du métro Balard, cette Dînée-là ne fait pas mentir le dictionnaire... Spécialisée dans la cuisine de la mer, elle s'est imposée comme une valeur sûre du quartier. Le chef travaille des produits de qualité et élabore des préparations simples et harmonieuses. Aussi les assiettes, soignées, fleurent-elles bon le grand large : poêlée de chipirons au citron, tartare de Saint-Jacques et bulots, etc. Et que les amateurs de viande se rassurent : ils trouveront également leur bonheur, avec, par exemple, un quasi d'agneau du Limousin rôti au romarin et sa purée maison... Quant à la salle à manger, elle dévoile un agréable décor contemporain : murs et banquettes aux tons pastel, tableaux abstraits et éclairage tamisé.

L'Épicuriste

M o d e r n e

D2

41 bd Pasteur
☎ 01 47 34 15 50
Ⓜ Pasteur
Fermé 3 semaines en août, dimanche et lundi

Menu 26 € (déjeuner), 30/38 €

En guise d'Épigramme – l'ancien établissement de Stéphane Marcuzzi –, cet Épicuriste pourrait écrire à son fronton : "Le plaisir des sens et la tranquillité de l'âme." Dans ce bistrot à l'ancienne, mais sans fausse nostalgie, les cuisines ouvertes flattent la vue et l'odorat, tandis que l'ouïe s'imprègne d'une ambiance sonore et chaleureuse. Quant à l'ardoise, elle aiguise l'appétit. Asperges blanches, mousse aux lardons et magret fumé ; turbot en tronçon et fricassée de légumes verts ; cheesecake au caramel : une cuisine généreuse et bien tournée, l'inventaire délicieux du goût et... du toucher, d'un chef fort doué.

L'Épopée

Traditionnelle

B2

89 av. Émile-Zola

☎ 01 45 77 71 37

www.lepopee.fr

Ⓜ Charles Michels

Fermé 24 décembre-2 janvier, samedi midi et dimanche soir

Formule 20 € – Menu 25 € (déjeuner en semaine), 34/40 € 🍴🍴

A/C L'Épopée continue d'écrire sa petite histoire sous l'égide de l'équipe qui l'a reprise en 2008. Point de récits merveilleux ou de hauts faits mythologiques, mais une chronique du quotidien où l'éloge de la tradition se conjugue au présent, avec de-ci de-là des touches contemporaines bien dosées. Le menu laisse ainsi le choix entre la raviole de langoustine au saté, le filet de bar vapeur aux coques et couteaux, l'entrecôte au foie gras, le millefeuille poire-cannelle ou les pêches rôties... Des plats qui s'accompagnent de nectars bien choisis. Quant au décor, il mêle joliment parquet flottant, boiseries et aquarelles marines. Tout près du métro Charles-Michels, la simplicité – dans la qualité – a trouvé ses hérauts.

Porte de Versailles • Vaugirard • Beaugrenelle

Erawan

Thaïlandaise

C1

76 r. de la Fédération

☎ 01 47 83 55 67

Ⓜ La Motte Picquet Grenelle

Fermé 3 semaines en août, lundi midi et dimanche

Formule 15 € 🍷 – Carte 20/45 € 🍴🍴

A/C Dans la mythologie thaïlandaise, Erawan est un éléphant tricéphale doté d'un appétit proverbial : nul doute que l'animal se serait senti à son aise dans cet agréable restaurant thaï dissimulé derrière une devanture asiatique très discrète. Salle à manger décorée d'œuvres d'art traditionnelles et rehaussée de boiseries et bas-reliefs tantriques, ambiance feutrée et éclairage tamisé : le décor évoque la mystique épurée des cultures de l'Asie du Sud-Est. Dans cette affaire familiale, père et fils proposent une cuisine typique, légère et parfumée. Le bœuf poêlé au lait de coco, le magret de canard au poivre vert et les autres plats aux senteurs de citronnelle ou de curcuma sont bien alléchants.

Porte de Versailles • Vaugirard • Beaugrenelle

Fontanarosa

Italienne

28 bd Garibaldi

☎ 01 45 66 97 84

www.restaurant-fontanarosa.eu

Ⓜ Cambronne

C2

Formule 21 € – Menu 30 € (déjeuner) – Carte 38/65 € 🍴

Cette sympathique trattoria est opportunément située sur le boulevard Garibaldi, qui porte le nom du père de l'unité italienne : en plein quartier de Grenelle, cette ambassade de la tradition culinaire sarde a su immédiatement trouver sa place. Façade d'un joli rose, verdoyante terrasse protégée et intérieur aux tons pastel rehaussé de tableaux végétaux évoquant la Sardaigne : c'est dans ce cadre typique que vous dégusterez de savoureuses spécialités italiennes, soignées et copieusement servies. Antipasti variés et adaptés à la saison, gnocchis aux saveurs franches gorgées de soleil transalpin ou risotto à la milanaise vous feront adorer la face gourmande de la "Botte". La carte des vins, très complète, couvre toutes les régions du pays.

La Gauloise

Traditionnelle

59 av. La Motte-Picquet

☎ 01 47 34 11 64

Ⓜ La Motte Picquet Grenelle

C1

Formule 25 € – Menu 30 € – Carte 40/70 € 🍴

À en juger par l'abondance de photos dédicacées affichées fièrement sur ses murs, la Gauloise a accueilli, au cours de sa longue histoire, bon nombre de personnalités du monde politique et médiatique. Son décor façon 1900 rappelle les fameux bistrots d'antan et leur caractère bien trempé : vieilles banquettes au confort spartiate, miroirs vénérables et lustres en cascade, tout évoque l'âge d'or de la brasserie parisienne. Pas de surprise en cuisine, où l'on concocte des plats traditionnels classiques, simples et soignés : soupe à l'oignon, œuf mollet et légumes de pot-au-feu, turbot sauce béarnaise ou entrecôte de bœuf. À noter, la plaisante terrasse aux beaux jours et le petit salon, pour recevoir les convives en toute intimité.

Le Grand Pan

Viandes et grillades

C3

20 r. Rosenwald
✆ 01 42 50 02 50
www.legrandpan.fr
Ⓜ Plaisance
Fermé 1 semaine en mai, 1er-25 août, vacances de
Noël, samedi et dimanche

Menu 29 € (déjeuner) – Carte 40/60 €

Comptoir, tables et chaises en bois, ardoises aux murs et propositions inscrites à la craie : voilà un bistrot de quartier que n'aurait pas renié Georges Brassens, qui habita tout près (l'enseigne, tirée de l'une de ses chansons, lui rend d'ailleurs hommage). Après avoir longtemps secondé Christian Etchebest au Troquet, Benoît Gauthier poursuit ici sa route en solo. Avec d'alléchantes assiettes et des spécialités : soupes en entrée le midi et, le soir, de belles viandes – côte de porc ibaïona, côte de bœuf blonde d'Aquitaine de Mauléon – servies pour deux et merveilleusement cuites (à la plancha). Côté desserts, retour vers l'enfance garanti, avec par exemple un riz au lait crémeux et sa compotée de rhubarbe...

Porte de Versailles • Vaugirard • Beaugrenelle

Gwon's Dining

Coréenne

C2

51 r. Cambronne
✆ 01 47 34 53 17
Ⓜ Cambronne
Fermé le midi

Carte 40/50 €

En créant ce restaurant coréen, M. et Mme Gwon, respectivement philosophe et sociologue, souhaitaient faire connaître les saveurs les plus subtiles de leur pays, en ne servant que des plats authentiques. Objectif atteint, puisque cet élégant Gwon's Dining – le décor, tout en sobriété contemporaine, évoque le raffinement asiatique par moult jolis détails – a su séduire et fidéliser Coréens, Japonais et... Parisiens. Aux fourneaux, une chef passée par de grandes maisons de Séoul prépare des recettes devenues incontournables : tartare de bœuf mêlé au jaune d'œuf et à la poire, ragoût de bœuf aux légumes, champignons et châtaignes ou ragoût de travers de porc aux épices. Quant au service, il est très prévenant. Une belle échappée culinaire !

L'Inattendu

Moderne  C2

99 r. Blomet
📞 01 55 76 93 12
www.restaurant-inattendu.fr
Ⓜ Vaugirard
Fermé en août, 4-11 janvier, dimanche et lundi

Formule 20 € – Menu 25 € (déjeuner en semaine)/37 € – Carte 40/55 € 🍴🍴

 Après un joli parcours au sein de grandes maisons, Patrick Delmas et Loïc Risse ont mis leurs expériences en commun pour ouvrir, il y a quelques années, ce petit restaurant au cœur du 15ᵉ arrondissement. Leur credo ? La fraîcheur et la qualité ! La carte change avec les saisons et se double de suggestions du jour qui varient selon l'humeur de Patrick – et parfois de Loïc : ravioles de langoustine à la crème d'estragon, tartare de magret de canard, croustillant de gambas au basilic, carpaccio d'ossau-iraty, etc. Des propositions canailles, bien ficelées et parfois... inattendues, à déguster dans un cadre feutré et élégant.

Intuition Gourmande

Moderne  C2

4 r. Pétel
📞 01 45 32 58 76
www.intuition-gourmande.com
Ⓜ Vaugirard
Fermé 2 semaines en août, dimanche et lundi

Formule 18 € – Menu 28/35 € – Carte environ 39 € 🍴

Le savoir-faire d'un cuisinier passé par la case Gagnaire, la qualité des produits qu'il sélectionne : cela compte bien sûr, mais que seraient ses recettes si elles n'étaient inspirées... par son intuition gourmande ? Telle est la leçon de ce sympathique bistrot, dont on imagine volontiers le chef (patron de l'affaire avec sa mère et son frère, lesquels œuvrent en salle) passer chacune de ses recettes au crible de sa gourmandise ! Aile de raie au pamplemousse, poitrine de cochon aux girolles, parfait au gingembre, etc. La dégustation peut se faire les yeux fermés... Quant au cadre, il joue la tradition parisienne, avec parquet, boiseries et miroirs, banquettes en velours rouge, petites chaises et tables en bois. Ambiance chaleureuse au menu !

Jadis

Moderne

B2

208 r. de la Croix-Nivert
☎ 01 45 57 73 20
www.bistrotjadisparis.com
Ⓜ Convention
Fermé samedi et dimanche

Formule 27 € – Menu 31 € (déjeuner)/57 € – Carte 43/69 €

Il était une fois un chef doué qui décida de s'engager dans l'aventure de la bistronomie… Après plus de trois ans à la tête des cuisines du Gaya Rive Gauche de Pierre Gagnaire, Guillaume Delage a choisi de travailler en solo, et cela lui réussit. Son restaurant restitue un bel esprit bistrot, marqué par une douce nostalgie, celle du temps jadis… Pavé de sandre rôti au bouillon d'oseille et à l'épeautre, porc basque à la laitue braisée et aux blettes, crème caramel et financier à la fève tonka : le menu-carte change au fil du marché et des saisons. "Jadis" et pourtant tellement d'aujourd'hui !

Maison Kaiseki

Japonaise

B2

7 r. André-Lefebvre
☎ 01 45 54 48 60
www.kaiseki.com
Ⓜ Javel André Citroën
Fermé 14-30 avril, 4-20 août, dimanche et lundi
– Réservation conseillée

Formule 25 € – Carte 60/120 €

Bienvenue au "labo" d'Hisayuki Takeuchi ! Ce chef japonais hyper créatif s'applique à revisiter la cuisine de son pays et à moderniser le kaiseki, le festin servi dans les restaurants traditionnels nippons. L'idéal est de choisir le menu omakase ("carte blanche") élaboré au gré du marché et de son inspiration – une expérience qui mérite d'être vécue ! – pour apprécier l'originalité de ses créations, composées comme des œuvres d'art. Succès oblige, le salon de thé a été transformé en salle de restaurant, ce qui a permis d'augmenter le nombre de couverts (une trentaine aujourd'hui, et l'on peut manger en terrasse), mais le chef poursuit ses expérimentations en matière de pâtisserie – à base de sucre noir d'Okinawa notamment–, avec quelques "classiques" comme la madeleine au thé vert… Tout un champ de découvertes !

Le Mûrier

Traditionnelle

C3

42 r. Olivier-de-Serres

☎ 01 45 32 81 88

Ⓜ Convention

Fermé 3 semaines en août, 23 décembre-3
janvier, samedi et dimanche

Formule 21 € – Menu 24 € (déjeuner)/27 €

Ambiance tranquille et conviviale pour cette petite adresse sans
prétention et aux prix doux. Dans une rue plutôt paisible et proche
du métro Convention, sa façade timide dissimule une salle à manger
tout en longueur dans les tons jaunes, où les tables sont joliment
dressées. Des affiches du début du siècle confèrent à l'endroit un
vrai côté "vieux troquet", tandis que de petites touches de bleu et
quelques éléments de verdure apportent de la gaieté. La cuisine,
simple et soignée, est à l'image du cadre, et s'épanouit dans le
respect de la tradition. Parmi les grands classiques, on notera les
bonnes pièces de bœuf grillé, les rognons de veau à la moutarde
ou les terrines maison. Le service est efficace et sympathique.

Neige d'Été

Moderne

C2

12 r. de l'Amiral-Roussin

☎ 01 42 73 66 66

www.neigedete.fr

Ⓜ Avenue Émile Zola

Fermé 2 semaines en août , 1 semaine vacances
de Noël , dimanche et lundi – Réservation conseillée

Menu 35 € (déjeuner)/65 €

Neige d'Été... Un nom d'une poésie toute japonaise, et pour
cause : l'adresse, née mi-2014, est l'œuvre d'un jeune chef nippon,
Hideki Nishi, entouré d'une équipe venue elle aussi du pays du
Soleil-Levant. Un nom en figure d'oxymore, surtout, qui annonce
des jeux de contraste et une forme d'épure : telle est en effet la
marque du cuisinier, en provenance du George V où il a parfait
sa formation. Précision toute japonaise et répertoire technique
hautement français s'allient donc à travers des recettes finement
ciselées et subtiles, privilégiant les arrivages directs de Bretagne
pour les légumes et les poissons, et les cuissons au charbon de
bois pour les viandes. Un travail en justesse et en contrepoints, qui
brille comme la neige en été...

L'Os à Moelle

Traditionnelle

B2

3 r. Vasco-de-Gama
℡ 01 45 57 27 27
Ⓜ Lourmel
Fermé 2 semaines en août, dimanche et lundi

Formule 18 € – Menu 35 € (déjeuner)/42 € – Carte environ 36 € 🍴

 Après avoir passé la main quelques années à une autre équipe (pour mieux se concentrer sur son séduisant Barbezingue, à Châtillon), Thierry Faucher a repris début 2014 les manettes de son Os à Moelle, son "bébé" historique, où il s'illustra comme l'un des précurseurs de la bistronomie au cours des années 2000. Pour ceux qui aurait manqué cette belle page de l'histoire gourmande de Paris, l'heure est venue d'un rattrapage en bonne et due forme. Le nom de l'adresse dit tout de son ancrage canaille et traditionnel : les recettes d'hier, les grands classiques du répertoire bistrotier ou même de la cuisine ménagère ont les honneurs de l'ardoise, réécrite en fonction du marché et délivrée avec un savoir-faire éprouvé – selon la philosophie du chef, formé chez les plus grands. Les lettres de noblesse du bistrot.

Le Pario 🐾

Moderne

B2

54 av. Émile-Zola
℡ 01 45 77 28 82
www.lepario.com
Ⓜ Charles Michels
Fermé dimanche

Formule 18 € – Menu 23 € (déjeuner en semaine)/35 € – Carte 34/55 € 🍴🍴

  Le Pario, une table à égale distance de Paris et de Rio, deux villes-monde au caractère bien trempé... L'idée de cette fusion a germé dans l'esprit d'Eduardo Jacinto, un jeune chef brésilien qui a travaillé près de dix ans aux côtés de Christian Constant. Comment définir son talent ? Peut-être en parcourant la carte : tartelette aux pointes de girolles et parmesan, tartare mi-cuit de langoustines et bar relevé à la citronnelle et légumes croquants, lieu jaune en écailles de pomme de terre... Une cuisine fine et équilibrée, qui fait toujours le choix de la légèreté, et que l'on déguste sur un rythme de bossa nova. Délicieux !

15e

Le Quinze - Lionel Flury

M O D E R N E

D2

8 r. Nicolas-Charlet

☎ 01 42 19 08 59

www.lequinzelionelflury.fr

Ⓜ Pasteur

Fermé 1 semaine en mai, 9-31 août, 20-28 décembre, lundi soir et dimanche

Menu 25 € (déjeuner), 39/80 € – Carte 66/72 €

A/C Originaire d'Alsace, Lionel Flury a fait un joli parcours avant de poser ses valises dans le 15e arrondissement, en cette adresse élégante et raffinée, pour le plus grand bonheur des habitués du quartier, et des autres… Sa cuisine est pile dans la tendance : sur de belles bases classiques, elle ose de jolies variations contemporaines, avec sincérité et finesse. Foie gras de canard au chutney pomme-mangue, carpaccio de langoustines à la marmelade de citron et au sésame, agneau confit au caviar d'aubergine et champignons de saison, chocolat "Mokaya" en dessert… Des plats séduisants, qui mettent l'eau à la bouche et s'accompagnent de très bons vins : plus de 150 références à la carte ! Et le midi, on peut passer côté bistrot pour découvrir le menu du jour.

Restaurant du Marché

T r a d i t i o n n e l l e

C3

59 r. Dantzig

☎ 01 48 28 31 55

www.restaurantdumarche.fr

Ⓜ Porte de Versailles

Fermé août, dimanche et lundi

Formule 22 € – Menu 29 €

 Situé à quelques pas du parc Georges-Brassens, ce bistrot ressuscite l'atmosphère rétro des années 1950 : carrelage en mosaïque, lampes boules, banquettes en skaï fatiguées, tables et chaises en bois, sans oublier l'indétrônable comptoir en zinc. Un petit goût de nostalgie qui n'est pas pour déplaire aux nombreux habitués du quartier. Il faut dire que la cuisine – d'un rapport qualité-prix tout à fait appréciable – ne dément pas l'esprit du lieu, convivial et chaleureux. Ainsi, on retrouve des plats bien ficelés, servis à la bonne franquette, tels le parmentier de canard, la poêlée de girolles ou encore le pain perdu et sa glace caramel. Aux beaux jours, la terrasse, cachée derrière son écrin de verdure, se révèle des plus agréables. Une adresse attachante.

Le Quinzième - Cyril Lignac ✿

M o d e r n e

A2

14 r. Cauchy
℘ 01 45 54 43 43
www.restaurantlequinzieme.com
Ⓜ Javel
Fermé samedi et dimanche

Menu 59 € (déjeuner), 110/150 € 🍴🍴🍴

Cuisine Attitude

Le restaurant de Cyril Lignac semble tout aussi sympathique que son médiatique de chef ! À quelques enjambées du parc André-Citroën, voilà bien une adresse en vue : à la fois trendy et feutrée, chic et très contemporaine. Une élégante table d'hôte ouvre sur les fourneaux par une large baie vitrée, permettant d'admirer la brigade à l'œuvre. Car l'art de cuisiner est à la mode, surtout quand il est "live" ! Il faut dire que ces assiettes siglées Lignac font belle impression : esthétiquement très abouties et soignées, elles révèlent des associations de saveurs originales et flatteuses. Ainsi ce filet de sole de petit bateau présenté dans une ballottine d'un blanc immaculé, accompagné d'un liseré de crème aux épinards, d'une excellente sauce au vin jaune légère et parfumée, ainsi que d'une purée de ratte légèrement vanillée – des accords très séduisants… Harmonieuses et bien pensées, ces recettes pourraient passer à la télé !

Entrées

- Homard confit au beurre de corail, crème de homard au poivre du Sichuan vert
- Foie gras de canard des Landes poêlé, vinaigrette aigre-douce

Plats

- Volaille rôtie au beurre demi-sel, purée de cèpes et noix noires
- Pigeonneau rôti au beurre demi-sel

Desserts

- Crémeux chocolat ivoire, sablé beurré, marmelade et sorbet rhubarbe
- Chantilly légère au praliné de noisettes du Piémont

Porte de Versailles • Vaugirard • Beaugrenelle

Stéphane Martin

Moderne

B2

67 r. des Entrepreneurs
℘ 01 45 79 03 31
www.stephanemartin.com
Ⓜ Charles Michels
Fermé 1ᵉʳ-9 mai, 2-24 août, 23 décembre-5 janvier,
dimanche et lundi

Formule 19 € – Menu 24 € (déjeuner en semaine)/38 € – Carte 44/63 €

Tout le monde se presse chez Stéphane Martin, qui jouit d'une réputation enviable auprès de tous les gourmets de la rive gauche. Il faut dire que le cadre est cosy et de bon goût : coloris à dominante lie-de-vin et caramel, mobilier en bois sombre et bibliothèque en trompe l'œil pour les plaisirs de l'âme... Et une fois attablé, on déguste d'appétissantes recettes bien dans leur époque, réalisées par un chef qui met du cœur à l'ouvrage. Commandez donc un sorbet au foie gras et sa brioche au lard paysan, une tête de veau meunière ou un foie du même animal accompagné d'une onctueuse purée avec, pour finir, un délicieux clafoutis aux cerises. Les lettres de noblesse du registre canaille !

Le Troquet

Traditionnelle

C2

21 r. François-Bonvin
℘ 01 45 66 89 00
Ⓜ Cambronne
Fermé 1 semaine en mai, 3 semaines en août, 1
semaine en décembre, dimanche et lundi

Menu 32 € (déjeuner), 34/40 €

Le "troquet" dans toute sa splendeur : décor bistrotier usé par les ans, banquettes en moleskine, ardoises, miroirs et petites tables au coude-à-coude invitant à la convivialité... Autant dire qu'on vient ici autant pour l'atmosphère que pour la cuisine ! Aux fourneaux, le jeune chef, Marc Mouton, concocte de délicieuses recettes – certaines avec l'accent du Sud-Ouest –, en valorisant des produits ultrafrais. Pour vous en convaincre, essayez la tartelette chaude aux piquillos et jambon cru, généreusement garnie de savoureux copeaux de parmesan, ou un filet de merlan accompagné de ratatouille. Alors, séduit ?

La Villa Corse Rive Gauche

C o r s e
164 bd Grenelle
☎ 01 53 86 70 81
www.lavillacorse.com
Ⓜ La Motte Picquet Grenelle
Fermé dimanche

Menu 30 € – Carte 50/63 €

 La Corse à Paris, vous en rêviez ? Cet élégant restaurant du quartier Cambronne porte haut le flambeau de la gastronomie insulaire et propose une cuisine aux saveurs puissantes qui fleure bon le maquis. L'adresse ne manque pas de charme, dans un esprit feutré et élégant... Dans l'assiette, les plats revendiquent fièrement leurs origines : charcuteries de caractère, herbes locales au bouquet enlevé et robustes vins locaux composent une cuisine vigoureuse et noble qui a tout pour subjuguer le "pinsut" (l'étranger, en langue corse). Ce dernier se régalera par exemple d'un velouté de châtaigne, d'un bon pavé de cabillaud accompagné d'une purée maison et d'un délicieux coulis de tomate et poivron, ou encore d'un moelleux au chocolat et... à la châtaigne, star décidément incontestée de l'île de Beauté !

Yanasé

J a p o n a i s e
75 r. Vasco-de-Gama
☎ 01 42 50 07 20
www.yanase.fr
Ⓜ Lourmel
Fermé 2 semaines en août, dimanche et lundi

Carte 38/76 €

 Les amoureux du Japon se réjouissent encore de l'arrivée, sur la place parisienne, de ce premier restaurant de cuisine "robata" – littéralement "autour du feu". Yanasé (un cèdre du sud de l'archipel) pratique l'art du barbecue au charbon de bois, ici placé au centre de la salle et encadré par un comptoir. On y grille sous vos yeux viandes et poissons, servis à l'aide d'une pelle en bois. Autre spécificité du lieu : son mélange de tradition et de modernité. Ainsi, les serveurs vêtus de kimonos évoluent dans un espace clair très contemporain et d'une belle sérénité. Les classiques sushis, sashimis et makis complètent la belle carte de cette adresse qui compte quelques merveilles de finesse.

Trocadéro · Étoile · Passy · Bois de Boulogne

P. Escudero / hemis.fr

Trocadéro, Étoile, Passy, Bois de Boulogne

L'Abeille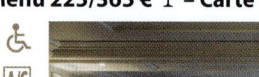

M O D E R N E

Hôtel Shangri-La,
10 av. d'Iéna

☎ 01 53 67 19 90

www.shangri-la.com

Ⓜ Iéna

Fermé 26 juillet-26 août, 21-30 décembre, dimanche, lundi et le midi

D3

Menu 225/365 € ♟ – Carte 135/300 €

Shangri-La Paris

Le "restaurant français" du Shangri-La – ce superbe palace parisien né au début des années 2010 –, baptisé du nom d'Abeille en hommage à l'emblème napoléonien. Moquette sombre, nuances de jaune et de gris clair, tables dressées avec soin et, çà et là, le motif de l'insecte rappelant les fastes napoléoniens : ne sommes-nous pas dans l'ancienne demeure du prince Roland Bonaparte ? Côté assiette, la grande tradition hexagonale est logiquement à l'honneur : sous l'égide d'une équipe héritière des meilleurs savoir-faire, la carte se fait chantre du beau classicisme et de la noblesse des produits. Une ambiance feutrée et élégante d'une part, des compositions culinaires qui se donnent pour mission de cultiver la finesse et de l'harmonie d'autre part : voilà bien une véritable vitrine de l'art de vivre à la française, une table au goût de miel...

Entrées

- Grenouilles coupe parisienne
- Langouste puce bretonne rouge de casier de Roscoff

Plats

- Homard cuit au court bouillon, crème de potimarron, ravioles de châtaignes au mascarpone
- Ris de veau doré au sautoir, salsifis rôtis à la truffe

Desserts

- La ruche
- Millefeuille à la vanille Bourbon

A et M Restaurant

Moderne

B3

136 bd Murat
℘ 01 45 27 39 60
www.am-restaurant.com
Ⓜ Porte de St-Cloud
Fermé août, samedi midi et dimanche

Menu 36 € – Carte 35/45 €

A pour Apicius, M pour Marius : de belles références pour cette adresse fondée par les deux patrons de ces tables renommées. Ce qui fait la différence ? Un décor plutôt chic, une ambiance conviviale et une cuisine de qualité à prix vraiment raisonnables ; en quelques mots, un "bistrot de chef" ! Aux fourneaux, on trouve Tsukasa Fukuyama, qui s'approprie avec aisance les grands classiques de la gastronomie de l'Hexagone. Pressé de tête de veau tiède et sa sauce ravigote, galettes de pied et d'oreille de cochon, gigot d'agneau au cumin et jus d'olives noires, ou encore ce coulis d'ananas à la cardamome pour finir : on passe un bon moment !

Atelier Vivanda

Viandes et grillades

D2

18 r. Lauriston
℘ 01 40 67 10 00
www.ateliervivanda.com
Ⓜ Kléber
Fermé 3 semaines en août, vacances de Noël, samedi et dimanche – Réservation conseillée

Menu 35 € – Carte environ 50 €

Joli néologisme que ce "Vivanda" qui célèbre aussi bien la vie que la viande... Originellement, le vivandier était celui qui assurait le ravitaillement des troupes en vivres ; aujourd'hui, ce bistrot original apaise tous les carnivores, à deux pas de l'Arc de Triomphe ! De protéines, il est donc ici essentiellement question : bœuf Black Angus, poulet fermier, etc. – le tout servi sur de petites tables en bois façon billot de boucher –, mais pas seulement, car la carte, très courte, cultive avant tout le goût des produits du marché et des saisons. Question qualité et traçabilité, la maison est bien lotie : elle est la deuxième adresse du jeune chef Akrame Benallal, dont le restaurant gastronomique, à deux pas, fut l'une des belles découvertes de ces dernières années.

Akrame ✿✿

Trocadéro · Étoile · Passy · Bois de Boulogne

Créative

D2

19 r. Lauriston
☏ 01 40 67 11 16
www.akrame.com
Ⓜ Kléber
Fermé 18-26 avril, 1ᵉʳ-23 août, 20 décembre-
1ᵉʳ janvier, samedi et dimanche – Réservation conseillée

Menu 50 € (déjeuner), 90/120 €

© yomgaille.com

Passé notamment chez Pierre Gagnaire et Ferran Adrià, le jeune et sémillant Akrame Benallal déploie aujourd'hui tout son talent : dans le cadre tendance de son restaurant voisin de l'Arc de Triomphe, rehaussé de clins d'œil branchés, il laisse libre cours à sa spontanéité et à son inventivité... tout en démontrant un vrai savoir-faire de cuisinier ! Si ses recettes se montrent aussi personnelles que décomplexées, osant l'inédit et la surprise, c'est toujours avec grande finesse et sagacité. Précision des cuissons, justesse des intuitions, esthétique des assiettes...

Dès les amuse-bouche – imaginez par exemple un petit craquant à l'encre de seiche et à l'anguille fumée –, les papilles sont en éveil : tout est pétillant, étonnant, pointu… Que dire ensuite de cette huître taillée en brunoise et dés de cœur d'agneau dans un bouillon de pomme de terre et de hareng ? En dessert, la poire au charbon et la glace à la bière et au lait fermenté laissent aussi pantois que séduit. Voilà bien un beau témoignage de cuisine contemporaine !

Spécialités

• Cuisine du marché.

Antoine ✿

Poissons et fruits de mer D3

10 av. de New-York
✆ 01 40 70 19 28
www.antoine-paris.fr
Ⓜ Alma Marceau
Fermé 3 semaines en août, 1 semaine à Noël,
dimanche et lundi

Menu 42 € (déjeuner), 78/120 € – Carte 85/150 €   ✗✗✗

A/C

Charlotte Lascève

Le chef Thibault Sombardier (finaliste de l'émission Top Chef en 2014) est à la barre de ce haut lieu de la cuisine de la mer à Paris. La carte change chaque jour pour offrir le meilleur de la marée, en liaison directe avec les ports bretons, vendéens, basques ou méditerranéens. En cas d'arrivage surprise, on pourra même vous proposer quelques suggestions de dernière minute ! On se régale donc pour ainsi dire au gré des vagues... Que les carnivores se rassurent, un petit choix de viandes est prévu rien que pour eux – sans parler des très alléchants desserts (assiette tout chocolat, baba au rhum, etc.). Le chef a l'amour de l'excellent produit et des belles saveurs, qu'il sait exalter avec finesse et inventivité. Une salle agréable, baignée de lumière et sobrement décorée, permet de les apprécier à leur juste valeur. Et comme elle offre une jolie vue sur les cuisines, la mer n'est jamais vraiment loin...

Entrées

- Carpaccio de poissons minute
- Encornets et ris de veau

Plats

- Poissons de ligne grillés
- Homard bleu vapeur

Desserts

- Soufflé chaud à la mirabelle
- Tarte au chocolat

Trocadéro • Étoile • Passy • Bois de Boulogne

Astrance ❀❀❀

C r é a t i v e

4 r. Beethoven

✆ 01 40 50 84 40

www.astrancerestaurant.com

Ⓜ Passy

Fermé 1 semaine en mai, 25 juillet-26 août, 1 semaine en novembre, vacances de Noël, samedi, dimanche, lundi et fériés – Réservation conseillée

Menu 70 € (déjeuner), 150/230 €

C2

Astrance

L'époque aime les sensations et l'Astrance en est une. Table unique, elle ménage son effet de surprise : d'une part, il faut y réserver des mois à l'avance – affres délicieuses de l'attente d'un grand moment – ; d'autre part, elle est à la pointe de l'avant-garde. Car ici, la cuisine se réinvente chaque jour, et ce n'est pas une façon de parler. Improvisation ? Nullement, même si le menu découverte est établi le matin même en fonction du marché et de l'humeur : c'est que le chef, Pascal Barbot, possède un sens inné du produit et des associations de saveurs. Avec son associé Christophe Rohat, rencontré chez Alain Passard, ils avaient l'expérience nécessaire pour se lancer, en 2000, dans le projet un peu fou de ce restaurant hors normes. Près du Trocadéro, leur salle intimiste et contemporaine n'accueille que vingt-cinq convives. Vingt-cinq chanceux qui se prêtent au jeu de la maison et goûtent une cuisine experte, ouverte sur le monde et la modernité. Mariage de terroir et d'exotisme, belle carte des vins, subtilité, inventivité… Que dire de plus ?

Entrées

- Chair de crabe épicée, ravioles végétales
- Millefeuille de champignons de Paris, foie gras mariné au verjus, pâte de citron confit

Plats

- Turbot vapeur, beurre miso-noisette
- Canard de Challans cuit au sautoir, aubergine laquée au miso, curry noir

Desserts

- Tartelette fraise, rhubarbe et mousse jasmin
- Tartelette figue et groseille et mousse au jasmin

Bon

16e

C r é a t i v e
B2

25 r. de la Pompe
☎ 01 40 72 70 00
www.restaurantbon.fr
Ⓜ La Muette

Trocadéro • Étoile • Passy • Bois de Boulogne

Formule 28 € 🍷 – Menu 33 € (déjeuner en semaine) – Carte 46/78 € 🍴

Derrière une façade ornée de mosaïques (1911), un trio de salles fort élégantes. Philippe Starck a signé les différents décors – autant d'ambiances. "Vinothèque" se veut distinguée : haut plafond voûté et mobilier d'esprit Art nouveau. "Cheminée" joue le lounge : grande mansarde, tables rondes, canapés et… imposante tête de rhinocéros ! Enfin, "Bibliothèque" est un vrai petit cocon, avec parquet et murs en trompe l'œil. Couloirs, escaliers, fumoir et boudoir complètent l'ensemble, digne d'une grande maison bourgeoise ancrée dans notre époque. On y oublie le monde extérieur en dégustant une cuisine fusion bien tournée, qui transporte vers l'Asie (Vietnam, Chine, Cambodge, Thaïlande). Spring rolls au crabe, thon mi-cuit au sésame et au basilic, sea bass sauce tom yam (lait de coco) : très… bon, évidemment !

Chaumette

T r a d i t i o n n e l l e
B2

7 r. Gros
☎ 01 42 88 29 27
www.restaurant-chaumette.com
Ⓜ Mirabeau
Fermé 8-20 août, 23 décembre-3 janvier, samedi midi, dimanche et fériés

Formule 25 € – Menu 29 € (déjeuner) – Carte 40/70 € 🍴

Derrière une jolie façade en bois se cache ce bistrot années 1920 : boiseries, petites tables serrées, comptoir, photos anciennes… et une collection de guides MICHELIN ! Une clientèle de journalistes le midi et d'habitants du quartier le soir se presse dans ce cadre chic, autrefois fréquenté par Philippe Noiret, Serge Gainsbourg et d'autres artistes. Mais ici la vedette est incontestablement la cuisine, traditionnelle et de qualité, proposée sur une courte carte enrichie de quelques plats à l'ardoise. À vous la terrine de gibier (en saison), la cuisse de volaille farcie aux morilles et l'incontournable pot-au-feu ! Et en dessert, que diriez-vous du millefeuille à la vanille Bourbon ? La formule déjeuner offre un excellent rapport qualité-prix.

Trocadéro • Étoile • Passy • Bois de Boulogne

Chez Géraud

M o d e r n e

B2

31 r. Vital

☎ 01 45 20 33 00

Ⓜ La Muette

Fermé août, 20-28 décembre, samedi midi et dimanche

Formule 29 € – Menu 35 € – Carte 45/75 €

Un vent de renouveau souffle sur Chez Géraud, repris en 2013 par deux jeunes associés venus du Royal Monceau et bien décidés à faire parler de cette institution de La Muette ! Derrière les belles céramiques de la façade, la salle allie avec réussite cachet rétro et esprit contemporain (après un bon petit rafraîchissement), et ce décor à la fois bien pensé et chaleureux, comme le service très attentionné, mettent à l'aise. Tout est donc réuni pour découvrir la cuisine du chef, qui revisite la tradition avec grande fraîcheur, à travers une carte aussi carrée que gourmande : œuf de poule bio cuit mollet, tomates anciennes, mijotée de légumes, croûtons aillés et copeaux de comté ; souris d'agneau confite et légumes de pot-au-feu ; riz au lait ; etc. Un établissement à (re-)découvrir très vite !

Conti

I t a l i e n n e

D3

72 r. Lauriston

☎ 01 47 27 74 67

www.leconti.fr

Ⓜ Boissière

Fermé 3-23 août, 24 décembre-2 janvier, samedi, dimanche et fériés

Menu 37 € (déjeuner) – Carte 60/80 €

A/C Stendhal aurait sans doute apprécié ce restaurant où l'on célèbre, dans l'assiette, l'Italie qu'il aimait tant et, dans le décor, ses deux couleurs fétiches, le rouge et le noir (velours, tapisseries, boiseries, lustres en verre de Murano). Aux commandes de cette table, deux Français qui réinterprètent les recettes de la Botte avec des touches personnelles, associant les influences d'ici et de là-bas. Résultat, une cuisine de qualité appréciée par de nombreux habitués. Sur le menu du jour, on trouve par exemple : fricassée de légumes au parmesan, lasagne de homard ou de noix de Saint-Jacques (selon la saison), rognon de veau au citron, et pour la note sucrée, pannacotta au chocolat blanc. Belle carte des vins franco-italienne.

Cristal Room Baccarat

16ᵉ

M o d e r n e

D3

11 pl. des Etats-Unis - Maison Baccarat (1ᵉʳ étage)
℘ 01 40 22 11 10
www.cristalroom.fr
Ⓜ Boissière
Fermé dimanche et fériés

Formule 36 € – Menu 55 € (déjeuner)/109 € – Carte 85/99 € 🍴

Le splendide hôtel particulier de Madame de Noailles est occupé depuis 2003 par la maison Baccarat : boutique, musée, salle de réception et restaurant. Celui-ci, situé au premier étage, jouit d'un cadre d'exception : haut plafond avec ciel en trompe l'œil, cheminée en marbre, moulures, dorures, somptueux lustres en cristal et touches de modernité apportées par Philippe Starck. Un décor qui ajoute au plaisir d'une cuisine au goût du jour supervisée par Guy Martin (Le Grand Véfour). Chacun y trouvera son bonheur : émietté de tourteau en feuille de navets longs ; ris de veau au sautoir, purée d'échalotes confites et chou farci ; aiguillettes de turbot meunière, chou-fleur cru et cuit et bouillon mousseux au champagne ; saint-honoré au caramel au beurre salé... Cette "chambre de cristal" mérite une visite.

Étude

M o d e r n e

D3

14 r. Bouquet-de-Longchamp
℘ 01 45 05 11 41
Ⓜ Boissière
Fermé samedi midi, dimanche et lundi – Réservation conseillée

Menu 38 € (déjeuner), 55/80 € 🍴

Une signature contemporaine, une leçon d'épure : ces mots font figure d'évidence lorsque l'on découvre les créations du chef, Keisuke Yamagishi. Il a choisi de nommer son restaurant "Étude", en hommage à la musique de Frédéric Chopin – une passion –, mais aussi parce que c'est ainsi qu'il considère son travail : une recherche inlassable sur cette matière toujours vivante qu'est la gastronomie. Chaque assiette apparaît très étudiée, le moindre ingrédient pesé, le dressage réalisé au millimètre. La générosité n'est pas un sujet à travers ces réalisations, qui semblent viser l'essentiel, par exemple en n'associant jamais plus de trois ingrédients. Le tout dans un décor lui aussi minimaliste. Une exigence totale.

Trocadéro • Étoile • Passy • Bois de Boulogne

etc...

M o d e r n e   D3

2 r. La Pérouse

01 49 52 10 10

Kléber

Fermé 29 juillet-25 août, samedi midi et dimanche

Menu 49 € (déjeuner)/90 € – Carte 60/84 € ✗✗

Etc...

Etc... ou Épicure Traditionnelle Cuisine. Le nom de cette table supervisée par le chef Christian Le Squer – qui œuvre désormais au George V (8e) – ne manquera pas d'intriguer les fins gourmets. Comme certains des intitulés de la carte, poétiques et alléchants : fantaisie voyageuse "Terre et Mer", persillade liquide, senteur des bois-crustacés... Que propose donc cette table contemporaine, conçue sous la forme d'un bistrot chic et épuré ? Une séduisante cuisine réalisée par Bernard Pinaud (auparavant au Ledoyen et à La Marée), où les saveurs oscillent entre tradition, classicisme, air du temps et touches fusion. Et où les présentations soignées ravissent l'œil. L'importance accordée aux beaux produits et la volonté de suivre les saisons expliquent le choix volontairement limité de plats. En contrepartie, la carte a la bonne idée de changer tous les mois et les menus tous les quinze jours. Côté décor s'exprime une modernité sobre et distinguée, caractérisée par un jeu de matières mates et brillantes (bois, velours, métal, panneaux de laque).

Entrées	Plats	Desserts
• Fantaisie voyageuse terre et mer	• Boudin maison, jus au fruit de la passion	• Soufflé chocolat, glace pistache
• Rémoulade de cèpes, caviar d'aubergine	• Merlan de ligne, concentré de sous-bois	• Givré de roquefort, poire au naturel

Flandrin

T r a d i t i o n n e l l e   B2

80 av. Henri-Martin
℘ 01 45 04 34 69
Ⓜ Avenue Henri Martin

Carte 45/110 €

Emplacement original pour ce Flandrin, niché dans une ancienne gare de la Petite Ceinture – à l'architecture en briques typique – devenue station sur la ligne du RER C ! Hormis les légers échos de la circulation automobile sur les avenues voisines, l'endroit se révèle très chic et feutré : tons crème et brun, immenses miroirs, imposantes compositions florales et petits fauteuils en velours, dans le style des brasseries contemporaines. La carte sait satisfaire tous les goûts, en proposant avec soin à la fois de grands classiques (fruits de mer, filet de bœuf sauce béarnaise, millefeuille à la vanille) et des recettes plus originales (petits nems vietnamiens, gambas poêlées au chou croquant et riz au jasmin). Verdict : descendez à la station Avenue Henri-Martin !

Il Gusto Sardo

I t a l i e n n e   D3

18 r. Chaillot
℘ 01 47 20 08 90
www.restaurant-ilgustosardo.com
Ⓜ Alma Marceau
Fermé vacances de printemps, août, vacances de Noël, samedi midi, dimanche et fériés

Carte 45/84 €

A/C Une authentique *trattoria*, au cœur du quartier chic de Chaillot. Murs habillés de boiseries jaune clair, photos en noir et blanc de stars du cinéma italien et, aux commandes, toute une famille italienne : la *mama* officie aux fourneaux, le *papà* en salle, l'un et l'autre aidés de leurs deux *figli*. Le lieu transporte en Méditerranée, et plus précisément en Sardaigne, dont la carte exhale tous les parfums grâce au savoir-faire de la maîtresse de maison. Antipasti dell'isola Piana (différentes préparations de thon), petites pâtes sardes aux palourdes, filet de dorade aux oignons et au fromage de brebis, pannacotta aux fruits des bois ou au caramel : le soleil sarde brille dans les assiettes, et aussi dans les verres, à travers un joli choix de vins.

La Grande Cascade

M o d e r n e

allée de Longchamp

☏ 01 45 27 33 51

www.restaurantsparisiens.com

Fermé vacances de Noël

A2

Menu 79/192 € – Carte 140/190 €

J.C. AMIEL

Le classicisme a toujours la cote dans cet ancien pavillon de chasse de Napoléon III. Transformé en restaurant pour l'Exposition universelle de 1900, il mêle les styles Empire, Belle Époque et Art nouveau : un charme incomparable se dégage de la rotonde, aménagée sous une grande verrière, et de la magnifique terrasse – prise d'assaut dès que le soleil fait son apparition. La clientèle d'affaires vient y respirer le chic du Paris d'autrefois et l'air de la campagne en plein bois de Boulogne. Georges et André Menut veillent jalousement sur leur Grande Cascade, prenant soin de cultiver son image de grande dame. Mais ils vivent aussi avec leur temps. Pour preuve, la présence de Frédéric Robert, un chef brillant, passé par Le Grand Véfour, le Vivarois et Lucas-Carton (où il a travaillé aux côtés de Senderens pendant dix ans). Il a carte blanche pour imaginer une cuisine subtile, aux saveurs bien marquées, qui hisse cette maison parmi les belles adresses gourmandes de la capitale. À noter, le "menu du marché à prix sage" servi midi et soir.

Entrées	Plats	Desserts
• Émietté de tourteau en cappuccino à l'anis, rougail de fenouil pimenté en fine gelée	• Carré d'agneau de Lozère rôti au thym citron, compression de légumes méditerranéens	• Texture tout chocolat grand cru, sorbet cacao
• Macaronis farcis au céleri rave, foie gras et truffe noire	• Saint-pierre rôti aux éclats d'amande, poireaux et truffe	• Meringue moelleuse aux pistaches de Sicile et parfums d'hibiscus

Hiramatsu ❀

M o d e r n e

D3

52 r. Longchamp

📞 01 56 81 08 80

www.hiramatsu.co.jp/fr/

Ⓜ Trocadéro

Fermé août, 24 décembre-2 janvier, samedi et
dimanche – Réservation conseillée

Trocadéro • Étoile • Passy • Bois de Boulogne

Menu 48 € (déjeuner), 75/115 €

Hiramatsu

Un japonais dans le 16ᵉ ? Oui et non. Certes, à l'oreille l'enseigne
du restaurant de la rue de Longchamp sonne asiatique, et pour
cause, son propriétaire Hiroyuki Hiramatsu vient bel et bien de
l'archipel nippon. Mais l'ancienne maison d'Henri Faugeron,
connu à son époque comme l'ardent défenseur d'un certain
académisme culinaire, reste toujours une ambassade de la cuisine
française dans tout ce qu'elle a de classique. Et Hiramatsu n'a plus
à rougir, lui qui se vit refuser la porte du lieu même alors qu'il
faisait ses premières armes en France, à la fin des années 1970.

Ironie du sort ou heureuse coïncidence, il le dirige aujourd'hui
avec talent. Mariage de la sobriété japonaise côté décor (une
salle élégante ornée de tableaux et d'œuvres d'art) et des recettes
hexagonales côté saveurs, harmonieusement préparées et
rehaussées de touches contemporaines – déclinées, le soir, en un
menu unique "carte blanche". Le choix de vins, quant à lui, porte
sur plus de 800 références. Raffinement extrême, vous l'aurez
compris, et service du même allant, discret et attentif.

Spécialités

• Cuisine du marché

16ᵉ Jamin

M o d e r n e D3

32 r. de Longchamp
☎ 01 45 53 00 07
www.restaurant-jamin.com
Ⓜ Iéna
Fermé août, samedi midi et dimanche

Formule 28 € – Menu 35 € – Carte 40/56 € ✗✗

A/C Les gastronomes parisiens s'en souviennent-ils ? C'est au Jamin que Joël Robuchon obtint sa troisième étoile en 1984 ! Après avoir été reprise par la bien connue Babette de Rozières, l'adresse est aujourd'hui tenue par Alain Pras. Et ce, sans nulle nostalgie ! L'ambition revendiquée est de réveiller le 16ᵉ, et l'équipe s'en donne les moyens. Le décor est élégant et contemporain, dans des tons beige, tabac et taupe, créant une atmosphère chic sans être pesante. Côté cuisine, on apprécie des recettes savoureuses et bien troussées, toujours efficaces, à l'image de ce tartare d'écrevisses aux zestes de citron vert, de ce rognon de veau à la moutarde à l'ancienne, ou de ce canon d'agneau "croustillant rôti" et sa fine ratatouille croquante au thym. Cerise sur le gâteau, les prix sont abordables !

Jérémie   N

M o d e r n e D3

33 r. de Longchamp
☎ 01 47 04 96 81
www.restaurantjeremie.com
Ⓜ Boissière
Fermé 1ᵉʳ-21 août, samedi midi et dimanche

Formule 30 € – Menu 40 € (déjeuner)/65 € – Carte 50/65 € ✗✗

A/C C'est en lieu et place du restaurant Passiflore que Jérémie Tourdjman a pris ses quartiers en 2014. Une ère nouvelle pour l'adresse : si elle conserve un élégant décor, empreint de sobriété, le jeune chef est un tenant de la bistronomie, soucieux notamment de mettre en avant le produit de façon simple, franche et directe... sans rechigner cependant à livrer un vrai travail de cuisinier (il est auparavant passé par les cases Constant et Ducasse). De là de belles assiettes, centrées sur des ingrédients de qualité et aux saveurs bien marquées : raviole de langoustine à l'estragon et bisque à l'armoricaine ; soupe de poisson façon bouillabaisse ; ris de veau au sautoir, petits pois à la française ; millefeuille vanille et son caramel au beurre salé... Un travail à encourager !

Juan

J a p o n a i s e   C3

144 r. de la Pompe
📞 01 47 27 43 51
Ⓜ Victor Hugo
Fermé 2 semaines en août, dimanche, lundi et fériés

Menu 35 € (déjeuner), 67/70 €

¿ Viva España ? Nullement, car ce restaurant est japonais et compte même parmi les plus authentiques ! Une fois franchi la devanture aux vitres fumées, on découvre une salle minuscule, typiquement nippone. La cuisine elle aussi joue la carte de l'épure, si chère au pays du Soleil-Levant. Le midi, une seule formule ; le soir, pas de carte : on se laisse guider par l'inspiration du chef, au fil d'un menu dégustation (servi pour un minimum de deux personnes). Saveurs marquées et bien équilibrées, jeux sur les textures, mets présentés avec esthétisme : autant de qualités que l'on apprécie à travers la pâte de soja aux légumes et tofu à la cacahouète, les sushis et sashimis, les bulots et leur bouillon aromatique… Le service est assuré en costume traditionnel.

Kura

J a p o n a i s e   B2

56 r. de Boulainvilliers
📞 01 45 20 18 32
www.kuraparis.com
Ⓜ La Muette
Fermé 16-24 août et lundi

Formule 22 € – Menu 58/105 € 🍷

Un coin de Japon au cœur de Passy ? Mobilier en bois sombre, petit sushi-bar ; on se croirait dans une izakaya, une auberge japonaise. Au piano, deux chefs nippons confirment cette impression d'authenticité. L'un se charge de la préparation des sushis, sashimis et entrées froides – avec dextérité, est-il besoin de le préciser – tandis que l'autre s'occupe des plats chauds. La méthode idéale, sans doute, pour donner le meilleur de cette cuisine kaiseki. Outre la carte, le menu du soir permet de se laisser entièrement guider par l'inspiration et l'inventivité des chefs. L'occasion de s'abandonner à cette délicatesse toute japonaise, où la fraîcheur des produits se marie avec bonheur au raffinement des présentations.

16ᵉ La Marée Passy

Poissons et fruits de mer B2

71 av. Paul-Doumer

✆ 01 45 04 12 81

www.lamareepassy.com

Ⓜ La Muette

Carte 45/56 €

☞ L'enseigne annonce la couleur ! Ce restaurant est résolument orienté produits de la mer. Entrées et plats s'affichent sur l'ardoise du jour : huîtres, palourdes, gambas, langoustines, sardines, turbots, soles ou bars, tous de belle fraîcheur, provenant de mareyeurs de Bretagne ou de Vendée (Loctudy, Quiberon, baie du Mont-St-Michel, St-Gilles-Croix-de-Vie). Les préparations s'avèrent goûteuses, les cuissons bien maîtrisées, les garnitures soignées. Et les desserts ne sont pas en reste, tel ce baba au rhum pour deux. Côté décor, la salle à manger vous pousse vers les flots : impression d'être à bord d'un vieux bateau grâce aux parois de bois blond, tissus et lampes rouges, maquettes, gravures et instruments de navigation...

Le rouge est la couleur de la distinction : nos valeurs sûres ! Passés en rouge, le symbole ✗ repère donc les établissements les plus agréables.

Marius

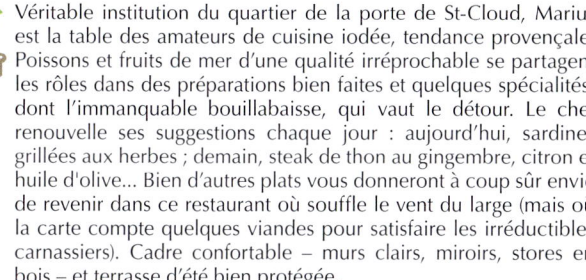

Poissons et fruits de mer   A3

82 bd Murat
✆ 01 46 51 67 80
www.restaurantmarius.fr
Ⓜ Porte de St-Cloud
Fermé août, samedi midi et dimanche

Carte 43/79 €   ✗✗

Véritable institution du quartier de la porte de St-Cloud, Marius est la table des amateurs de cuisine iodée, tendance provençale. Poissons et fruits de mer d'une qualité irréprochable se partagent les rôles dans des préparations bien faites et quelques spécialités, dont l'immanquable bouillabaisse, qui vaut le détour. Le chef renouvelle ses suggestions chaque jour : aujourd'hui, sardines grillées aux herbes ; demain, steak de thon au gingembre, citron et huile d'olive... Bien d'autres plats vous donneront à coup sûr envie de revenir dans ce restaurant où souffle le vent du large (mais où la carte compte quelques viandes pour satisfaire les irréductibles carnassiers). Cadre confortable – murs clairs, miroirs, stores en bois – et terrasse d'été bien protégée.

Le Metropolitan

Moderne   C3

Hôtel Metropolitan Radisson Blu,
10 pl. de Mexico
✆ 01 56 90 40 04
www.radissonblu.com/hotel-pariseiffel
Ⓜ Trocadéro
Fermé 3 semaines en août, dimanche et lundi

Menu 31 € (déjeuner)/59 € ♟ – Carte 46/61 €   ✗✗

Chic, moderne et chaleureux : tel est le restaurant du Metropolitan, cet agréable hôtel créé dans un immeuble haussmannien dont la belle façade en pointe se dresse sur la place de Mexico. Pointue, telle est également la cuisine proposée par le chef : des recettes internationales, rehaussées de notes japonisantes et concoctées avec un souci de qualité évident, aussi bien dans le choix des produits que dans la finesse d'exécution. Ainsi cette burrata bien crémeuse et son panel de tomates et poivrons colorés et savoureux ; cette cotriade de poisson associant cabillaud, coques, saumon et petits légumes bien croquants, dans un excellent bouillon tomaté et aillé ; ou encore cette tarte aux fraises croustillante et très parfumée. Un ensemble très "métropolitain" !

 16ᵉ

Trocadéro · Étoile · Passy · Bois de Boulogne

 379

Monsieur Bleu

M o d e r n e

20 av. de New-York (Palais de Tokyo)

✆ 01 47 20 90 47

www.monsieurbleu.com

Ⓜ Iéna

D3

Carte 42/80 €

🍴

Cette néobrasserie chic et imposante a alimenté la chronique mondaine dès son inauguration au printemps 2013... Son emplacement, au cœur du palais de Tokyo, n'y est bien sûr pas pour rien, mais ce n'est pas tout : ses volumes aériens (9 m sous plafond !), son décor inspiré par l'Art déco et le modernisme, tout en gris, vert et or – une réalisation du designer Joseph Dirant –, et sa terrasse toisant la Seine et la tour Eiffel : tout prête aux mondanités. Évidemment, l'assiette n'est pas en reste, à travers des plats actuels, francs et bien ficelés, évoluant au fil des saisons. Carpaccio de bar, cuisses de grenouilles, foie de veau poêlé, cochon de lait laqué aux épices, ou encore ce délicieux cabillaud aux morilles... Un endroit très en vue !

GUIDE MICHELIN

Une collection à savourer !

België • Belgique & Luxembourg
Chicago
Deutschland
España & Portugal
France
Great Britain & Ireland
Hong Kong Macau
Kyoto Osaka Kobe Nara
London
Main Cities of Europe
Nederland • Netherlands
New York City
San Francisco
Suisse • Schweiz • Svizzera
Tokyo

Et à paraître en 2015:
São Paulo & Rio de Janeiro

Pages

M o d e r n e　　　　　　　　　　**D2**

4 r. Auguste-Vacquerie

✆ 01 47 20 74 94

www.pages-e.com

Ⓜ Charles de Gaulle-Etoile

Fermé 2 semaines en août, dimanche et lundi
– Réservation conseillée

Menu 40 € (déjeuner)/80 €　　　　　　🍴🍴

La passion des chefs japonais pour la gastronomie française
s'illustre une nouvelle fois à travers ce restaurant ouvert au cœur
de l'été 2014. Passé par de belles maisons, Ryuji Teshima, dit
Teshi, propose une version contemporaine et très personnelle de
la cuisine de l'Hexagone. Autour de menus "surprise", il imagine
des mélanges de saveurs qui peuvent paraître improbables sur
le papier, mais réellement percutants dans l'assiette ! Ainsi le
tartare de veau rencontre le zeste de citron, la poutargue et la
crème d'anchois ; le céleri rave épouse la langoustine ainsi qu'une
crème au saint-nectaire ; le filet de lieu jaune flirte avec le maïs...
Le tout dans un décor épuré, avec cuisines visibles de la salle. Un
ensemble résolument à la page.

Passy Mandarin La Muette

C h i n o i s e　　　　　　　**B2**

6 r. Bois-le-Vent

✆ 01 42 88 12 18

www.restaurant-passy-mandarin.fr

Ⓜ La Muette

Fermé août et dimanche en juillet

Formule 16 € – Carte 27/100 €　　　　　　🍴

Fondé en 1976 par le père de son actuel propriétaire, le Passy
Mandarin La Muette joue la carte de la permanence : l'authenticité
est de mise dans les assiettes, où l'on retrouve les grandes
spécialités de la cuisine chinoise (en particulier cantonaise), mais
aussi quelques plats thaïlandais et vietnamiens. Potage pékinois,
dim sum, marmite de porc, filet de bœuf aux saveurs de la vie
(associant l'amer, le salé, le sucré et l'acide à travers une association
de haricots noirs, de zestes d'orange, d'une sauce aigre-douce et
de piment), sans oublier le fameux canard laqué à la pékinoise.
Quant au décor, il assume pleinement ses chinoiseries : paravents,
boiseries sculptées, toiles tissées, vases, bibelots chinés, etc. Une
certaine authenticité, oui !

Le Pergolèse

M o d e r n e

40 r. Pergolèse
✆ 01 45 00 21 40
www.lepergolese.com
Ⓜ Porte Maillot
Fermé 2 semaines en août, 25 décembre-2 janvier,
samedi midi et dimanche

C2

Menu 50 € (déjeuner), 105/120 € – Carte 80/120 €

Le Pergolèse

Dès le début, Stéphane Gaborieau voulait faire du Pergolèse une "belle maison bourgeoise où l'on reçoit les clients comme chez soi". Véritable passionné, ce chef lyonnais, Meilleur Ouvrier de France, a fait ses classes dans des maisons prestigieuses aux côtés de grands noms (Georges Paccard, Pierre Orsi). Épaulé en salle par son épouse Chantal, il a réussi à en faire une des belles adresses du très chic 16e arrondissement. Un mariage confondant de convivialité, de bourgeoisie et de saveurs haut de gamme. La cuisine, respectueuse des produits, révèle des notes ensoleillées, parfois ponctuées de touches japonisantes. Logique, c'est dans le Sud que Stéphane Gaborieau a fait ses débuts. Quant au décor, il se montre élégant : tentures crème, fauteuils de velours rouge, tableaux contemporains... Côté vins enfin, la carte, riche de près de 300 références, ne manque pas de belles bouteilles. Le plaisir est complet !

Entrées

- Moelleux de sardine à la basquaise, sorbet tomate-basilic
- Homard bleu rôti en salade de légumes croquants et pesto

Plats

- Sole meunière farcie d'une duxelles de champignons
- Lièvre à la royale

Desserts

- Soufflé aux fruits
- Pêche pochée à la verveine, nougat glacé, sirop à l'hibiscus et safran

Le Petit Pergolèse

Traditionnelle

C2

38 r. Pergolèse

☏ 01 45 00 23 66

Ⓜ Porte Maillot

Fermé août, samedi et dimanche

Carte 45/73 €

 Le Petit Pergolèse vise la qualité dans la simplicité : décor moderne original (tables en ardoise lustrées à l'huile de lin, banquettes, tons rouge et noir) et mise en place sans prétention avec tables serrées... La salle semble surtout une véritable galerie d'art contemporain, avec des expositions renouvelées au fil des mois – la passion du patron. Ce cadre actuel et vivant attire une large clientèle qui vient "entre copains" apprécier une cuisine traditionnelle joliment revisitée et pleine de saveurs. La carte fait la part belle à des plats simples et soignés (salade de homard à la vinaigrette de truffe, filet de bœuf au poivre vert, mousse chaude au chocolat et sa glace vanille), et l'ardoise évolue au gré du marché, tout comme les suggestions – formulées oralement – qui ont la faveur du chef.

Trocadéro · Étoile · Passy · Bois de Boulogne

Prunier

Poissons et fruits de mer

D2

16 av. Victor-Hugo

☏ 01 44 17 35 85

www.prunier.com

Ⓜ Charles de Gaulle-Etoile

Fermé août, samedi midi, dimanche et fériés

Menu 47 € (déjeuner), 87/175 € – Carte 65/172 €

 Cette brasserie de luxe classée, née en 1925, reste de première fraîcheur. Grâce au talent d'Éric Coisel, qui porte haut son vénérable éclat et sa signature séculaire : "Tout ce qui vient de la mer"... Avec son banc d'écailler à l'entrée, la maison célèbre toujours les nobles produits marins. Mais pas seulement ! Sachez que la maison Prunier produit son propre caviar dans le Sud-Ouest. Sans oublier les autres incontournables : caviars d'ailleurs et saumons (Balik, Tsar Nikolaj, etc.). Des classiques auxquels s'ajoutent des créations régulièrement renouvelées (fricassée de coquillages ; rouget barbet, tapenade et basilic ; etc.). Une cuisine de qualité, une belle carte des vins avec un bon choix de bourgognes blancs, le tout dans un cadre d'exception, imaginé par les plus grands mosaïstes, graveurs et sculpteurs de l'époque Art déco. Les amateurs du style sont au paradis !

Le Pré Catelan ✿✿✿

Créative

rte de Suresnes
℘ 01 44 14 41 14
www.precatelanparis.com
Fermé 15 février-2 mars, 2-24 août, 25 octobre-2 novembre, dimanche et lundi

A1

Menu 110 € (déjeuner), 220/280 € – Carte 237/295 € 🍴🍴🍴🍴🍴

Pré Catelan

Une enclave enchantée au cœur du bois de Boulogne, tel est Le Pré Catelan. Somptueux et chargé d'histoire, le lieu dévoile un décor de jardins et d'architectures classiques. Pierre-Yves Rochon a révolutionné l'esprit du pavillon Napoléon III en le parant d'un mobilier design et de tons vert, blanc et argent, tandis que l'orangerie attenante livre un cadre contemporain à la verdure qui l'entoure...

C'est dans ce cadre rêvé que l'on peut déguster depuis quelques années la cuisine savoureuse et inventive de Frédéric Anton. Ce Meilleur Ouvrier de France révèle son talent à travers une carte alliant équilibre, harmonie et générosité. Pour chaque assiette, il recherche la perfection, soignant jusqu'à la composition graphique. La précision et la rigueur transmises par ses mentors (dont Robuchon) sont sa signature, ainsi que son goût pour les associations inédites et la vraie nature des produits. Le tout sublimé par une cave prestigieuse et un accueil irréprochable. Autant d'arguments en faveur de cette noble maison aux murs d'argent et... aux plats d'or.

Entrées

- Langoustine en ravioli, bouillon à l'huile d'olive et nem de langoustine frit
- Os à moelle grillé en coque au poivre noir et farci d'un ragoût de petits pois

Plats

- Crabe parfumé au curry, crème légère, caviar et pomélo saveur thaïe
- Ris de veau cuit en casserole, fine purée de céleri à la cannelle

Desserts

- Pomme soufflée croustillante, crème glacée caramel, cidre et sucre pétillant
- Citron comme une tarte, meringue croustillante et sorbet basilic

Quinte

M o d e r n e B2

79 r. de la Tour

📞 01 40 72 84 46

www.quinte-restaurant.com

Ⓜ Rue de la Pompe

Fermé 3 semaines en août, 22 décembre-3 janvier, samedi midi, dimanche et lundi

Formule 29 € – Carte 44/64 €

Prenez une ancienne boulangerie, deux copains passés par de grandes adresses, un vrai sens du goût – dans la déco comme dans l'assiette – ; portez à ébullition et vous obtenez cette... Quinte, pensée comme un hommage à nos cinq sens. On la doit à David Alberge (en salle) et Gaël Boulay (en cuisine), qui ont métamorphosé leur restaurant au cours de l'année 2014. Le décor exprime une légère inspiration scandinave : bois clair, petits fauteuils en cuir beige, tables hautes... Un ensemble stylé et chaleureux ! C'est donc avec un plaisir renouvelé que l'on découvre les créations du chef, percutantes et centrées sur le produit : poulpe, épinards vapeur, ail rose ; pluma ibérique, oignons doux, harissa ; chocolat, noisettes du Piémont et glace café... La vue, l'ouïe, le goût, l'odorat et le toucher : le compte est bon.

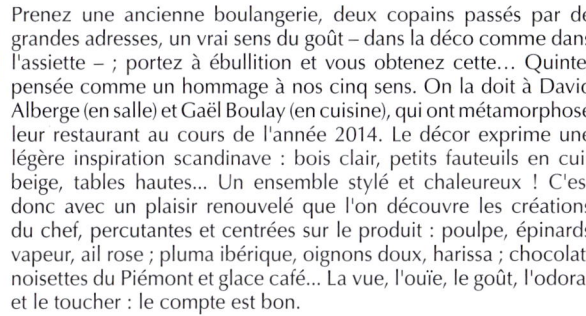

Rosimar

E s p a g n o l e B3

26 r. Poussin

📞 01 45 27 74 91

www.restaurant-rosimar.com

Ⓜ Michel Ange Auteuil

Fermé août, 24-31 décembre, dimanche, lundi et fériés

Menu 42 € 🍷 – Carte 36/65 €

Kitsch à souhait avec ses multiples miroirs et ses nappes roses, le Rosimar – qui pourrait certainement servir de cadre à un film d'Almodóvar – constitue une enclave espagnole et familiale spécialisée dans la fameuse paella. Mais pas seulement ! Ce restaurant est également connu pour ses délicieux riz noirs (à la seiche par exemple), ses plats de poisson (morue aux oignons confits, lotte sautée aux figues) et ses fruits de mer. On ne saurait oublier les charcuteries ibériques aux saveurs puissantes (assiette de lomo avec son pain frotté à la tomate) et, tous les jeudis en hiver, le pot-au-feu catalan. Rien à redire tant c'est généreux et soigné : authenticité et qualité font toute la valeur de la maison. *Salud !*

Trocadéro • Étoile • Passy • Bois de Boulogne

16ᵉ # Relais d'Auteuil

M o d e r n e

31 bd Murat
℘ 01 46 51 09 54
www.relaisdauteuil-pignol.fr
Ⓜ Michel Ange Molitor
Fermé août, vacances de Noël, samedi midi,
dimanche et lundi

Menu 100 € ⚑ (déjeuner), 129/149 € – Carte 100/160 € 𝕏𝕏𝕏

Relais d'Auteuil

Patrick Pignol reçoit comme chez lui dans sa maison cossue et chaleureuse. Depuis son ouverture en 1984, elle a vu défiler une clientèle chic qui a vite pris ses habitudes. De fait, on revient chaque fois avec plaisir dans ce lieu marqué par l'hédonisme et la convivialité. Service discret et personnalisé, assuré par Laurence Pignol, atmosphère raffinée et fleurie, décor contemporain (belle collection de peintures et sculptures) créent les conditions parfaites pour apprécier le repas. N'en déplaise aux gourmets branchés, la cuisine, généreuse et dans l'air du temps, n'est pas à la poursuite du spectaculaire ou des audaces visuelles. Le chef, amoureux du gibier – pendant la saison, son restaurant prend l'allure d'un relais de chasse –, mise plutôt sur la finesse des saveurs et le respect des produits du terroir. Ajoutez à cela un livre des vins dont la lecture donne le vertige (2 500 références) et une carte de 250 champagnes, le tout conseillé par un sommelier passionné...

Entrées	Plats	Desserts
• Carpaccio de crevettes marinées au vinaigre yuzu-ponzu	• Bar de ligne en épais filet	• Madeleines cuites à la minute au miel de bruyère, crème glacée miel et noix
• Fricassée de moules de bouchot et girolles de Sologne, jus terre et mer	• Carré et filet d'agneau des Pyrénées à la sarriette des montagnes	• Soufflé au chocolat

Shang Palace

C h i n o i s e

Hôtel Shangri-La,
10 av. d'Iéna
☎ 01 53 67 19 92
www.shangri-la.com
Ⓜ Iéna
Fermé 26 juillet-17 août, mardi et mercredi

Menu 52 € (déjeuner en semaine), 78/128 € – Carte 60/225 €

Shangri-La Paris

Shangri-La… Le nom résonne comme un voyage aux confins de l'Asie, vers un paradis luxueux et imaginaire. Le célèbre hôtel parisien, né en 2010, a su donner le même éclat à ses restaurants, dont ce Shang Palace. Situé au niveau inférieur de l'établissement, il transporte ses hôtes dans un Hong Kong merveilleux, entre raffinement extrême-oriental et élégance Art déco. Colonnes incrustées de jade, paravents sculptés et lustres en cristal promettent un dîner aussi feutré qu'étincelant. La cuisine cantonaise est à l'honneur ; on peut partager en toute convivialité un assortiment de plats servis au centre de la table. Les cuissons se révèlent précises, les parfums subtils. Les dim sum sont moelleux à souhait et le goût de la sole cuite à la vapeur s'envole accompagné de champignons noirs et de tofu soyeux. Pour finir, entre autres douceurs, une crème de mangue, garnie de pomélo et de perles de sagou, laisse une belle impression de fraîcheur…

Entrées

- Saumon Lo Hei
- Aubergine braisée en cocotte, poulet et poisson séché

Plats

- Cabillaud braisé, cébette, ail et gingembre
- Poitrine de porc croustillante

Desserts

- Crème de mangue, pomélo et perles de sagou
- Tartelette aux œufs

Trocadéro • Étoile • Passy • Bois de Boulogne

D3

6 New York

Trocadéro • Étoile • Passy • Bois de Boulogne

Moderne
6 av. de New-York
📞 01 40 70 03 30
www.6newyork.fr
Ⓜ Alma Marceau
Fermé août, samedi midi et dimanche

D3

Menu 38 € (déjeuner), 70/90 € 🍷 – Carte 49/67 €

A/C L'enseigne vous dit tout sur l'adresse... postale, loin d'une table nord-américaine ! Au 6 avenue de New-York, donc, sur les quais de Seine, avec la tour Eiffel en point de mire : aucun doute, vous êtes bien à Paris. Une telle situation ne manque d'ailleurs pas d'attirer les touristes en quête de bonnes adresses, tout en fidélisant de nombreux habitués qui ne se lassent ni de la vue ni du cadre contemporain, bien dans l'air du temps. Et la cuisine ? Au goût du jour, elle aussi, plutôt diététique et subtilement inventive. Au moment de la commande, le patron saura vous conseiller au mieux : pizzaleta de langoustines et pousses d'épinard, duo de rognon rôti et ris de veau braisé, riz au lait avec son pain perdu brioché. Le service est digne du lieu, classique et stylé.

La Table du Baltimore

Moderne
Hôtel Baltimore,
1 r. Léo-Delibes
📞 01 44 34 54 34
www.hotel-baltimore-paris.com
Ⓜ Boissière
Fermé août, samedi, dimanche et fériés

D3

Formule 40 € 🍷 – Menu 75/95 € 🍷 – Carte 78/104 €

A/C Tourteau à la tomate séchée et ciboule ; ris et joue de veau aux carottes confites ; ananas comme un sushi à la noix de coco... Aux commandes du restaurant de l'hôtel Baltimore depuis 2001, Jean-Philippe Pérol puise son inspiration dans les saisons et les produits du moment. Une seconde nature pour ce chef formé dans de grandes maisons, tels le Pré Catelan ou le Meurice. Le cadre est chic, l'ambiance propice aux repas d'affaires : une collection de dessins en toile de fond, des miroirs pour agrandir visuellement l'espace, des tables joliment dressées et un heureux contraste entre des boiseries anciennes et un mobilier contemporain. La Table du Baltimore se révèle cossue et feutrée.

St-James Paris ❀

M o d e r n e

Hôtel St-James Paris,
43 av. Bugeaud
☎ 01 44 05 81 81
www.saint-james-paris.com
Ⓜ Porte Dauphine
Fermé dimanche soir, fériés et le midi

C3

Trocadéro • Étoile • Passy • Bois de Boulogne

Menu 125 € – Carte 76/135 €

Saint James Paris

Érigé en 1892, cet hôtel particulier a des airs de véritable petit château environné de verdure, en plein cœur de Paris – une rareté ! Propriété anglaise à partir de 1986, il accueille dès lors un club, dans la pure tradition des cercles londoniens. C'est au début des années 1990 qu'il devient hôtel, et en 2013 seulement que son restaurant s'ouvre à la clientèle extérieure... bien qu'il demeure réservé aux membres du Saint-James Club au déjeuner en semaine. L'occasion est belle d'aller découvrir cet établissement parmi les plus exclusifs de la capitale !

Le cadre est superbe, aussi chic qu'élégant avec ses boiseries, ses tissus mordorés, son haut plafond en trompe l'œil et son jardin très secret, où les tables s'abritent aux beaux jours sous de magnifiques tentes en forme de montgolfières anciennes. La cuisine est à l'avenant, raffinée, précise et bien construite. Elle est l'œuvre d'une jeune chef discrète, Virginie Basselot, qui allie délicatesse et savoir-faire, toujours à l'avantage du beau produit. Le plaisir est complet... pour tous les membres du grand club des gourmets !

Entrées

- Tourteau de Roscoff en rémoulade, pomme verte, radis blanc et coriandre
- Tartare de Saint-Jacques et huîtres, bourrache, caviar et crème citron

Plats

- Colvert rôti aux baies de genièvre, chou rouge braisé
- Sole normande en filets, grosses crevettes et champignons de Paris

Desserts

- Café moka d'Éthiopie en crème légère, feuilles de chocolat et glace à la fève tonka
- Figues pochées au vin rouge, coulis de mûres

16e

La Table Lauriston

Traditionnelle

C3

129 r. Lauriston
☎ 01 47 27 00 07
www.restaurantlatablelauriston.com
Ⓜ Trocadéro
Fermé août, samedi midi et dimanche

Menu 28 € (déjeuner) – Carte 40/95 €

[A/C] Pour changer de l'ambiance ouatée et chic des nombreux restaurants gastronomiques du quartier, voici l'adresse idéale. La Table Lauriston n'est autre qu'un bistrot convivial, à deux pas de la rue de Longchamp et de l'avenue Poincaré. Généreuse, bien faite et sans esbroufe, sa cuisine bistrotière a tout pour séduire les gourmands. Jetez un coup d'œil sur l'ardoise et lancez-vous sans plus attendre, tous les classiques sont là, figurant en bonne place selon les saisons : tournedos de foie de veau au vinaigre, entrecôte de premier choix, harengs pommes à l'huile, baba au rhum. Un florilège de saveurs franches et rassurantes. Détail qui ne gâche rien : le beau choix de vins au verre, sélectionnés par le chef lui-même, fils de vigneron.

Terrasse Mirabeau

Moderne

B3

5 pl. de Barcelone
☎ 01 42 24 41 51
www.terrasse-mirabeau.com
Ⓜ Mirabeau
Fermé 3 semaines en août, 1 semaine fin décembre, samedi et dimanche

Menu 42/75 €

 Queues de langoustines rôties en cappuccino. Lieu jaune en tournedos au chorizo. Pied de cochon désossé et pané au homard. Cocotte de légumes à la vapeur, beurre à la fleur de sel de Noirmoutier parfumé à l'agastache. Millefeuille à la crème légère de citron. La carte interpelle et… les assiettes tiennent toutes leurs promesses : Pierre Négrevergne (formé auprès de Michel Rostang) signe une belle cuisine d'aujourd'hui, appuyée sur de solides bases classiques – et des produits de qualité bien mis en valeur. L'assurance d'un bon moment, dans un cadre contemporain à la fois sobre et coloré (tons blanc, brun et rouge, miroirs, toiles abstraites) et, dès les premiers jours du printemps, sur une jolie terrasse verdoyante, à deux pas du pont Mirabeau. L'enseigne ne ment pas ; l'assiette non plus.

Les Tablettes de Jean-Louis Nomicos

M o d e r n e

16 av. Bugeaud
01 56 28 16 16
www.lestablettesjeanlouisnomicos.com
Ⓜ Victor Hugo

C3

Menu 58 € 𝒴 (déjeuner), 120/145 € – Carte 105/175 €

Les Tablettes de JL Nomicos

Après avoir dirigé de nombreuses années durant les cuisines du restaurant Lasserre – l'un des temples de la cuisine classique –, Jean-Louis Nomicos a créé ces Tablettes où il a souhaité apposé son propre nom.

À l'heure frénétique des écrans tactiles, le lieu, élégant et feutré, évoque de manière très contemporaine le panier du marché provençal avec, sur ses murs, un beau tressage de larges lattes de noyer... Il est vrai que la cuisine de Jean-Louis Nomicos a conservé une pointe d'accent du Midi. Pour ce chantre de la belle tradition, qui est né à Marseille et a grandi dans le culte de la bouillabaisse, l'art et la technique doivent avant tout rester au service des sens et du plaisir. Telle est la condition pour révéler toutes les potentialités des grandes recettes et des produits de choix ! Et si la carte peut dorénavant s'écrire en pixels, sous la conduite d'un chef aussi talentueux, les saveurs, elles, n'ont rien de virtuel...

Entrées

- Gratin de macaronis aux truffes noires et foie gras
- Velouté de courgettes aux artichauts poivrades et aubergine fumée

Plats

- Dos de bar sauce vierge au basilic citrus, fleurs de courgette farcies à la marjolaine
- Ris de veau au citron caviar et fenouil confit

Desserts

- Croustillant au chocolat grand cru et fève tonka , émulsion au praliné
- Fraises à la chantilly poivrée, tagette et sorbet fromage blanc

Trocadéro • Étoile • Passy • Bois de Boulogne

Le Tournesol

Traditionnelle

2 av. de Lamballe
☎ 01 45 25 95 94
www.le-tournesol.fr
Ⓜ Avenue du Président Kennedy
Fermé une semaine mi-août

C2

Carte 37/47 €

Au pied de cet immeuble bourgeois, dès les premiers beaux jours venus, les Parisiens semblent jouer aux tournesols, pivotant en cœur face au soleil pour ne pas en rater un rayon... Il faut avouer qu'elle est bien agréable, la terrasse de ce restaurant, d'où la vue porte jusque sur la Seine ! Et l'on ne se détournera pas si l'on doit gagner la salle intérieure, très réussie dans son inspiration années 1920 : murs blanc et or, motifs floraux, banquettes en velours noir, photos anciennes... Dans un tel cadre, on ne s'étonnera pas de retrouver à la carte de grands classiques de la brasserie, mais des recettes plus originales y ont aussi cours : crabe-avocat ou salade de bœuf façon thaïlandaise ? Pavlova aux fruits rouges ou cheesecake ? Le tout bien parfumé... Ce Tournesol a déjà fait tourner quelques têtes !

Tsé Yang

Chinoise

25 av. Pierre-1er-de-Serbie
☎ 01 47 20 70 22
Ⓜ Iéna

D3

Menu 39 € (déjeuner), 49/59 € – Carte 50/100 €

Situé à deux pas du palais de Tokyo, cet élégant restaurant chinois vous transporte aussitôt l'entrée franchie dans les corridors de la Cité Interdite. Lions de jade monumentaux à la porte, intérieur riche de ses tissus sombres et plafonds dorés, mobilier en bois noir sculpté de motifs typiques : le décor relooké par James Tinel et Emmanuel Benet puise aux sources de l'Empire du Milieu. La carte présente un éventail de plats issus des régions de Pékin, de Shanghai et du Sichuan. Entre autres spécialités maison : assortiment de raviolis (dim-sum), canard rôti au thé de Chine, bar étouffé dans sa vapeur, véritable canard laqué (à la pékinoise). Un établissement qui séduira les palais occidentaux... même les plus endurcis !

La Villa Corse Rive Droite

Corse
141 av. de Malakoff
☎ 01 40 67 18 44
www.lavillacorse.com
Ⓜ Porte Maillot
Fermé dimanche

C1

Menu 30 € (déjeuner) – Carte 35/59 €

Il y avait la Villa Corse du 15ᵉ arrondissement, voici sa petite sœur de la rive droite. Le principe reste le même : une atmosphère particulière, un rien dépaysante, pour découvrir le terroir de l'île de Beauté. Ici, l'immense salle à manger, surmontée d'une mezzanine, se pare de patines ocre, de lustres de Murano et de fauteuils profonds. Là, elle dévoile un salon-bibliothèque avec cheminée... Le tout pour un résultat façon lounge branché. Au menu, tous les grands classiques insulaires, plus ou moins revisités : charcuteries, stufatu de veau tigré aux olives, civet de sanglier et son ravioli à la châtaigne, fiadone aux écorces d'agrumes... Sans oublier les vins des domaines Arena ou Leccia, les "stars" de Patrimonio.

Le Vinci

Italienne
23 r. Paul-Valéry
☎ 01 45 01 68 18
www.restaurantlevinci.fr
Ⓜ Victor Hugo
Fermé 1ᵉʳ-21 août, samedi et dimanche

D3

Menu 35 € – Carte 46/83 €

Dans une rue calme, près de l'avenue Victor-Hugo, ce "ristorante" offre une belle carte de cuisine italienne, agrémentée de touches contemporaines françaises : cette table transalpine est ouverte aux influences locales. Le décor, coloré, fleure bon la péninsule et met tout de suite dans l'ambiance. Confortablement attablé, attaquez-vous à la lecture de la carte qui décline les spécialités de la maison, parfaitement exécutées : carpaccio de gambas "Cristal Bay", risotto Alfredo aux abricots rôtis à la vanille et au foie gras poêlé... Sans compter le cappuccino "café café" et sa mousse de lait, un vrai délice, et une attrayante carte de vins italiens. Inutile de préciser que cette adresse fait souvent salle comble !

Zébra Square

M o d e r n e

Hôtel Square,
3 r. Boulainvilliers
☎ 01 44 14 91 91
www.zebrasquare.com
Ⓜ Mirabeau

B2

Carte 35/68 €   ✗✗

Jaune, vert, bleu : le Zébra Square n'est pas zébré, mais il ne manque pas de couleurs ! Avec en outre ses photographies contemporaines et ses banquettes de cuir sombre, le restaurant de l'hôtel Square distille une belle ambiance, chaleureuse et branchée, très internationale. Côté mets, la carte, résolument dans l'air du temps, est étudiée pour satisfaire tous les palais : ravioles du Royans au beurre safrané, tartare de dorade au citron vert et gingembre, crêpe Suzette, etc. Les produits sont bien choisis, et le chef propose aussi des plats plus traditionnels, à l'instar d'une bonne terrine de campagne. Pour les carnivores, rien de mieux qu'une viande tendre et goûteuse sélectionnée par le fameux boucher, Hugo Desnoyer, telle cette côte de bœuf grillée... Un lieu plaisant, idéal pour un déjeuner d'affaires.

Grand luxe
ou sans prétention ?
Les "couverts" ✗
et les pavillons 🏠
notent le confort,
de 1 à 5.

B. Rieger / hemis.fr

Palais des Congrès ·
Wagram ·
Ternes · Batignolles

H. Hughes / hemis.fr

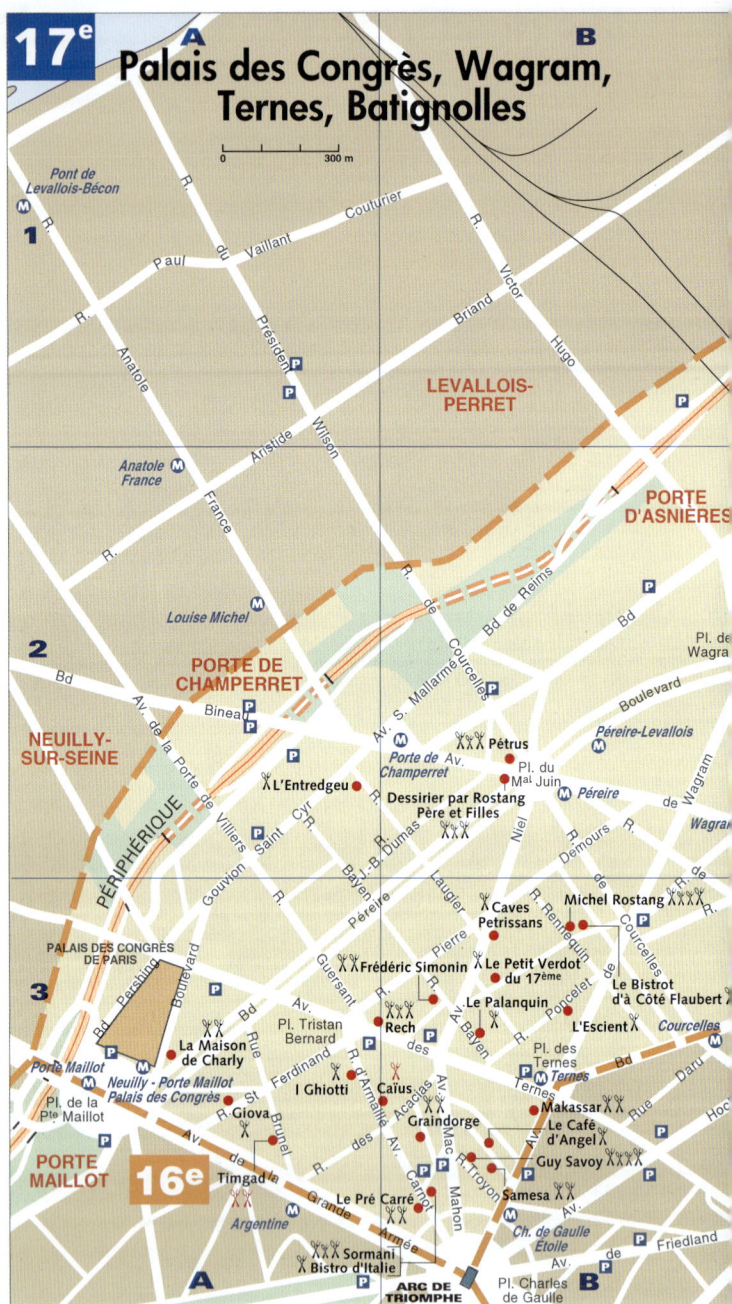

A · B

0 — 300 m

Pont de Levallois-Bécon

R. Paul Vaillant Couturier

R. du Président

R. Anatole

Aristide Wilson

Anatole France Ⓜ

R. Victor Hugo

Briand

LEVALLOIS-PERRET

PORTE D'ASNIÈRES

Louise Michel Ⓜ

Bd de Reims

Bd

Pl. de Wagra

1

2

Bd

PORTE DE CHAMPERRET

Bineau

NEUILLY-SUR-SEINE

Av. de la Porte de Villiers

R. Saint Cyr

Gouvion

Bd S. Mallarmé

de Courcelles

Boulevard

Péreire-Levallois

Ⓜ

de Wagram

Av. S. Mallarmé

Porte de Champerret

L'Entredgeu

☓☓☓ Pétrus

Pl. du Mal Juin

Av. Péreire

Dessirier par Rostang Père et Fils ☓☓☓

Niel

Démours

R.

Wagra

R. Bayen

R. J.-B. Dumas

Pérreire

Laugier

PÉRIPHÉRIQUE

PALAIS DES CONGRÈS DE PARIS

Bd Pershing

Boulevard

3

Av. Guersant

Frédéric Simonin ☓☓

Caves Petrissans ☓

Pierre

R. Rennequin

Michel Rostang ☓☓☓

Courcelles

Le Petit Verdot du 17ème

Le Bistrot d'à Côté Flaubert ☓

Poncelet

Le Palanquin

Av. Niel

R. Bayen

Rech ☓☓☓

L'Escient ☓

Courcelles

Pl. Tristan Bernard

Rue

Ferdinand

La Maison de Charly ☓☓

des

Pl. des Ternes

Ⓜ **Ternes**

Bd

Daru

Porte Maillot Ⓜ

Neuilly - Porte Maillot Palais des Congrès

Pl. de la Pte Maillot

St Ferdinand

I Ghiotti

R. d'Armaillé

Caïus ☓

Acacias

☓☓

Makassar ☓☓

Le Café d'Angel ☓

R. Troyon

Guy Savoy ☓☓☓

Graindorge

des

R. Mac

Mahon

Av.

Rue

Hoc

R. Giova

PORTE MAILLOT

16ᵉ

Timgad ☓

Av. de la Grande Armée

R. Brunel

Argentine Ⓜ

Le Pré Carré ☓

Av. Carnot

Samesa ☓

Ch. de Gaulle Étoile Ⓜ

de

Friedland

☓☓☓ Sormani ☓ Bistro d'Italie

ARC DE TRIOMPHE

Pl. Charles de Gaulle

A · B

398

C

CLICHY

Hugo

Victor

Bd

Matre

R.

Jean

Jaurès

Bd

PORTE
E CLICHY

PÉRIPHÉRIQUE

D

PORTE
DE SAINT-OUEN

CIMETIÈRE DES
BATIGNOLLES

Bessières

Pouchet

R.

de

la

Jonquière

Ouen

Saint

Porte de
St Ouen

Guy Môquet

1

Porte de Clichy

Av.

Berthier

Bd

R.

Guy

Môquet

Legendre

Av.

de

R.

Etex

PARC CLICHY BATIGNOLLES
MARTIN LUTHER KING

Coretta

Cardinet

Rue

Brochant

de

Fabrique 4

L'Envie du Jour

Nollet

R.

La Fourche

18e

2

CIMETIÈRE

DE MONTMARTRE

ap

Péreire

La Fourchette
du Printemps

de

d'Abbans

Le Bouchon et
l'Assiette

Legendre

Comme Chez Maman

Le Clou de Fourchette

R.

des

Batignolles

de

Bd

Jouffroy

Malesherbes

Villiers

Agapé

Cardinet

Malesherbes

Tocqueville

Karl & Erick

Rome

Batignolles

Place
de Clichy

9e

Clichy

acques Faussat -
La Braisière

Pl. du Gal
Catroux

Villiers

Bd

des

Rome

St-Pétersbourg

Courcelles

R.

R.

de

Constantinople

Pl. de
l'Europe

Liège

de

Liège

d'Amsterdam

de

Monceau

Monceau

Bd

de

Malesherbes

R.

du

Rocher

de

Madrid

Europe

de

Vienne

GARE
ST-LAZARE

Londres

Clichy

PARC

MONCEAU

Lisbonne

Av.

de

Messine

Miromesnil

ST-AUGUSTIN

St Lazare

R.

de

la

Pépinière

Pl.
d'Estienne
d'Orves

3

Haussmann

Bd

Miromesnil

Pl. St-
Augustin

St Augustin

Bd

Haussmann

Havre

Caumartin

8e

C

D

Agapé ✿✿

MODERNE

51 r. Jouffroy-d'Abbans
📞 01 42 27 20 18
www.agape-paris.fr
Ⓜ Wagram
Fermé samedi et dimanche

C2

Menu 39 € (déjeuner), 90/120 € – Carte 88/109 € 🍴

L'Agapé

Agapè… En Grèce ancienne, ce mot désignait l'amour inconditionnel de l'autre. Un nom qui augure des moments exclusifs, dans un décor chic et tendance, parfaitement adapté. La maison, hissée au rang de valeur sûre, compte une clientèle fidèle et conquise… Le fruit d'un mariage réussi entre salle et cuisine. L'accueil et le service se révèlent très professionnels, avec des conseils avisés sur le choix des mets et leur alliance avec les vins (plus de 600 références). La carte elle-même, assez courte, fait profession de transparence en mentionnant la provenance des produits, triés sur le volet. Il ne reste alors qu'à se laisser bercer, en toute confiance, par une jolie romance : celle de la finesse des saveurs, de la justesse des assaisonnements, de la précision des cuissons… le tout porté au point subtil où l'harmonie rencontre la surprise. L'arme de séduction de l'Agapé !

Entrées	Plats	Desserts
• Noix de veau fumée au bois de hêtre, burrata et citron	• Turbot, courgette, concombre et couteaux	• Mont-blanc, crème glacée à la truffe blanche d'Alba
• Foie gras de canard de Chalosse, consommé et légumes en pot-au-feu	• Tourte de palombe, betterave crapaudine	• Cédrat, poire-vanille

Le Bistrot d'À Côté Flaubert

T r a d i t i o n n e l l e   B3

10 r. Gustave-Flaubert

✆ 01 42 67 05 81

www.bistrotflaubert.com

 Ternes

Fermé 2 semaines en août, samedi midi, dimanche et lundi

Formule 29 € – Menu 36 € (déjeuner)/55 € – Carte 45/72 €

Côté assiette, une cuisine gourmande et généreuse, inspirée par les bouchons lyonnais. Côté décor, une salle chaleureuse, véritable petite bonbonnière rétro aux murs recouverts de carafes provençales anthropomorphes – aux allures grotesques et enjouées. Pas de doute, on est bien dans un bistrot ! Et il est "d'à côté" car il jouxte le restaurant gastronomique de Michel Rostang, auquel il appartient également. Aux commandes en ces lieux ? Un jeune chef plein d'enthousiasme, qui réalise de beaux classiques : pâté en croûte de canard et foie gras à l'ancienne, quenelle de brochet sauce Nantua, fricassée de rognons de veau, etc. Les desserts sont dans un registre tout aussi traditionnel et... savoureux : petits pots de crème au chocolat, tatin, etc. Un bon prétexte pour se diriger du côté de la rue Flaubert.

Bistro d'Italie

I t a l i e n n e   B3

4 r. Gén.-Lanzerac

✆ 01 40 55 90 00

 Charles de Gaulle-Etoile

Fermé 2 semaines en août et samedi midi

Carte 30/55 €

Son nom dit tout : on pourrait très bien imaginer que cette adresse, mi-bistrot, mi-trattoria, ait été copiée-collée depuis l'autre côté des Alpes. Une déclinaison dans la simplicité, où la gourmandise reste chose sérieuse – comme toujours en Italie ! La carte se divise en deux grands chapitres : les pizzas d'une part (garnies de produits de premier choix, tels la truffe et le jambon de Parme) et les pâtes d'autre part (spaghettis all'arrabbiata, alla puttanesca – olives, câpres et anchois –, etc.), mais l'on trouve aussi d'appétissants classiques, telle cette côte de veau façon osso-buco. En dessert, place aux inévitables glaces italiennes. En un mot : une cuisine droit dans sa Botte !

Le Bouchon et l'Assiette

T r a d i t i o n n e l l e C2

127 r. Cardinet

☎ 01 42 27 83 93

Ⓜ Malesherbes

Fermé 10-17 mai, 3 semaines en août, 1 semaine en janvier, dimanche et lundi – Réservation conseillée

Menu 25 € (déjeuner en semaine)/37 €

Le jeune couple à la tête de cette affaire a su créer une formule épatante. Au déjeuner, l'ardoise du jour (qui change vraiment chaque jour) propose, à un prix très compétitif, un joli panaché de petits plats gourmands. Le soir, place à des plaisirs plus subtils, par exemple autour d'une fricassée d'escargots au lard, pousses d'épinards et bouillon mousseux de tourin à l'ail. En dessert, le gâteau basque fait un clin d'œil aux origines du chef... Mais la marque de ce dernier, c'est plus largement celle d'une cuisine du marché avide de jolies saveurs. Quant à la carte des vins, elle met en avant d'intéressants petits producteurs. Rue Cardinet, le bouchon et l'assiette forment un couple épatant.

Le Café d'Angel

T r a d i t i o n n e l l e B3

16 r. Brey

☎ 01 47 54 03 33

www.lecafedangel.com

Ⓜ Charles de Gaulle-Etoile

Fermé 2-24 août, 24 décembre-2 janvier, samedi, dimanche et fériés

Formule 29 € – Menu 35 € – Carte 46/57 €

A/C Ce joli café a tout pour plaire avec ses banquettes en skaï, ses faïences aux murs, ses petites tables carrées garnies de sets en papier et ses cuisines visibles derrière le vieux comptoir... Une adresse fétiche pour les nostalgiques des bistrots parisiens d'antan ! D'autant que l'on y mange exactement ce qu'on s'attend à trouver en pareil lieu : de bonnes recettes traditionnelles, 100 % maison. Comme elles changent tous les jours, il vous suffit de guetter l'ardoise en passant : supions poêlés aux herbes, porcelet caramélisé aux épices, rognons de veau aux champignons, liégeoise au chocolat... Il y a fort à parier que, sans vous en rendre compte, le Café d'Angel devienne votre cantine préférée !

Caïus

Créative

6 r. d'Armaillé

☎ 01 42 27 19 20

www.caius-restaurant.fr

Ⓜ Charles de Gaulle-Etoile

Fermé 3 semaines en août, samedi et dimanche

B3

Formule 33 € – Menu 42 € (semaine), 65 € ▾/120 € – Carte environ 56 € ✗

 Cette adresse cache bien son jeu derrière sa devanture en bois plutôt sage : de belles banquettes, des chaises design en cuir, des nappes blanches... Et beaucoup d'inventivité derrière les fourneaux ! Le chef, Jean-Marc Notelet, pourrait presque être comparé à un alchimiste. Exhumant épices et produits oubliés pour en faire des ingrédients magiques, il a l'art de transformer des recettes ordinaires avec ici une pincée de vanille, là un filet d'huile d'argan... Et les idées fusent : chaque jour, il efface la monumentale ardoise et recommence ! Résultat, impossible de se lasser, d'autant que l'atmosphère ne gâche rien. La petite salle moderne est accueillante avec ses boiseries blondes et ses photos glorifiant les précieux condiments. Pour le plaisir... de tous les sens.

Cap

Moderne

42 bd Péreire

☎ 01 44 40 04 15

www.restaurantcap.fr

Ⓜ Wagram

Fermé août, mardi soir, samedi midi, dimanche et lundi

C2

Formule 27 € – Menu 38/49 € – Carte 40/55 € ✗

Cap sur Le Cap, ville d'origine du jeune chef qui dirige cet élégant petit restaurant avec son épouse, sur le boulevard Pereire. On s'en doute, sa cuisine a le goût de l'ailleurs, associant techniques d'ici, souvenirs sud-africains et même notes d'Asie (avec notamment pour fil rouge le salé-sucré). Ainsi cet orzo façon risotto et son bouillon de poule crémé parsemé de copeaux de parmesan et de biltong (une viande épicée et séchée typique de l'Afrique du Sud), ou encore ce tiramisu à l'amarula (liqueur tirée du fruit du marula). Autant de recettes bien tournées et pleines de vivacité ! La carte des vins donne également l'occasion de découvrir les crus australs, et dans la jolie salle, quelques objets font écho à l'Afrique du Sud, si lointaine et... décidément très proche.

Palais des Congrès • Wagram • Ternes • Batignolles

Caves Petrissans

Traditionnelle

30 bis av. Niel
℘ 01 42 27 52 03
www.cavespetrissans.fr
Ⓜ Pereire
Fermé août, samedi, dimanche et fériés
– Réservation conseillée

Menu 39 € – Carte 43/77 €

On ne compte plus les habitués de ces caves plus que centenaires. Et l'adorable Marie-Christine Allemoz – quatrième génération ! – accueille avec la même gentillesse les nouveaux venus. En un clin d'œil, elle vous installe à une table où Céline, Abel Gance ou Roland Dorgelès se sont peut-être déjà assis. "Je vous sers un verre de blanc ?" Répondre par l'affirmative est tentant, mais que choisir ? Suivez les conseils avisés des patrons, ils sauront vous dénicher "la" bouteille qu'il vous faut dans leur incroyable boutique attenante. La terrine maison, la tête de veau sauce ravigote, le baba au rhum, l'île flottante, les cerises à l'eau-de-vie ou l'un des nombreux classiques bistrotiers à la carte prendront alors une autre dimension. Arrière-salle plus intime et terrasse entourée de… ceps de vigne, pour réviser ses cépages !

Le Clou de Fourchette

Moderne

121 r. de Rome
℘ 01 48 88 09 97
www.lecloudefourchette.com
Ⓜ Rome
Fermé 3 semaines en août, 1 semaine fin décembre, dimanche et lundi

Formule 20 € – Carte 32/50 €

Voilà un restaurant qui plante fièrement le nom de son propriétaire ! Avec ses associés, Christian Leclou invite à un bon "coup de fourchette" rue de Rome. Il serait dommage de bouder ce précieux ustensile quand la façade annonce en toutes lettres : "Boire… et manger". On profite ici de plats fort joliment cuisinés et savoureux, accompagnés d'un bon choix de vins au verre (une quinzaine de références) : os à moelle, escargots et sauce à l'ail ; épaule d'agneau confite aux agrumes et navets au miel de romarin ; lièvre à la royale (entre autres gibiers à l'automne) ; baba au rhum ; etc. Autant de recettes qui invitent à la convivialité entre amis ou collègues : le Clou du spectacle !

Comme Chez Maman

Traditionnelle

D2

5 r. des Moines
℡ 01 42 28 89 53
www.comme-chez-maman.com
Ⓜ Brochant
Fermé 10-23 août et 23-27 décembre

Formule 18 € – Carte 36/108 €

Au cœur des Batignolles, près d'un square, un bistrot contemporain – briques blanches, murs jaune paille – où l'on se sent... comme chez maman ! Le jeune chef belge, Wim Van Gorp, a pour lui un très beau parcours l'ayant mené, après un apprentissage chez Alain Ducasse, à prendre les rênes du Market de Jean-Georges Vongerichten (8e arrondissement). Désormais bien installé dans son fief du 17e, il joue la carte des jolies recettes ménagères : rognon de veau grillé aux aromates, gnocchis maison au beurre et à la sauge, gaufre – un délicieux hommage à ses origines flamandes... Tout est généreux et goûteux : maman peut être fière !

Coretta

Moderne

C2

151b r. Cardinet
℡ 01 42 26 55 55
Ⓜ Brochant
Fermé 14 juillet-15 août, 25 décembre-1er janvier et le dimanche soir

Formule 33 € – Menu 39 €

Dans ce quartier Clichy-Batignolles en plein renouveau, au pied d'un immeuble contemporain toisant le parc Martin-Luther-King (dont l'épouse s'appelait Coretta), cette table née en 2014 creuse un sillon original et fertile ! Le décor adopte une posture éco-responsable : dans une veine épurée, les matériaux bruts dominent (l'ardoise, le marbre mais surtout le chêne), ce qui sied comme un gant à la salle de l'étage, grande ouverte sur les cimes des arbres voisins. Une démarche naturelle que l'on retrouve dans l'assiette : le jeune chef, Jean-François Pantaleon, signe une belle cuisine bistronomique, fondée sur des produits sélectionnés avec soin. Ainsi ces deux beaux tronçons de lotte à la chair nacrée, juteuse et fondante, servis sur un délicieux écrasé de vitelottes et des girolles poêlées. Le goût de la nature...

Dessirier par Rostang Père et Filles

Poissons et fruits de mer   B2

9 pl. Mar.-Juin
☎ 01 42 27 82 14
www.restaurantdessirier.com
Ⓜ Pereire
Fermé samedi et dimanche en juillet-août

Formule 40 € – Menu 48 € – Carte 60/130 €

 Un appétissant banc d'écailler annonce la couleur : on vient ici pour se régaler de belles spécialités de la mer. Parmi les plats phares de la maison, le tourteau décortiqué servi avec des légumes, des citrons beldi et de la coriandre fraîche. D'ailleurs, dans les cuisines se concoctent une multitude d'alléchantes recettes iodées, préparées à partir de produits que Michel Rostang – propriétaire de cinq autres "bistrots" – sélectionne avec le plus grand soin. Le décor, contemporain, arty et chic, renouvelle le genre des grandes brasseries parisiennes : banquettes de cuir gris, mosaïques, murs aux courbes élancées rappelant les ondulations océanes, œuvres d'artistes comme Combas, Arman, Folon... Pas étonnant que le lieu soit aussi prisé, particulièrement par la clientèle d'affaires.

L'Entredgeu

Traditionnelle   A2

83 r. Laugier
☎ 01 40 54 97 24
Ⓜ Porte de Champerret
Fermé 3 semaines en août, 1 semaine à Noël, dimanche et lundi

Formule 26 € – Menu 36 €

Quelle ambiance dans ce troquet ! À croire que tout le 17ᵉ en a fait sa cantine. Non sans raison : de beaux produits ramenés du marché, des recettes traditionnelles parfaitement maîtrisées, des prix tenus... la recette fonctionne à merveille. Rançon du succès, on joue souvent à guichets fermés et le service presse parfois un peu le pas. Mais la bonne humeur qui règne fait tout pardonner. De fait, que serait cette salle de bistrot sans les plaisanteries qui fusent et les tintements de verres ? L'un des meilleurs rapports qualité-prix de la capitale.

L'Envie du Jour

M o d e r n e   D2

106 r. Nollet
☎ 01 42 26 01 02
www.lenviedujour.com
Ⓜ Brochant
Fermé dimanche soir et lundi

Formule 24 € – Menu 32 €   🍴

A/C Les gastronomes parisiens se souviennent de feu La Bigarrade ; en lieu et place s'épanouit aujourd'hui cette Envie du Jour, création signée Sergio Dias Lino, jeune chef qui ne manque pas d'envies. Ouvertes sur la petite salle, les cuisines concentrent toute l'attention et l'on peut même ne rien rater des fourneaux en s'installant sur le comptoir central : le geste du cuisinier prime ! Un geste plein d'attentions et inspiré : les beaux produits sont bichonnés pour qu'ils donnent le meilleur d'eux-mêmes, et les assiettes révèlent force couleurs et parfums. Ainsi ce délicat velouté de chou-fleur parsemé de pétales croquants de radis, d'éclats de noisette grillés, d'un original pesto à l'oseille et de lamelles de pata negra de première qualité... Voilà qui stimule notre envie.

Palais des Congrès • Wagram • Ternes • Batignolles

L'Escient

M o d e r n e   B3

28 r. Poncelet
☎ 09 66 92 49 13
www.restaurantescient.fr
Ⓜ Ternes
Fermé 1ᵉʳ-17 août, dimanche et fériés

Formule 28 € – Menu 37/55 € – Carte environ 50 €   🍴

A/C Gambas, tarama, daïkon, citron vert et gingembre ; morue fraîche, croûte de figues sèches, chorizo doux et citron confit ; chaud-froid chocolat-framboise ; etc. À la carte de cet Escient, les associations originales ne manquent pas, et elles sont toujours réalisées... à bon escient ! Créée mi-2011, l'affaire est familiale : aux fourneaux œuvrent Pierre et sa fille Claire, duo visiblement complémentaire. Les recettes se révèlent bien tournées, très parfumées, évoluant au gré des saisons et du marché. Influences maîtresses : l'Asie et l'Espagne, mais aussi de grands classiques français. Bref, un joli métissage...

Fabrique 4

M o d e r n e   C2

17 r. Brochant
✆ 01 58 59 06 47
www.fabrique4.com
Ⓜ Brochant
Fermé 3 semaines en août, vacances
de Noël, dimanche et lundi

Formule 24 € ♈ – Carte 40/53 €

Ce fut une fabrique de bouchons, puis une brocante, avant de devenir... cette fabrique de saveurs. L'adresse a été créée par un jeune couple de Belges : deux amoureux de la gastronomie française, munis d'une belle expérience au sein de restaurants parisiens de qualité. On ne s'étonnera donc pas de découvrir des assiettes aussi colorées que gourmandes, souvent rehaussées d'herbes fraîches (la cuisine asiatique est aussi une inspiration), à l'instar d'un sashimi de bœuf à la roquette et au parmesan, de rognons de veau et leur gratin de pommes de terre, etc. Évidemment, les références à la Belgique ne manquent pas, avec, par exemple, un tiramisu aux... spéculos et, côté boissons, de bonnes bières (Chimay, Orval, etc.). En prime, un décor pile dans le goût d'aujourd'hui. Une adresse fort sympathique !

Giova

I t a l i e n n e   A3

34 r. St-Ferdinand
✆ 01 83 98 92 85
Ⓜ Argentine
Fermé 2 semaines en août, samedi midi et dimanche

Menu 18 € (déjeuner), 29 € – Carte 37/50 €

Vous rêvez d'une belle cuisine italienne légèrement revisitée à la française ? Vous avez frappé à la bonne porte ! Risotto de riz arborio aux copeaux de foie gras – joli mariage avec la douceur du vin blanc et du vieux parmesan – ; parmigiana d'aubergines, courgettes et mozzarella di bufala (bien gratinée et relevée d'un émincé de basilic frais) ; tiramisu réalisé dans les règles de l'art... Il est évident que le jeune chef transalpin a su compiler le meilleur de toutes ses expériences passées (en Italie et en France), en particulier en apportant un soin tout particulier à la présentation des plats, mais aussi au choix des produits, aux cuissons et aux assaisonnements. Le tout dans un décor plutôt sobre : parements de pierre, tons clairs... L'essentiel est dans l'assiette !

La Fourchette du Printemps ❀

M o d e r n e   C2

30 r. du Printemps

☎ 01 42 27 26 97

www.lafourchetteduprintemps.com

Ⓜ Wagram

Fermé 1er-15 août, 24 décembre-1er janvier, dimanche
et lundi – Réservation conseillée

Menu 52/75 € – Carte environ 60 €

La Fourchette du Printemps

Et si une fourchette faisait le printemps ? Un vœu exaucé en toute
saison dans ce bistrot contemporain où l'on sait exalter, avec autant
de réussite que de simplicité, les belles saveurs. Aux fourneaux,
Nicolas Mouton fait preuve d'un vrai sens du produit, des
cuissons, des jeux de textures... La carte est courte et diablement
alléchante, réussissant par exemple le mariage d'un gravlax de
saumon et d'une gaufre tiède (clin d'œil à ce Nord dont Nicolas est
originaire), revisitant avec subtilité le suprême de volaille en croûte
de parmesan, créant la surprise avec une sphère au chocolat blanc
garnie de fruits de saison... Le menu change en permanence en
fonction du marché : voilà ce qui fait le sel de la vie, voilà tout le
piment de cet endroit, au demeurant sans prétention. Comptoir en
zinc, banquettes bistrotières : l'atmosphère est décontractée, sans
chichi et chaleureuse. Pas de doute, cette Fourchette-là a de belles
saisons devant elle.

Palais des Congrès • Wagram • Ternes • Batignolles

Spécialités

• Cuisine du marché

Frédéric Simonin

Moderne

25 r. Bayen
01 45 74 74 74
www.fredericsimonin.com
Ⓜ Ternes
Fermé 2-28 août, dimanche et lundi

B3

Menu 49 € (déjeuner), 86/159 € – Carte 94/155 € ✕✕

A/C

Francis Amiand

Le moins que l'on puisse dire de Frédéric Simonin, c'est qu'il a fait un beau parcours ! Ledoyen, le Meurice, Taillevent, le Seize au Seize, et enfin la Table de Joël Robuchon, où il a gagné ses derniers galons... Rien que des grands noms, à la suite desquels il vient aujourd'hui écrire le sien, non loin de la place des Ternes (pour les connaisseurs : en lieu et place du restaurant Bath's, qu'il a entièrement transformé). Moquette noir et blanc, banquettes de velours sombre, panneaux de verre, déclinaisons élégantes de formes géométriques...

Le design des lieux sied à la cuisine du chef, fine et pleine de justesse. Ne dédaignant pas les touches inventives et parfois japonisantes, il ose les associations originales. L'équation est subtile, maîtrisée... À découvrir à la carte ou à travers le beau menu dégustation. Voilà bel et bien une table raffinée !

Entrées	Plats	Desserts
• Gros macaroni farci aux racines et à la truffe nappé d'un beurre de foie gras	• Saint-pierre, daïkon fondant, citron-gingembre et fleur d'ail aux saveurs du Sichuan	• Mousse légère au chocolat nyanbo, sorbet cacao au biscuit Oreo
• Saint-Jacques en ceviche, onctuosité de chou-fleur et d'oursin au caviar	• Ris de veau à la fregola au goût d'une carbonara	• Pistache de Sicile en parfait glacé, biscuit au Kahlúa et meringue suisse

Graindorge

Flamande   B3

15 r. Arc-de-Triomphe
☏ 01 47 54 00 28
www.le-graindorge.fr
Ⓜ Charles de Gaulle-Étoile
Fermé samedi midi et dimanche

Formule 24 € – Menu 29 € (déjeuner en semaine), 35/59 € – Carte 45/65 € ✗✗

Le climat de l'Étoile réussit plutôt bien à Bernard Broux, sans doute parce qu'il a su adapter au goût parisien ce qui fait le charme des auberges de son "Ch'Nord" natal ! Dans la salle d'esprit Art déco, on s'attable volontiers devant un potjevlesch, des bintjes farcies à la brandade de morue, un waterzoï de la mer aux crevettes grises d'Ostende ou des kippers de Boulogne grillés et oignons frits. De généreuses recettes flamandes, complétées de suggestions du marché. Le tout se déguste avec de belles bières artisanales d'outre-Quiévrain (Angélus, Moinette Blonde), mais que les amateurs de vin se rassurent, ils trouveront aussi leur bonheur !

Palais des Congrès • Wagram • Ternes • Batignolles

I Ghiotti

Italienne   A3

11 r. d'Armaillé
☏ 01 44 09 05 10
Ⓜ Charles de Gaulle-Etoile
Fermé 3 semaines en août, 1 semaine vacances de Noël, dimanche et lundi – Réservation conseillée

Formule 20 € – Carte environ 50 € ✗

I Ghiotti, ce sont "les gourmands" en italien... Tout est dit ! Cette petite table (une vingtaine de couverts) sort assurément du lot. Elle est l'œuvre d'un jeune chef venu de Sicile, secondé côté salle par son frère et sa compagne, elle-même originaire de Toscane. De là les dominantes sicilienne et toscane de la carte ! Pâtes artisanales aux pistaches, tomates cerises et copeaux de ricotta salée ; entrecôte façon tagliata aux cèpes et crème à la truffe ; salade tiède de poulpe et légumes de saison ; timbale de raie et pois chiches à la mayonnaise aux citron bio et origan de Sicile ; tiramisu aux noisettes du Piémont, crumble ricotta, poires et chocolat fondant... Une grande partie des produits est importée directement d'Italie, les assiettes sont généreuses et colorées : voilà bien un royaume pour la *golosità* !

Guy Savoy  ❀❀❀

C r é a t i v e

B3

18 r. Troyon (transfert prévu à la Monnaie de Paris,
11 quai de Conti, Paris 6e)
☎ 01 43 80 40 61
www.guysavoy.com
Ⓜ Charles de Gaulle-Etoile
Fermé vacances de Noël, samedi midi, dimanche et lundi

Menu 360/390 € – Carte 195/325 €

A/C

Guy Savoy

Guy Savoy a beau tutoyer les étoiles, maîtriser son art, posséder d'autres enseignes satellites tout aussi prestigieuses ; rien n'y fait, il n'en démord pas et reste... un "aubergiste" ! De la gastronomie, il dit qu'elle est "la fête, la joie, la poésie", une bien jolie définition. Épurée dans son exécution, authentique dans son expression, inventive mais sans excès, sa belle cuisine fait des merveilles. Les produits sont superbes et rappellent parfois cette tradition dauphinoise qu'il n'a jamais oubliée... Souvenirs d'enfance et création, simplicité et sophistication, gourmandise assumée et rigueur d'exécution : l'envie de donner du plaisir, l'esprit de générosité et de partage sont très palpables ! L'ambition du chef, oui, c'est bien celle de faire vivre une "auberge du 21e s."...
Une auberge qui devrait écrire en 2015 une nouvelle page de son histoire : sise rue Troyon depuis 1987, elle devrait en effet gagner le cœur de Paris et s'installer au sein du bel Hôtel de la Monnaie, à deux pas de l'Académie française, sur le quai de Conti. Guy Savoy, acte II...

Entrées	Plats	Desserts
• Huîtres en nage glacée et deux nouvelles préparations	• Saumon figé sur la glace, consommé brûlant et perles de citron	• Boule noire
• Soupe d'artichaut à la truffe noire, brioche feuilletée aux champignons et truffes	• Selle, carré et épaule d'agneau terre et mer	• Chariot des glaces, sorbets, les bocaux et biscuits d'autrefois

Jacques Faussat - La Braisière

Traditionnelle C2

54 r. Cardinet
☎ 01 47 63 40 37
www.jacquesfaussat.com
Ⓜ Malesherbes
Fermé août, 24 décembre-2 janvier, samedi sauf le
soir d'octobre à avril, dimanche et fériés

Menu 40 € (déjeuner), 98/138 € – Carte 75/90 € ✗✗

La Braisière

Un petit bout de province à Paris, cela paraît impossible. C'est pourtant la gageure que relève le chef de ce restaurant du quartier des Ternes, gersois et fier de l'être. Jacques Faussat n'aime rien tant que la simplicité inspirée de ses racines et de son enfance. Une simplicité également apprise auprès de Michel Guérard et surtout d'Alain Dutournier – sa rencontre avec cet homme de passion qui partage les mêmes origines sera déterminante dans sa carrière, à commencer par dix années passées aux fourneaux du Trou Gascon. Avec quelques réminiscences du Sud-Ouest, sa cuisine joue donc surtout la carte de la générosité et des saveurs, misant tout sur de bons produits travaillés pour en faire ressortir... le meilleur.

Enfin, on peut remercier la maîtresse de maison chargée de l'accueil et de la salle, ainsi que le service, sans manières, pour leur gentillesse. À La Braisière, on se sent bien, tout simplement.

Entrées
- Foie gras de canard cuit au torchon aux fruits de saison et fève tonka
- Langoustine au lait de coco et citronnelle

Plats
- Calamar et pied de cochon sur un tempo forestier
- Lièvre à la royale façon poitevine

Desserts
- Symphonie opéra chocolat-épices
- Soufflé chaud aux fruits de saison

Palais des Congrès • Wagram • Ternes • Batignolles

Karl & Erick

M o d e r n e

20 r. de Tocqueville

☎ 01 42 27 03 71

Ⓜ Villiers

Fermé août, samedi midi et dimanche

C2

Formule 33 € – Menu 39 €

 Qu'est-ce qui caractérise un vrai bistrot contemporain ? Son atmosphère d'abord, conviviale et tendance, puis la cuisine de son chef, idéalement passé par de grandes maisons et réussissant à marier classicisme et créativité. Pour vous en convaincre, découvrez cette table tenue par de talentueux jumeaux. Erick se charge de l'accueil dans la salle aux airs de loft (sol en béton, banquettes rouge et chocolat, mezzanine). Karl s'épanouit aux fourneaux, proposant, à travers un menu-carte, d'alléchantes recettes : terrine de lapin à l'estragon ; suprême de volaille fermière du Périgord ; daurade royale, pak-choï, pamplemousse et cacahouètes. Fin de la démonstration, il est temps de passer aux travaux pratiques : bon appétit !

La Maison de Charly

M a r o c a i n e

97 bd Gouvion-St-Cyr

☎ 01 45 74 34 62

www.lamaisondecharly.fr

Ⓜ Porte Maillot

Fermé 3 semaines en août et lundi

A3

Formule 35 € – Carte 37/44 €

 Pour point de repère, deux oliviers devant une sobre façade ocre. En entrant dans la Maison de Charly, on est immédiatement séduit par son ravissant décor mauresque parsemé de touches contemporaines, tout en élégance et en sobriété. Des matériaux nobles provenant d'Afrique du Nord, des portes sculptées et même un palmier sous sa grande verrière : la belle ambiance orientale fait son effet ! On y apprécie doublement le traditionnel trio couscous-tajine-pastilla. Et quelques spécialités qui donnent envie de revenir comme, par exemple, la "tanjia" (agneau de dix heures confit aux épices).

Makassar

C r é a t i v e

B3

Hôtel Renaissance Arc de Triomphe,
39 av. Wagram
☎ 01 55 37 55 57
www.makassarloungeandrestaurant.fr
Ⓜ Ternes

Formule 25 € – Menu 38/50 € – Carte 56/70 €

Makassar… Le nom de ce port indonésien évoque le bois précieux et les îles lointaines. Flanqué d'un bar lounge, le restaurant de l'hôtel Renaissance joue la sobriété et rappelle son caractère exotique par de discrets détails, comme des projections de scènes du théâtre d'ombres Ramayana. On a le choix entre des spécialités on ne peut plus françaises et des recettes d'ailleurs réalisées par le chef, Mickaël Foubert. Alors, bien sûr, on peut tout à fait préférer un duo de saumon bio avec sa salade d'algues au sésame, ou le homard à la plancha servi avec des légumes de saison, mais il serait dommage de passer à côté du "nasi goreng", célèbre plat réalisé avec du riz sauté et accompagné de brochettes de poulet au saté.

Le Palanquin

V i e t n a m i e n n e

B3

4 pl. Boulnois
☎ 01 43 80 46 90
Ⓜ Ternes
Fermé août, samedi et dimanche – Réservation conseillée

Carte 34/50 €

À table, qualité rime souvent avec simplicité. Parfaite démonstration avec ce petit restaurant vietnamien où l'on savoure, sans retenue, une cuisine authentique et très parfumée (brochettes de crevettes, porc épicé à la citronnelle et crème de coco, petits cakes à la feuille de bananier, etc.), avec des recettes végétariennes et des suggestions qui changent chaque semaine. Madame Someaud œuvre seule aux fourneaux, tandis que ses enfants assurent le service avec une gentillesse désarmante. Le restaurant est petit (pas plus de vingt couverts, réservez !) mais convivial et chaleureux : exactement ce qu'il faut pour se concentrer sur son assiette. Et c'est parfait, car la cuisine de la patronne vous transporte très loin…

Michel Rostang

Classique

B3

20 r. Rennequin
☎ 01 47 63 40 77
www.michelrostang.com
Ⓜ Ternes
Fermé 3 semaines en août, lundi sauf le soir de
septembre à juin, samedi midi et dimanche

Menu 80 € (déjeuner), 175/218 € – Carte 140/225 €

Michel Rostang

Le parcours de Michel Rostang était tout tracé. Un vrai destin de chef dans la pure tradition française, à l'image de son père, de son grand-père, etc. C'est bien simple, chez les Rostang, la gastronomie est une affaire de famille depuis cinq générations ! C'est après de belles années d'apprentissage (notamment chez Lasserre, Lucas-Carton et Pierre Laporte) que Michel ouvre un restaurant parisien à son nom. Sa cuisine s'inscrit alors dans la lignée des plus grandes tables. Bien qu'il s'autorise quelques incursions dans le registre contemporain, il affirme sa préférence pour le classicisme. Produits magnifiques, liés au rythme des saisons (gibier en automne, truffe en hiver), vins au diapason (tout spécialement les côtes-du-rhône) ; il mise sur des valeurs sûres, il recherche l'excellence. Le décor, luxueux et insolite, fait ressentir la même impression : salon Art nouveau, salon Lalique, salon Robj ouvert sur le spectacle des fourneaux, collection d'œuvres d'art (César, Arman, porcelaines…). Plus qu'une escale gourmande, un rendez-vous d'esthètes !

Entrées	Plats	Desserts
• Sandwich tiède à la truffe	• Noix de ris de veau croustillante aux écrevisses	• Tarte moelleuse au chocolat amer, sauce au café et sorbet chocolat
• Araignée de mer au gingembre, crémeux de courgette en impression de caviar osciètre	• Lièvre à la royale, sauce poivrade	• Poire Belle-Hélène, glace vanille Bourbon, chocolat et gingembre confit

Le Petit Verdot du 17ème

Traditionnelle   B3

9 r. Fourcroy
📞 01 42 27 47 42
Ⓜ Ternes
Fermé 3 semaines en août, samedi midi et dimanche

Carte 26/51 €   ✕

Deux jeunes trentenaires se sont associés pour donner un coup de fouet à cette antique adresse du quartier des Ternes. Et le moins que l'on puisse dire, c'est que ça déménage ! Mettant à profit une expérience déjà riche – Vincent vient de l'Atelier de Joël Robuchon, Guillaume a fait ses classes au sein de tables étoilées en Bretagne –, ils déclinent ici une cuisine de bistrot généreuse et sincère, fraîche et goûteuse : terrine de lapin maison, fricassée de rognons de veau à la moutarde, daubes et blanquettes... On dévore ces plats sur de grosses tables rustiques, parmi les habitués, à la bonne franquette ! Et pour ne rien gâcher, l'accueil est impeccable, et le service plein de gaieté. On y retourne quand ?

Pétrus

Moderne   B2

12 pl. du Mar.-Juin
📞 01 43 80 15 95
Ⓜ Pereire
Fermé août et samedi midi

Carte 58/94 €   ✕✕✕

La brasserie du 21e s. par excellence ! Un beau plancher, des chaises en cuir, des lustres design, le tout dans des tons beige et taupe. Portée par une équipe dynamique, cette institution parisienne continue à honorer avec style poissons et fruits de mer. Du haddock, du turbot, un dos de cabillaud à la crème de morilles ; les produits sont incontestablement de grande qualité. Une tradition revisitée qui fait également merveille pour les entrées et les desserts. Millefeuille à la vanille, macarons aux framboises... les pâtisseries sont légères et soignées. Les fidèles sont au rendez-vous, et on les comprend. D'autant qu'en été il est possible de manger en terrasse sur la place du Maréchal-Juin.

Le Pré Carré

Traditionnelle B3

Hôtel Splendid Étoile,
1 bis av. Carnot
℡ 01 46 22 57 35
www.restaurant-le-pre-carre.com
Ⓜ Charles de Gaulle-Etoile
Fermé 3 semaines en août, 1 semaine vac. de Noël, sam. midi et dim. ✕✕

Menu 36 € (dîner) – Carte 40/70 €

A/C Juste à côté de la place de l'Étoile et de l'Arc de Triomphe, le restaurant de l'hôtel Splendid Étoile réussit l'amalgame de l'élégance et du charme. Deux miroirs face à face reflètent à l'infini l'élégant et chaleureux décor, tout en nuances de beige et de gris, fleurs aux lignes graphiques et banquettes confortables. On dîne également en terrasse ou à l'abri d'une verrière, histoire de profiter de l'animation du quartier. À la carte, des classiques comme la sole meunière, le tartare ou l'entrecôte de salers, mais aussi l'aubergine crétoise au four, la poêlée de chipirons, le turbot cuit à la vapeur. Les produits sont bien choisis... et le plaisir des papilles garanti.

Samesa

Italienne B3

13 r. Brey
℡ 01 43 80 69 34
www.samesa.fr
Ⓜ Charles de Gaulle-Etoile
Fermé 3 semaines en août, samedi midi et dimanche

Menu 19 € (déjeuner en semaine)/31 € – Carte 43/54 € ✕✕

A/C Ouverte fin 2008 par deux associés, Flavio Mascia (du restaurant Fontanarosa, 15e) et Claudio Sammarone (Le Perron, 7e), cette table transalpine offre un décor très chaleureux : la salle est lumineuse (baie vitrée et verrière), tout en longueur, avec des murs en pierres blondes et des tons beiges. Tables et chaises de bistrot s'y alignent avec une élégance simple (nappes blanches), et l'assiette fait honneur aux bonnes recettes italiennes : aubergines au parmesan, tagliatelles aux langoustines flambées au cognac, bar grillé farci à la ratatouille à la sicilienne, etc., le tout accompagné d'un bon choix de vins du pays. Gardez aussi une petite place pour le tiramisu, léger et parfumé à souhait. On vient pour les saveurs ensoleillées du Sud ; on revient aussi pour la convivialité.

Rech ❀

Poissons et fruits de mer **A-B3**
62 av. des Ternes
✆ 01 45 72 29 47
www.restaurant-rech.fr
Ⓜ Ternes
Fermé août, dimanche et lundi

Menu 44 € (déjeuner), 54/76 € – Carte 85/130 € 🍴🍴🍴

Pierre Monetta

Illustre adresse que ce bistrot créé en 1925 par l'Alsacien August Rech, et entré il y a quelques années dans la galaxie du groupe Ducasse. Parquet, tons clairs, persiennes d'esprit marin et photos rétro, avec un parti pris général épuré : sur deux niveaux, les salles ne manquent pas d'allure (mais, un conseil : préférez celle de l'étage, plus agréable).

En cuisine, un seul credo : rendre l'hommage le plus appuyé aux produits de la mer. Poissons et coquillages, sélectionnés parmi les meilleurs, révèlent une intense fraîcheur, et leur préparation, fine et rigoureuse, met parfaitement en valeur leurs saveurs naturelles, même quand elle fait le choix d'une certaine simplicité. L'ensemble respire le sérieux, la noble tradition et la qualité. Les amateurs de saveurs iodées seront donc aux anges – sans bouder la fin du repas, marquée par l'incontournable camembert Rech ou encore l'éclair XXL, au chocolat ou au café selon les goûts, entre autres délicieux desserts...

Entrées
- Carpaccio de mulet aux oursins de pleine mer
- Pinces de tourteau rafraîchies, mangue et radis

Plats
- Aile de raie à la Grenobloise
- Sole de ligne épaisse dorée au beurre, pommes ratte rissolées

Desserts
- "Mister Rech" : succès noisette glacé, sauce au chocolat chaud
- Éclair "XL" au chocolat ou au café

Sormani

Italienne

4 r. Gén.-Lanrezac

☎ 01 43 80 13 91

www.restaurantsormani.fr

Ⓜ Charles de Gaulle-Etoile

Fermé août, samedi, dimanche et fériés

B3

Carte 62/143 €

Tissus tendus, majestueux lustres en verre de Murano, moulures et miroirs : toute l'élégance de l'Italie s'exprime dans ce restaurant chic, dont les multiples petites salles distillent une ambiance feutrée. La cuisine de Pascal Fayet donne la réplique à ces airs de "dolce vita" : une carte résolument transalpine, pour moitié consacrée – en saison – à la précieuse truffe (œufs au plat à la truffe, lasagnes à la truffe noire et foie gras poêlé...). Même refrain pour le livre de cave, dont les superbes intitulés évoquent les plus belles provinces viticoles de la Botte, sans oublier un large choix de grappa afin de conclure en beauté ces agapes. Parmi les fidèles de cette adresse haut de gamme, une clientèle d'affaires notamment, qui apprécie l'intimité du salon situé au rez-de-chaussée.

Timgad

Marocaine

21 r. Brunel

☎ 01 45 74 23 70

www.timgad.fr

Ⓜ Argentine

A3

Menu 78 € 🍷/124 € 🍷 – Carte 45/90 €

Bienvenue au temps où Timgad rayonnait ! Ce petit coin d'Orient, qui emprunte son nom à une antique cité nord-africaine, vaut le détour pour son seul décor : lustres dorés, mobilier mauresque et – clou du spectacle – de superbes stucs finement ouvragés, taillés au couteau par des artisans marocains et dont la réalisation a duré plus d'un an ! La carte est au diapason : riche sélection de couscous (la semoule est d'une rare finesse), tajines et pastillas appréciés pour leur générosité et pour leurs mille et un parfums. Quoi de plus agréable, ensuite, que de prolonger le repas dans le joli salon feutré où murmure une fontaine... Dépaysement garanti !

J. Loic / Photononstop

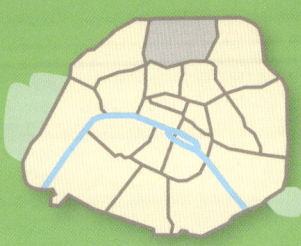

Montmartre · Pigalle

B. Rieger / hemis.fr

18e

Montmartre, Pigalle

ST-OUEN

PÉRIPHÉRIQUE

PORTE
DE SAINT-OUEN

PORTE
DE CLIGNANCOURT

17e

Bd   Ney   Bd

Porte de
St Ouen

Porte de
Clignancourt

Championnet

Poteau

Simplon

Ordener

Jules Joffrin

Vauvenargues

Damrémont

Marcadet

Rue

La Table
d'Eugène

Guy Môquet

Carpeaux

Lamarck
Caulaincourt

La Rallonge

Etex

Lamarck   Chamarré
Montmartre

CIMETIÈRE
DE MONTMARTRE

Caulaincourt

Junot

Bistrot Poulbo

Custine

La Fourche

Av.   Junot

St.   Vince

Jeanne B   Le Coq Rico

Lepic   Norvins

BASILIQUE DU
SACRÉ CŒUR

Caulaincourt

R. J.
de Maistre

R. des Abbesses

Pl. du Tertre St-Éleuthère

Blanche   Abbesses

Place
de Clichy

Lepic

R. Le Tac   R. Tardieu   R. d'Orsel

Miroir   Anvers

Pigalle   La Cantine
de la Cigale

Rochechouart

Clichy   Bd

Pl. Pigalle

Trudaine

9e

Victor   Massé

Condorcet

Liège   R. Moncey   R. Notre-Dam   Clauzel

A   B

0   300 m

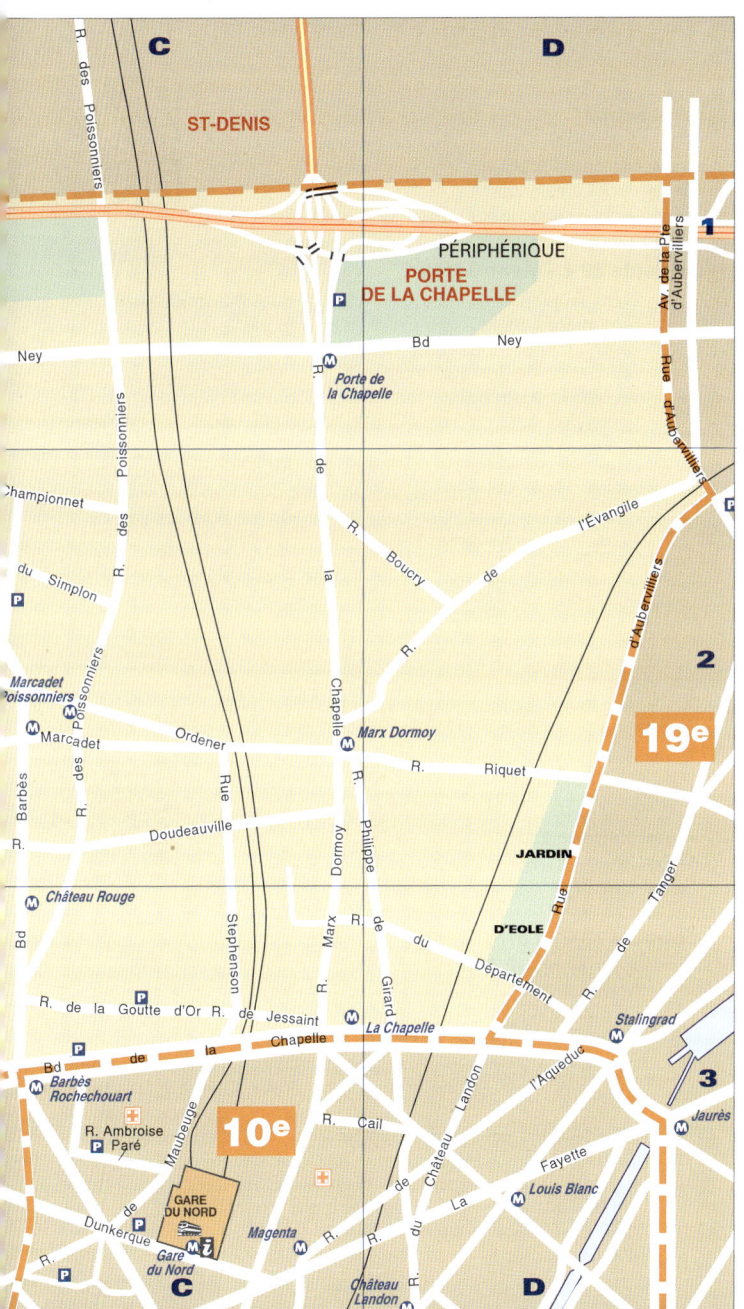

425

Bistro Poulbot

T r a d i t i o n n e l l e

39 r. Lamarck

☏ 01 46 06 86 00

www.bistropoulbot.com

Ⓜ Lamarck Caulaincourt

Fermé août, dimanche et lundi

B2

Formule 29 € – Menu 35/46 € ✗

Dans ce plaisant et tranquille quartier du 18ᵉ arrondissement, en remontant vers le Sacré-Cœur, n'hésitez pas à faire une halte au Bistro Poulbot : vous comprendrez aisément pourquoi le restaurant fait parler de lui aux alentours ! Le chef, d'origine italienne, revisite la gastronomie française en y incorporant des produits venus de l'autre côté des Alpes. Il en résulte une cuisine aérienne et ensoleillée, au bon goût d'Italie : carpaccio de courgettes, croquant de parmesan, saumon rôti aux lentilles, ou encore ce soufflé glacé au champagne, surmonté de framboises fraîches et d'un pétale de rose. Une belle petite adresse pour les gamins de Paris... et tous les autres !

La Cantine de la Cigale

M o d e r n e

124 bd Rochechouart

☏ 01 55 79 10 10

www.cafelacigale.com

Ⓜ Pigalle

Fermé dimanche

B3

Formule 18 € – Carte 30/42 € ✗

Il ne manquait à la Cigale, cette salle de concert mythique du boulevard de Rochechouart, qu'une "cantine" à la hauteur de sa réputation. C'est désormais chose faite ! D'emblée, l'endroit capte le regard avec sa façade attrayante et sa terrasse colorée, qui invite à chanter tout l'été... sans craindre d'aller crier famine. Car on y profite d'une cuisine de bistrot goûteuse et pleine de couleurs : terrine de kako, foie gras et émincé de chou rouge ; riz au lait au caramel beurre salé et brioche perdue... Les assiettes sont de très bonne facture, les produits de qualité, avec une mention spéciale pour les excellentes charcuteries du Pays basque (tel le jambon blanc d'Éric Ospital, servi par exemple grillé, avec une délicieuse sauce moutarde). De quoi faire le plein d'énergie avant d'aller... danser !

Chamarré Montmartre

C r é a t i v e   B2

52 r. Lamarck
✆ 01 42 55 05 42
www.chamarre-montmartre.com
Ⓜ Lamarck Caulaincourt

Formule 24 € – Menu 32 € (déjeuner en semaine), 45/70 € – Carte 61/71 € ✗✗

Voilà un restaurant attachant de la butte Montmartre, côté Lamarck, à l'écart des flux et des adresses touristiques. Vous aurez le choix entre la belle salle contemporaine, avec (petite) vue sur les cuisines, la terrasse protégée ou, pour les plus courageux, le bar et ses tables hautes dites "mange-debout". Dans l'assiette, les origines mauriciennes du chef, Antoine Heerah, s'expriment dans des plats métissés, marqués par le jeu des épices et des couleurs, à l'instar d'un filet de bar à la seychelloise, d'un homard au jus de kalamantsi ou d'un savarin punché. Service souriant et précis. La pause finie, vous retrouverez immédiatement les escaliers de la butte pour rejoindre le Sacré-Cœur, tout proche, et... ses touristes.

Le Coq Rico

T r a d i t i o n n e l l e   B3

98 r. Lepic
✆ 01 42 59 82 89
www.lecoqrico.com
Ⓜ Lamarck Caulaincourt

Carte 48/85 € ✗✗

Cocorico ! La volaille française a trouvé son ambassade à Paris, sur la butte Montmartre, avec cette adresse chic et discrète créée par le fameux chef strasbourgeois, Antoine Westermann. Les suaves parfums du poulet rôti méritaient bien une telle attention... Poularde de Bresse, pintade et canette fermières de Challans, géline de Touraine, "cou nu" des Landes : à la carte ne trônent que les meilleures pièces de l'Hexagone – avec aussi de la palombe, du perdreau, du pigeon, etc. –, le tout rôti dans les règles de l'art. Chairs moelleuses et fondantes, peaux croustillantes et caramélisées : les amateurs sont comblés ! À noter : les volailles sont servies entières pour deux à quatre personnes, mais les prix restent relativement élevés, tant ce Coq Rico cultive le meilleur. Quand on aime, on ne compte pas...

Jeanne B

M o d e r n e

61 r. Lepic
℘ 01 42 51 17 53
www.jeanne-b-comestibles.com
Ⓜ Lamarck Caulincourt

A3

Formule 19 € – Menu 23 € (déjeuner en semaine)/27 € ✕

Difficile de décrire cette agréable adresse, installée à mi-hauteur de la rue Lepic, bien connue des (malheureux) cyclistes de la butte Montmartre. Rôtisserie, épicerie, table d'hôte ? Un peu des trois, mon général ! On retrouve ici l'esprit chic et bobo de son grand frère, le Jeanne A, dans le 11ᵉ arrondissement, avec des fauteuils en cuir et de petites tables de bistrot, mais dans un décor original, voire carrément onirique – ces bouleaux sur fond bleu... La cuisine met à l'honneur de beaux produits du marché ; c'est coloré et goûteux, à dévorer sur place ou à emporter sous le bras. Surtout, ne manquez pas ce plat incontournable, dont bruisse le Tout-Paris... le Croq'Homard !

Miroir

T r a d i t i o n n e l l e

94 r. des Martyrs
℘ 01 46 06 50 73
www.restaurantmiroir.com
Ⓜ Abbesses
Fermé 3 semaines en août, 2-8 janvier, dimanche,
lundi et fériés

B3

Formule 20 € ☐ – Menu 26/42 € – Carte environ 44 € ✕

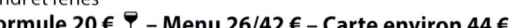

Pour Sébastien Guénard, le jeune chef, la qualité du produit est un impératif : légumes bio, poisson sauvage, viande d'origine France... L'ardoise varie au gré du marché, avec des recettes aussi appétissantes qu'une tartine aux artichauts poivrade, une côte de porc ibaïona rôtie, un bœuf braisé aux cèpes, un sablé aux pommes confites ou un chocolat liégeois – le tout accompagné de belles bouteilles. Le succès de l'adresse tient aussi à sa convivialité et à son décor d'un pur style bistrot : vieux comptoir, carrelage rétro, lithographies, verrière... Tout est là. Une aubaine dans le quartier des Abbesses, où l'on se presse aussi le dimanche midi, pour le brunch.

La Rallonge

M o d e r n e

16 r. Eugène-Sue

✆ 01 42 59 43 24

www.larallonge.fr

Ⓜ Jules Joffrin

Fermé 1 semaine en août, vacances de Noël, dimanche et le midi

Carte 20/38 €

B2

 Le chef de la fameuse Table d'Eugène décline dorénavant son talent en mode "bistrot de poche" avec cette Rallonge (quel nom bien trouvé !) créée un peu plus haut dans la rue Eugène-Sue. Une petite façade attrayante, quelques tables installées sur le trottoir, un décor mêlant carrelage en ciment, parquet en chêne, murs blancs et gris... L'endroit a du cachet ! À l'ardoise, on pioche parmi de belles recettes du marché, servies sous forme de petites portions, dans un esprit "tapas" : risotto de coquillettes à la truffe, suprêmes de caille et mousseline de potiron... Les plats sont délicats et font merveille, à l'image de ceux de la maison mère, mais dans un format idéal pour les soirées entre amis. Attention : on ne réserve pas, arrivez tôt !

Rappelez-vous :
les étoiles (❀ ❀ ❀ … ❀)
couronnent les meilleures tables.
Et peu importe le cadre :
ce que nous distinguons,
c'est la cuisine, rien que
la cuisine.

La Table d'Eugène ❀

M o d e r n e

B2

18 r. Eugène-Sue
✆ 01 42 55 61 64
www.latabledeugene.com
Ⓜ Jules Joffrin
Fermé 1ᵉʳ-25 août, 24 décembre-3 janvier, dimanche
et lundi – Réservation conseillée

Formule 25 € – Menu 32 € (déjeuner en semaine), 42/92 € 🍷 ✕✕✕

Alain Gelberger

L'enseigne sonne comme un slogan bobo, mais fait en réalité
référence à Eugène Sue, l'auteur des *Mystères de Paris,* et au
nom de la rue ! Non loin de la mairie du 18ᵉ, l'adresse compte
dorénavant parmi les meilleures tables de la capitale, par la grâce
de son chef, Geoffroy Maillard. À force de travail, sa cuisine
est montée régulièrement en puissance au fil des ans, comme
en témoignent ces créations très personnelles dans lesquelles il
magnifie des produits "coup de cœur" : Saint-Jacques et bouillon
au lapsang souchong ; côte de cochon et son incontournable
risotto de coquillettes sauce cèpes-truffes... Couleurs et parfums,
finesse et précision : chaque plat porte la patte du chef et son envie
de régaler ses convives.

Un mot aussi pour l'intérieur, moderne et épuré, avec de grands
tableaux contemporains et des tables en bois clair, dans lequel
on se sent parfaitement à l'aise. Une table qui attire, à juste
titre, nombre d'aficionados : la réservation est impérative !

Entrées	Plats	Desserts
• Foie gras, fraises des bois et concombre	• Pigeon en croûte de noisettes	• Pomme verte et coriandre
• Tourteau et crevettes king prawn	• Paleron de bœuf braisé au vin rouge, butternut confit	• Crémeux chocolat blanc et framboises

G. Gräfenhain / Sime/Photononstop

Parc de la Villette ·
Parc des Buttes-Chaumont

F. Guiziou / hemis.fr

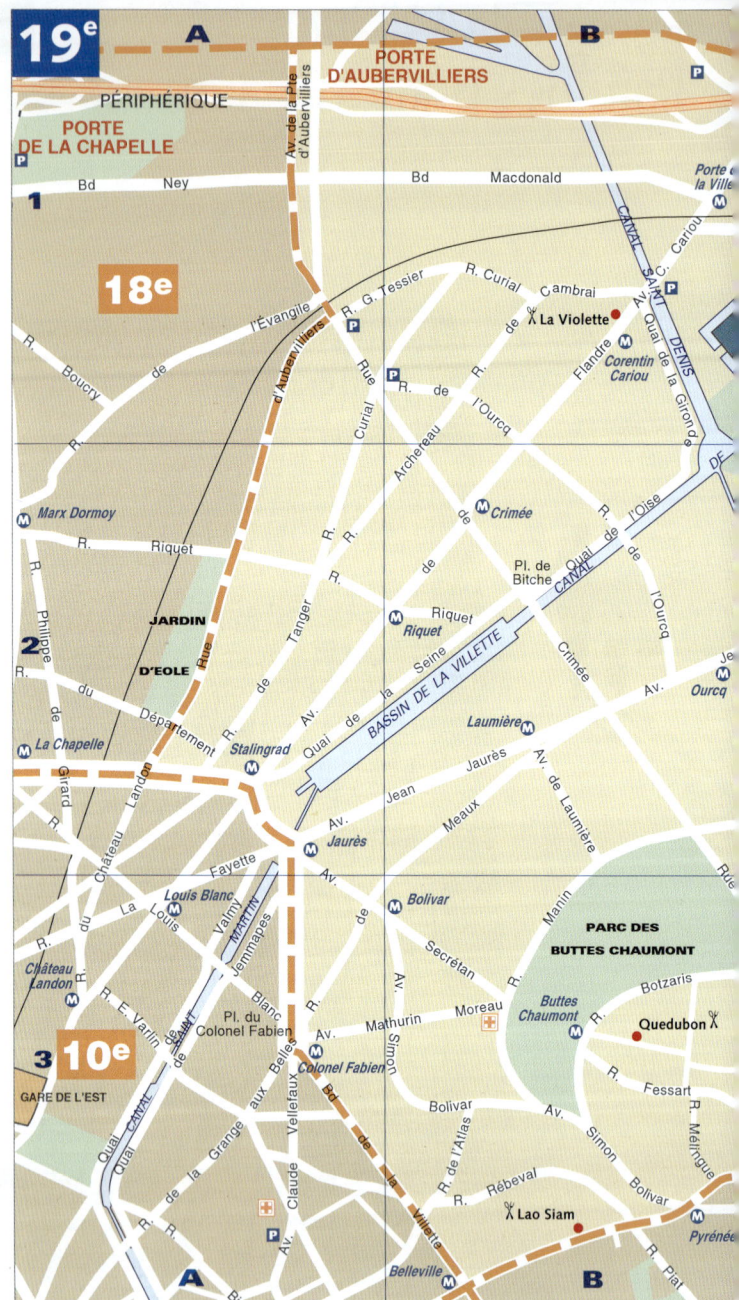

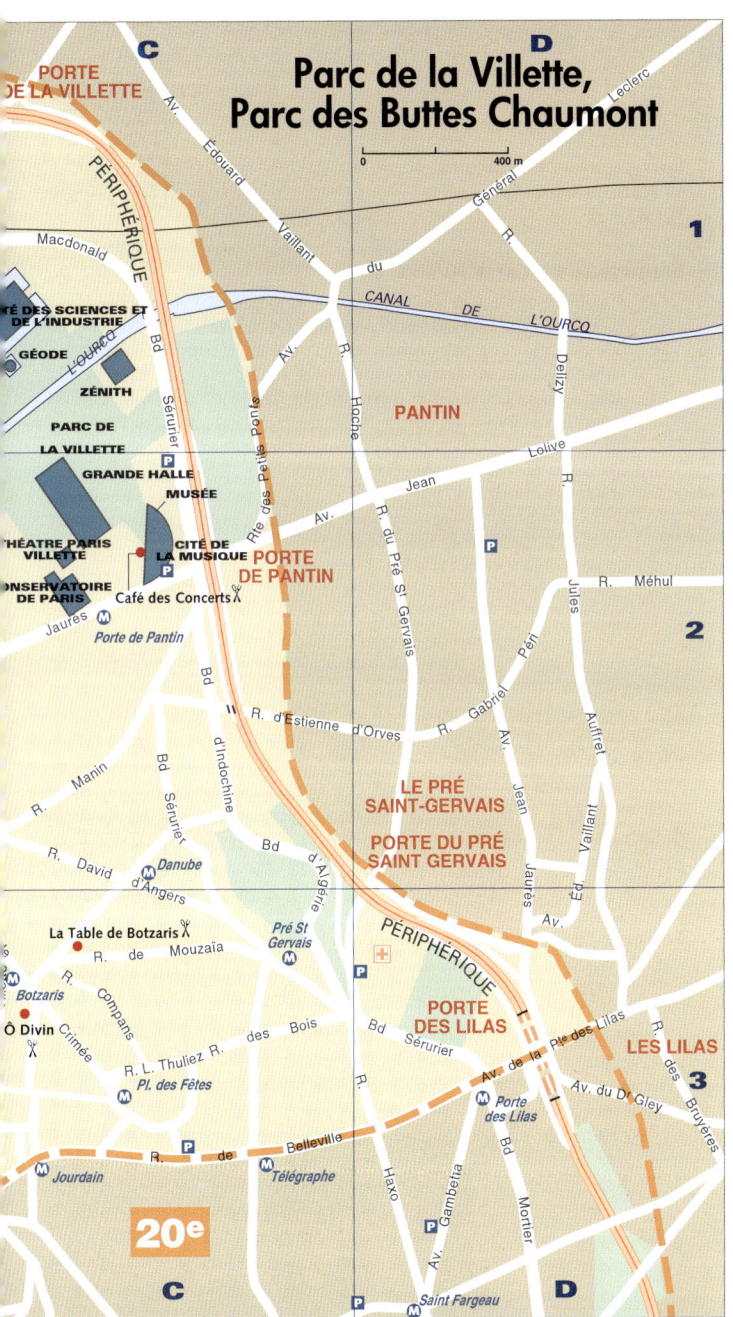

Parc de la Villette,
Parc des Buttes Chaumont

PORTE DE LA VILLETTE

PÉRIPHÉRIQUE

Macdonald

TÉ DES SCIENCES ET
DE L'INDUSTRIE

GÉODE

ZÉNITH

PARC DE
LA VILLETTE

GRANDE HALLE

MUSÉE

THÉATRE PARIS
VILLETTE

CITÉ DE
LA MUSIQUE

ONSERVATOIRE
DE PARIS

Café des Concerts

Jaurès

Porte de Pantin

Av. Édouard Vaillant

du

CANAL DE L'OURCQ

L'OURCQ

Sérurier

Bd

Rte des Petits ponts

Av.

R. Hoche

PANTIN

Delizy

Lolive

Jean

R. du Pré St Gervais

Méhul

Av. Jules Péri

R.

PORTE
DE PANTIN

Auffret

R. d'Estienne d'Orves

R. Gabriel Péri

Av. Jean Jaurès

Av. Éd. Vaillant

Bd d'Indochine

Bd Sérurier

R. Manin

R. David

Danube
d'Angers

Bd d'Algérie

LE PRÉ
SAINT-GERVAIS

PORTE DU PRÉ
SAINT GERVAIS

La Table de Botzaris

Pré St
Gervais

PÉRIPHÉRIQUE

Botzaris

Ô Divin

R. de Mouzaïa

R. Compans

Crimée

R. L. Thuliez R. des Bois

Pl. des Fêtes

Bd Sérurier

PORTE
DES LILAS

Av. de la Pte des Lilas

LES LILAS

R. des Bruyères

Porte
des Lilas

Av. du Dr Gley

Jourdain

R. de Belleville

Télégraphe

Haxo

Av. Gambetta

Bd Mortier

20e

Saint Fargeau

PORTE
DE LA VILLETTE

0   400 m

C   D

1

2

3

C   D

Parc de La Villette • Parc des Buttes Chaumont

Café des Concerts

Traditionnelle C2

211 av. Jean-Jaurès
☏ 01 42 49 74 74
www.cafedesconcerts.com
Ⓜ Porte de Pantin
Fermé août

Formule 20 € – Carte 30/45 €

À l'entrée de la Cité de la musique, une vaste brasserie moderne au décor épuré, aménagée par l'architecte Nelson Wilmotte. Le bar est entièrement constitué de marbre de Carrare et la superbe cuisine vitrée, où l'on s'agite derrière les fourneaux, ouvre sur la salle à manger... Et que dire de cette belle terrasse, qui s'étend langoureusement devant la Halle de la Villette ! Dans l'assiette, on retrouve de belles déclinaisons, naviguant entre classiques de brasserie et recettes plus contemporaines : steak tartare, fish and chips, saumon rôti, cheeseburger aux fines tranches de comté, etc., le tout réalisé avec une jolie gamme de produits frais. Dernier atout : l'adresse reste ouverte jusqu'à 2h du matin, idéal après un concert à la Cité voisine !

Ô Divin

Moderne C3

35 r. des Annelets
☏ 01 40 40 79 41
Ⓜ Botzaris
Fermé 1 semaine en août, samedi midi, lundi et dimanche – Réservation conseillée

Formule 18 € – Menu 20 € (déjeuner), 35/46 € – Carte 28/50 €

Avez-vous déjà entendu parler du studio Plus 30 ? Dans les années 1980, les plus grands musiciens (Bowie, Gainsbourg et d'autres) venaient y traîner leurs guêtres – et accessoirement y enregistrer des morceaux devenus mythiques. Voilà pour le passé ! Dans le présent, le propriétaire actuel du studio, Redha Zaïm, s'est associé à son frère Naoufel pour créer une petite table familiale dans l'immeuble voisin : ainsi est né Ô Divin. L'ambiance est décalée, conviviale, comme le quartier alentour ; dans un décor minimaliste, on se régale d'une cuisine fraîche et savoureuse, réalisée avec des produits dégotés au marché de la place des Fêtes, à deux pas... Un lieu atypique et attachant, d'ores et déjà adopté par les riverains !

Quedubon

Traditionnelle

22 r. du Plateau

✆ 01 42 38 18 65

Ⓜ Buttes-Chaumont

Fermé 1er-7 janvier, samedi midi, dimanche et lundi

B3

Formule 15 € – Menu 18 € (déjeuner) – Carte 35/55 €   ✗

Dès la porte franchie, on sait où l'on met les pieds : une immense ardoise annonce fièrement la collection de vins de petits producteurs, tandis que les bouteilles attendent, sagement alignées dans leurs casiers. Une collection de tire-bouchons rappelle que tous ces flacons ne sont pas simplement là pour la décoration ! Le midi, les propositions ont beau être simples, le soir, les suggestions à l'ardoise savent se faire sophistiquées. Et c'est au coude-à-coude que vous dégusterez un ragoût d'artichauts violets au citron ou une pintade "excellence Miéral" rôtie aux oignons. Inutile de résister également au sablé breton aux fruits de saison ou à ce pain perdu au caramel au beurre salé. La vente de vins à emporter permet de prolonger le plaisir...

Lao Siam

Thaïlandaise

49 r. de Belleville

✆ 01 40 40 09 68

Ⓜ Pyrénées

B3

Carte 20/40 €   ✗

Dans le quartier de Belleville, ni sa devanture, tout à fait banale, ni sa carte, a priori semblable à celle de nombreux restaurants asiatiques du secteur, ne laissent présager que cette petite table... sort du lot ! Créée par les parents de l'actuel patron, originaires de Thaïlande et du Laos, elle met à l'honneur les belles cuisines de ces deux pays. Salade de fleurs de bananier, tigre qui pleure, tourteau à la diable : tout est fait maison, nems et fritures compris, les produits sont frais, les sauces ignorent le glutamate et autres épaississants. C'est simple, fin, bien assaisonné ; bref, authentique comme si l'on faisait irruption chez une famille au fin fond de l'Asie – enfin presque... De fait, aux heures d'affluence (20h-21h30), la file d'attente s'étire, d'autant plus qu'on ne peut réserver.

La Table de Botzaris

M o d e r n e

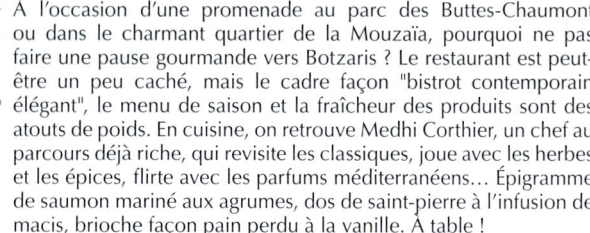

C3

10 r. du Gén.-Brunet
℘ 01 40 40 03 30
www.latabledebotzaris.fr
Ⓜ Botzaris
Fermé 27 juillet-18 août, dimanche soir et lundi

Formule 38 € – Menu 42/59 € – Carte 50/70 €

À l'occasion d'une promenade au parc des Buttes-Chaumont ou dans le charmant quartier de la Mouzaïa, pourquoi ne pas faire une pause gourmande vers Botzaris ? Le restaurant est peut-être un peu caché, mais le cadre façon "bistrot contemporain élégant", le menu de saison et la fraîcheur des produits sont des atouts de poids. En cuisine, on retrouve Medhi Corthier, un chef au parcours déjà riche, qui revisite les classiques, joue avec les herbes et les épices, flirte avec les parfums méditerranéens… Épigramme de saumon mariné aux agrumes, dos de saint-pierre à l'infusion de macis, brioche façon pain perdu à la vanille. À table !

La Violette

M o d e r n e

B1

11 av. Corentin-Cariou
℘ 01 40 35 20 45
www.restaurant-laviolette.com
Ⓜ Corentin Cariou
Fermé 11-17 mai, 3-23 août, lundi soir, samedi midi et dimanche – Réservation conseillée

Formule 23 € – Carte 42/56 €

Le décor "black and white" de ce restaurant ne souffre qu'une exception : une banquette… violette ! Changez une lettre de cette Violette et vous aurez la Villette, un quartier où la culture a eu le bon goût de rester populaire. Des photos de la capitale et une thématique viticole – caisses de vins, casiers à bouteilles, etc. – donnent au lieu un style à la fois moderne et cosy. D'ailleurs, chaque table porte le nom d'un vin. C'est soigné, à l'image de la cuisine : nems de gambas à la sauce thaïe, foie de veau poêlé au vinaigre balsamique, tout Ô chocolat, etc. Inutile de préciser que la formule est plébiscitée par les employés de bureau à l'heure du déjeuner ou, le soir, après le spectacle. Accueil chaleureux et belle terrasse en saison.

F. Renault / Photononstop

Cimetière du Père-Lachaise
· Gambetta · Belleville

B. Merle / Photononstop

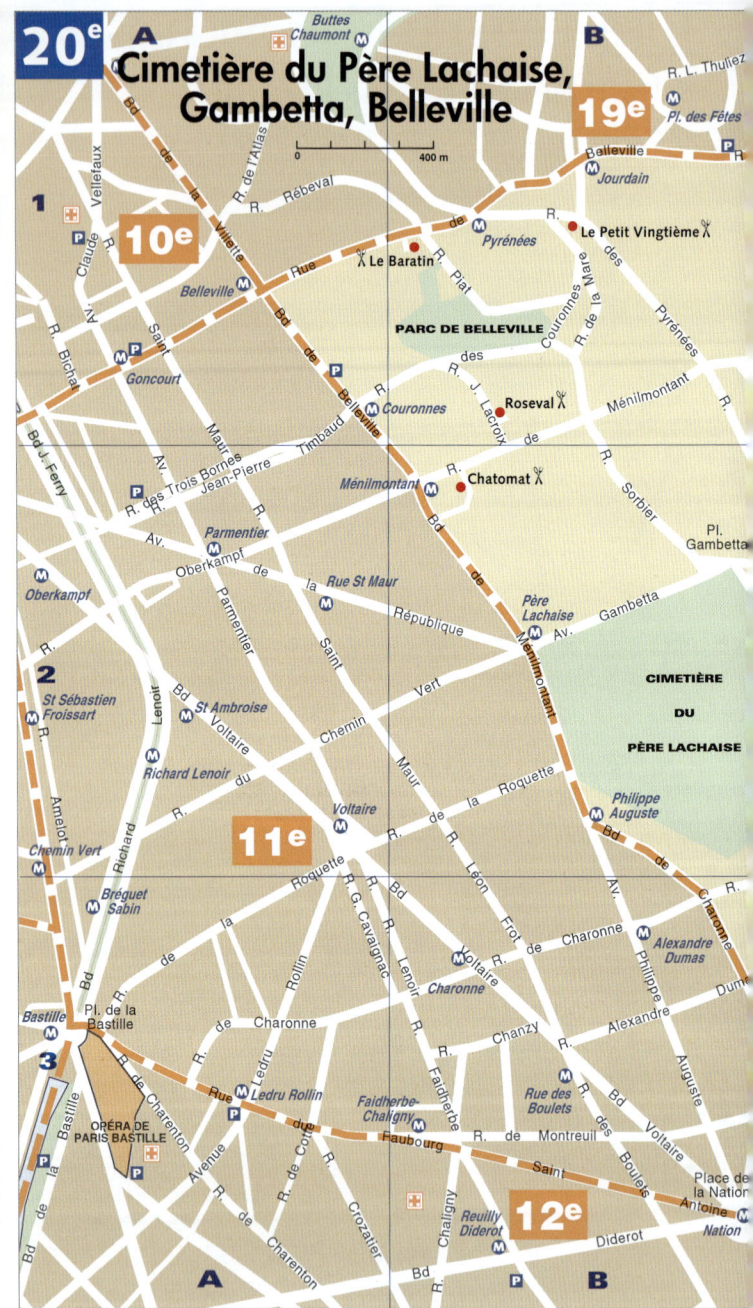

Cimetière du Père Lachaise, Gambetta, Belleville

Le Baratin

Cimetière du Père-Lachaise • Gambetta • Belleville

Traditionnelle

 B1

3 r. Jouye-Rouve
01 43 49 39 70
Pyrénées
Fermé 1 semaine en mai, août, 1 semaine en février, samedi midi, dimanche et lundi – Réservation conseillée

Menu 19 € (déjeuner) – Carte 34/55 € dîner

Les modes changent, pas ce bistrot, ancré dans une ruelle de Belleville depuis plus de vingt ans. Le décor, tout simple, contribue à son authenticité : étroite devanture en bois, comptoir en zinc, etc. On vient ici avant tout pour se régaler de plats mitonnés par Raquel Carena, la chef d'origine argentine, qui tous les matins note sur l'ardoise les recettes du moment : ris de veau braisés, joue de bœuf confite à la tomate, crème vanille et ses fraises des bois... Au déjeuner, la formule est assez simple ; le soir, en revanche, les plats à la carte se révèlent plus sophistiqués. Côté vins, Philippe Pinoteau, le patron-sommelier, sélectionne personnellement chaque cru et parle avec passion de ses coups de cœur. Réservation conseillée !

Chatomat

Moderne

 B2

6 r. Victor-Letalle
01 47 97 25 77
Ménilmontant
Fermé le midi, lundi et les trois derniers dimanches du mois – Réservation conseillée

Menu 40 € – Carte environ 45 €

Petite par la taille, mais grande par la qualité ! Nichée dans une ruelle improbable à deux pas du métro Ménilmontant, cette table discrète compte nombre d'aficionados. À sa tête, un couple de talent – Alice Di Cagno et Victor Gaillard – qui signe une courte carte aussi vive que savoureuse... Trois entrées, trois plats, trois desserts, mais tous les bénéfices d'une expérience déjà longue, d'un vrai sens de l'invention et de la passion du beau produit. Création d'un jour : lapin en deux cuissons, purée de carotte et polenta poêlée. Tous les jeunes gourmets de l'Est parisien en sont "fans" sur les réseaux sociaux : réservation indispensable.

Lou Tíap

Du sud-ouest

C2

81 r. de Bagnolet
℡ 01 43 70 77 93
Ⓜ Alexandre Dumas

Fermé 1 semaine en février, 1 semaine en avril, 3 semaines en août, mercredi midi, dimanche, lundi et fériés

Menu 18 € (déjeuner en semaine), 33/35 € – Carte 35/60 €

Les habitants de l'Est parisien connaissent bien Anne Escoffier et Olivier Laterrot, qui ont fait pendant 17 ans les beaux jours de L'Hermès, dans le 19e arrondissement. Les voici dorénavant voisins du Père-Lachaise, à la tête de ce Lou Tíap dédié à la cuisine du Sud-Ouest. Les deux comparses se considèrent comme des "aubergistes" au sens noble du terme. Experts en convivialité, ils font régner une atmosphère pleine de vie dans leur repaire au décor mi-contemporain, mi-rustique. Aux fourneaux, Olivier mitonne foie gras de canard aux figues, garbure aux haricots tarbais, magret fermier dans un jus à l'armagnac – et, en saison, le fameux lièvre à la royale "comme le faisait mon oncle Claude"... Le tout accompagné des vins choisis par Anne, qui évoque chaque producteur avec passion. De vrais aubergistes, oui !

Mama Shelter

Moderne

C2

Hôtel Mama Shelter,
109 r. de Bagnolet
℡ 01 43 48 45 45
www.mamashelter.com
Ⓜ Gambetta

Carte 33/81 €

Le quartier St-Blaise, aux confins du 20e arrondissement, n'en revient toujours pas. À la fois bar et restaurant, cette Mama draine une foule toujours plus nombreuse de Parisiens bohèmes et d'aficionados du monde entier. Il faut dire que le décor, imaginé par Philippe Starck, ose le décalage dans un inénarrable mélange de chaises d'écolier, rideaux imprimés, murs et plafonds maculés de graffitis ; sans oublier la terrasse, très prisée. Le personnel, jeune et souriant, virevolte avec habileté, proposant les plats d'une carte signée Alain Senderens, s'il vous plaît ! Et pour ceux qui ne seraient pas tentés par des noix de Saint-Jacques snackées ou une bavette Angus à la plancha, il y a l'espace pizzeria avec son immense table d'hôtes. Original !

Le Petit Vingtième

Traditionnelle   B1

381 r. des Pyrénées
📞 01 43 49 34 50
http://petit20.com
Ⓜ Jourdain
Fermé août, mercredi midi, dimanche, lundi et mardi

Formule 15 € – Menu 18 € (déjeuner en semaine) – Carte 29/42 €

Un ancien professeur de français, reconverti dans la cuisine, a réhabilité cet atelier textile du quartier Jourdain : en guise de résultat, on découvre un restaurant charmant, avec son parquet, son carrelage bleuté au sol, ses poutres apparentes et son mobilier de bistrot... À la carte, pas d'esbroufe mais une vraie volonté de faire plaisir, à travers une savoureuse cuisine de tradition, qui privilégie le bio et les artisans du quartier (fromager, boucher, etc.). Crème de cèpes aux girolles, magret de canard en teriyaki, poire pochée au vin rouge... Les produits frais sont cuisinés avec sincérité et justesse, dans le respect des saisons, et c'est bien là le principal.

Roseval

Moderne   B1

1 r. d'Eupatoria
📞 09 53 56 24 14
www.roseval.fr
Ⓜ Ménilmontant
Fermé août, vacances de Noël, samedi, dimanche et
le midi – Réservation conseillée

Menu 45 €

C'est ici que ça se passe ! À force de se "boboïser", l'Est parisien devait bien voir fleurir de plus en plus de bonnes adresses... Signe des temps, les restaurateurs ressemblent aux nouveaux habitants : trentenaires, avides de tendances et cosmopolites. Belle démonstration avec ce Roseval, né mi-2012 au pied de l'église Notre-Dame-de-la-Croix, où Ménilmontant prend des airs de village. Un véritable repaire pour tribu urbaine, avec une déco qui pourrait être celle d'un appartement voisin (briques, parquet) et, surtout, une cuisine rassembleuse. Elle est signée par un jeune chef talentueux, venu de Sardaigne et passé par de belles maisons : Simone Tondo. Ses recettes sont centrées sur le produit, très gourmandes et inspirées ; voilà qui fait le plaisir des nouveaux épicuriens... bien au-delà des frontières du quartier !

Le Tablier Rouge

Traditionnelle C1

40 r. de la Chine
℘ 01 46 36 18 30
www.letablierrouge.com
Ⓜ Gambetta
Fermé 1 semaine début mai, 3 semaines en août, samedi midi, lundi soir et dimanche – Réservation conseillée

Formule 16 € – Menu 34 € (dîner) – Carte 35/45 €

Geoffroy Cesbron Lavau est ce que l'on appelle... un passionné ! Amoureux des bons vins, il a d'abord mené une affaire d'importation viticole au Royaume-Uni, avant de se jeter à corps perdu dans sa deuxième passion : la cuisine. Il est aujourd'hui à la tête de ce Tablier Rouge, situé à deux pas de la place Gambetta : un sympathique bistrot à vins, qu'il tient avec Tara, son épouse britannique. La carte mêle joliment tradition française et inspirations d'outre-Manche (terrine de lapin et son chutney, fish and chips – un impeccable cabillaud pané –, épaule d'agneau confite, pudding...) et s'accompagne, comme on peut l'imaginer, d'un beau choix de vins : près de 150 références, dont 70 % bio et naturels, entre grands crus et petits prix !

Cimetière du Père-Lachaise • Gambetta • Belleville

Déjeunons dehors, il fait si beau ! Optez pour une terrasse, repérable au symbole ⛱.

...et autour de Paris

Toutes les adresses par département et par localité, de A à Z, jusqu'à 40 kilomètres autour de Paris.

B. Rieger / hemis.fr

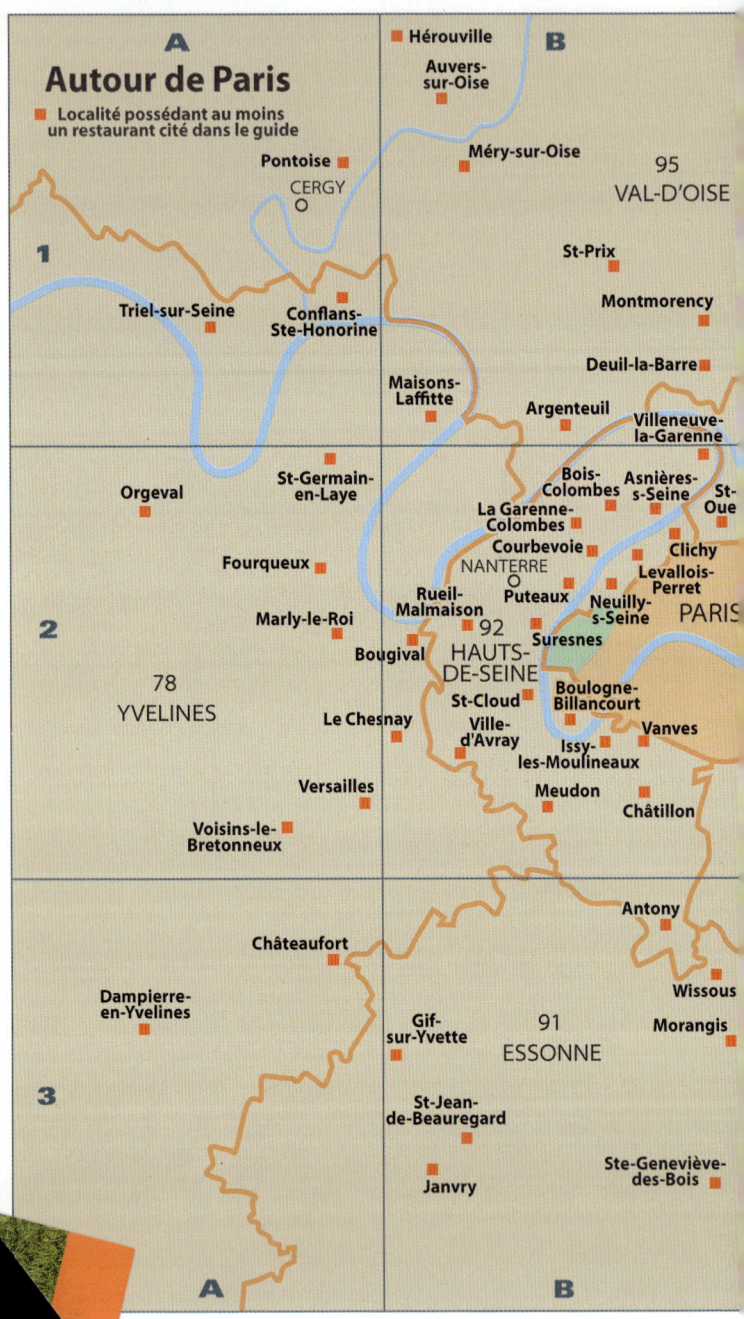

Autour de Paris

■ Localité possédant au moins un restaurant cité dans le guide

A

B

■ **Hérouville**

Auvers-sur-Oise

■ **Méry-sur-Oise**

Pontoise ■

CERGY ○

95 VAL-D'OISE

1

■ **St-Prix**

Triel-sur-Seine ■

Conflans-Ste-Honorine ■

■ **Montmorency**

■ **Deuil-la-Barre**

Maisons-Laffitte ■

Argenteuil ■

Villeneuve-la-Garenne ■

Orgeval ■

St-Germain-en-Laye ■

Bois-Colombes ■

Asnières-s-Seine ■

St-Oue ■

La Garenne-Colombes ■

Clichy ■

Fourqueux ■

Courbevoie ■

NANTERRE ○

Levallois-Perret ■

Rueil-Malmaison ■

Puteaux ■

Neuilly-s-Seine ■

PARIS

2

Marly-le-Roi ■

92 HAUTS-DE-SEINE

Suresnes ■

Bougival ■

78 YVELINES

Le Chesnay ■

St-Cloud ■

Ville-d'Avray ■

Boulogne-Billancourt ■

Vanves ■

Versailles ■

Issy-les-Moulineaux ■

Meudon ■

Châtillon ■

Voisins-le-Bretonneux ■

■ **Antony**

Châteaufort ■

■ **Wissous**

Dampierre-en-Yvelines ■

Gif-sur-Yvette ■

91 ESSONNE

Morangis ■

3

St-Jean-de-Beauregard ■

Ste-Geneviève-des-Bois ■

Janvry ■

A

B

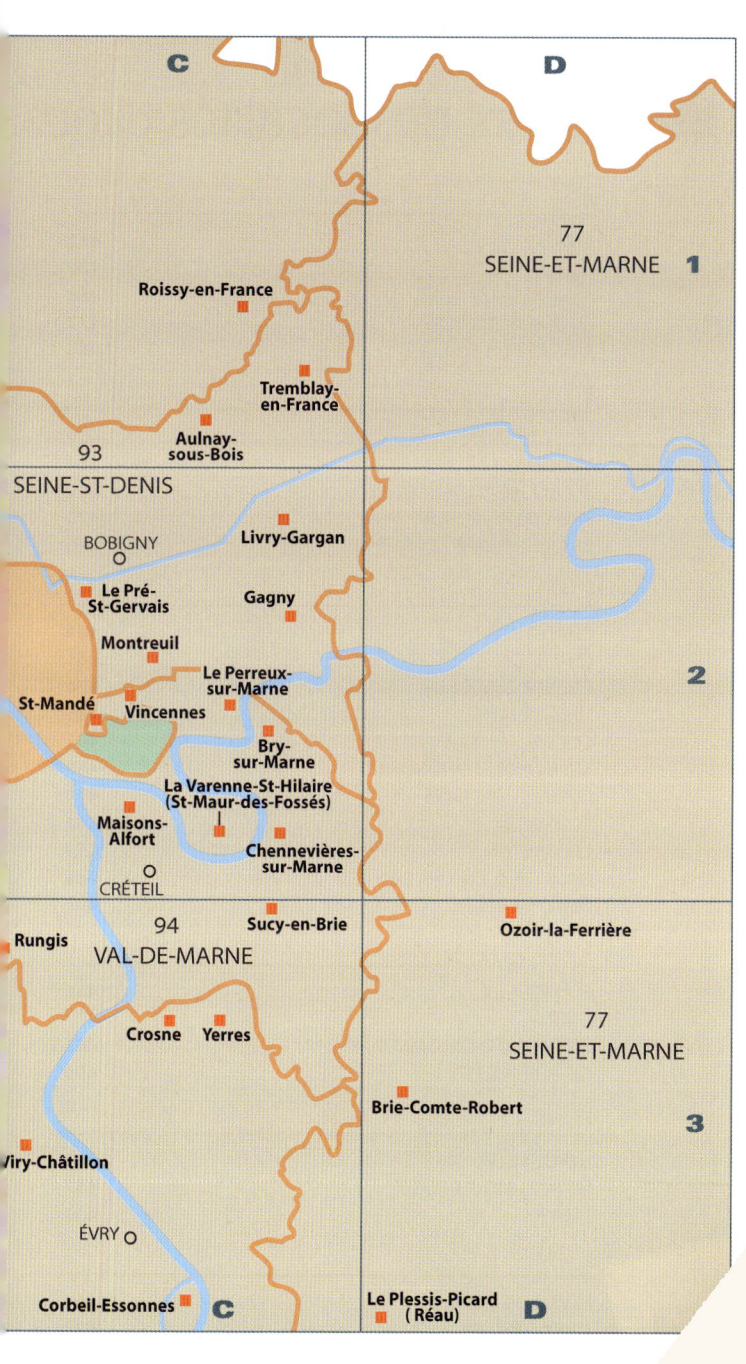

C

D

77
SEINE-ET-MARNE **1**

Roissy-en-France

Tremblay-
en-France

93
SEINE-ST-DENIS

Aulnay-
sous-Bois

BOBIGNY

Livry-Gargan

Le Pré-
St-Gervais

Gagny

Montreuil

Le Perreux-
sur-Marne

St-Mandé

Vincennes

2

Bry-
sur-Marne

La Varenne-St-Hilaire
(St-Maur-des-Fossés)

Maisons-
Alfort

Chennevières-
sur-Marne

CRÉTEIL

Rungis

94
VAL-DE-MARNE

Sucy-en-Brie

Ozoir-la-Ferrière

Crosne

Yerres

77
SEINE-ET-MARNE

Brie-Comte-Robert

3

Viry-Châtillon

ÉVRY

Corbeil-Essonnes **C**

Le Plessis-Picard
(Réau) **D**

Autour de Paris :
index des localités citées

Essonne

 91

CORBEIL-ESSONNES
✉ 91100 – 41 666 hab – Plan: **C3**
▶ Paris 36 km – Carte Michelin **101** 37

 ✗✗ **Aux Armes de France**

&. ℅ ⇔ P

1 bd Jean-Jaurès – ℰ 01 60 89 27 10 –
www.aux-armes-de-france.fr
– Fermé de fin juillet à début août, dimanche et lundi
Menu 37 € ✟ (déjeuner en semaine), 42/48 €
Il souffle comme un vent de fraîcheur sur cet ancien relais de
poste tenu par un jeune chef passé par plusieurs maisons
étoilées. Au menu : des recettes généreuses en saveurs,
à l'image de ces macaronis farcis au foie gras et céleri-rave,
gratinés au parmesan. Ambiance feutrée, accueil charmant.

CROSNE
✉ 91560 – 9 097 hab – Plan: **C3**
▶ Paris 23 km – Carte Michelin **101** 37

 ✗ **La Maison du Pressoir**

34 av. Jean-Jaurès – ℰ 01 69 06 49 83 –
www.lamaisondupressoir.fr
– Fermé 2 semaines en août, dimanche soir, lundi et mardi
Formule 20 € – Menu 25 € (déjeuner en semaine),
37/52 €
Dehors, une pancarte annonce la couleur : "Restaurant au
feu de bois" ! Dans cette ancienne auberge traditionnelle
dont le décor a été modernisé, la cheminée reste une carte
maîtresse. Le chef signe de jolies recettes, qui ne manquent
ni d'idées ni de saveurs... Et la terrasse est au calme.

GIF-SUR-YVETTE

✉ 91190 – 21 248 hab – Plan: **B3**

▶ Paris 34 km – Carte Michelin **101** 33

Les Saveurs Sauvages

*4 r. Croix-Grignon, (face à la gare RER) – ℰ 01 69 07 01 16
– Fermé dimanche et lundi
Menu 29/42 € – Carte environ 43 €*
Face à la petite gare RER de Gif-sur-Yvette, cette adresse
entre bistrot et gastro nous accueille dans un bel
intérieur contemporain. La cuisine, soignée et goûteuse, est traversée de quelques touches asiatiques –
l'un des deux chefs est d'origine vietnamienne. Vous y
retournerez avec plaisir : le menu change tous les jours !

JANVRY

✉ 91640 – 605 hab – Plan: **B3**

▶ Paris 35 km – Carte Michelin **101** 33

Bonne Franquette

*1 r. du Marchais – ℰ 01 64 90 72 06 –
www.bonnefranquette.fr
– Fermé 2 semaines en mai, 23 août-
15 septembre, 20 décembre- 4 janvier, samedi midi,
dimanche et lundi
Menu 39 €*
Ex-relais de poste situé face au château (17ᵉ s.) d'un joli
village francilien. Deux grandes ardoises annoncent la
cuisine du jour servie dans un cadre de bistrot chaleureux. Spécialité : cervelle de veau meunière aux câpres.

MORANGIS

✉ 91420 – 11 836 hab – Plan: **B3**

▶ Paris 21 km – Carte Michelin **101** 35

Le Sabayon

*15 r. Lavoisier – ℰ 01 69 09 43 80 –
www.restaurantlesabayon.com
– Fermé août, mardi soir, samedi midi, dimanche et lundi
Carte 53/79 €*
Ce restaurant chaleureux est un vrai rayon de soleil
dans cette zone industrielle un peu grise... Au menu,
une cuisine dans l'air du temps – directement branchée
sur les arrivages de Rungis –, qui connaît sa grammaire
et décline joliment la tradition. Pour ne rien gâcher, le
service est efficace et tout sourire !

ST-JEAN-DE-BEAUREGARD
✉ 91940 – 277 hab – Plan: **B3**
▶ Paris 35 km – Carte Michelin **101** 33

✗✗ **L'Atelier Gourmand**

🛖 ⅃ ⇔ 🅿
*5 Grande-Rue – ☏ 01 60 12 31 01 –
www.lateliergourmandjmdelrieu.com
– Fermé 1 semaine en mai, 4-24 août, samedi et
dimanche*
Menu 38 € – Carte 57/63 €
Au cœur du village, dans une ancienne ferme, une table
bien nommée : on y apprécie une cuisine de tradition
bien tournée et toute fraîche (le chef s'approvisionne
auprès du maraîcher voisin). Cadre classique et agréable,
face au jardin clos de murs.

STE-GENEVIÈVE-DES-BOIS
✉ 91700 – 34 022 hab – Plan: **B3**
▶ Paris 27 km – Carte Michelin **101** 35

✗✗ **La Table d'Antan**
😊
🛖 Ⓐ🅒
*38 av. Grande-Charmille-du-Parc, (près de l'hôtel de ville)
– ☏ 01 60 15 71 53 – www.latabledantan.fr
– Fermé 5-25 août, dimanche soir, mardi soir, mercredi
soir et lundi sauf fériés*
Menu 32/50 € – Carte 45/69 €
Vous serez d'abord séduit par un accueil prévenant
en ce restaurant d'un quartier résidentiel. On y savoure
une cuisine classique et des spécialités du Sud-Ouest
de qualité.

VIRY-CHÂTILLON
✉ 91170 – 31 681 hab – Plan: **C3**
▶ Paris 26 km – Carte Michelin **101** 36

✗ **Le Marcigny**

Ⓐ🅒
*27 r. Danielle-Casanova – ☏ 01 69 44 04 09 –
www.lemarcigny.fr
– Fermé dimanche soir et lundi*
Menu 29/39 €
La Bourgogne mise à l'honneur ! Ce petit restaurant
à succès porte le nom du village dont est originaire
l'épouse du chef. Plats traditionnels, pain maison et
vins régionaux.

WISSOUS

✉ 91320 – 5 181 hab – Plan: **B3**

▶ Paris 22 km – Carte Michelin **101** 25

✗✗ **La Grange aux Dîmes**

🛖 **P**

3 r. André-Dolimier – ✆ *01 69 81 70 08 –*
www.grangeauxdimes.com
– Fermé 3 semaines en août, samedi,
dimanche et fériés
Menu 36 € (semaine) – Carte 58/81 €
Vieilles pierres, cheminée monumentale, haute charpente en bois... Cette belle grange aux dîmes du 13ᵉ s.
transporte dans l'Île-de-France d'hier ! Pour autant, la
cuisine joue la carte de la gastronomie d'aujourd'hui,
sous l'égide d'un chef venu de grandes maisons parisiennes. Saveurs flatteuses et accueil aimable.

YERRES

✉ 91330 – 29 041 hab – Plan: **C3**

▶ Paris 25 km – Carte Michelin **101** 38

✗✗ **Chalet du Parc**

🛖 &. ⌷

2 r. de Concy, (6 r. M.-Sagnier (GPS)) – ✆ *01 69 06 86 29*
– www.chaletduparc.fr
– Fermé 3 semaines en août, lundi et mardi
Menu 32 € (déjeuner en semaine), 39/69 €
– Carte 57/67 €
Ce parc qui fut la propriété du peintre Gustave
Caillebotte (musée) accueille un agréable restaurant
dont le décor marie joliment l'ancien et le contempo-
rain. Cuisine actuelle à base de bons produits, dont les
herbes aromatiques du potager.

Hauts-de-Seine

✉ **92**

ANTONY
✉ 92160 – 61 240 hab – Plan: **B3**
▶ Paris 13 km – Carte Michelin **101** 25

✗ ### La Tour de Marrakech

AC ✗

72 av. Division-Leclerc – ✆ 01 46 66 00 54 –
www.latourdemarrakech.com
– Fermé août et lundi
Menu 22 € (déjeuner en semaine), 34 € ▽ /58 € ▽
– Carte 30/50 €
Un Paris-Marrakech par voie express ! Décor délicieusement mauresque, plats du pays joliment mitonnés, desserts faits maison, sans oublier l'accueil et le service prévenants.

ASNIÈRES-SUR-SEINE
✉ 92600 – 81 666 hab – Plan: **B2**
▶ Paris 10 km – Carte Michelin **101** 15

✗✗ ### La Petite Auberge

118 r. Colombes – ✆ 01 47 93 33 94
– Fermé 1 semaine en mai, 11-28 août, dimanche soir et lundi
Menu 23 € (semaine)/33 € – Carte 30/52 €
Une petite auberge rustique au charme un brin suranné, mais tellement sympathique... Objets anciens, collection d'assiettes, tout y est ! Côté papilles, la carte respecte la tradition et les saisons, à l'image de ce délicieux filet de rouget au basilic posé sur des tranches d'aubergines poêlées. Ambiance familiale.

✗✗✗ ### Le Van Gogh

1 Port Van Gogh, (accès par le Pont de Clichy)
– ✆ 01 47 91 05 10 – www.levangogh.com
– Fermé 10-18 août, 21-29 décembre, lundi en août, samedi midi et dimanche soir
Menu 39 € – Carte 48/87 €
Sur les bords de Seine immortalisés par Van Gogh, presque les pieds dans l'eau ! Sur la jolie terrasse, on voit passer les péniches en se délectant d'une cuisine d'aujourd'hui honorant les poissons de l'Atlantique... Et dans la salle à la déco très "bateau", on apprécie la vue sur les cuisines.

BOIS-COLOMBES

✉ 92270 – 27 809 hab – Plan: **B2**

▶ Paris 12 km – Carte Michelin **101** 15

✗
😊

Le Chefson

17 r. Ch.-Chefson – ✆ 01 42 42 12 05
– Fermé 1 semaine vacances de février, août, lundi soir,
samedi et dimanche
Formule 24 € – Menu 29/38 € *(réservation conseillée)*
Le Chefson ? Tout le quartier en parle ! Si vous ne connaissez pas, imaginez une cuisine traditionnelle simple et
généreuse, une atmosphère bistrotière (ou plus cossue
dans la deuxième salle), sans oublier de jolies suggestions du marché à l'ardoise. Plutôt rare dans une banlieue résidentielle très paisible.

BOULOGNE-BILLANCOURT

✉ 92100 – 112 233 hab – Plan: **B2**

▶ Paris 10 km – Carte Michelin **101** 24

✗✗✗
❀

Au Comte de Gascogne
(Benoit Charvet)

 🖧 AC

89 av. J.-B.-Clément Ⓜ *Boulogne Pont de St-Cloud*
– ✆ 01 46 03 47 27 – www.aucomte.fr
– Fermé dimanche et lundi
Menu 70/92 € – Carte 80/125 €
Le Bistrot – voir index des restaurants
Une table élégante, sous la lumière d'une belle verrière... Saveur, fraîcheur, simplicité : le sens du produit
est un héritage chez les Charvet et, dorénavant, le fils
réinterprète joliment les classiques de la maison.
➜ Dégustation de foie gras de canard. Homard entier
en bisque. Glace à la vanille Bourbon turbinée à la minute.

✗

Le Bistrot
Rest. Au Comte de Gasgogne

🖧 AC

89 av. J.-B.-Clément Ⓜ *Boulogne Pont de St-Cloud*
– ✆ 01 46 03 47 27 – www.aucomte.fr
– Fermé dimanche et lundi
Carte 40/53 €
Sous l'égide d'une table bien connue, un bistrot élégant,
avec une agréable terrasse. La cuisine y est soignée,
concoctée à partir de beaux produits frais de saison.
Outre les classiques (foie gras et saumon fumé maison, etc.), le menu change régulièrement. Une bonne
adresse.

Chez Michel

4 r. Henry-Martin Ⓜ *Porte de St-Cloud* – 𝒫 *01 46 09 08 10*
– Fermé août, 24 décembre-2 janvier, samedi midi et
dimanche
Menu 14 € (déjeuner en semaine)/30 € – Carte 24/30 €
Lasagnes d'asperges vertes, turbot aux girolles, meringue aux fruits rouges... Dans le bistrot de Michel, les
plats varient avec le marché : fraîcheur et simplicité.
Une adresse sympathique, appréciée par la clientèle
d'affaires au déjeuner.

Le Gorgeon

42 av. Victor-Hugo Ⓜ *Porte de St-Cloud*
– 𝒫 01 46 05 11 27
– Fermé août, samedi et dimanche
Carte 28/60 €
Un bistrot comme on les aime, avec un comptoir mil-
lésimé 1925 et une ambiance bon enfant. Sur l'ardoise,
rien que de grands classiques bien troussés : œuf (bio)
mayo, andouillettes AAAAA et frites maison, harengs
pommes à l'huile, etc. Avec une petite carte de vins de
propriétaires très judicieuse.

MaSa
(Hervé Rodriguez)

112 av. Victor-Hugo Ⓜ *Marcel Sembat*
– 𝒫 01 48 25 49 20 – www.masa-paris.fr
– Fermé 3 semaines en août, samedi et dimanche
Formule 38 € – Menu 45 € (déjeuner), 65/105 €
Œuf de Marans, bœuf de Coutancie, canette de
Challans... Les meilleurs produits pour une cuisine
volontiers ludique et créative. Ici, le chef joue avec les
formes, les textures, les couleurs, sans jamais dénaturer
les saveurs. Original et percutant !
➜ Œuf de Marans, burrata, citron, café et champignons
de Paris. Quasi de veau cuit lentement, socca et olives
taggiasche. Déclinaison de chocolat et poivron rouge.

Mon Bistrot

33 r. Marcel-Dassault Ⓜ *Porte de St-Cloud*
– 𝒫 01 47 61 90 10 – www.mon-bistrot.fr
– Fermé 1 semaine en février, 3 semaines en août, samedi,
dimanche et fériés
Formule 29 € – Carte 41/63 €
Tourteau décortiqué et flan de crustacés, baba au rhum
et sa glace, et, tous les jeudis, viande d'Argentine cuite à
la plancha... Un néobistrot convivial et plutôt cosy pour
une cuisine bistrotière d'aujourd'hui, fraîche et bien
ficelée.

✗ La Table de Cybèle

&. ⚘

38 r. de Meudon ⓜ Billancourt – ℰ *01 46 21 75 90*
– www.latabledecybele.com
– Fermé dimanche et lundi
Formule 24 € – Menu 29 € (déjeuner en semaine)
– Carte 38/50 € dîner
À la tête de ce néobistrot né à Billancourt en 2013 œuvre un couple franco-américain, et c'est Cybèle, née à San Francisco, qui officie en cuisine, signant des recettes originales, axées sur les bons produits. Intéressant menu au déjeuner, esprit "finger food" le soir : la Table de Cybèle est si jolie...

CHÂTILLON
✉ 92320 – 32 510 hab – Plan: **B2**
◼ Paris 10 km – Carte Michelin **101** 25

✗ Barbezingue

🔒 A/C

14 bd de la Liberté – ℰ *01 49 85 83 50 –*
www.barbezingue.com
– Fermé 2 semaines en août, dimanche soir et lundi
Menu 23/42 € – Carte environ 34 €
Drôle de nom pour un étonnant concept : le Barbezingue fait restaurant, table d'hôte (buffet à l'étage) et... barbier le vendredi matin ! On y déguste une généreuse cuisine canaille, avec, en prime, une terrasse pour l'apéritif et un terrain de pétanque. Plus qu'un concept, un lieu de vie plein de gourmandise.

CLICHY
✉ 92110 – 58 388 hab – Plan: **B2**
◼ Paris 9 km – Carte Michelin **101** 15

✗✗ La Barrière de Clichy

A/C ⟷

1 r. de Paris ⓜ Mairie de Clichy – ℰ *01 47 37 05 18*
– Fermé août, samedi, dimanche et fériés
Formule 29 € – Menu 36 € (semaine), 48/60 €
– Carte 49/88 €
Nappes blanches, argenterie, décor feutré, menu dégustation qui change avec les saisons : un bon restaurant traditionnel, tenu par un couple avenant et animé par le désir de bien faire.

La Romantica

73 bd Jean-Jaurès **Ⓜ** *Mairie de Clichy* – ℰ *01 47 37 29 71*
– www.laromantica.fr
– Fermé samedi midi et dimanche
Menu 40 € (déjeuner), 50/92 € – Carte 50/100 €
Derrière une porte cochère, une étonnante cour intérieure (avec une terrasse pavée de marbre blanc) et
une salle d'une belle élégance, pour un festival de
saveurs italiennes. Fraîcheur des produits, qualité des
recettes (pâtes maison ou propositions plus inventives,
telle la tomate mozzarella revisitée...) : *gustoso* !

COURBEVOIE
✉ 92400 – 85 054 hab – Plan: **B2**
▶ Paris 10 km – Carte Michelin **101** 15

Les Trois Marmites

215 bd St-Denis – ℰ *01 43 33 25 35*
– Fermé août
Formule 38 € – Menu 43 € (déjeuner en semaine)/73 €
Face au parc de Bécon et tout près des quais, un petit
restaurant de quartier tenu en couple – monsieur aux
fourneaux, madame en salle. À la carte, honneur à la
tradition et aux plats bistrotiers : andouillette, boudin
noir, etc.

LA GARENNE-COLOMBES
✉ 92250 – 26 699 hab – Plan: **B2**
▶ Paris 13 km – Carte Michelin **101** 14

L'Instinct

1 r. Voltaire – ℰ *01 56 83 82 82 – www.linstinct.fr*
– Fermé 9-25 août, lundi soir, samedi midi et dimanche
Menu 25/35 € – Carte 34/49 € *(réservation conseillée)*
Le quartier du marché : idéal pour se retrouver entre
amis autour d'une bonne cuisine dans l'air du temps,
concoctée avec des produits de saison ! La sélection de
vins sort des sentiers battus, tout comme ce lieu contemporain.

✕ **Le St-Joseph**

☺ Ⓐ⒞

100 bd de la République – ☏ 01 42 42 64 49
– restaurantlesaintjoseph.fr
– Fermé 2 semaines en mai, 3 semaines en août,
samedi midi, dimanche et le soir du lundi au jeudi
Menu 31 € – Carte 34/48 €
Ce bistrot de quartier ne paie pas de mine, pourtant
c'est une pépite. La salle est toute simple, le service sans
chichi, mais l'assiette... est à tomber ! Le chef concocte
une belle cuisine bistrotière, avec les meilleurs produits de saison. Quant à la sélection de vins, elle est tout
à fait judicieuse.

ISSY-LES-MOULINEAUX
✉ 92130 – 63 297 hab – Plan: **B2**
▶ Paris 8 km – Carte Michelin **101** 25

✕✕ **Manufacture**

🍽 Ⓐ⒞

20 espl. Manufacture, (face au 30 r. E. Renan)
Ⓜ *Corentin-Celton – ☏ 01 40 93 08 98 –*
www.restaurantmanufacture.com
– Fermé 3 semaines en août, samedi et dimanche
Formule 31 € – Menu 39 € (semaine)
Cette manufacture de tabac (1904) est devenue un
sympathique restaurant design. Petit comptoir, cuisines
ouvertes sur la salle, jolie terrasse, carte classique et propositions de saison : reconversion réussie !

✕✕ **Le 7 à Issy**

Ⓐ⒞

7 rond-point Victor-Hugo Ⓜ *Corentin-Celton*
– ☏ 01 46 45 22 12 – www.7aissy.fr
– Fermé 1er-25 août, 20-28 décembre, lundi soir, samedi
midi et dimanche
Formule 27 € – Menu 31 € (déjeuner en semaine),
35/49 € – Carte 42/59 €
Terrine de chevreuil maison, selle d'agneau aux épices
en papillotte... Ici, on savoure une cuisine traditionnelle
copieuse et bien ficelée ; oui oui, on a bien dit ici, à Issy
! Habitués et hommes d'affaires ne boudent pas leur
plaisir.

LEVALLOIS-PERRET

✉ 92300 – 62 995 hab – Plan: **B2**
▶ Paris 9 km – Carte Michelin **101** 15

 ✗

L'Audacieux

51 r. Danton Ⓜ *Anatole France –* 📞 *01 47 59 94 17*
– www.laudacieux.com
– Fermé 1 semaine en février, 3 semaines en août, lundi
soir, samedi midi et dimanche
Formule 28 € – Menu 35/48 €
"De l'audace, encore de l'audace, toujours de l'audace",
disait Danton. De cela, Pierre Lambert, le chef de ce
restaurant de poche, n'en manque pas, signant une
cuisine inspirée et originale, où les saveurs asiatiques
surprennent et la technique sublime le produit. Essayez
le menu-surprise, c'est un bol d'air frais !

✗

Le Bistrot d'Oscar

1 pl. du Maréchal-de-Tassigny Ⓜ *Louise Michel*
– 📞 *01 47 59 00 82*
– Fermé 2 semaines en août, samedi, dimanche et fériés
Formule 22 € – Menu 30 € (déjeuner) – Carte 34/52 €
Ici, on joue la carte bistrot ! Tomate farcie aux légumes
et chèvre frais, suprême de volaille au jambon serrano...
Les plats sont généreux et bien ficelés, parfumés à sou-
hait, et surfent entre les saveurs d'hier et d'aujourd'hui.
Et pour ceux qui veulent profiter du grand air, direction
la terrasse !

MEUDON

✉ 92190 – 44 706 hab – Plan: **B2**
▶ Paris 11 km – Carte Michelin **101** 24

✗✗
✿

L'Escarbille

(Régis Douysset)

8 r. Vélizy – 📞 *01 45 34 12 03 – www.lescarbille.fr*
– Fermé 2-24 août, 24 décembre-5 janvier, dimanche et
lundi
Menu 53/108 € 🍷 – Carte 59/71 €
Un buffet de gare ? Oui... et non ! Un passé "ferroviaire" certes, mais un présent résolument gourmet,
dans une atmosphère chic et contemporaine. Amoureux
du beau produit, le chef réalise ici une élégante cuisine
du marché : c'est frais, bien tourné et très bon !
➜ Tarte fine aux cèpes, espuma de champignons et cor-
difole. Turbot meunière, endives caramélisées et émulsion à la citronnelle. Ganache au chocolat Guayaquil,
noix de pécan caramélisées et crème glacée à la vanille
Bourbon.

À la Coupole
✗

3 r. de Chartres Ⓜ *Porte Maillot* – ☎ *01 46 24 82 90*
– Fermé vacances de printemps, août, samedi, dimanche et fériés
Formule 31 € – Menu 40 € – Carte 45/60 €
Un lieu chic et sobre, d'esprit feutré (boiseries sombres, tons crème et chocolat), où l'on savoure une bonne cuisine traditionnelle. Parmi les spécialités de la maison : le foie gras et les huîtres en saison.

Foc Ly
✗✗

ⒶⒸ
79 av. Ch.-de-Gaulle Ⓜ *Les Sablons* – ☎ *01 46 24 43 36*
– www.focly.fr
– Fermé 3 semaines en août et dimanche
Formule 24 € – Carte 35/75 €
Deux lions encadrent l'entrée de ce restaurant qui dévoile un intérieur contemporain orné de bois clair et de lithographies. Cuisine goûteuse thaï et chinoise.

Jarrasse L'Écailler de Paris
✗✗

🎴 ⒶⒸ ▢
4 av. de Madrid Ⓜ *Pont de Neuilly* – ☎ *01 46 24 07 56*
– www.jarrasse.com
– Fermé samedi et dimanche en juillet-août
Menu 42/58 € – Carte 60/110 € *(réservation conseillée)*
Un restaurant au décor intimiste et original où les luminaires ont, par exemple, la forme d'oursins. Dans l'assiette, on se régale de produits de la mer en provenance directe des petits bateaux de pêche bretons. Fraîcheur garantie !

PUTEAUX

✉ 92800 – 44 548 hab – Plan: **B2**
▶ Paris 11 km – Carte Michelin **101** 14

🍴 **L'Escargot 1903**

🦞 🌿 🍽️

*18 r. Charles-Lorilleux – ☎ 01 47 75 03 66 –
www.lescargot1903.com
– Fermé août, 24 décembre-2 janvier, samedi midi,
dimanche et lundi*
Menu 35/40 € – Carte 36/71 €
Pourquoi se dépêcher ? On le sait, les modes vont et reviennent : il suffisait de moderniser ce bistrot estampillé
1903 pour être pile dans la tendance. Souci du produit,
recettes traditionnelles joliment tournées, service sympathique et prix mesurés : on ne change pas des recettes
qui marchent... même à pas d'escargot !

RUEIL-MALMAISON

✉ 92500 – 78 112 hab – Plan: **B2**
▶ Paris 16 km – Carte Michelin **101** 14

🍴🍴 **Les Écuries de Richelieu**

🥨

*21 r. du Dr-Zamenhof – ☎ 01 47 08 63 54 –
www.ecuries-richelieu.com
– Fermé août, samedi midi, dimanche soir et lundi*
Formule 13 € – Menu 16/29 €
Nichées dans une élégante bâtisse du 17ᵉ s., ces Écuries
de Richelieu vous accueillent dans une salle voûtée
et fraîche, où vous dégusterez une jolie cuisine traditionnelle autour d'un court menu. Bon rapport qualité-prix.

🍴 **Le Patte Noire**

🌿 🆎

*56 r. du Gué – ☎ 09 81 20 81 69 – www.lepattenoire.com
– Fermé 15 août-7 septembre, dimanche soir et lundi*
Formule 29 € – Menu 35/60 € – Carte 55/70 €
Inutile de montrer patte blanche pour espérer manger
dans ce restaurant du centre-ville ! Derrière les fourneaux, le chef réalise une cuisine bien dans l'air du temps
avec de beaux produits. Dans l'assiette, les assaisonnements sont bons, les cuissons réussies. Accueil et service
tout sourire.

Les Terrasses de l'Impératrice

🏠 AC 🚫 🐾 P

25 bd Marcel-Pourtout, (au golf) – ☎ *01 76 21 54 68*
– Fermé le soir
Formule 23 € – Menu 29 € – Carte 35/60 €
Dans le cadre du golf de Rueil, une cuisine délicate et
parfumée avec quelques clins d'œil adressés aux spé-
cialistes du swing : ainsi le "gazon" (des spaghettis aux
saveurs de plein air) et la balle "green apple" (une boule
en sucre garnie de chocolat blanc). Sympathique !

ST-CLOUD

✉ 92210 – 29 772 hab – Plan: **B2**
▶ Paris 12 km – Carte Michelin **101** 14

Le Garde-Manger

21 r. d'Orléans – ☎ *01 46 02 03 66* –
www.legardemanger.com
– Fermé dimanche
Formule 17 € – Menu 38 €
Dans son garde-manger, le chef stocke de beaux produits et concocte une jolie cuisine bistrotière, pile dans
la tendance. Et tendance, son restaurant l'est aussi, avec
ses grandes ardoises, ses lampes indus' et son comptoir
très... néobistrot !

L'Heureux Père

🚫

47 bis bd Sénard – ☎ *01 46 02 09 43* –
www.lheureuxpere.com
– Fermé 3 semaines en août, 24 décembre-1er janvier,
samedi midi, dimanche et fériés
Formule 19 € – Menu 24 € (déjeuner) – Carte 34/49 €
Un repaire chaleureux et gourmand ! Le chef réalise une
bonne cuisine traditionnelle et aime surprendre par
de jolies associations d'épices et de saveurs créoles. À
noter sa collection de vieux rhums bruns qui en ravira
plus d'un...

SURESNES

✉ 92150 – 45 617 hab – Plan: **B2**

▶ Paris 12 km – Carte Michelin **101** 14

🍴 **Au Père Lapin**

🏠

10 r. du Calvaire – ✆ *01 45 06 72 89 –*
www.auperelapin.com
– Fermé dimanche soir
Formule 28 € – Menu 34 € (déjeuner en semaine)
– Carte 37/48 €
Dîner face à la tour Eiffel, ça vous dit ? Dans ce cas, installez-vous sur la terrasse du Père Lapin, pour savourer une bonne cuisine de bistrot sans prétention. Un conseil : ne passez pas à côté des glaces artisanales. Par mauvais temps, on prend place dans une salle au décor contemporain... et l'on n'est pas malheureux !

🍴🍴 **Les Jardins de Camille**

🍇 🌿 🏠

70 av. Franklin-Roosevelt – ✆ *01 45 06 22 66 –*
www.lesjardinsdecamille.com
– Fermé dimanche soir et fériés
Formule 19 € – Menu 23 € (déjeuner en semaine)/39 €
– Carte 40/50 €
Aux abords du mont Valérien, les Jardins de Camille offrent une vue magnifique sur Paris et la Défense, en terrasse comme en salle. On y apprécie une bonne cuisine actuelle (par exemple, un filet de maquereau fumé minute et espuma de wasabi) avant de passer la nuit dans l'une des chambres d'hôtes, calmes et jolies.

VANVES

✉ 92170 – 26 459 hab – Plan: **B2**

▶ Paris 7 km – Carte Michelin **101** 25

🍴🍴🍴 **Pavillon de la Tourelle**

🌳 🏠 ⬭ 🅿

10 r. Larmeroux – ✆ *01 46 42 15 59 –*
www.lepavillondelatourelle.com
– Fermé 16-22 février, 27 avril-3 mai, 23 juillet-20 août,
26-28 octobre, 2-5 janvier, dimanche soir, lundi soir,
mardi soir et mercredi soir
Formule 29 € 🍷 – Menu 44/98 € 🍷 – Carte 55/84 €
En plein cœur de Vanves, on trouve cet ancien pavillon de chasse bordé par un joli parc... un lieu bucolique ! L'intérieur, avec son grand miroir et ses lustres à pendeloques, est un modèle de classicisme. Quant à la cuisine proposée, si elle est ancrée dans la tradition gastronomique, elle adopte aussi de nouveaux codes...

VILLE-D'AVRAY

✉ 92410 – 10 861 hab – Plan: **B2**
▶ Paris 14 km – Carte Michelin **101** 24

Le Café des Artistes
Hôtel Les Étangs de Corot

🏠 AC

55 r. de Versailles – ☏ 01 41 15 37 00 –
www.etangs-corot.com
– fermé 3-22 août
Formule 29 € – Menu 35 € – Carte environ 43 €
Gaspacho poivrons tomates et glace basilic, œuf parfait
aux girolles et velouté de foie gras, échine de cochon
confite au curry... Une cuisine contemporaine goûteuse
et inspirée, réalisée avec de beaux produits, que l'on ira
volontiers déguster en terrasse, en contemplant distrai-
tement le charmant jardin. Bucolique !

Le Corot
Hôtel Les Étangs de Corot

AC 🍽

55 r. de Versailles – ☏ 01 41 15 37 00 –
www.etangs-corot.com
– Fermé 3-22 août, dimanche soir, mercredi midi, lundi
et mardi
Menu 48 € (déjeuner en semaine)/95 €
– Carte 85/101 € (réservation conseillée)
Le jeune chef, excellent technicien, cultive un beau classicisme tout en l'inscrivant pleinement dans l'époque :
fraîcheur, légèreté et esthétisme distinguent les assiettes. Joli moment de gastronomie en ces lieux qui
préservent avec élégance le souvenir de Camille Corot,
qui immortalisa les étangs voisins...
➜ Foie gras, champignons des bois, anguille fumée et
betterave. Ris de veau, carottes, girolles et citron. Soufflé
menthe poivrée et chocolat.

VILLENEUVE-LA-GARENNE

✉ 92390 – 24 711 hab – Plan: **B2**
▶ Paris 13 km – Carte Michelin **101** 15

Les Chanteraines
← 🏠 P

av. 8 Mai 1945 – ☏ 01 47 99 31 31 –
www.les-chanteraines.net
– Fermé 3 semaines en août, samedi et dimanche
Menu 39 € (semaine), 45/100 € 🍷 – Carte 40/77 €
Tout près et... très loin de la zone d'activités. Un restaurant agréable et accueillant, avec une véranda et
une terrasse donnant sur le lac artificiel du parc des
Chanteraines. Le chef concocte une sympathique cuisine traditionnelle...

Seine-et-Marne

 **77**

BRIE-COMTE-ROBERT

✉ 77170 – 15 901 hab – Plan: **D3**
▶ Paris 30 km – Carte Michelin **101** 39

XX **La Fabrique**

&. P

1 bis r. du Coq-Gaulois – ☏ 01 60 02 10 10 –
www.restaurantlafabrique.fr
– Fermé 1 semaine en mars, août, 24 décembre-2 janvier,
mardi soir, mercredi soir, samedi midi, dimanche et lundi
Formule 28 € – Menu 35 € (déjeuner), 64/79 €
Ce loft d'esprit industriel est bien caché au bout d'une
petite allée, et il fait bon s'y régaler dans une belle atmosphère conviviale... Une adresse d'aujourd'hui, qui
décline les nouveaux codes de la gastronomie bistrotière et gourmande !

OZOIR-LA-FERRIÈRE

✉ 77330 – 20 528 hab – Plan: **D3**
▶ Paris 34 km – Carte Michelin **101** 30

XXX **La Gueulardière**

&. ⇔ P

66 av. du Gén.-de-Gaulle – ☏ 01 60 02 94 56 –
www.la-gueulardiere.com
– Fermé dimanche soir
Menu 27 € (semaine), 52/78 € – Carte 51/118 €
En place depuis plus de 25 ans, Alain Bureau est un vrai
chef à l'ancienne, un authentique artisan, inconditionnel
du "fait maison", du foie gras au saumon fumé en passant par le pain et les glaces. Classique par ses racines,
actuelle par son inspiration, sa cuisine séduit ! Cadre
élégant et raffiné, dont une superbe terrasse.

LE PLESSIS-PICARD

✉ 77550 – Plan: **D3**

▶ Paris 41 km – Carte Michelin **101** 39

✗✗ **La Mare au Diable**

🛜 🏠 ⌁ ✂ ⇔ [P]

– ☎ *01 64 10 20 90 – www.lamareaudiable.fr*
– *Fermé 3 semaines en août, dimanche soir et lundi sauf fériés*
Formule 25 € – Menu 35 € ♟ (semaine)/47 €
– Carte 53/77 €

Amateurs de vieilles pierres, vous apprécierez cette demeure du 15ᵉ s. tapissée de vigne vierge et de glycine, ses poutres, sa grande cheminée, son parc bucolique… Un décor qui charma en son temps George Sand ! Le classicisme est de mise dans l'assiette, mais aussi quelques spécialités italiennes, origines du chef obligent.

Seine-Saint-Denis

✉ **93**

AULNAY-SOUS-BOIS
✉ 93600 – 82 188 hab – Plan: **C1**
▶ Paris 19 km – Carte Michelin **101** 18

🍴🍴 ⌘

Auberge des Saints Pères
(Jean-Claude Cahagnet)

[A/C]

212 av. de Nonneville – ☏ *01 48 66 62 11 –*
www.auberge-des-saints-peres.fr
– Fermé 3 semaines en août, mercredi soir, samedi et
dimanche
Menu 44/105 €
Jus de coquillage en gelée, sésame de wasabi et huîtres ;
poitrine de cochon et gambas... Des assiettes sophistiquées, originales et techniques, où dialoguent de nombreux ingrédients, accompagnés d'épices et d'herbes :
telle est la savoureuse signature de ces Saints Pères, au
cadre épuré et élégant.
➜ Crème veloutée de petits pois, coques, foie gras
et tartine coppa-concombre. Rouget barbet sur une
choucroute de navets. Crème mascarpone au sabayon,
framboises et macarons.

GAGNY
✉ 93220 – 38 342 hab – Plan: **C2**
▶ Paris 17 km – Carte Michelin **101** 18

🍴🍴

Le Vilgacy

45 av. H.-Barbusse – ☏ *01 43 81 23 33 –*
www.vilgacy.com
– Fermé 1 semaine en février, 27 juillet-20 août, dimanche
soir, mardi soir et lundi sauf fériés
Formule 22 € – Menu 27/37 € – Carte 51/69 €
Marbré de canard et foie gras, filet de bœuf au ragoût
d'escargots, tarte fine aux pommes, etc. : le goût de la
tradition dans cet établissement au cadre bourgeois,
situé dans un quartier pavillonnaire de Gagny. Tables
en extérieur aux beaux jours.

LIVRY-GARGAN
✉ 93190 – 41 808 hab – Plan: **C2**
▶ Paris 19 km – Carte Michelin **101** 18

✕✕ **La Petite Marmite**

8 bd de la République – ✆ *01 43 81 29 15 –*
www.lapetitemarmite-livry gargan .com
– Fermé vacances de février, 8-31 août, dimanche soir et
mercredi
Menu 35 € – Carte 45/75 €
Un auvent couvert de chaume, une salle tout en bois, des
banquettes douillettes... Cette Petite Marmite réchauffe
les cœurs ! Aux commandes œuvre un duo complémentaire ; monsieur au marché et madame en cuisine : saumon fumé au bois de hêtre, tatin, profiteroles, etc., le tout
accompagné de bons bordeaux.

MONTREUIL
✉ 93100 – 102 176 hab – Plan: **C2**
▶ Paris 11 km – Carte Michelin **101** 17

✕ **L'Amourette**

54 r. Robespierre Ⓜ *Robespierre –* ✆ *01 48 59 99 94*
– www.lamourette.fr
– Fermé samedi et dimanche en août
Formule 15 € – Menu 20 € (déjeuner en semaine)/30 € ☨ – Carte 27/54 €
Il se dit que les Parisiens n'aiment pas passer le périph'…
Et si les "banlieusards" avaient de bonnes raisons de sno-
ber la capitale ? C'est le cas à Montreuil avec cet amour
de bistrot contemporain. Au menu, point de parigots,
mais une superbe tête de veau !

✕✕ **Villa9Trois**

28 r. Colbert Ⓜ *Mairie de Montreuil –* ✆ *01 48 58 17 37*
– www.villa9trois.com
– Fermé dimanche soir
Menu 39/48 € – Carte 49/60 €
Une jolie demeure ancienne, un décor bourgeois et design, une grande terrasse sous les arbres, une cuisine en
prise sur les dernières tendances... Cette Villa du "9Trois"
est un havre pour une clientèle, disons-le, dorée. Dress
code : chic et décontracté.

LE PRÉ-ST-GERVAIS

✉ 93310 – 17 588 hab – Plan: **C2**
▶ Paris 8 km – Carte Michelin **101** 16

✗ **Au Pouilly Reuilly**

A/C

68 r. André-Joineau – ℰ *01 48 45 14 59*
– Fermé août, samedi midi, lundi soir et dimanche
Formule 25 € – Menu 32 € – Carte 35/80 €
Un bistrot dans son jus, pour une cuisine qui ne l'est pas
moins : ris de veau aux morilles, rognons émincés sauce
moutarde, boudin noir grillé, côte de bœuf... Le respect
de la tradition, avec des produits de qualité.

ST-OUEN

✉ 93400 – 45 595 hab – Plan: **B2**
▶ Paris 9 km – Carte Michelin **101** 16

✗✗ **Le Coq de la Maison Blanche**

🐾 🏠 A/C ⟷

37 bd Jean-Jaurès Ⓜ *Mairie de St-Ouen*
– ℰ *01 40 11 01 23 – www.lecoqdelamaisonblanche.
com*
– Fermé samedi en juillet-août et dimanche
Menu 32 € – Carte 36/81 €
Une cuisine très traditionnelle (tête de veau sauce ravigote, coq au vin, etc.), un authentique décor estampillé
1950, des serveurs efficaces et de nombreux habitués de
longue date : cette adresse, incontournable à St-Ouen,
ressuscite un film d'Audiard !

✗ **Ma Cocotte**

🏠 ♿ A/C ⟷

106 r. des Rosiers Ⓜ *Porte de Clignancourt*
– ℰ *01 49 51 70 00 – www.macocotte-lespuces.fr*
Menu 25 € 🍷 – Carte 30/58 €
Nichée dans les puces de St-Ouen, une cantine chic
signée "by Philippe Starck". La déco joue la carte du loft
contemporain chaleureux, la cuisine celle des classiques
– bien troussés – dont on ne se lasse pas : poulet fermier
à la broche, tarte Tatin, etc. Cette cocotte a la cote !

La Puce ✗

*17 r. Ernest-Renan Ⓜ Mairie de St-Ouen
– ℰ 01 40 12 63 75
– Fermé 2 semaines en février, 3 semaines
en août, dimanche et lundi*
Formule 18 € 🍷 – Menu 35 € – Carte 33/40 €
À un saut de puce des puces de St-Ouen, cette Puce-là
ne fait pas faux bond à la qualité : dans ce bistrot sympathique, on apprécie ravioles au foie gras et lentilles à
la crème de porto blanc, ch'tiramisu aux spéculos, etc.
Des plats bien tournés, aux prix raisonnables, comme les
vins. De quoi mettre la puce à l'oreille !

TREMBLAY-VIEUX-PAYS
✉ 93290 – Plan: **C1**
▶ Paris 33 km – Carte Michelin **101** 18

Le Cénacle ✗✗
⬡⬡ 🗚 ⇔
*1 r. de la Mairie – ℰ 01 48 61 32 91 –
www.restaurantcenacle.com
– Fermé samedi midi et dimanche soir*
Menu 30 € (semaine), 45/90 € – Carte 55/140 €
Rien de confidentiel dans ce Cénacle, mais la tradition
dans toute sa générosité – menu homard – et un décor qui joue une carte très classique (poutres peintes,
chaises de style, etc.).

La Jument Verte ✗
😊 🌳
*43 rte de Roissy – ℰ 01 48 60 69 90 –
www.aubergelajumentverte.fr
– Fermé août, samedi, dimanche et fériés*
Formule 25 € – Menu 30/59 € – Carte 51/71 €
Dans un hameau qui semble tranquille... et pourtant
stratégiquement situé, tout près du parc des expositions de Villepinte et de l'aéroport de Roissy, voici une
escale gourmande toute trouvée. On y déguste une belle
cuisine tout en fraîcheur et saveurs, recherchée juste
comme il faut. Décor à la fois simple et avenant.

Val-de-Marne

✉ **94**

BRY-SUR-MARNE
✉ **94360 – 15 316 hab – Plan: C2**
▶ **Paris 16 km – Carte Michelin 101 18**

✕✕ **Auberge du Pont de Bry - La Grappille**

A/C

3 av. du Gén.-Leclerc – ✆ *01 48 82 27 70 –*
www.lagrappille.fr
– Fermé 21 juillet-20 août, lundi et mardi
Menu 33/60 € – Carte 45/63 €
Aux commandes de cette auberge, un chef de métier qui
fait preuve de savoir-faire pour sélectionner des ingrédients de qualité et rehausser les saveurs des recettes
– même les plus traditionnelles. Pour un résultat très
convaincant !

CHENNEVIÈRES-SUR-MARNE
✉ **94430 – 17 698 hab – Plan: C2**
▶ **Paris 18 km – Carte Michelin 101 28**

✕✕✕ **L'Écu de France**

🐝 🏡 ⊘ ⇄ P

31 r. de Champigny – ✆ *01 45 76 00 03 –*
www.ecudefrance.com
– Fermé dimanche soir et lundi
Formule 37 € – Menu 52/120 € 🍷 – Carte 88/128 €
Sur les rives de la Marne, dans un site bucolique, une
bâtisse de 1717 tout en colombages et toits de tuiles : un
ensemble très pittoresque, même les salles intérieures
au cachet vieille France assumé. Dans un tel décor, la cuisine surprend par... son inventivité ! Superbes millésimes
à la carte des vins.

MAISONS-ALFORT

 ✉ **94700 – 52 852 hab – Plan: C2**
▶ **Paris 10 km – Carte Michelin 101 27**

 ### La Bourgogne

A/C ⇔

164 r. Jean-Jaurès – 🕻 *01 43 75 12 75 –*
www.restaurant-labourgogne.com
– Fermé 8-25 août, 24 décembre-1ᵉʳ janvier, samedi midi
et dimanche
Menu 34/68 € – Carte 53/77 €
La bonne table de Maisons-Alfort et au-delà. Ses atouts :
un cadre très moderne, chaleureux et intime, et surtout de belles saveurs. La cuisine est ici une chose sérieuse, fondée sur les meilleurs produits et savoir-faire...
sans craindre la nouveauté !

LE PERREUX-SUR-MARNE

✉ **94170 – 32 250 hab – Plan: C2**
▶ **Paris 16 km – Carte Michelin 101 18**

 ### L'Ardoise

22 bd de la Liberté – 🕻 *01 43 24 18 31*
– Fermé août, dimanche, lundi et fêriés
Formule 19 € – Carte 29/49 €
Le credo du patron : "je ne fais que ce que je maîtrise
bien." Son baron d'agneau aux herbes, son parmentier
de boudin basque ou encore son riz au lait lui donnent
raison ! Son petit bistrot – avec le mobilier patiné et les
murs couleur beurre frais qui vont bien – est épatant.

 ### Les Magnolias

A/C

48 av. de Bry – 🕻 *01 48 72 47 43 –*
www.lesmagnolias.com
– Fermé 3 semaines en août, 4-13 janvier, samedi midi,
dimanche et lundi
Formule 39 € – Menu 59/98 €
Un jeune chef est désormais aux fourneaux de ces
agréables Magnolias. Il met un soin particulier dans
la présentation de ses plats, goûteux et traversés d'influences asiatiques. Autour de lui, en cuisine et dans
l'élégante salle, s'affaire une jeune équipe soucieuse de
bien faire.

RUNGIS

✉ 94150 – 5 618 hab – Plan: **C3**

▶ Paris 14 km – Carte Michelin **101** 26

🍴🍴 La Grange

🛖 🅿

28 r. Notre-Dame – ✆ *01 46 87 08 91 –*
www.restaurant-lagrange-rungis.com
– Fermé 3 semaines en août, lundi soir, samedi midi et
dimanche
Formule 40 € – Menu 44/64 €
Rungis, ce n'est pas seulement le célèbre marché connu
de tous les chefs, mais aussi un vieux bourg, où se trouve
cette Grange au look atypique – tableaux contemporains, banquettes en velours... Homard du vivier, macaroni de foie gras et céleri : la cuisine, bien travaillée, est
calée sur les saisons et, évidemment, le marché.

ST-MANDÉ

✉ 94160 – 22 518 hab – Plan: **C2**

▶ Paris 7 km – Carte Michelin **101** 27

🍴🍴 L'Ambassade de Pékin

🕮 🗚🗚

6 av. Joffre Ⓜ *St-Mandé-Tourelle –* ✆ *01 43 98 13 82*
Menu 13 € (déjeuner en semaine), 24/48 €
– Carte 40/55 €
Cette Ambassade au décor typique représente non
seulement Pékin, mais aussi le Sichuan, le Vietnam, la
Thaïlande, etc. Au menu, donc, un joli éventail de spé-
cialités asiatiques, parmi lesquelles les crevettes à l'ail et
au poivre, ou le canard laqué.

SUCY-EN-BRIE

✉ 94370 – 26 089 hab – Plan: **C3**

▶ Paris 21 km – Carte Michelin **101** 28

🍴🍴 Le Clos de Sucy

💬

17 r. de la Porte – ✆ *01 45 90 29 29 – www.leclosdesucy.fr*
– Fermé 25 juillet-25 août, samedi midi, dimanche soir
et lundi
Formule 20 € 🍷 – Menu 36/46 € – Carte 42/67 €
Joli cachet dans cette maison du 16e s. tout en poutres
et colombages... À l'unisson du décor, la carte s'appuie
sur la tradition : parmi les spécialités, pigeonneau rôti au
jus et champignons, et soufflé au chocolat.

LA VARENNE-ST-HILAIRE

✉ 94210 – Plan: **C2**
▶ Paris 15 km – Carte Michelin **101** 28

✗✗✗ Château des Îles

🍴🛖 ⅋ AC ⇔ P

85 quai Winston-Churchill – ✆ *01 48 89 65 65 –*
www.chateau-des-iles.com
– Fermé lundi en août et dimanche soir
Menu 44/78 € – Carte 56/81 €
Dans le calme de cette charmante adresse, le chef réalise une cuisine au goût du jour, évoluant au fil des saisons ; on l'accompagne d'un vin de Bordeaux choisi dans une imposante carte. À savourer en terrasse pendant les beaux jours !

✗ Faim et Soif

AC

28 r. St-Hilaire – ✆ *01 48 86 55 76 – www.faimetsoif.com*
– Fermé 1 semaine en août, dimanche et lundi
Carte 53/72 €
Imaginez une bonbonnière version très contemporaine : alors vous aurez une petite idée de Faim et Soif. Chaleureuse, cette petite table l'est assurément. On s'y retrouve pour déguster des mets appétissants, ceux d'une vraie cuisine de produits.

VINCENNES

✉ 94300 – 48 118 hab – Plan: **C2**
▶ Paris 7 km – Carte Michelin **101** 17

✗ La Rigadelle

😊 ⅋ AC

23 r. de Montreuil Ⓜ *Château de Vincennes*
– ✆ 01 43 28 04 23
– Fermé 3 semaines en juillet-août, dimanche et lundi
Formule 26 € – Menu 28/55 € – Carte 45/68 € *(réservation conseillée)*
Spécialité du lieu : le poisson, d'une grande fraîcheur (arrivages de Bretagne) et préparé dans les règles. Le chef fait tout lui-même et travaille comme un artisan (il s'investit aussi dans la formation des jeunes). Une adresse pleine de goût... et de mérite !

Val-d'Oise

✉ **95**

ARGENTEUIL

✉ 95100 – 103 250 hab – Plan: **B1**

▶ Paris 16 km – Carte Michelin **101** 14

XXX **La Ferme d'Argenteuil**

🄰🄲 🄿

2 bis r. Verte – ✆ *01 39 61 00 62 –*
www.lafermedargenteuil.com
– Fermé 1ᵉʳ-8 mai, 1ᵉʳ-22 août, lundi soir, mardi soir,
mercredi soir, samedi midi et dimanche
Menu 35/70 €
Il n'y a rien d'agricole dans cette jolie ferme ! Tout est feutré, douillet, mignon... Aux commandes, deux sœurs soucieuses de bien faire. Amélia vous reçoit, tandis que Marie, aux fourneaux, concocte une sympathique cuisine d'aujourd'hui.

AUVERS-SUR-OISE

✉ 95430 – 6 879 hab – Plan: **B1**

▶ Paris 36 km – Carte Michelin **101** 3

X **Auberge Ravoux**

🛱 🍽 🖾

52 r. du Gén.-de-Gaulle, (face à la mairie)
– ✆ *01 30 36 60 60 – www.maisondevangogh.fr*
– Ouvert début mars à novembre et fermé dimanche soir,
mercredi soir, jeudi soir, lundi et mardi
Formule 29 € – Menu 34/38 € – Carte 49/89 € *(réservation conseillée)*
Bienvenue en terre artiste… Non loin de l'église qu'il a rendue célèbre et du cimetière où il repose, l'âme de Van Gogh plane encore sur "sa" dernière auberge. Ici, la cuisine cultive les recettes d'antan, entre tradition populaire et manières familiales... À noter : la petite chambre du peintre se visite.

Hostellerie du Nord

🏠 ♿ Ⓟ

6 r. du Gén.-de-Gaulle – ☎ *01 30 36 70 74 –*
www.hostelleriedunord.fr
– Fermé dimanche soir
Menu 54 € 🍷 /84 €

Élégance et confort distinguent cet ancien relais de
poste, fréquenté au 19ᵉ s. par de nombreux peintres. Le
chef, Joël Boilleaut, est une vraie figure, dont le rigou-
reux savoir-faire s'exprime à travers une palette de
recettes sûres et soignées. Idéal pour marcher sur les
traces des impressionnistes !

DEUIL-LA-BARRE
✉ **95170 – 21 684 hab – Plan: B1**
▶ Paris 19 km – Carte Michelin **101** 5

Verre Chez Moi

🍇 🏠 Ⓟ

75 av. de la Division-Leclerc – ☎ *01 39 64 04 34 –*
www.verre-chez-moi.com
*– Fermé vacances de février, 3 semaines en août, lundi
soir, samedi midi et dimanche*
Formule 28 € – Menu 34 € (déjeuner en semaine)
– Carte 38/62 €

Une belle surprise que cette discrète maison de ville,
tenue par un jeune sommelier passionné : à l'unisson
de ses vins "coup de cœur" – surtout de petits propriétaires –, on déguste une cuisine très appétissante, fine et
parfumée. L'été venu, profitez de la jolie cour sur l'arrière.
Arrêt recommandé Verre Chez Moi !

HÉROUVILLE
✉ **95300 – 593 hab – Plan: B1**
▶ Paris 41 km

Les Vignes Rouges

🅰🅲

3 pl. de l'Église – ☎ *01 34 66 54 73 –*
www.vignesrouges.fr
*– Fermé 6-13 mai, 3 semaines
en août, 2-13 janvier, dimanche soir, lundi et mardi*
Menu 38 € – Carte 50/84 €

La tradition est de mise dans cette maison surannée, au
cœur de ce village proche d'Auvers-sur-Oise (l'enseigne
fait d'ailleurs référence à une œuvre de Van Gogh). De
bonnes saveurs au menu : foie gras poêlé, andouillette
braisée au chablis...

MÉRY-SUR-OISE
✉ 95540 – 9 412 hab – Plan: **B1**
▶ Paris 35 km – Carte Michelin **101** 4

Le Chiquito
(Alain Mihura)

✄ ✄

❀ 🚗 ♿ AC ⇄ P

3 r. de l'Oise, La Bonneville, 1,5 km par D 922, rte de Pontoise – ☎ 01 30 36 40 23 – www.lechiquito.fr
– *Fermé 4-19 janvier, dimanche et lundi*
Menu 60/75 € – Carte environ 61 €
Tout est plaisir dans cette maison francilienne du 17ᵉ s. : le cadre, élégant et plein de cachet ; l'accueil, des plus prévenants... et que dire de la cuisine d'Alain Mihura, sinon qu'elle honore le plus beau classicisme, par sa précision et la finesse de ses saveurs ? Une demeure tout en délicatesse, vivement recommandable...
➜ Foie gras poêlé, bâtons de rhubarbe, sirop d'érable et gelée de citron. Agneau du Quercy, nem de légumes, caviar d'aubergine et ail confit. Palet feuilleté au chocolat, biscuit au grué de cacao et glace à la fève tonka.

MONTMORENCY
✉ 95160 – 21 438 hab – Plan: **B1**
▶ Paris 19 km – Carte Michelin **101** 5

Au Cœur de la Forêt
✄ ✄

🚗 🏠 P

av. du Repos-de-Diane, accès par chemin forestier
– ☎ 01 39 64 99 19 – www.aucoeurdelaforet.com
– *Fermé 15-25 février, août, jeudi soir, dimanche soir et lundi*
Menu 48 €
À l'issue d'un chemin cahotant, vous voilà bien au cœur de la forêt... Si le dépaysement est garanti, la cuisine suit sans détour la voie de la tradition : au menu, rien que des valeurs sûres, au gré du marché ! Cadre élégant et champêtre, comme il se doit, avec une jolie terrasse face aux frondaisons.

PONTOISE

✉ 95000 – 29 710 hab – Plan: **A1**
▶ Paris 38 km – Carte Michelin **101** 3

✗✗ Auberge du Cheval Blanc

🐝 🏠
47 r. de Gisors – ☎ 01 30 32 25 05 –
www.chevalblanc95.net
– Fermé 1er-25 août, samedi midi, dimanche et lundi
Menu 25 € (déjeuner en semaine)/43 € – Carte 44/73 €
L'Auberge du Cheval Blanc, c'est surtout la personnalité
de Laurence Ravail, chef truculente et passionnée, intarissable sur les produits et les vignerons qu'elle adore
(belle sélection de vins). Ses assiettes ne mentent pas :
colorées et savoureuses, elles mêlent recettes nouvelles
et ingrédients bio.

ROISSY-EN-FRANCE

✉ 95700 – 2 517 hab – Plan: **C1**
▶ Paris 26 km – Carte Michelin **305** G6

✗✗✗ Les Étoiles
Hôtel Sheraton

♿ ⒶＣ
Aérogare n°2 – ☎ 01 49 19 70 70 –
www.sheraton.com/parisairport
– Fermé août, vacances de Noël, samedi, dimanche et
fériés
Menu 49/62 € – Carte 82/98 €
La table qui sort du lot dans le périmètre de l'aéroport,
au sein de l'hôtel Sheraton (aérogare n° 2). L'endroit mise
avec réussite sur une atmosphère feutrée et une cuisine
française classique. À noter : le menu "100 % local", réalisé
exclusivement avec des produits des environs de Paris !

ST-PRIX

✉ 95390 – 7 446 hab – Plan: **B1**
▶ Paris 26 km – Carte Michelin **305** E6

✗ Hostellerie du Prieuré

ⒶＣ 🍽
74 r. Auguste-Rey – ☎ 01 34 27 51 51 –
www.restaurantduprieure.com
– Fermé 8-24 août, 1er-4 janvier, samedi midi, lundi midi
et dimanche
Formule 22 € – Menu 25 € (déjeuner) – Carte 46/65 €
Banquettes, nappes à carreaux, objets anciens... Dans ce
village pittoresque, cette jolie auberge ravit les amoureux d'autrefois – et la salle avec sa cheminée, les roman-
tiques ! À la carte, pas de nostalgie : foie gras poêlé aux
girolles, fricassée d'écrevisses et ris de veau, macaron
glacé au caramel...

Yvelines

✉ **78**

BOUGIVAL

✉ 78380 – 8 430 hab – Plan: **B2**

▶ Paris 21 km – Carte Michelin **101** 13

Le Camélia
(Thierry Conte)

🌸🕭 AC ⬭

7 quai Georges-Clemenceau – ☏ 01 39 18 36 06 –
www.lecamelia.com
– Fermé 1 semaine vacances de printemps, 3 semaines
en août, 1 semaine vacances de Noël, dimanche et lundi
Formule 32 € – Menu 47/78 € – Carte 100/120 €
L'enseigne évoque le passé artistique de cette charmante auberge, récemment transformée dans l'esprit
d'un bistrot chic et feutré, avec cuisines ouvertes sur la
salle : une métamorphose réussie. On apprécie d'autant
mieux l'œuvre du chef : des recettes inventives, suaves
et délicates, réalisées au gré du marché.
➡ Salade de homard breton, pêches et vanille Bourbon.
Pigeonneau du val d'Anjou, ail doux et noisettes. Soufflé
au Grand Marnier et marmelade d'abricot.

CHÂTEAUFORT

✉ 78117 – 1 401 hab – Plan: **A3**

▶ Paris 28 km – Carte Michelin **101** 22

La Belle Époque

🌿 ⬭

10 pl. de la Mairie – ☏ 01 39 56 95 48 –
www.labelleepoque78.fr
– Fermé 1er-20 août, dimanche et lundi
Formule 30 € – Menu 39 € (semaine), 69/105 € 🍷
– Carte 45/74 €
L'enseigne ne ment pas : derrière une devanture digne
d'une auberge d'autrefois, on découvre un décor
d'une sobre élégance, au noir et blanc très "début de
siècle", assorti d'une jolie terrasse dominant la vallée de
Chevreuse. Mais le chef signe une cuisine dans le goût
de... notre époque.

LE CHESNAY
✉ 78150 – 29 309 hab – Plan: **B2**
▶ Paris 22 km – Carte Michelin **101** 23

✗ ### L'Armoise

A/C ✗

41 rte de Rueil – ☎ *01 39 55 63 07 –*
www.restaurant-larmoise.fr
– Fermé août, samedi midi, dimanche soir et lundi
Formule 25 € – Menu 29 € – Carte 49/68 €
Le jeune chef délivre une cuisine du marché rythmée
par les saisons, mêlant subtilement les bons produits
frais et les saveurs. Décor contemporain épuré, relevé
de couleurs vives.

CONFLANS-STE-HONORINE
✉ 78700 – 34 814 hab – Plan: **A1**
▶ Paris 38 km – Carte Michelin **101** 3

✗ ### Au Bord de l'Eau

A/C

15 quai Martyrs-de-la-Résistance – ☎ *01 39 72 86 51*
– Fermé 10-24 août, 26 décembre-5 janvier, lundi sauf
fériés et le soir sauf samedi
Menu 31 € (déjeuner en semaine), 45/67 €
Cet ancien bistrot de bateliers des bords de Seine abrite
un sympathique restaurant familial. Le décor intérieur
rend hommage à la batellerie conflanaise. Cuisine traditionnelle.

DAMPIERRE-EN-YVELINES
✉ 78720 – 1 137 hab – Plan: **A3**
▶ Paris 38 km – Carte Michelin **101** 31

✗✗ ### La Table des Blot - Auberge du Château
❀ (Christophe Blot)

A/C

1 Grande-Rue – ☎ *01 30 47 56 56 –*
www.latabledesblot.com
– Fermé en février, en août, en décembre, dimanche soir,
lundi et mardi
Menu 45/80 € – Carte 57/72 €
Une belle et élégante auberge du 17ᵉ s., où le talent du
chef et les saisons rythment la créativité des recettes.
L'accueil se révèle chaleureux et, pour prolonger l'étape,
on peut réserver une jolie chambre façon maison de
campagne.
➜ Homard fumé à la livèche. Ris de veau du Limousin
rôti au poêlon, jus de légumes acidulé. Chocolat soufflé,
glacé et mi-cuit.

FOURQUEUX

✉ 78112 – 4 095 hab – Plan: **A2**

▶ Paris 29 km

Au Fulcosa

*2 r. du Mal.-Foch – ✆ 01 39 21 17 13 – www.aufulcosa.fr
– Fermé vacances de février, 3 semaines en août ,
dimanche et lundi*
Formule 20 € – Menu 38 €
Au Moyen Âge, Fourqueux portait le nom de Fulcosa,
"fougère" en latin, car la plante tapissait les forêts alentour... Les jeunes propriétaires ont le sens de l'histoire !
Dans un décor chaleureux – mobilier en bois, tableaux
en exposition –, ils nous régalent d'une bonne cuisine
de saison, entre tradition et innovation.

MAISONS-LAFFITTE

✉ 78600 – 22 569 hab – Plan: **B2**

▶ Paris 21 km – Carte Michelin **101** 13

La Plancha

*5 av. de St-Germain – ✆ 01 39 12 03 75
– Fermé 26 février-8 mars, 15 juillet-22 août, dimanche
soir, mardi et mercredi*
Formule 26 € – Menu 36/67 € – Carte 54/77 €
Ambiance "voyage" dans ce restaurant à deux pas de
la gare du RER A. La carte, assez originale, propose des
recettes combinant avec succès les produits français,
espagnols et japonais.

Tastevin
(Michel Blanchet)

*9 av. Eglé – ✆ 01 39 62 11 67 –
www.letastevin-restaurant.fr
– Fermé 18 février-7 mars, 28 juillet-22 août, dimanche
soir, lundi et mardi*
Menu 48 € (semaine)/95 € – Carte 90/106 €
À l'orée du parc, une maison de maître à l'intérieur cossu.
On y cultive une certaine idée de l'art de vivre à la française et l'amour des beaux produits. Jolie carte des vins.
➔ Escalope de foie gras de canard, croustillant de coing
et de poire dorés aux épices douces. Agneau rôti en trois
façons, jus lié au thym. Parfait au pamplemousse rose,
glace au Campari.

MARLY-LE-ROI

✉ 78160 – 16 873 hab – Plan: **A2**
▶ Paris 24 km – Carte Michelin **101** 12

✕✕
❀

Le Village
(Uido Tomohiro)

A/C

3 Grande-Rue – ☎ *01 39 16 28 14 –*
www.restaurant-levillage.fr
– Fermé 3 semaines en août, 1 semaine en janvier,
samedi midi, dimanche soir et lundi
Formule 40 € – Menu 50/92 € – Carte 123/202 € *(réservation conseillée)*
Une jolie auberge dans une ruelle pittoresque du vieux Marly. Le chef, né au Japon, signe une cuisine très maîtrisée, avec de jolis accords de textures et de saveurs. La France inspire l'Asie, et réciproquement...
➜ Goï cuôn de homard breton et foie gras en terrine au calvados. Pigeonneau d'Anjou en croûte de sel de Guérande au tandoori, cuisses confites. Soufflé chaud au yuzu de Kôchi.

ORGEVAL

✉ 78630 – 5 828 hab – Plan: **A2**
▶ Paris 32 km – Carte Michelin **101** 11

✕✕

Moulin d'Orgeval

🛏 📶 A/C P

200 r. de l'Abbaye, 1,5 km au Sud – ☎ *01 39 75 85 74*
– www.moulindorgeval.com
– Fermé 22 décembre-6 janvier et dimanche soir
Formule 31 € – Menu 40 € (déjeuner en semaine),
49/75 € – Carte 46/74 €
La grande salle de restaurant donnant sur la pièce d'eau, le mobilier en rotin, les tentures... Tout ici a un petit côté rétro. Plusieurs menus sont proposés (cuisine du monde, de la mer, de saison ; beau chariot de desserts...) et l'on vient là comme à la campagne. Option "brasserie" au déjeuner.

ST-GERMAIN-EN-LAYE
☒ 78100 – 40 940 hab – Plan: **A2**
▶ Paris 25 km – Carte Michelin **101** 13

Cazaudehore
Hôtel La Forestière

1 av. du Président-Kennedy – ☏ 01 30 61 64 64 –
www.cazaudehore.fr
– Fermé dimanche soir en août et de novembre à mars et
lundi
Formule 35 € – Menu 48/80 € – Carte 45/105 €
Ambiance chic et cosy, décor dans l'air du temps, délicieuse terrasse sous les acacias, cuisine soignée et belle carte des vins... Une vraie histoire de famille depuis 1928.

Pavillon Henri IV
Hôtel Pavillon Henri IV

19 r. Thiers – ☏ 01 39 10 15 15 – www.pavillonhenri4.fr
– Fermé samedi midi et dimanche soir
Formule 35 € – Menu 39 € (semaine), 49/55 €
– Carte 56/90 €
L'un des atouts de ce restaurant est sans conteste son superbe panorama sur la vallée de la Seine. Un cadre exceptionnel où l'on vient savourer une cuisine classique et de beaux produits ; on y inventa les pommes soufflées et la béarnaise !

Le Wauthier by Cagna

31 r. Wauthier – ☏ 01 39 73 10 84 –
www.restaurant-wauthier-by-cagna.fr
– Fermé 3 semaines en août, 1 semaine en janvier,
mercredi midi, dimanche et lundi,
Formule 28 € – Menu 34 € (déjeuner en semaine)/65 € ♟ – Carte environ 57 €
Risotto du Piémont au homard et beurre blanc, escalopes de ris de veau braisées, mousseline de céleri et sauce Albufera... Une cuisine bien dans l'air du temps, réalisée avec de bons produits du marché : voilà la promesse de cette sympathique maison sangermanoise au joli intérieur de bistrot chic. Service attentionné.

TRIEL-SUR-SEINE
✉ 78510 – 11 932 hab – Plan: **A1**
▶ Paris 39 km – Carte Michelin **101** 10

✂ ### St-Martin

2 r. Galande, (face à la poste) – ☏ *01 39 70 32 00* –
www.restaurantsaintmartin.com
– Fermé 2-23 août, vacances de Noël, mercredi et dimanche
Formule 20 € – Menu 26 € (déjeuner en semaine),
41/67 € ♟ *(réservation conseillée)*
Proche d'une jolie église gothique du 13ᵉ s. et des bords
de Seine, un restaurant à l'atmosphère familiale. Au menu,
des recettes de tradition ou plus actuelles, et des suggestions qui varient selon le marché. Simple et bien tourné.

VERSAILLES
✉ 78000 – 86 686 hab – Plan: **A2**
▶ Paris 22 km – Carte Michelin **101** 23

✗✗ ### L'Angélique *(Régis Douysset)*

27 av. de St-Cloud – ☏ *01 30 84 98 85* –
www.langelique.fr
*– Fermé 2-24 août, 24 décembre-5 janvier, dimanche et
lundi*
Menu 53/108 € ♟ – Carte 59/71 €
Régis Douysset, chef de l'Escarbille à Meudon, fait coup
double : il a placé ici des fidèles en salle comme en cuisine, tous au service d'une cuisine gastronomique travaillée dans les règles. Un conseil : préférez la salle de
l'étage, plus élégante et chaleureuse.
➜ Langoustines rôties, pomme de terre fumée au bois
de hêtre. Ris de veau doré, blettes au jus et oignons frits.
Fraises mara des bois, croustillant à la vanille et mousse
mascarpone.

✗✗✗✗ ### Gordon Ramsay au Trianon
Hôtel Trianon Palace

1 bd de la Reine – ☏ *01 30 84 50 18* –
www.trianonpalace.com
*– Fermé 22 février-2 mars, 26 juillet-24 août, 1ᵉʳ-12 janvier,
dimanche, lundi et le midi sauf vendredi et samedi*
Menu 90 € (déjeuner), 143/199 € – Carte 132/168 €
À la lisière du parc du château, un cadre raffiné, d'une
élégance sans ostentation. Cuisine remarquable par sa
fraîcheur et son inventivité, valorisant de beaux produits
(langoustines d'Écosse, pigeon de Bresse). Excellent
choix de bourgognes.
➜ Saint-Jacques de plongée de l'île de Skye. Carré
d'agneau allaiton cuit au four, abricot braisé et jus
d'agneau. Meringue glacée à la noisette du Piémont,
poire au parfum d'agrumes.

La Tour

🍽️ AC

6 r. Carnot – ☎ *01 39 50 58 46 –*
www.restaurant-yvelines.com
– Fermé 3 semaines en août, dimanche et lundi
Formule 24 € – Carte 30/109 €
Avis aux amateurs de viande ! Ici, on est expert en la matière : choix des morceaux, maturation, etc. Dans la salle, on a même accroché les plaques émaillées remportées par des éleveurs de bovins. Le cadre est celui d'un bistrot pur jus : tables serrées, comptoir... Ambiance conviviale.

Zin's à l'Étape Gourmande

🍇 🍽️

125 r. Yves-Le-Coz – ☎ *01 30 21 01 63 –*
www.arti-zins.fr
– Fermé samedi midi, dimanche et lundi
Formule 30 € – Menu 38 € (dîner en semaine), 45/55 €
– Carte 53/62 € *(réservation conseillée)*
Une vraie étape gourmande, dans le quartier de Porchefontaine. Faire le marché tous les deux jours, ne proposer que du fait-maison (à part le pain) et une large collection de vins : tel est le sacerdoce du chef, Alain Zinsmeister ! L'hiver, on mange au coin du feu et, l'été, sur la jolie terrasse à l'arrière...

VOISINS-LE-BRETONNEUX

✉ **78960 – 11 631 hab – Plan: A2**
▶ **Paris 36 km**

La Ferme de Voisins

🍽️ 🪑

4 r. Port-Royal – ☎ *01 30 44 18 18 –*
www.lafermedevoisins.fr
– Fermé 21-28 février, 1ᵉʳ-17 août, 23-30 septembre,
samedi midi, dimanche et fériés.
Formule 27 € – Menu 42/95 € 🍷 – Carte 46/61 €
On accède à ce joli corps de ferme du 19ᵉ s. par une cour fleurie, qui fait office de terrasse l'été venu. La carte, plutôt courte, met en valeur les incontournables de la maison – sucettes de gambas, tête de veau "irremplaçable" – et recèle des plats goûteux et créatifs. Une belle adresse à découvrir au plus vite.

B. Reger/Hemis.fr

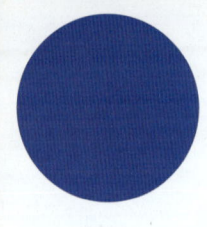

Parce que le monde est mobile, **Michelin** améliore notre mobilité

PAR TOUS LES MOYENS ET SUR TOUTES LES ROUTES

Depuis l'avènement de l'entreprise – il y a plus d'un siècle ! –, Michelin n'a eu qu'un objectif : aider l'homme à toujours mieux avancer. Un défi technologique, d'abord, avec des pneumatiques toujours plus performants, mais aussi un engagement constant vis-à-vis du voyageur, pour l'aider à se déplacer dans les meilleures conditions. Voilà pourquoi Michelin développe, en parallèle, toute une collection de produits et de services : cartes, atlas, guides de voyage, accessoires automobiles, mais aussi applications mobiles, itinéraires et assistance en ligne : Michelin met tout en œuvre pour que bouger soit un plaisir !

→ *Michelin Apps*

Parce que le confort et la sécurité sont des notions essentielles, pour vous comme pour nous, Michelin a créé un bouquet de 6 applications mobiles gratuites. Un équipement complet pour que la route soit synonyme de bien-être...

 → *Michelin MyCar* • *Pour obtenir le meilleur de vos pneus, des services et des infos pour préparer sereinement vos trajets.*

 → *Michelin Navigation* • *Une nouvelle approche de la navigation : le trafic en temps réel avec une nouvelle fonctionnalité de guidage connecté.*

 → *ViaMichelin* • *Calcul d'itinéraires et données cartographiques : un incontournable pour se déplacer sans perdre de temps.*

 → *Michelin Restaurants* • *Parce que la route doit être un plaisir, retrouvez un très large choix de restaurants, en France et en Allemagne, dont la sélection complète du Guide MICHELIN.*

 → *Michelin Hôtels* • *Pour réservez votre chambre d'hôtel au meilleur tarif, partout dans le monde !*

 → *Michelin Voyage* • *85 pays et 30 000 sites touristiques sélectionnés par le Guide Vert Michelin. Et un outil pour réaliser votre propre carnet de route.*

Un pneu
→ c'est quoi ?

Rond, noir, à la fois souple et solide, le pneumatique est à la roue ce que le pied est à la course. Mais de quoi est-il fait ? Avant tout de gomme, mais aussi de divers matériaux textiles et / ou métalliques... et d'air ! Ce sont les savants assemblages de tous ces composants qui assurent aux pneumatiques leurs qualités : adhérence à la route, amortissement des chocs, en deux mots : confort et sécurité du voyageur.

1 BANDE DE ROULEMENT
Une épaisse couche de gomme assure le contact avec le sol. Elle doit évacuer l'eau et durer très longtemps.

2 ARMATURE DE SOMMET
Cette double ou triple ceinture armée est à la fois souple verticalement et très rigide transversalement. Elle procure la puissance de guidage.

3 FLANCS
Ils recouvrent et protègent la carcasse textile dont le rôle est de relier la bande de roulement du pneu à la jante.

4 TALONS D'ACCROCHAGE À LA JANTE
Grâce aux tringles internes, ils serrent solidement le pneu à la jante pour les rendre solidaires.

5 GOMME INTÉRIEURE D'ÉTANCHÉITÉ
Elle procure au pneu l'étanchéité qui maintient le gonflage à la bonne pression.

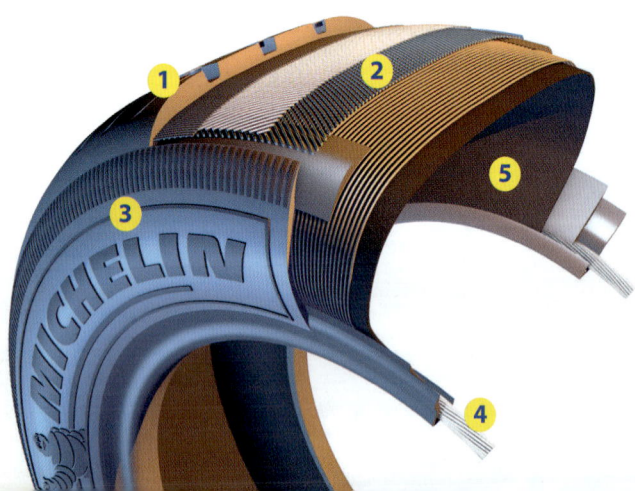

Michelin
➔ *l'innovation en mouvement*

Créé et breveté par Michelin en 1946, le pneu radial ceinturé a révolutionné le monde du pneumatique. Mais Michelin ne s'est pas arrêté là : au fil des ans, d'autres solutions nouvelles et originales ont vu le jour, tel le pneu diagonal, confirmant Michelin dans sa position de leader en matière de recherche et d'innovations, pour répondre sans cesse aux exigences des nouvelles technologies des véhicules.

➔ *la juste pression !*

L'une des priorités de Michelin, c'est une mobilité plus sûre. En bref, innover pour avancer mieux. C'est tout l'enjeu des chercheurs, qui travaillent à mettre au point des pneumatiques capables de "freiner plus court" et d'offrir la meilleure adhérence possible à la route. Aussi, pour accompagner les automobilistes, Michelin organise, partout dans le monde, des campagnes de sensibilisation à la sécurité routière : les opérations "Faites le plein d'air" rappellent à tous que la juste pression des pneumatiques est un facteur essentiel de sécurité.

La stratégie Michelin :
➜ *des pneumatiques multiperformances*

Qui dit Michelin dit sécurité, économie de carburant et capacité à parcourir des milliers de kilomètres. Un pneumatique MICHELIN, c'est tout cela à la fois.

Comment ? Grâce à des ingénieurs au service de l'innovation et de la technologie de pointe. Leur challenge : doter tout pneumatique – quel que soit le véhicule (automobile, camion, tracteur, engin de chantier, avion, moto, vélo et métro !) – de la meilleure combinaison possible de qualités, pour une **performance globale optimale**.

Ralentir l'usure, réduire la dépense énergétique (et donc l'émission de CO_2), améliorer la sécurité par une tenue de route et un freinage renforcés : autant de qualités dans un seul pneu, c'est cela Michelin Total Performance.

Chaque jour, **Michelin** innove en faveur de la mobilité durable

DANS LE TEMPS ET LE RESPECT DE LA PLANÈTE

La mobilité durable

➡ *c'est une mobilité propre...*
et pour tous

La mobilité durable c'est permettre aux hommes de se déplacer d'une façon plus propre, plus sûre, plus économique et plus accessible à tous, quel que soit le lieu où ils vivent.

Tous les jours, les 113 000 collaborateurs que Michelin comptent dans le monde innovent :

• en créant des pneus et des services qui répondent aux nouveaux besoins de la société,

• en sensibilisant les jeunes à la sécurité routière,

• en inventant de nouvelles solutions de transport qui consomment moins d'énergie et émettent moins de CO_2.

➡ *Michelin Challenge Bibendum*

La mobilité durable, c'est permettre la pérennité du transport des biens et des personnes, afin d'assurer un développement économique, social et sociétal responsable. Face à la raréfaction des matières premières et au réchauffement climatique, Michelin s'engage pour le respect de l'environnement et de la santé publique. De manière régulière, Michelin organise ainsi le Michelin Challenge Bibendum, le seul événement mondial axé sur la **mobilité routière durable.**

Index des plans

METROPOLITAIN

Ph: Robic / MICHELIN

Métro ― **7** **RER** **A1**

Tramway ― **T 2** **SNCF** ―

Correspondance ● Interchange station ● Umsteigestation
Coincidenza Correspondencia Overstapstation

500

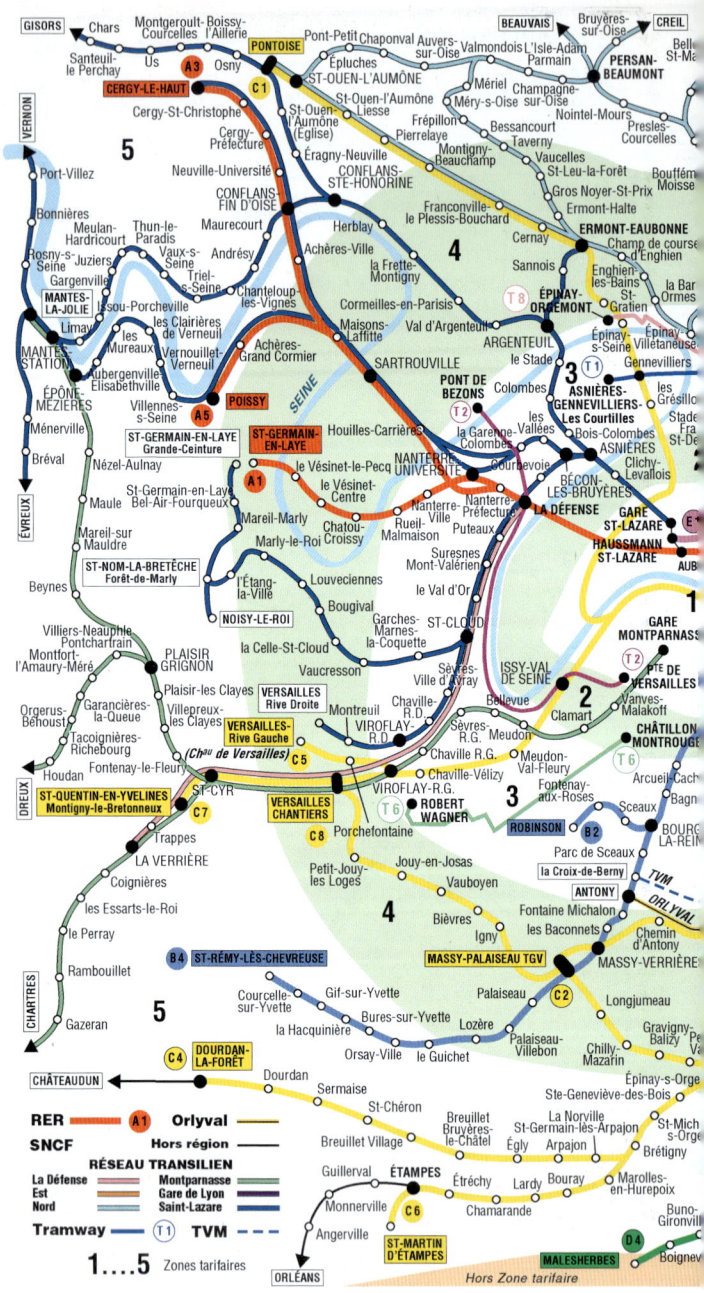

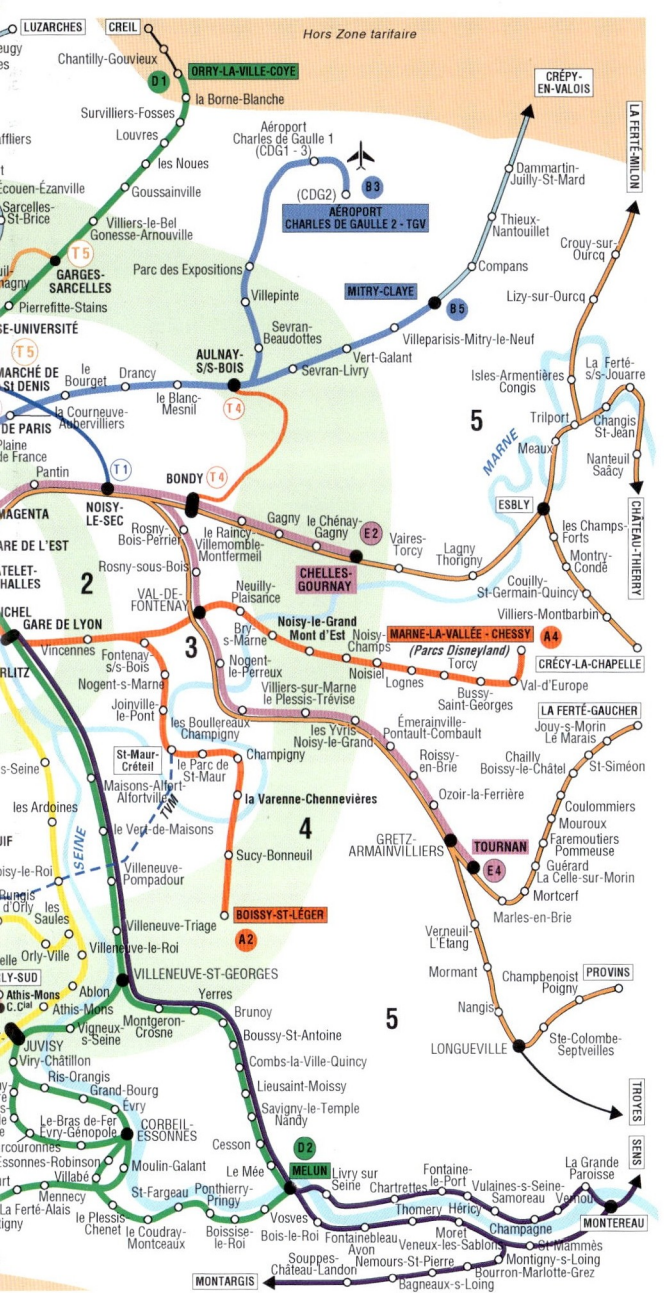

Michelin Travel Partner
Société par actions simplifiées au capital de 11 288 880 EUR
27 cours de l'Île Seguin - 92100 Boulogne Billancourt (France)
R.C.S. Nanterre 433 677 721

© Michelin et Cie, propriétaires-éditeurs
Dépot légal décembre 2014

Toute reproduction, même partielle et quel qu'en soit le support,
est interdite sans autorisation préalable de l'éditeur.

Imprimé en Italie
Crédit photo couverture : F. Flohic / Septime
Compogravure : Nord Compo, Villeneuve-d'Ascq (France)
Impression, Brochure : Printer Trento, Trento (Italie)
Sur papier issu de forêts gérées durablement

L'équipe éditoriale a apporté le plus grand soin à la rédaction de ce guide et à sa
vérification. Toutefois, les informations pratiques (formalités administratives, prix,
adresses, numéros de téléphone, adresses internet...) doivent être considérées
comme des indications du fait de l'évolution constante de ces données : il n'est pas
totalement exclu que certaines d'entre elles ne soient plus, à la date de parution du
guide, tout à fait exactes ou exhaustives. Avant d'entamer toutes démarches (formalités
administratives et douanières notamment), vous êtes invités à vous renseigner auprès
des organismes officiels. Ces informations ne sauraient de ce fait engager notre
responsabilité.